新时代高校思想政治教育系列教材

广西高职高专学生清廉教育

焦春红　陈成志◎主　编
肖　鹏　张　俊◎副主编

中国农业大学出版社
·北京·

内容简介

本书内容主要包括：高职学生清廉教育的内涵、意义、主要原则和基本方法；我国清廉教育的历史经验总结，包括中国古代、近代、现当代的清廉教育的目的和作用、主要内容、原则和方法等；高职学生清廉教育面临的主要问题与路径选择，包括高职学生清廉教育现状分析，高职学生清廉教育的特点，如何解决高职学生清廉教育中存在的突出问题；从内因与外因辩证关系角度，着眼于理论和实践相结合，探讨如何使高职学生做到清廉。

图书在版编目(CIP)数据

广西高职高专学生清廉教育 / 焦春红，陈成志主编. —北京：中国农业大学出版社，2018. 9(2019. 6 重印)

ISBN 978-7-5655-2115-7

Ⅰ. ①广… Ⅱ. ①焦…②陈… Ⅲ. ①品德教育-高等职业教育-教材 Ⅳ. ①G416

中国版本图书馆 CIP 数据核字(2018)第 233802 号

书　　名 广西高职高专学生清廉教育

作　　者 焦春红　陈成志　主编　　肖　鹏　张　俊　副主编

策划编辑 司建新　　**责任编辑** 冯雪梅

封面设计 郑　川

出版发行 中国农业大学出版社

社　　址 北京市海淀区圆明园西路 2 号　　**邮政编码** 100193

电　　话 发行部 010-62818525，8625　　读者服务部 010-62732336

编辑部 010-62732617，2618　　出　版　部 010 62733440

网　　址 http://www.caupress.cn　　**E-mail** cbsszs@cau.edu.cn

经　　销 新华书店

印　　刷 涿州市星河印刷有限公司

版　　次 2018 年 10 月第 1 版　2019 年 6 月第 2 次印刷

规　　格 787×1 092　16 开本　18.25 印张　335 千字

定　　价 46.00 元

广西教育科学“十二五”规划

2013年度广西高校党建工作研究专项课题

“三全”育人示范校培育建设项目之子项目

研究成果

前　言

《中共中央、国务院关于进一步加强和改进大学生思想政治教育的意见》（中发〔2004〕16号）指出：大学生是十分宝贵的人才资源，是民族的希望，是祖国的未来。加强和改进大学生思想政治教育，提高他们的思想政治素质，把他们培养成中国特色社会主义事业的建设者和接班人，对于全面实施科教兴国和人才强国战略，确保我国在激烈的国际竞争中始终立于不败之地，确保实现全面建设小康社会、加快推进社会主义现代化建设的宏伟目标，确保中国特色社会主义事业兴旺发达、后继有人，具有重大而深远的战略意义。

习近平同志在中国共产党第十九次全国代表大会上的报告中指出："要全面贯彻党的教育方针，落实立德树人根本任务，发展素质教育，推进教育公平，培养德、智、体、美全面发展的社会主义建设者和接班人。"

2016年12月，在全国高校思想政治工作会议上，习近平强调，要把思想政治工作贯穿教育教学全过程。我国高等教育要为人民服务，为中国共产党治国理政服务，为巩固和发展中国特色社会主义制度服务，为改革开放和社会主义现代化建设服务。2018年5月2日，习近平在北京大学师生座谈会上的讲话中指出："才者，德之资也；德者，才之帅也。"人才培养一定是育人和育才相统一的过程，而育人是本。人无德不立，育人的根本在于立德。要真正做到以文化人、以德育人，不断提高学生思想水平、政治觉悟、道德品质、文化素养，做到明大德、守公德、严私德。

中共教育部党组"关于印发《高校思想政治工作质量提升工程实施纲要》的通知"（教党〔2017〕62号）强调：坚持以习近平新时代中国特色社会主义思想为指导，以立德树人为根本，形成全员全过程全方位育人格局，着力培养德、智、体、美全面发展的社会主义建设者和接班人，着力培养担当民族复兴大任的时代新人。实施高校课程体系和教育教学创新计划，推动面向全体学生开设提高思想品德、人文素养、认知能力的哲学社会科学课程，创新高校思想政治理论课建设体系。

中央纪委、中央宣传部、监察部、文化部、广电总局和新闻出版总署《关于加强廉政文化建设的意见》的通知（中纪发〔2009〕27号）强调：结合未成年人思想道德建设和大学生思想政治教育，把青少年廉洁教育作为实施素质教育的重要内容，纳入国民教育体系。充分发挥课堂教学的主渠道作用，在中小学思想品德类课程和高校思想政治课程标准中明确廉洁教育内容，扎实推进廉洁教育进教材、进课堂、进学生头脑。

教育部《关于在大中小学全面开展廉洁教育的意见》（教思政〔2007〕4号）强调：大中小学是培养人才、传承文明、建设先进文化的重要基地，担负着培养社会主义合格建设者和可靠接班人的重任。在大中小学全面开展廉洁教育，是面向全社会开展反腐倡廉教育的重要组成部分，是加强青少年思想道德教育的必然要求。要站在确保中国特色社会主义事业代代相传、长治久安的战略高度，以对党的事业高度负责和对青少年学生健康成长高度负责的态度，充分认识在大中小学全面开展廉洁教育的重要性和必要性。

2018年4月23日，广西壮族自治区召开“加强和改进高校思想政治工作座谈会”，会议强调：要坚持立德树人，教育引导青年学生坚定理想信念，树立和践行社会主义核心价值观，练就过硬本领，着力培养勇于担当民族复兴大任的时代新人。要强化“三全”育人，着力提升高校思想政治工作质量，切实维护高校意识形态安全和政治安全。

为深入贯彻落实党中央和自治区党委及自治区高校工委关于加强和改进大学生思想政治教育的有关文件精神，扎实推进清廉教育进教材、进课堂、进学生头脑，进一步提高清廉教育的针对性和实效性，结合高职高专院校学生实际，我们组织申报了“广西高职学生清廉教育教材体系的建构”课题并获得广西教育科学“十二五”规划2013年度广西高校党建工作研究专项课题立项（课题编号：2013ZZZ045），广西农业职业技术学院焦春红同志担任主持人。《广西高职高专学生清廉教育》是该课题的阶段性成果。鉴于对学生进行清廉教育的重要性和紧迫性，2018年广西农业职业技术学院把《广西高职高专学生清廉教育》教材建设列入学院申获立项的“大力构建‘三全’育人格局，努力培养服务

‘三农’优秀人才”——“三全”育人示范校培育建设项目(桂党高工宣〔2018〕2号)的子项目并给予更大经费支持,以便更好推动学生清廉教育进教材、进课堂、进学生头脑。

本教材坚持理论性、科学性、学术性(创新性)与现实性、艺术性、可读性相统一,贴近实际、贴近生活、贴近学生,突出教材的高职特色、广西民族地方特色、边疆特色。力求使学生乐意读、乐意学,收获大。

本教材具有鲜明的特色:

一是紧密联系我党关于清廉教育的新要求和新思想。《广西高职高专学生清廉教育》体现了习近平新时代中国特色社会主义思想的新要求,体现了党的十九大、十九届中纪委二次全会精神以及《教育部关于在大中小学全面开展廉洁教育的意见》、六部门联合下发《关于加强廉政文化建设的意见》等有关文献精神。

二是紧密联系学生思想实际,关注学生的思想困惑并给予深入浅出的回答。坚持理论联系实际,与时俱进。以强烈的针对性作为本教材的特色之一。要求每讲都要结合所讲内容有针对性地联系读者的思想认识,直面困扰高职高专学生的有关现实问题,并给予有说服力的解答。比如,作为高职学生,将来我不想当官从政,清廉教育对我有何意义?既然清廉对个人、家庭和社会如此重要,为何一些人还是“前腐后继”?当周围的人“一切向钱看时”,个人能独善其身吗?如何看待做老实人有时很吃亏,而投机钻营者被重用提拔的现象?市场经济条件下,“为人民服务”“艰苦奋斗”真的已经过时了吗?如何看待当前的党风廉政建设和反腐败斗争形势?联系这些思想实际作分析,针对性就更强。同时,善于运用鲜活生动的事例说明问题、阐述观点,以切实解决学生清廉教育方面的一些思想困惑。

三是紧密联系学生阅读兴趣和理解能力,《广西高职高专学生清廉教育》在编写体例上力求有所创新。全书共分七讲(包括绪论),每讲设有“基本理论”“解疑释惑”“案例分析”“小资料”“知与行”“课外作业”等内容并配有部分图片。

此外,突出了“四个密切结合”:一是密切结合高职高专教育与高职高专学生的特点。二是密切结合马克思主义民族观教育。三是密切结合扎根边疆、建设边疆教育(鼓励投身营造“三大生态”——“不断巩固发展我区风清气正的政治生态、团结和谐的社会生态、山清水秀的自然生态”,奋力实现“两个建成”——“与全国同步全面建成小康社会，基本建成面向东盟的国际大通道、西南中南地区开放发展新的战略支点、21世纪海上丝绸之路与丝绸之路经济带有机衔接的重要门户”）。四是密切结合爱国主义、国防观念（保卫边疆，巩固边防）教育。

本书适合广西高职高专学生学习清廉教育基本理论和知识使用，也可作为中职学生、本科院校学生、高校党务工作者以及辅导员、班主任等学生工作者学习参考之用。同时，也可作为中学生提高自身清廉素质的课外读物。

编者

2018年8月

目　录

绪论　清廉教育重于山
——清廉教育概述

【导　　语】

加强广西高职学生清廉教育对高职学生的成长成才及其家庭和睦幸福，对促进广西经济社会科学发展、民族团结和边疆巩固具有重要意义。全面、准确理解清廉、清廉教育的内涵及特点，正确把握广西高职学生清廉教育的意义、基本原则和方法，有利于增强广西高职学生清廉教育的自觉性、针对性和实效性。

第一节　广西高职学生清廉教育的内涵

【基本理论】

一、清廉的内涵

要理解清廉教育，首先要明确“清廉”的基本内涵。中国传统文化中清廉思想寓于“仁义礼智信”之中，“仁义礼智信”内在的含有清廉的思想。纵观浩如烟海的古代文化典籍，“清廉”的内涵和意义分散体现在不同的文献之中。传统文化意义上的清廉主要是指清正廉明。仁爱忠恕思想是贯穿古代清廉（清正廉明）思想始终的主线、核心或灵魂，舍弃仁爱忠恕思想则清廉就成无本之木、无源之水。

对清廉内涵的理解要正确把握历史承继性、内容全面性、主体广泛性（清廉绝非仅仅指官员素质，人人皆应追求清廉并修炼为清廉之士）、阶级局限性、社会实践性等特点。

清廉的内涵主要包括四个方面，即清、正、廉、明。

首先，清与浊相对，激浊扬清，含有清正、清廉、清明之义，不正、不廉、不明，非为“清”。清正廉明中，清有“总括”之意蕴、统领之作用、抽象之特质，正、廉、明是清的具体化和形象化。

其次，正与邪相对，有正心、正直、正派、公正、公平、公道、正义之含义。做人或为人要正直、正派；做事要公正、公平、公道；价值追求要崇尚正义；正直、正派、公正、公平、公道、正义之基础和前提是正心。

再次，廉与贪相对，廉者，欲而不贪，见利思义，以义统利，义利统一，公而忘私，大公无私。

最后，明与暗、晦、昏相对，有光明正大、光明磊落、深明大义、自知之明、明辨、明智、理性、英明之含义。做人或为人要有自知之明，要光明正大、光明磊落、深明大义，不搞阴谋诡计；论事或看问题要明辨是非、善恶、美丑（是非不清、善恶不辨、美丑不分，非为“明”）；做事要明智而不愚蠢、理性而不鲁莽，兼听而不偏听。

总之，“清、正、廉、明”四个方面内容的有机联系和辩证统一，构成了“清廉”的基本内涵。

二、清廉教育的内涵

清廉教育是指在一定社会历史条件下，教育主体通过一定的途径方法和手段对教育客体施加有目的、有计划的影响，使其成为社会需要的具有清廉素质的人的社会实践过程。

中国特色社会主义清廉教育是以为人民服务为核心，以马克思列宁主义和马克思主义中国化理论为指导，以集体主义为原则，以社会主义核心价值观为灵魂，以清正廉明为基本教育内容，以培育具有清廉素质的“四有”公民为根本目的的清廉教育。中国特色社会主义清廉教育既是人的思想素质教育，也是人的能力智慧教育；既是促进实现人的社会化之教育，也是和谐与幸福教育；既是廉政文化教育，也是先进文化教育（廉政文化是先进文化的重要组成部分）。中国特色社会主义清廉教育既要继承和发扬我国优秀清廉教育传统，又要借鉴国外清廉教育有益成果。

三、广西高职学生清廉教育的内涵

广西高职学生清廉教育是以广西高职学生为主要教育对象的清廉教育，具有广西民族地方特色、高职特色和边疆特色，是广西高校清廉教育的重要组成部分，是中国特色社会主义清廉教育百花园中需要精心培育的一朵奇葩。

【解疑释惑】

“清廉教育”与“廉洁教育”等同吗？

要全面、正确理解清廉教育的内涵，必须把握清廉教育与廉洁教育的异同。现实中，人们常常把清廉教育等同于廉洁教育，或把廉洁教育等同于清廉教育，这是因为两者皆含有“廉”的教育。其实，从更严格意义上说，“清廉教育”与“廉洁教育”是既有联系，也有区别的两个概念。清廉教育即清正廉明教育包括廉洁教育，但不限于廉洁教育；廉洁教育是清廉教育的重要组成部分。现实中，有这样的人，不贪不沾，洁身自好，可谓“廉洁”之士，但得过且过、不勤政，明哲保身、不负责，此为“廉而不正”，这就需要“清正”教育；也有的人，虽称得上是不贪不沾的“廉洁”之士，但缺乏自知之明、脱离实际、好大喜功，缺乏独立思考和辩证思维、法治思维，偏听偏信，是非善恶不清，昏庸独断鲁莽，此为“廉而不明”，这就需要“清明”教育。总之，“清”就要亮亮堂堂、明明白白，抵污御浊；“正”就要干实事、干好事，祛邪念、不谋虚功；“廉”就要干干净净、处污不染，不贪不沾；“明”就要实事干好，好事干实。清、正、廉、明四个方面互相联结，缺一不可，有机统一，共同构成“清廉教育”的基本内涵，它内在地包含了“廉洁教育”但不限于廉洁教育，而是有更丰富的内涵。

【案例分析】

案例呈现：八桂俊杰雷经天的传奇人生

1904年农历五月廿四日，广西南宁津头村雷家大院，一个可爱清纯的小男孩呱呱落地，他就是南宁辛亥革命的元勋雷在汉之子，名荣璞，号经天。雷经天少年时就读于广西省立第一中学。1919年，16岁的雷经天被选为南宁学生联合会会长，之后就读于厦门大学、上海大厦大学。在中学、大学读书期间，五四运动、五卅运动相继爆发，受当时民主思想和家庭的熏陶，他积极参加社会活动，勇敢地投身到反帝爱国斗争的滚滚洪流，并成为一名中国共产主义青年团员，后由恽代英、贺昌介绍加入中国共产党。从此，他怀着一颗忠于党、忠于人民、忠于祖国的赤子之心，坚定地走上了为实现民族独立、人民解放而英勇奋斗的漫长崎岖的革命之路。

三大革命暴动　彰显英雄本色

雷经天

1926年，雷经天受组织委派到广州黄埔军校工作，任军校政治部宣传科长。后来参加了北伐战争，成为国民革命军中的一员将领。1927年蒋介石、汪精卫等相继背叛革命，分别发动了“四·一二”“七·一五”等反革命政变，疯狂屠杀共产党人和革命分子，汪寿华、陈延年、赵世炎、萧楚女等一大批党的优秀儿女和革命群众倒在血泊之中，国共第一次合作失败，中国共产党人和革命群众被“逼上梁山”。为武装反抗国民党反动派的倒行逆施，雷经天根据组织安排相继参加了“八一”南昌起义、广州起义和百色起义。

八一南昌起义打响了武装反抗国民党反动派的第一枪，起义军南下途中发动了会昌战役并取得胜利，在此次战役中雷经天身受重伤。南昌起义部队于潮汕失败后，他转到香港、澳门治伤。

广州起义前，广州工人暴动负责人周文雍被捕，中共广东省委派雷经天急赴广州接替周文雍参与起义的准备工作。雷经天等在积极参与起义准备的同时，精心谋划、果断机智地把周文雍成功营救出来。1927 年 12 月 11 日，雷经天任广州工人赤卫队总指挥部政治部主任，率领工人赤卫队攻占广东省长公署。13 日浴血观音山，掩护战友撤退。

1928 年 1 月，雷经天被委任为中共广东省委特派员，回广西北海、钦州、南宁等地开展革命活动。1929 年 1 月，中共中央决定成立广西省委(后又改组为特委)，文沛任书记，雷经天、朱锡昂、聂根等为委员。敌人几次到津头村搜捕雷经天，在群众的掩护下均机智脱险。在雷经天领导下，广西特委有力地推动着广西农民运动的发展。12 月 11 日，在邓小平、张云逸、陈豪人、雷经天、韦拔群等的领导下，举行了百色起义，成立中国工农红军第七军和右江工农民主政府。雷经天被中共中央任命为红七军前敌委员会委员并被推选为右江苏维埃政府主席。雷经天作为中共右江特委书记和右江苏维埃政府主席，主持右江苏区的各项建设。他带领干部，深入发动群众，建立县区人民政权、进行土地革命、执行党的民族政策、培养任用少数民族干部、促进妇女解放、积极扩大赤卫军、配合红军肃清匪患。雷经天为巩固和发展右江革命根据地做出了巨大贡献，深受右江人民的爱戴。

三次蒙冤遇挫　凸显信念坚定

雷经天的革命生涯曲折坎坷。1928 年、1930 年和 1931 年曾 3 次被错误地开除党籍，蒙受冤屈，但他对党和人民的忠诚毫不动摇、对共产主义的信念毫不动摇、对民族正义事业的追求毫不动摇，始终如一地跟党走、跟革命队伍不断前进。

1928 年 1 月初，中共广东省委做出了《关于广州暴动问题的决议案》，指责“雷荣璞同志临急欺骗潜逃，应即以开除党籍”。1928 年春，周恩来赶到香港，代表中共中央宣布撤销广东省委决议案，雷经天重新获得党籍。

1930 年，雷经天因反对李立三等关于“红七军离开右江革命根据地，向东发展，打下柳州、桂林”等“左”倾冒险主义的错误指示而被扣上“富农路线和生活腐化问题”“反对扩大红军”“本位主义”“右倾保守”等帽子，被撤销右江特委书记和右江苏维埃政府主席职务，随后还被错误地开除了党籍。虽受到严重的政治打击，但他并未因此消极、悲观，而是跟随红七军转战桂黔湘粤等省，以一个普通战士身份积极参加战斗和乐观开展宣传。1931 年，红七军在江西永新县召开第二次党代会，批判了李立三“左”倾错误，并给雷经天平反，恢复了他的党籍。

1931 年秋第三次反“围剿”胜利，雷经天任红七军肃反委员会秘书，由于中央苏区肃反扩大化，又被错误当作改组派的怀疑对象遭到逮捕，第三次被开除党籍。所幸的是，负责审案的邓发局长了解雷经天的历史，留他在保卫局做审计工作，才免遭杀身之祸。1934 年 10 月，中央红军被迫实行战略转移——长征。雷经天这位没有党籍的“老党员”被编入中央军委干部团当战士。他先后当过文书、侦察员、伙夫，背着一口做饭的大铁锅跟随部队跋山涉水、浴血奋战、九死一生。1935 年 10 月中央红军在历尽千辛万苦之后终于到达陕北，雷经天被任命为中央粮食部秘书科长。1945 年 6 月，中央组织部做出决定恢复其 1925 年 5 月的党籍。10 多年的冤屈得到了昭雪。

依法明断大案　昭彰公正法治

1937 年 10 月 10 日，雷经天主审宣判了轰动延安乃至全国的“黄克功枪杀刘茜”案。黄克功时年 26 岁，15 岁加入红军，参加过井冈山斗争和二万五千里长征。黄克功与女青年刘茜谈恋爱，在延河边逼婚未遂便残忍枪杀了刘茜。黄克功以“资格老，功劳大”提出戴罪立功请求；干部群众提出依法偿命与从轻发落的不同意见。作为审判长的雷经天，坚持深入调查、明辨事实，依法审理、依法宣判，并及时向党中央、毛泽东报告了案情和惩处意见。在公审大会上，雷经天宣读了对黄克功的死刑判决书和毛泽东给他的亲笔信。毛泽东来信说：“共产党与红军，对于自己的党员与红军成员不能不执行比一般平民更加严格的纪律。当此国家危急，革命紧张之时，黄克功卑鄙无耻、残忍自私到如此程度，对他的处死是他自己的行为决定的。一切共产党员，一切红军指战员，一切革命分子都要以黄克功为前车之鉴。”雷经天主持审理的这桩苏区首例大案，在我党我军历史上具有重大现实意义和深远历史意义。黄克功被依法处决后，在延安、西安、太原等地反响强烈，人们盛赞共产党和八路军公正无私、执法如山，人们把中国未来的希望寄托在革命圣地延安这片热土。

1939 年 1 月，雷经天当选为高等法院院长。他为创立边区的司法机构和制度殚精竭虑，提出“八大办案原则”即“廉洁、明辨、公正、正直、果敢、强毅、详细、谨慎”，确立了“调节为主，审判为辅”的新方针，对于稳定边区社会秩序、发展边区社会经济发挥了重要作用。创立了边区监狱管理的新制度：“教育改造为主”“组织案犯参加劳动进行思想改造”的工作方针。领导边区法院依法办案，切实保障边区人民的人权、财权，为抗日战争的胜利，为新民主主义革命的胜利做出了很大贡献，为新中国司法制度的建立做出了奠基性的贡献。

清廉务实为民　体现初心不移

1945 年党的七大以后，雷经天任八路军三支队政委。1946 年，被调到张家口，任中共晋察冀中央局秘书长。7 月被调到山东，任东江纵队政治委员和党委书记。1947 年 8 月，东江纵队改称中国人民解放军华东野战军两广纵队，曾升任司令员，雷经天任政委和党委书记。1948 年 9 月，参加济南战役。11 月，参加淮海战役。1949 年 3 月，参加南下作战。12 月，广西解放后，雷经天调任广西省人民政府副主席。1950 年 6 月，调任中华人民共和国最高法院中南分院院长。

1956 年 6 月，奉命到上海华东政法学院担任院长、党委书记。期间，他坚持实事求是原则，坚决不搞"反右扩大化"，保护了一批干部教工。他关心群众，爱护干部，克己奉公，反对特殊化。当时，学校分配了较好的楼房给他住，他婉言谢绝。外出开会，他也不坐小轿车，而和大家一起坐大客车。炊事员生病，他还亲自去探望。

1958 年 9 月，雷经天出任上海社会科学院第一任院长。这时，他的肝癌已到晚期，他用凳角顶住肝区仍坚持工作。在弥留之际，雷经天拒用珍贵药品，他对医护人员说："我不行了，药品都留给其他同志用。"

1959 年 8 月 11 日清晨，雷经天怀着一颗赤诚的心，怀着一个从未有过动摇的信念，离开了他热爱的党和人民，享年仅 56 岁。12 日，中共上海市委为雷经天举行公祭、悼念。

1984 年 12 月 31 日，经过时任中共中央总书记胡耀邦同志亲自批示，中央纪委正式批准，撤销了 1953 年和 1954 年对雷经天的所有错误处理决定。雷经天的历史问题，终于在 30 年后得到彻底平反。雷经天说："母亲对儿子的惩罚不见得都是对的，但她是为了自己的儿子好，这个愿望总是一致的。"雷经天始终不忘初心、牢记使命，追求真理、不屈不挠，严以律己、清正廉明，虽历尽坎坷、三落三起，但对共产主义的信仰、对党和人民的忠诚坚如磐石，其传奇人生充分体现了一位真正共产党人的坚定信念、为民情怀、不屈斗志、高尚品格和博大胸怀。（参考网页：https://baike.so.com/doc/5612376-5824986.html）

案例分析

雷经天（1904—1959）的一生是为实现人民解放和幸福、民族独立和振兴、国家富强和繁荣而艰苦奋斗的一生，他是无产阶级革命家，是中国共产党法治建设的创始人之一。他信念坚定、为人正直、办事公道、追求公正、崇尚正义、倡行法治，彰显其一生"清正"之本色；他勤俭节约、廉洁奉公、严以律己、反对特殊化，体现其一生"清廉"之品质；他光明磊落、理性忠诚、明断是非、明辨善恶、追求光明、求真务实，凸显其一生“清明”之特质。他无论是组织军民、浴血疆场,还是主政地方、兴利除弊,无论是事业顺利、荣耀似锦,还是阶下为囚、蒙冤遭难,都能以博大的胸怀、坚定的信念、乐观的精神、淡泊的心态对待个人荣辱得失,始终牢记使命、不畏艰险,鞠躬尽瘁、死而后已。雷经天不愧是清正廉明、一心为民的光辉典范,不愧是深受人民爱戴和敬仰的民族脊梁、八桂俊杰。

【小资料】

石灰吟①

于 谦

千锤万凿出深山,烈火焚烧若等闲。
粉骨碎身浑不怕,要留清白在人间。

《石灰吟》是明代民族英雄、政治家、诗人——于谦的一首托物言志诗。于谦从小志向远大,学习勤奋。相传有一天,他来到一座石灰窑前,观看煅烧石灰。只见一堆堆青黑色的山石,经过熊熊的烈火焚烧之后,都变成了白色的石灰。他深有感触,略加思索之后便吟出了《石灰吟》这首脍炙人口的诗篇。于谦年轻时写下的这首诗不只是石灰形象的写照,更是他人生的追求。诗人通过赞美石灰,表达了自己以天下为己任,为了社稷苍生不惜“粉身碎骨”的坚强意志和坚守高洁情操的决心。作者于谦为官清廉正直,曾平反冤狱,救灾赈荒,深受百姓爱戴。明英宗时,瓦剌入侵,英宗被俘。于谦议立景帝,亲自率兵固守北京,击退瓦剌,使人民免遭蒙古贵族再次野蛮统治。但英宗复辟后却以“谋逆罪”诬杀了这位民族英雄。后来,于谦之子于冕上疏为父讼冤,明宪宗亲自为于谦昭雪,将于谦故宅,改为“忠节祠”,遣官祭奠英魂。这首《石灰吟》可以说是于谦生平和人格的真实写照。爱国恤民、清廉正直的于谦一直受到世人敬仰。

【知与行】

3～5个人自由结合成一个学习小组,每人搜集8条清廉教育方面的格言、警句并与小组内其他同学分享学习。

---

① 于谦.石灰吟[EB/OL].[2015-05-02].https://so.gushiwen.org/shangxi_21697.aspx

第二节　广西高职学生清廉教育的必要性和价值

【基本理论】

有人说“清廉教育是针对党员干部的，作为一名高职学生——普通公民，不想当官，也没有条件贪污腐败，清廉教育对自己来说没多大意义。”清廉教育真的就像有的学生所说的那样“没有多大意义”吗？答案是否定的。清廉教育不仅对学生本人以及学生家庭具有重要价值，而且对社会、对国家、对人民来说同样具有重要意义。广西高职学生清廉教育的必要性和重要价值主要体现在以下几个方面。

一、加强清廉教育是广西高职学生成长成才和平安幸福的必要条件

健康成长、早日成才、建功立业、平安幸福是广大学子的共同愿望。然而，现实生活中，有些学生的表现则与实现美好愿望的要求相差甚远，甚至背道而驰。据调查，在高等教育，特别是高职教育大众化背景下，在颓废主义、自由主义、消费主义、享乐主义、拜金主义、物质主义、功利主义、极端个人主义等形形色色错误思潮或腐朽思想的侵蚀等客观因素与主观因素的综合作用下，有的学生不思进取、逃课旷课，有的追求享乐、盲目攀比，有的是非不分、打架斗殴，有的酗酒赌博、荒废学业，有的丧失尊严、寻傍大款，有的迷恋色情、性侵卖淫，有的私欲膨胀、偷窃诈骗……这些现象虽然表现在少数学生身上，但其对学生自身及其家庭和社会的危害性不可低估。产生上述不良现象，究其根源，虽然有主观和客观诸多方面的原因，但对学生清廉教育的不足或弱化不能不说是一个重要因素。因此，为了学生的健康成长、早日成才，为了学生将来能够建功立业、平安幸福，也为了社会的安定和谐进步，对学生进行清廉教育尤为重要。

学生清廉教育(即“清、正、廉、明”教育)首先是“守正教育”，就是教育学生“走正道”，不走“邪路”，做一个正直、正派的人，做一个崇尚正义、有远大崇高理想的人，做一个追求和维护公正、公平、公道的人。人生犹如在大海上远航，人生的航船不能没有方向，没有方向的人生航船，只能随波逐流；人生的航船不能没有正确方向，没有正确方向的人生航船，难免触礁搁浅，甚至船翻人亡，更谈不上抵达理想彼岸。第二，学生清廉教育是“底线教育”，就是教育学生“不变坏”，使学生真正懂得什么是人生不能触碰的“红线”，为什么不能触碰“红线”，如何避免触碰“红线”。第三，学生清廉教育是“向善教育”，就是教育学生不能仅仅满足于“不变坏”，而是“要变好”，就是要追求真善美，摈弃假恶丑。这种积极向上的教育，要使学生追求

"善"，增强社会责任感，即立志成为对社会、对祖国和人民有用的人，成为自觉为人民服务的人，在为人民服务的奋斗中实现人生价值、创造人生幸福；要使学生追求"真"，发扬务实精神，追求真理，崇尚科学，实事求是，不说假话、不谋虚功、诚信不欺；要使学生追求"美"，提高审美情趣，追求高雅生活，塑造美的心灵，营造美的环境，创造美好生活。第四，学生清廉教育是"免疫教育"，就是教育学生不仅"要变好"，而且"要长好"，也就是，通过不断增强精神免疫力，即使当腐朽思想、恶的言行等"精神病毒"不断袭扰时，也能做到不受或少受其负面影响，使自身的正能量更大，积极向上的精神更强，有效抵抗各种不良诱惑，这当然需要提前打好"防疫针"，种好精神"牛痘"，及时补充精神之"钙"，而节制奢欲，尚廉戒贪，勤俭节约，艰苦奋斗等精神的培育必将增强学生的精神免疫力。第五，学生清廉教育是"祛病教育"，就是教育学生一旦感染了不良习性或萌生了邪恶、贪婪、贪腐等不良潜质，就要深刻反思利害、防微杜渐，弥补不足、过而能改，见贤思齐、从善如流。第五，学生清廉教育是"启智教育"，就是教育学生不仅要有自知之明，要光明正大、深明大义，而且要增强分析问题和解决问题的能力和智慧，提升道德认知、选择和判断力，明辨是非、善恶、美丑，做事明智、理性、依法、民主。第六，学生清廉教育是"幸福教育"，就是教育学生不仅要懂得什么是真正的幸福，而且还要学会幸福实现途径和方式方法的正确选择。

总之，缺乏清廉教育之"守正教育"，难免不走"邪路"；缺乏清廉教育之"底线教育"，难免不触碰"红线"而跌入违法犯罪泥潭；缺乏清廉教育之"向善教育"，难免不沾染假恶丑之毒素；缺乏清廉教育之"免疫教育"，难免不被"精神病毒"折磨、摧残；缺乏清廉教育之"祛病教育"，难免不走向堕落与贪腐；缺乏清廉教育之"启智教育"，难免是非不明、善恶不辨、美丑不分；缺乏清廉教育之"幸福教育"，难免在求福的过程中选择失当、招致不幸或灾祸。可以说，清廉教育是学生实现社会化的不可或缺的重要环节，如果缺乏清廉教育，学生的人生之舟就有失去"方向盘""发动机""安全阀""制动器"的危险，就会因迷失正确方向、缺乏前进动力、丧失安全保障、失去有效控制而难以抵达理想的彼岸，难以创造幸福美好的未来。因此，加强清廉教育是广西高职学生成长成才和平安幸福的必要条件。

二、加强清廉教育是增进广西高职学生家庭和谐与福祉的必然选择

任何一个家庭都不希望子女无所事事混日子，怨天尤人不负责，盲目攀比乱花钱，追求享乐谋"啃老"，更不希望子女放纵自己违法纪……千千万万个家庭送子女上高职院校就读，在很大程度上，不仅是为了子女本人的成长成才和未来幸福，而且是因为在子女身上承载着整个家庭未来的希望和美好期盼。因此，加强清廉教

育不仅关系到高职学生成长成才和平安幸福，也关系到高职学生家庭和谐与福祉。例如，加强清廉教育使学生养成勤俭节约、艰苦奋斗的精神，可以有效抵御享乐主义侵蚀，避免盲目攀比的高消费行为，从而可以减轻家庭的经济负担，利于家庭和睦（如果家长含辛茹苦，而子女却在学校攀比挥霍不务学业，岂能家庭和睦和谐）；加强清廉教育使学生形成正直、善良、廉洁、理性和负责任等优秀品格，可以有效防范歪风邪气的袭扰，以学业进步的好成绩和将来事业成功的好业绩来报答家人、反哺家庭、服务社会，从而可以给家庭带来希望、和谐与幸福，也给社会以贡献；加强清廉教育使学生形成"底线思维"、法治思维，坚持通过辛勤劳动创造、合法诚信经营追求幸福，可以有效祛除不思后果、不择手段、一夜暴富的赌徒心态，避免因违法犯罪给家庭带来耻辱和不幸，也避免给社会带来损害。众所周知，震惊全国的周（永康）氏家族、令（计划）氏家族腐败大案的被查处，再次给人们敲响了警钟！

家庭是社会的细胞，每个家庭如果清廉健康向上，勤劳致富，就必然促进社会安定和谐与进步繁荣。加强清廉教育，使广西高职学生争做清廉进步青年，不仅有利于学生的父辈及同辈幸福，也有利于学生的下一代健康成长，因为绝大多数学子将来会步入婚姻殿堂，也会担负起哺育后代的神圣职责。因此，加强清廉教育是增进广西高职学生家庭和谐与福祉的必然选择并且具有深远意义。

三、加强清廉教育是促进广西地方经济社会科学发展和边疆地区长治久安的重要举措

中共广西壮族自治区第十一次代表大会按照中央对广西发展明确的新定位、提出的新要求，从世情、国情、区情发展变化大势的实际情况出发，明确提出了"要不断巩固发展我区风清气正的政治生态、团结和谐的社会生态、山清水秀的自然生态，奋力实现与全国同步全面建成小康社会，基本建成面向东盟的国际大通道、西南中南地区开放发展新的战略支点、21 世纪海上丝绸之路与丝绸之路经济带有机衔接的重要门户"，[①]即着力营造"三大生态"，奋力实现"两个建成"，谱写建党百年广西发展新篇章的战略任务和奋斗目标，从而为广西未来发展指明了努力方向。

虽然，新中国成立后，特别是改革开放以来，广西经济社会及各项事业取得重大成就和进步，人民生活水平显著提高，贫困人口比例显著下降，但是，"在前进的道路上，仍然存在不少困难和问题。主要是：经济总量偏小，人均水平较低，缩小与全国发展差距的任务艰巨；产业结构不合理，城乡区域发展差距较大，开放型经济

① 彭清华. 营造"三大生态" 实现"两个建成" 谱写建党百年广西发展新篇章——在中国共产党广西壮族自治区第十一次代表大会上的报告（2016 年 11 月 21 日）[N]. 广西日报，2016-11-21(2).

水平不高，创新能力不强，转型升级任务艰巨；生态文明建设体制机制不健全，资源环境约束趋紧，发展与保护矛盾凸显，绿色发展任务艰巨；各类人才特别是高层次和高技能人才紧缺的局面没有根本改观，加强人才培养、加快人才集聚任务艰巨；社会事业发展相对滞后，基本公共服务水平不高，农村全面脱贫和保障改善民生任务艰巨；社会治理存在不少薄弱环节，有法不依、执法不严、司法不公等问题还一定程度存在，法治建设任务艰巨；一些党员、干部改革创新意识不强，克难攻坚的思路不宽、办法不多，解放思想任务艰巨；一些地方和部门管党治党不力，少数基层党组织软弱涣散，一些干部消极慵懒、无所作为问题依然存在，党风廉政建设和反腐败斗争任务艰巨。"[①] 因此，营造"三大生态"，实现"两个建成"需要广西各族人民付出更多、更大的艰苦努力，迫切需要具有清廉品质、热爱边疆、献身边疆建设的各级各类人才共同为之奋斗。而占据广西高等教育"半壁江山"的高等职业院校肩负着为广西地方经济社会发展培养高级技术技能型人才的重任，其培养的绝大多数高职学生毕业后将成为营造"三大生态"、实现"两个建成"、促进民族地区经济社会发展的生力军。加强高职学生清廉教育，帮助学生树立清廉生活观、义利观、权力观、金钱观、幸福观等正确人生价值观，提高有效抵御消费主义、享乐主义、拜金主义、功利主义、极端个人主义等思潮侵袭的能力，提高学生务实为民、正直善良、公道正派、勤俭廉洁、进取奉献等优良素质，增强学生热爱边疆、扎根边疆、建设边疆、保卫边疆的自觉性和坚定性，不仅对促进广西地方经济社会科学发展，营造"三大生态"、实现"两个建成"具有重要价值，而且对加强民族团结，巩固边防，促进边疆地区长治久安具有重要意义。

此外，加强清廉教育也是落实"四个全面"战略部署、谱写建党百年广西发展新篇章的必然要求。从党的十八大发出"全面建成小康社会"总动员令，到党的十八届三中全会、四中全会分别做出"全面深化改革"和"全面依法治国"部署，再到党的群众路线教育实践活动总结大会明确"全面从严治党"要求，"四个全面"战略布局日益清晰。2014 年 12 月习近平同志在江苏调研时进一步强调，要"协调推进全面建成小康社会、全面深化改革、全面推进依法治国、全面从严治党，推动改革开放和社会主义现代化建设迈上新台阶。"[①]广西作为西部欠发达地区、少数民族地区和边疆地区，大力推动落实"四个全面"战略部署具有特殊意义。广西高职学生是未来推动落实"四个全面"战略部署的重要力量，因此，加强高职学生清廉教育，使其成为志存高远，献身"全面建成小康社会"的自觉奋斗者，而不是只知道一心营造个

① 央视新闻联播. 习近平在江苏调研时强调 主动把握和积极适应经济发展新常态 推动改革开放和现代化建设迈上新台阶[N]. 人民日报，2014-12-15(1).

人“安乐窝”的享乐主义者；使其成为勇于担当，致力“全面深化改革”的勇敢促进派，而不是面对矛盾和困难，只知道推诿、逃避的自私而可怜的懦夫；使其成为崇尚法治，拥护“全面依法治国”的积极实践者，而不是面对权力、金钱、美色等种种诱惑，只知道乐此不疲而践踏法治的违法犯罪分子；使其成为追求进步，支持“全面从严治党”的先进青年，而不是面对党内存在的某些突出问题，只知道发泄牢骚和不满、玩世不恭的“愤青”，这对于推动落实“四个全面”战略部署具有不可忽视的重要意义。

【解疑释惑】

有人说：“作为高职学生，将来我不想当官从政，因此，清廉教育对我意义不大。”对上述观点，你有何看法？

早在2007年，教育部就下发文件，明确提出了在大中小学全面开展廉洁教育的指导意见。文件指出：“大中小学是培养人才、传承文明、建设先进文化的重要基地，担负着培养社会主义合格建设者和可靠接班人的重任。在大中小学全面开展廉洁教育，是面向全社会开展反腐倡廉教育的重要组成部分，是加强青少年思想道德教育的必然要求。各级教育行政部门和学校要站在确保中国特色社会主义事业代代相传、长治久安的战略高度，以对党的事业高度负责和对青少年学生健康成长高度负责的态度，充分认识在大中小学全面开展廉洁教育的重要性和必要性，认真做好这项工作。”①根据文件提出的在大中小学全面开展廉洁教育的要求，高职院校作为高等教育的重要组成部分，当然也不例外。高职学生要成为社会主义合格建设者和可靠接班人，无论将来从事何种职业，清廉教育都是必不可少的。清廉不仅是对党员干部的基本要求，而且是每个公民应该具备的基本素质，青少年学生是祖国的未来和希望，为确保中国特色社会主义事业代代相传、长治久安，在包括高职院校在内的所有大中小学全面开展廉洁教育不仅重要而且十分必要。

不可否认，将来如果从政，因为担负的责任也许更大、受到的各种诱惑会更多，清廉品行更加不可或缺。其实，任何有利于社会文明进步的职业都需要清廉之士，唯有清廉之人才能真正做到敬业奉献、诚信友善，才能真正做到公道正派、诚实劳动，才能真正做到公私分明、远离贪腐，才能真正做到明辨是非、选择正道。如前所述，加强清廉教育是广西高职学生成长成才和平安幸福的必要条件，是增进广西高职学生家庭和谐与福祉的必然选择，也是促进广西地方经济社会科学发展和边疆

① 教育部.关于在大中小学全面开展廉洁教育的意见(教思政〔2007〕4号)[EB/OL].(2007-03-30)[2015-05-02].http://www.gov.cn/zwgk/2007-03/30/content_566681.htm

地区长治久安的重要举措。“作为高职学生,将来我不想当官从政,因此,清廉教育对我意义不大”的思想观点,反映了对清廉教育对象的广泛性认识不足,也反映了对清廉教育之于每一位高职学生及其家庭和社会的重要意义认识不足,因而是片面的、不正确的。

【案例分析】

案例呈现:广西女大学生村干部梁丽娜:带领全村发展致富[①]

梁丽娜,一名“85后”女硕士,是广西陆川县乌石镇陆河村党支部书记、第十二届全国人大代表。自2011年7月从广西师范大学毕业后,梁丽娜回到家乡做起了村干部。一年后,在村支部换届选举中,梁丽娜全票当选为党支部书记。

经过近两年的基层锻炼,如今的梁丽娜成熟了许多,她一直坚持的梦想,仍然是带领全村发展致富。

先当“小学生”再做“研究生”

“我虽然自小在农村长大,在学校也掌握了一定的理论知识,但我对农村许多事情的了解还远远不够。决定回村工作时,我就深刻明白,不能把自己当成研究生,而要当自己是‘小学生’,要虚心向长辈们学习,甚至每个群众都有值得我学习的地方。”先当“小学生”再做“研究生”,这是梁丽娜“当家经”里最重要的一条。

为了弥补基层工作经验不足,梁丽娜总是虚心向别的村支书学习。一年里,她先后到乌石镇的谢鲁村和沙井村、博白龙潭镇的长岭村、北流白马镇的茶新村、广东文楼镇的大栢村和甲龙村等地参观学习,学到了不少如何当好一个村支书、如何管理好一个村、如何发展村级经济的经验和方法。

“我缺乏基层工作经验,所以就更注重与班子成员的团结,遇事与大家多沟通、多协商,召开支委会、党员大会,在研究讨论后才做出决定。”梁丽娜告诉笔者。

“‘走得’‘说得’‘累得’‘饿得’‘受得’是当村干部必须炼好的五大基本功。”梁丽娜始终不忘上任后第一次下村时村主任陈耀忠跟她说的话。为尽快进入角色,梁丽娜花了3个月的时间和精力走家串户与农民打交道,了解村里的基本情况。如今,梁丽娜已经是村情“活字典”,只要问起陆河村情况,哪家住村东哪家住村西,哪家贫哪家富,她如数家珍。

---

① 王家增. 广西女大学生村官梁丽娜:带领全村发展致富[EB/OL]. (2013-05-24)[2015-05-02]. http://www.54cunguan.cn/gx/fengcai/2013/0524/39623.html

点燃村庄发展“三把火”

陆河村地处山区，交通不便，经济长年没有得到发展。上任后的梁丽娜，开始认真规划村里的发展，最终决定要烧起“三把火”：抓基础设施建设、发展规模种养以及文化教育。

“要致富先修路”，梁丽娜借“陆川县2012年村屯道路硬化建设大战”之风，硬化好该村屯道路1 580多米。此外，陆河村建立和完善了村卫生所和五保新村，目前在建村级公共活动中心。

由于村里缺少农田灌溉基础设施，群众在梁丽娜的动员下种植旱地花生。“我们村在2012年上半年共种植花生200多亩，花生获得了丰收，花生榨油可以卖到20～23元/斤，一亩地大概有2 500元收入，这既利用好了旱田又增加了农民的收入。我们村干部也帮忙联系学校推销花生油，减少了农民在销售上的困难，群众都很满意。”梁丽娜开心地说。

陆河村山多地少，怎样才能最大程度提高村民收入？梁丽娜开始做起了山上文章。通过积极争取上级有关部门的支持，陆河村获得了1.5万株沉香树苗，种植面积达120多亩。她还联系到国林（玉林）沉香专业合作社的老板，免费为群众提供技术指导。梁丽娜还带领村委和林木老板积极协商，达成了收购成木的协议，解决了销路问题。预计5～6年树木可以成才回收，到时候每棵树可值300元以上。

“知识改变命运，教育成就未来”是梁丽娜坚信的理念。上任后，她非常重视家乡教育，主动提出让村委会设置成绩优秀奖学金制度，若陆河小学的学生考上重点中学，每人奖励1 000～2 000元不等的奖学金。而奖励所需的资金由每届支书负责牵头筹备，并将之作为陆河村党总支部考核每届支书办事能力的一项长效机制。同时，她还申请项目资金，对陆河小学的陆六分校和双社分校进行危房改造，让村里的小孩能在更好的环境里读书学习；建立了小学教师宿舍，改变了过去一放学教师就往家里赶的情况，让老师们能够安心工作和生活。梁丽娜非常关心陆河小学的教师，尤其是特岗教师，经常到学校看望他们，还给他们送去自己种的菜。“我们这个地方比较偏僻、条件又苦，我其实是有私心的，特别想留住这些年轻的优秀教师呢！”梁丽娜俏皮地说。

青春挥洒绿色原野，梦想注入泥土芳香。谈到自己的梦想，梁丽娜很坚定：“梦想不一定要到大城市去实现，农村也有广阔的天地，也是我们大学生干事创业的沃土！带领村民过上好日子，就是我最大的心愿！”

案例分析

到新中国成立一百年时，要彻底改变广西欠发达面貌，建成富强民主文明和谐美丽的现代化广西，农业、农村是薄弱环节，农业发展、农村进步需要大批有理想信念、有知识技术、有奉献精神、有清廉品质的优秀高校毕业生为之奋斗。广西女大学生村干部梁丽娜带领全村发展致富的事迹是投身广西农村广阔天地、建功立业的千千万万知识青年的一个缩影。“梦想不一定要到大城市去实现，农村也有广阔的天地，也是我们大学生干事创业的沃土！带领村民过上好日子，就是我最大的心愿！”梁丽娜这饱含深情、朴实无华的语言，道出了有志献身农业、农村发展事业的青年学子的共同心声。时代召唤更多优秀大学生，为实现农业现代化和农村富裕文明，贡献聪明才智和青春力量。

【小资料】

柳宗元造福柳州[1]

柳宗元，字子厚，祖籍唐河东郡（今山西永济）人。著名的政治家、思想家和文学家。他是唐代古文运动倡导者之一，与韩愈等八人史称唐宋八大家。他为官清廉，深知民间疾苦，颇受百姓爱戴。

柳宗元塑像

贞远二十一年（805 年），他参加主张政治革新的王叔文集团，革新失败，被贬为永州司马。十年后改贬为柳州刺史，故又称柳柳州。当时他的好友刘禹锡出任播州（今贵州遵义）刺史，朝令已下，他对人说：“刘禹锡有母且年事已高，播州乃蛮方西南绝域。非人所能住，如何与母偕行，如母亲不去，即成永别。”出于对朋友的同情，他宁愿自己吃苦受罪，于是写奏章奏请与刘禹锡对调。当时朝廷觉得刘禹锡母亲年事已高，不宜远任，改授连州（今广东连县）。

岭南的柳州在唐代属于僻远之地。柳宗元到柳州，兴办学堂，把已经废弃了多年的“府学”重新修复起来。柳州百姓吃水用水很困难，他破除了当地不能破土打井的迷信，率民众打井供水。至今柳州民间还流传着“三川九漏（井）”的传说，说的就是柳宗元打井的故事。他还亲自栽种各种中草药，向人宣传防病治病知识。他

① 林岩、王蔓．中国古代廉政文化集粹［M］．北京：中国方正出版社，2009：131-132．

组织闲散的劳力开垦荒地，有的开成菜地，有的辟为水田，有的种上树木和竹子。他曾亲自在柳江边上栽柳，在城西北柑橘树。在治民方面，他坚持以正面教育为主，不是简单按法律惩处。如有几名百姓争斗成讼，他一番道理让双方分清曲直便予结案，并没有处罚任何一方，双方都心悦诚服。经过几年的精心治理，柳州人的精神面貌焕然一新，经济文化也都有了可喜的变化。

由于操劳过度，四年后，柳宗元病逝在柳州。他为官清廉，以致无钱治丧，多亏好友相助，他的家人才能将灵柩运回，归葬先人之墓地。柳州人民深切地怀念这位克己奉公、爱民如子的刺史，传说他已成为罗池之神，得到柳州人民的世世供奉。

编者感言：柳州人民之所以至今仍敬仰和怀念柳宗元，是因为柳宗元在广西柳州任刺史时，虽身处逆境而不忘百姓，不辞辛苦、为民造福，清正廉明、兴利除弊，是古代官吏中勤政廉政的典范之一。兴学，打井，开荒等体现了其克己奉公、为民造福之清正爱民的品格；秉持公道，调处矛盾，善断讼案体现了其清明利民的品行；柳宗元病逝后无钱治丧，体现了其一生甘守清贫，清廉惠民的品质。虽然，柳宗元治理柳州难免带有阶级和时代的局限性，但他的清廉操守和为民情怀是值得后人学习、继承和发扬的。

【知与行】

请登录“大学生村官网”，点击“身边星光”栏目。请把你最喜欢的大学生村官清廉为民故事讲给同学听一听。

“大学生村官网”参考网址：http://www.dxscg.com.cn/sbxg/201502/t1989792.shtml

第三节　广西高职学生清廉教育的基本原则和方法

【基本理论】

一、清廉教育的基本原则

清廉教育坚持什么基本原则，关系到清廉教育的根本方向、根本目的和根本性质，体现清廉教育主体的根本立场。清廉教育作为思想上层建筑或意识形态的重要组成部分，归根到底是由经济基础决定的。在地主阶级土地私有制占主体的封建社会，其清廉教育的根本目的在于维护封建统治秩序，维护地主阶级的整体利益、根本利益和长远利益，在等级分明、特权盛行、“刑不上大夫”的封建时代，虽有清官贤士，但也只能是凤毛麟角，“朱门酒肉臭，路有冻死骨”，“三年清知府，十万雪花银”是封建时代的生动写照。在资产阶级私有制占主体的资本主义社会，其清廉教育的根本目的则是维护资产阶级统治秩序，维护资产阶级的整体利益、根本利益和长远利益，在金钱决定一切，金元政治大行其道，个人主义、消费主义、享乐主义、功利主义盛行的资本主义时代，虽不乏清廉范例，但也难掩诸如直击贪婪资本巨头的“挺进华尔街”运动的吼声以及竞选中金钱与权力联姻带来的乱象和不公。

在以公有制经济为主体、人民当家做主的社会主义社会，其清廉教育的根本目的则是培育具有清廉素质的“四有”公民以维护最广大人民的根本利益和长远利益、促进人的全面自由健康发展与经济社会科学发展。尽管我国由于种种原因仍然存在一些损害人民群众利益的现象，甚至是腐败现象，但中国共产党的性质和宗旨以及人民民主专政的社会主义国家性质，决定了党和人民与损害人民群众利益的行为，尤其是与腐败行为水火不容，决定了中国特色社会主义清廉教育为人民的先进性、坚持唯物辩证法的科学性、与一切剥削阶级腐朽思想决裂的彻底性。

2007 年教育部发布了《关于在大中小学全面开展廉洁教育的意见》(教思政〔2007〕4 号)，文件指出：“在大中小学全面开展廉洁教育的基本原则是：①坚持与青少年思想道德建设相结合。②坚持与和谐校园建设相结合。③坚持与师德建设相结合。④坚持与大中小学生的受教育程度和认知能力相结合。做到大中小学廉洁教育区分层次、整体衔接，注重实效，防止形式主义，增强教育的针对性和吸引力。”[①]在大中小学全面开展廉洁教育的基本原则是必须坚持的、具有重要宏观指导性的原则。而具体到广西高职学生清廉教育应坚持怎样的原则，不同的人也许会有不同的看法。由于广西高职学生清廉教育属于我国社会主义清廉教育的范畴，其遵循的基本原则必须体现社会主义清廉教育的性质，同时也应体现广西高职学生清廉教育自身的特质。具体来说，广西高职学生清廉教育应坚持以下三项基本原则：

(一)以人为本原则

广西高职学生清廉教育要坚持以人为本原则，就是要坚持以广西高职学生为本。清廉教育要有利于促进高职学生的全面发展、健康发展和可持续发展，要致力于为学生的一生发展进步和平安幸福锻造清廉“护身符”，要致力于为学生更好明辨是非、善恶、美丑配制“火眼金睛”，要致力于使广西高职学生成为崇尚清廉、学习

① 教育部.关于在大中小学全面开展廉洁教育的意见(教思政〔2007〕4 号)[EB/OL].(2007-03-30)[2015-05-02].http://www.gov.cn/zwgk/2007-03/30/content_566681.htm

清廉、践行清廉的中国特色社会主义事业合格建设者和可靠接班人，成为真正具有清廉素质的技术技能型国家有用人才。

（二）人民至上原则

广西高职学生清廉教育要坚持人民至上原则，就是要坚定地站在广大人民群众的立场上开展高职学生清廉教育，把实现好、维护好、发展好最广大人民的根本利益作为清廉教育的出发点和落脚点。为此，必须把为人民服务、为社会主义服务作为清廉教育的根本价值取向，把热爱边疆、建设边疆、造福边疆、保卫边疆作为清廉教育的重要内容，把正确处理个人梦与中国梦的关系以及正确处理个人利益、集体利益和国家利益的关系作为清廉教育的基本要求，反对拜金主义、拜权主义、享乐主义、极端个人主义等各种错误思想和行为。

（三）求实创新原则

广西高职学生清廉教育要坚持求实创新原则，也就是，一方面清廉教育要坚持求真务实，即一切从学生思想和生活实际出发，实事求是，以马克思主义唯物辩证法为指导，不断探索、发现、尊重和运用高职学生马克思主义清廉观形成、发展和变化的规律以及高职学生清廉教育规律，做到按规律办事，增强学生清廉教育的科学性，克服清廉教育的盲目性；另一方面清廉教育要坚持开拓创新、与时俱进，即不断根据教育具体对象、教育对象的思想状况及其变化、教育环境的变化等情况，不断创新学生清廉教育的理念、载体、方式和方法，促进学习清廉之理论与践行清廉之实践有机结合，努力实现学生清廉认知、清廉情感、清廉信念、清廉意志、清廉行为的有机统一，提高清廉教育的针对性和实效性。总之，要坚持把清廉教育创新之“变”与清廉教育规律之“不变”辩证统一起来，把清廉教育的针对性、生动性与清廉教育的科学性、学术性有机结合起来，着力提高清廉教育的实效性。

二、清廉教育的基本方法

清廉教育无定法，重在得法，贵在创法。清廉教育的具体方法因人、因时、因事、因境而变，可谓多种多样。做好高职学生清廉教育，首先要把握清廉教育的基本方法。

（一）注重理论学习

加强清廉理论学习是清廉教育的基础。全面、深刻、系统地进行清廉理论学习，是学生逐步形成马克思主义清廉观，成为清廉之士、堪用之才的重要前提和基础。面对纷繁复杂、诱惑多样的现实生活，能否站稳正确立场，保持清廉，需要不断做出判断和选择，而正确的判断和选择，有赖于认识上、思想上和理论上的清醒和成熟，而认识上、思想上和理论上的清醒和成熟则离不开坚持学习清廉理论知识、学习清廉人生智慧、学习清廉历史经验、学习清廉范例楷模、学习清廉纪律法规、学习清廉警示材料等。只有通过不断学习，在思想上真正认识到清廉的价值和意义以及背离清廉的危害，真正学会辨别是非、善恶、美丑，真正学会分析、判断并做出正确选择，才能为清廉人生奠定良好基础。

（二）加强实践锻炼

加强清廉实践锻炼是清廉教育的重点。清廉教育重在实践，贵在知行统一。清廉理论学习的目的在于应用，即运用清廉理论指导清廉实践。清廉理论学习的效果也需要清廉实践来检验。清廉实践是从清廉认知到逐步形成清廉习惯和清廉素质的必经之路和必要环节。加强清廉实践锻炼要从小事做起，从点滴做起，“勿以恶小而为之，勿以善小而不为”（《三国志·蜀书·先主传》裴松之注）。

（三）营造良好环境

营造良好校园、社会及家庭教育环境是清廉教育的重要条件。任何人都生活在一定环境之中，或多或少都受所处环境的影响。风清气正的良好环境有利于人们清廉品质的养成，而歪风邪气盛行的环境则有害于人们清廉品质的形成。因此，要着力营造积极向上、风清气正、崇尚清廉的校园、社会及家庭教育环境，为青少年的健康成长创造良好条件。

营造良好环境，人人有责。环境虽然对每个人都有影响，但每个人也对环境产生影响。既要承认和重视环境对人的影响作用，同时也要重视发挥人在改造环境中的主观能动性。人不应被动、消极地适应环境而成为环境的奴隶，人应该发挥主观能动性去影响、改变环境，努力让环境成为清廉之花盛开的香美宜人之境。

（四）倡行终身修养

倡行终身清廉修养是清廉教育的关键。一个人一生中，在一时一事上做到清正廉明，也许并不难，难的是一生不染污浊、不陷邪恶、不入贪腐、不堕昏暗，即难的是一生一世清廉。如何做到一生一世清廉呢？在任何时候、任何环境下都保持清廉本色不变，不仅需要清廉认知、清廉情感，更需要清廉信念和清廉意志，而清廉信念和意志的形成绝非一日之功，需要自觉的、持续的、终身的清廉修养。因此，倡导践行终身清廉修养是确保一生清廉的关键。

【解疑释惑】

孟子说：“近墨者黑，近朱者赤”（《孟子·滕文公章句下》）。对此，你有何看法？

“近墨者黑，近朱者赤”比喻接近好人可以使人变好，接近坏人可以使人变坏。

指客观环境对人有很大影响。在人的成长过程中,特别是人生价值观尚未完全形成的青少年时期,环境因素作为外因起着不可忽视的重要作用。因此,必须高度重视改善人的社会生存、生活、学习、教育和工作环境,这是实现人的全面发展的外在条件。另外,也要重视发挥人在改造主观世界和客观世界中的主观能动性,人不应成为环境的奴隶,而应成为环境的主人。正如毛泽东所言,外因是变化的条件,内因是变化的根据,外因通过内应而起作用。因此,在重视和强调环境对人有很大影响的时候,不要过分夸大环境的影响作用而陷入宿命的"环境决定论",其实,"近墨者未必黑,近朱者未必赤",关键看自身修养程度。同时,在强调重视发挥人的主观能动性以改造或塑造环境时,也不要脱离实际地过分夸大人的主观能动性之作用,发挥人的主观能动性必须以尊重客观规律为前提,否则,会陷入主观唯心主义。"环境造人"与"人造环境"是辩证统一的。若处在比较污浊的生活环境中,要学习莲花,出淤泥而不染,把美丽献给人间;若处在比较严酷的生活环境中,要学习梅花,不畏严寒,把春天的希望报给世人;若处在比较清洁的生活环境中,要学习蜜蜂,勤奋地采花酿蜜,把甘甜献给社会。

【案例分析】

案例呈现:《爱莲说》孕育出的"百年清官村"①

北宋思想家周敦颐的《爱莲说》是一篇清雅脱俗的议论散文,《爱莲说》倡导的"出淤泥而不染,濯清涟而不妖"为人处世道理,孕育了一个"百年清官村"——桂林市灵川县江头洲村。

世代爱莲的家族

据《灵川县志》和江头村族谱记载,江头村周氏村民为北宋文学家、哲学家、理学创始人周敦颐的后裔。明朝洪武戊申年(公元 1368 年),周敦颐第 14 代后裔周秀旺,从周敦颐的故里湖南营道县(今湖南道县)楼田堡宦游南下,进入广西后,于江头洲建村定居,迄今江头洲已有 600 多年历史。

周氏家族在生息繁衍过程中,逐渐形成了家族文化——爱莲文化。莲花,大自然中一种极普通的植物,然而周敦颐在传世名篇《爱莲说》中,盛赞它品格高洁,"出淤泥而不染,濯清涟而不妖,中通外直,不蔓不枝,香远益清,亭亭净植,可远观而不可亵玩焉"。

① 李绪君.《爱莲说》孕育出的"百年清官村"[EB/OL].(2013-09-13)[2015-05-02].http://www.gxjjw.gov.cn/article/2013/0913/article_68300.html

江头洲周氏家族秉承先祖周敦颐的理学精髓，尤其推崇《爱莲说》中的哲理。他们以“爱莲家族”自称，以莲花的高洁品格作为立世准则，莲花成了周氏家族的崇拜“图腾”。

最能反映其文化的是村头的一座宏伟的祠堂，它是村中周氏家族的宗祠，悬挂一匾，写着“爱莲家祠”。祠内众多的楹联铭文，内容多为教育周姓子弟要清俭做人、廉洁为官的祖训。

爱莲祠

在周氏家族的各家各户，也处处呈现出爱莲文化，爱莲文化已成为其家族最稳定的内核。

历史上，江头洲不但有一个种满莲花的“爱莲池”，村民们还环绕全村种了许多莲花。每到夏季，莲花盛开，清香弥漫全村，村民们乐赏莲花的同时，性情上也受到莲花的陶冶。

尊学重教的村风

周氏家族建村以来，就极其重视对族中子弟的教育，“人无贵贱，无不读书”，“孝友沉笃，致力于学”。村民们劳垦经商赚来的钱，不是用来置房购地，而是送子求学。宗祠一般的首要功能是祭祀祖先，但周氏子弟却把爱莲祠办成本村“勉教实行”、培育人才的中心。爱莲家祠里，“先代贻谋由德泽，后人继述在书香”等对联及“心诚功就，水滴石穿”等字画，潜移默化着一代代周家子弟的心灵。江头洲村通过外请名师授课、推送学子外出深造、教学互访、与名士联姻等方式，促进了思想、文化、人才的交流，对周家子弟成才起到了积极的作用。据统计，曾经授业江头洲的名士近 200 人，有两广总督、直隶总督刘长佑，广西巡抚、云贵总督张月卿等。

周氏后人晴耕雨读，春耕冬读，秀者抱经，朴者负耒，众多寒门在这种耕读的氛围下崛起于阡陌垄田之中。爱莲家祠，既是周氏家族的活动场所，也是周氏弟子的学堂。哪家孩子，一到了适龄，都要送来读书。中国几千年里重男轻女，“男女授受不亲”，然而，在求学方面，周氏家族却极为开明，允许女童入学，为此还专门建造了一座房屋，供女孩子读书，称“闺女楼”。

江头洲周氏家庭曾经“族规治家，施行笞罚”，家庭始终坚持“规行矩步，奉莲指教”，力行奖罚分明。只要有人金榜题名，全族人必举行隆重的宴会庆贺，并在护龙河畔古道旁竖碑示众，名为“甲石碑”。若是出仕为官，则在他家的房屋大门上悬挂所任官职的匾牌，表示荣耀。对功名成就、政绩显著和品行高尚者，通过树碑、立传等方式加以表彰，激励族中后人向他学习。对那些违规犯错、有劣迹丑行的周家子弟和离经判道者，则责令其到村西的五雷庙跪拜，直至洗心革面，改邪归正。

《周氏家训》进一步弘扬了爱莲家风。爱莲文化，概括起来就是"真诚、和谐、积德、行善、奉献"。

在家族的推崇下，苦读书，求功名，成为周氏子弟的风尚。至清末100多年间，江头洲共出了进士8人、举人31人、秀才200多人，出现了"父子进士"、"四代举人"等科举奇迹。

清官辈出的莲苑

科举及第之后，大多出仕为官。乾隆四十四年(1779年)至清末130多年间，江头洲共有168人出仕为官，有的家庭甚至"三代庶吉士""四代翰林""五代知县"，其中七品以上官员70多人，曾有16人在朝廷各部任职，最高官职做到两江总督。因此，江头洲村又有"中国科举仕宦第一村"之称。

周敦颐高尚清白君子情操的浸染，周氏家族绵延数百年爱莲文化的熏陶，深刻影响着子孙的为官之道。江头村人以先辈的高尚品行勉励自己，忠君爱民，清白做人，廉洁为官。他们到全国各地乃至朝廷为官，一直坚守自己的爱莲家风，勤政爱民，廉洁奉公，出仕为官的168人无一人因为不清廉受到惩处。而且，他们廉政爱民的故事在许多地方一直流传。

举人出身的周履谦，历任四川梁山县等多地知县，他以"贪一文绝子灭孙，冤百姓男盗女娼"自律，克己奉公，劳累过度病逝时"内无余帛，外无赢财"。当地居民为之感动，捐钱为他买了棺柩，并不远万里，护送回江头洲安葬。族人特地将他的座佑铭刻作墓志铭，以志其清廉。

进士出身的周冠，先在翰林院任职，后到河南汝宁任知府，光绪壬午年(1882年)，河南中州闹荒灾，瘟疫横行，他"捐薪施粥赈药，救活布衣2 000余人"，被称为"救命大夫"。

翰林出身的周启运，任职期间，"兴农事，除水患，重教化，修义学，捐薪俸，救良民"，林则徐视察河南时称赞他"循良第一"。

这就是江头洲的不凡与伟大，它既是一个官宦之村，又是清官之村。

"有人会以为，爱莲文化只是封建科举文化，这是片面的。爱莲文化追求的是人格的提升，心灵的净化，走出这么多官员，只是它的结果之一。"村中导游自豪地介绍说。进入近代社会，科举废除，爱莲文化依然为江头洲培养出许多杰出人才和仁人志士。

周瑞琦，毕业于燕京大学的高才生，1919年"五四运动"爆发，他是组织游行示威的学生首领之一，当局对列强的软弱，让他感到悲愤，后舍身投河以明志，全国震惊。

今天的江头洲村，明清建筑风格保留得十分完好，全村有100余座房舍，600多间清一色的明清古民居，群宇雄伟壮观，纹饰精美绝伦。2006年5月被国务院公布为“全国重点文物保护单位”，6月江头洲爱莲文化入选“广西非物质文化遗产名录”。

爱莲文化使江头洲村享有广西古村“历史文化古迹第一、名人数量第一、清官数量第一”等美誉，它留给今人的，还有更多的沉思。

案例分析

广西灵川江头洲村享有广西古村“历史文化古迹第一、名人数量第一、清官数量第一”等美誉，有其深刻的历史文化渊源。江头洲村，清官辈出，可谓清廉教育的典范。江头洲村以“爱莲家族”自称，以莲花的高洁品格作为立世准则，莲花成了周氏家族的崇拜“图腾”，家家户户热爱莲花、追求清廉高洁，尊学重教、文化启智，族规严明、奖罚分明，从物质、精神、规矩到生活的各个层面精心营造爱莲文化，爱莲文化已成为其家族最稳定的内核，全村长久处于爱莲文化的熏陶之中。同时，重视把莲花“出淤泥而不染”的特质自觉融入家族成员的一言一行之中，说明江头洲村人重视发挥人自身内在的主观能动性，不随波逐流，不以私害公，崇尚洁身自好，为民谋利。因此，江头洲村之所以人才辈出、清官辈出，虽然可以列出多条原因，但究其育人成功的根本，在于能够把外因与内因相结合，把爱莲文化环境育人与强调修身律己慎独相统一。

【小资料】

第一批广西廉政教育基地(共20个)①

第一批广西廉政教育基地大多数被授予为全国或广西爱国主义教育基地、重点文物保护单位、红色旅游经典景区等称号，配备有丰富的廉政历史文物、图片资料，廉政主题鲜明，特色突出，具有较高的廉政教育价值。这些基地包括：

南宁市：(1)邓颖超纪念馆；(2)南宁市廉政教育基地(南宁市委党校)。柳州

① 中共广西壮族自治区纪律检查委员会办公厅.关于命名第一批广西廉政教育基地的通报(2013年1月24日)［EB/OL］.(2013-02-20)［2015-05-02］.http://www.gxjjw.gov.cn/staticpages/20130220/gxjjw51242e72-82638.shtml

市:(3)柳宗元纪念馆;(4)柳州监狱警示教育基地。桂林市:(5)红军长征突破湘江烈士纪念碑园(兴安县);(6)周渭祠(恭城县)。梧州市:(7)太平天国永安历史文物陈列馆(蒙山县)。钦州市:(8)钦州党员干部警示教育基地(钦州监狱)。玉林市:(9)李明瑞俞作豫烈士纪念馆(北流市)。百色市:(10)百色起义纪念馆;(11)右江工农民主政府旧址(田东县)。贺州市:(12)中共广西省工委旧址纪念馆(昭平县黄姚古镇)。河池市:(13)东兰革命传统教育基地(韦拔群纪念馆、韦拔群故居、东兰县革命烈士陵园、广西农民运动讲习所旧址——列宁岩、红七军前敌委员会旧址——魁星楼);(14)于成龙廉政文化基地(罗城县);(15)凤山革命烈士公园。崇左市:(16)龙州起义纪念馆(龙州县);(17)崇左市大新廉政教育基地(大新县委党校)。自治区民政厅:(18)广西烈士陵园。自治区国家税务局:(19)广西国税系统廉政教育基地。自治区监狱管理局:(20)南宁监狱警示教育基地。

红军长征突破湘江烈士纪念碑园

【知与行】

1.广西纪检监察网已推出“广西党风廉政教育基地网上展览”专题。请登录广西纪检监察网观看广西党风廉政教育基地网上展览并谈谈观看后的个人体会。

“广西党风廉政教育基地网上展览”参考网址:http://www.gxjjw.gov.cn/zt/jyjd/index.html

2.如果条件允许,也可以以班为单位或分小组就近实地参观广西廉政教育基地。

【课外作业】

请利用课外时间,以小组(3~5人)为单位,开展一次调研活动,根据调研获得的数据、图片、记录等信息资料,制作成PPT课件,向班级同学汇报。调研题目:广西某某高职院校学生在清廉方面存在的主要问题、成因及其对策。

第一讲　清廉教育古今谈
——清廉教育的历史经验与镜鉴

【导　　语】

华夏民族以悠久的文明史而著称于世。上下五千年挥洒着华夏儿女的汗水，同时也孕育着无穷无尽的智慧，一直繁衍传承。历史的今天，当我们畅谈清廉教育并追溯其发展演进的历史时，必须立足于其发展的不同阶段，将华夏先人各时期所贡献的清廉智慧复归于当时主流社会形态之中加以考量、探究。追寻历史的印记，审视古代口传身教之法，去感受古人清廉之风，这是我们智慧的不竭之源。

第一节　中国古代的清廉教育

【基本理论】

一、古代清廉教育的目的和作用

（一）原始社会

在华夏民族繁衍生息的这片土地上，自阶级社会产生以前的人类历史，我们称之为原始社会（约 170 万年前—公元前 2070 年）。由 170 万年前的元谋人、80 万年前的蓝田人、40 万～50 万年前的北京人、2 万多年前的山顶洞人发展而来，历经母系氏族、父系氏族直至我国第一个部落国家——夏的建立。先人们从少数人散居的生活状态逐渐发展到以姓氏为纽带的大群居时代，个人、氏族、部落是原始社会发展的三个阶段。此时的人类以抵御自然、繁衍生息为首要目的，一切日常生活劳作而来的习惯、风俗都围绕着这个目的产生、传播。如共同劳作，收获平分并照顾氏族中的老幼和丧失劳动能力的成员，又如一些流传至今的神话传说：女娲补天、神农尝百草、精卫填海、愚公移山等都蕴含了质朴的大公无私的思想。

这些原始朴实的大公无私的习惯、风俗应是人类清廉教育的初始形态。原始个体很好地融入氏族或部落，它帮助先人们团结起来共同抵御大自然的威胁，极大地增强了生存的概率。这种朴实的清廉教育模式与原始社会的社会生产很好地结合在一起，共同促进华夏民族走向文明。

（二）阶级社会

自公元前21世纪部落国家——夏的建立，阶级社会出现了，其始于奴隶社会，兴于封建社会，没落与近代的半封建半殖民地社会。在此所述之阶级社会，主要以奴隶社会和封建社会为参照，起点为公元前2070年至终点1840年，至于半封建半殖民地社会则放在近代论述。阶级社会清廉教育的鼎盛时期在封建社会，由奴隶社会的风俗习惯衍生而来。初衷是培养“君子”“贤人”“廉者”“义士”等，维护权贵阶级的现实利益并实现其长久统治。从推行的效果来看，在社会缓和了矛盾，促进了社会的稳定和发展；在家族实现了和睦共处、生息延续、避祸求福；在个人实践了人的价值诉求，完善了人格。

古代清廉教育是古代优秀传统文化的重要内容之一，古代清廉思想是中华民族精神的重要组成部分。在阶级社会，从主观上来说，清廉教育的目的在很大程度上取决于统治阶级的意志，是为了维护统治阶级的整体的、根本的和长远的利益。但在客观上，确实造就了大批清廉之士，推动了历史的进步，利国利民。但由于阶级的局限、剥削制度的局限、历史的局限等因素，古代清廉教育的实际效果受到了严重的制约。

二、古代清廉教育的主要内容

（一）仁爱民本论

仁爱民本论来源于周初的“敬德保民”思想，孔子提出“仁礼合一”，认为“仁”与“礼”相对，前者是思想应有之类，是其本质；后者则是其外显。孔子主张的“仁”是“爱人”之意，《论语·颜渊》中记载：“樊迟问仁。子曰：‘爱人。’”。依据古代宗法血缘关系的亲疏来定义“爱人”的差异性，区别于墨家的“兼爱”和西方的“博爱”思想。仁爱思想是儒家学说体系的内核，倡导个人德行修养的自觉，体现知与行的融合，是我国古代人道精神的最高境界，位居“五常”之首（仁、义、礼、智、信）。

仁爱民本论对后世影响深远，其基本观点有四：一是博施仁爱，泛爱万物。《孟子·尽心下》中述道：“仁也者，人也”就是仁是成为人的内在品质，仁即人。《孟子·尽心上》中“仁民而爱物”的“物”不仅有人，而且还应包括“物”（动物），至明代王阳明“万物一体之仁”，最终成就了儒家最高人生意境“天人合一”。二是推己及人，忠恕之道。这是儒家仁爱思想的实施方法。孔子在《论语·雍也》中论道:“能近取譬,可谓行仁之方也已。”“能近取譬”就是将心比心,推己及人。“忠恕”亦属此理。三是修己以德,成人以仁。对“德”“仁”的追求是衡量君子之风的表现。《论语·卫灵公》所述:“君子求诸己,小人求诸人”,强调君子“反求诸己”的修身方法。“志士仁人,无求生以害仁,有杀身以成仁”(同上),“杀身成仁”即出于此。四是修法为民,为政之要。倡导“仁政”一直是儒家历代学者的诉求,通过当政者“施仁于民”来“惠民”“爱民”,以实现《孟子·尽心上》中所述:“民为贵,社稷次之,君为轻”的民本思想。

(二)正心公平论

古代中国非常重视社会风气的引导和教化,认为社会风气是一个国家的“元气”,好则长治久安,坏则危及社稷存亡,《日知录·廉耻》中记载:“风俗者,天下之大事。”所以当政者尤为关切。“正”与“歪”相对而生,有端正之意。正人先正心,正心先立信,无信则不立。人生在世最珍贵就是信用,失去将会一事无成。商鞅变法,徙木为信。移动一根木头并非难事,关键是以此而树立的千金难买的诚信,此后秦国大治而霸六国。

正心公平论重在“正”“信”,为后世示范。其主要观点有四:一是正人正己,言传身教。端正他人必先从端正自身开始,用自己的言行去影响教化他人。《论语·颜渊》中孔子说:“政者正也。子帅以正,孰敢不正?”孔子认为,正就是端正之意。为政者如能端正自身,注重修养,那么天下万民谁人能不端正呢?《论语·子路》亦有表述:“其身正,不令而行;其身不正,虽令不从。”都属此理。孔子本人也以言传身教而被后世称为“万世师表”。二是仪表端正,言必诚信。传统道德认为,修为涵养好的人仪表端正居多,常态中君子都属端正仪表之列,能给人更多的信任感。诚信是立言立人的根本,也被儒家视为“道德修业之本”。王通的《中说·周公》有言:“退之以诚,则不言而信”诚是信的保证,做到诚自然有信。三是交朋择友,趋善避恶。古代朋友之意有异,同道为朋,同志为友,道不合难为朋,志不合难为友,志同道合方为朋友。各家学派重视有加。孟子将朋友之谊和君臣、父子、夫妇、兄弟之谊并称“五伦”,同属人伦关系。志同道合,信义为本,趋善避恶则是传统道德处理友谊的指导思想,而信义是朋友相处的最高标准。四是童叟无欺,货真价实。农业立国,重农抑商虽然是我国封建时期历代之国策,但是却无法抑制民间从商的热情。诚信之本深入各个领域,对职业道德操守影响深远。《周礼·地官》记载:“贾民禁伪而除诈”,《管子·乘马》中管子主张:“非诚贾不得食于贾”,“廉贾”“诚贾”即是对货真价实且守义立信之商人的称呼。

(三)义利公私论

义利公私论是长久影响华夏民族价值理论体系形成的导向因素之一,是形成人类价值观的尺度，其范畴的界定为历代学者激辩的理由。义利公私的存在取决于两个前提条件：一是载体，人；一是散播的环境，社会。无论是义利关系还是公私关系都是人与人关系的衍生，“皮之不存毛将焉附”。义利公私论是调整人类关系的尺度，是相对于别人而存在，没有聚居的人组成的社会何来义利公私之说。

甲骨文之中有“义”的最早记载，孔子之前“义”乃“百德之主”，誉为正义、礼仪（“仪”通“义”），代表内在德行，具有一种超功利性的精神价值，为人的根本道德准则。之后渐渐丧失人的主观性，有自律演变为他律，走上了形式主义，出现“礼崩乐坏”的社会局面，促使孔子提出以“仁”救“义”之弊说。利引申为利益、功利，是外在物质满足主体需求的一种关系。古人在探讨义利之说时，主张将两者统一，强调义为取利之根本，如《左传》中记载：“德义，利之本也”，再如《国语》中记载：“义以生利，利以丰民”“为国者，利国之谓仁”，将义利关系放在公的立场上来探讨具有一定的局限性。

义利论的主要观点有四：一是义以为上，以义制利。代表人物为孔子和荀子，这是儒家义利观的主流思想。《论语・宪问》中记载：“见利思义”，《论语・里仁》中记载“君子喻于义，小人喻于利”都是孔子所述。荀子以性恶论为基础，认为义就是制诸利而存，《荀子・性恶》记载“人之性恶”，所以《荀子・强国》说道：“夫义者，所以限禁人之为恶与奸者也”；二是重义贵利，义利统一。代表人物为墨子，这是墨子“兼爱”思想在义利观上的体现。《墨子・天志下》中表述：“义者，正也……。”墨子认为义就是正义的意思，其有积极和消极两种意思，消极之意为“大不攻小也，强不侮弱也，众不贼寡也，贵不傲贱也，富不骄贫也，壮不夺老也”，而积极之意则为“有力者疾以助人，有财者勉以分人，有道者劝以教人……。”墨子对利也分公私，前者“天下之利”是也，后者“贼人以利其身”。倡导“兼爱”强调“互利”，义利统一。《墨经》中就阐述：“义，利也”，这里的利即为公利之意；三是绝义弃利，义利双遣。代表人物为老子和庄子，这是道家核心思想“道法自然”的延伸。在老子看来，天道是自然无为，无私无欲，而人道取法于天道而生。无论义利都是背离天道和人的自然本性，是人造出来的，应该抛弃。同时，老子辩证认识论认为，天道即自然，是物质本源，其余都是相对而生的，如善恶、美丑、好坏、义利等。谈及善必涉及恶，因为他们的相互存在，彼此包含的，求其一必得二，只有义利双遣才能“返璞归真”。就此问题的观点，庄子较老子有过之而无不及，就此形成了道家独树一帜的义利观；四是重利轻义，以公灭私。代表人物商鞅和韩非，这是建立在法家有关人性趋利避害的论点基础上。商鞅在《商君书・算地》中所述：“民生则计利，死则虑名”，韩非在《韩非子・备内》有记载：“吮人之伤，含人之血，非骨肉之亲也，利所加也”。与之呼应。针对人性的追求私利，相互攻伐的心理，仁政义举只能弱乱天下，唯有明法制，去私恩，将功利视为衡量人的价值标准。《商君书·画策》记载："圣王者不贵义而贵法"，《韩非子·诡使》记载："夫立法令者，以废私也。法令行而私道废矣。私者，所以乱法也"。

公私之辩由义利论衍生而来，义分公私，利也分公私，公私就是检验人生道德观的尺度。我国传统道德范畴内，公私之意较为宽泛，要结合一定的历史条件加以理解。主流认知"公"为公利范畴，既有整体、全局、国家之说，又有公有、公平、公正之意。"私"为私利之说，既含有自我利益、个人利益，又包括私情、私意等问题。公私是一对历史范畴，就其总体演化发展而言，历史大家们对其认识是趋同的，基本观点有四：一是清正廉明，克己奉公。这是在公私关系上对为政者基本的道德要求。孔子在《论语·颜渊》中说道："政者，正也。子帅以正，孰敢不正？"这体现了为政者自正正人的道理，所以"为政以德"才能公正无私，赢得人民的信任；二是公利为重，精忠报国。公利是古代各家道德思想追求的精髓。墨家的"杀己以利天下"，即是此意。许多仁人志士也是公利大义的实践者，如：霍去病、岳飞、文天祥等；三是先人后己，克己利他。很显然，这是对公利之意的拓展，将除我之外的人都涵盖其中。墨子的"兼爱"已阐述此意，孔子也用"君子""小人"来区分，一味追逐个人利益的为"小人"，先人后己，克己利他很显然是"君子"之所为；四是公正无私，见义勇为。公私对立、冲突是常理，兼顾这是理想。如何面对公私冲突？《尚书·周官》中论到："以公灭私，民其允怀"。《论语·为政》中表述："见义不为，无勇也"。

（四）明智忠勇论

《中庸》中说道："知、仁、勇三者，天下之达德也。"此"知"通"智"，将智勇与仁视为同等重要，认为"仁者"必须具备此三种德行。孔子在《论语·里仁》中说："仁者安仁，智者利仁"，对于勇，孔子认为："仁者必有勇，勇者不必有仁"。可见此三种德行以"仁"为核心。"智"主要为智慧之意，是人的一种体会、感悟，主观性较强，区别于客观对象化的知识。《易传》记载："形而上者为之道，形而下者为之器。"对器的认知得来的是知识，而对道的感悟是智慧，后者只可意会无法言传。很显然，古人较之知识，则更看重智慧。对于"勇"诸子百家都强调其对人修为的重要性。"勇"取勇敢之意，有四层含义：一为"不惧"。《论语》中两次提及"勇者不惧"可见"不惧"是勇的应有之意。二为"知耻"。《中庸》中提到"知耻近乎勇"，"知耻"需要自尊心，荣誉感，更要有自我反省的勇气。一个视荣誉、尊严胜过生命的人，一个懂得自我检视反省的人能不勇吗？三为"刚毅"。《论语·子路》里说："刚、毅、木、讷，近仁"，仁者也是需要刚毅的品质。既然刚毅近乎仁，自然也就近乎勇，毕竟"仁者必有勇"嘛！四为"执着"。《中庸》又说："择善而固执之"，意为选择善的事情坚持做下去。坚持做正确的事情也需要勇气的，这是执着之勇。

纵观历史典籍，明智忠勇论基本观点有四：一是勤奋好学，知人自知。儒家倡导“学而知之”，《论语·雍也》所述：“君子博学于文，约之以礼，亦可以弗畔矣夫。”即博学多识是君子必备的品质，也是受人敬重的原因。后世之韩愈在其著《韩昌黎集·劝学解》中亦写道“业精于勤，荒于嬉”。知人者先自知，自知是知人的前提和基础。对自身的认识一直以来得到各家的重视，如儒家的“反求诸己”、道家的“静观玄览”、佛家的“止观”等都是对自身状态的检视。所谓“自知之明”也是一种大智慧。二是明智审慎，洞察真伪。《中庸》中描述儒家治学五步：“博学之，审问之，慎思之，明辨之，笃行之”，无一例外都与智勇有关，可见广博的学识，审慎的思考和询问，才是辨明是非、洞察真伪之道，务必持之以恒啊！这就是智者。三是无私无畏，知耻改过。勇者无畏，而无畏必先无私，无私方能刚毅，这种品质催生勇也。《论语·公冶长》中记载：“枨也欲，焉得刚”。无欲是刚的前提条件即是孔子的观点。“知耻”而“改过”是勇的表现。孔子认为孰能无过，改之则视为无过，《论语·学而》所述：“过，则务惮改”。要做到有错就改实属不易，需要十分的勇气，朱熹在《朱子大全·答蔡季通》中说道：“改过贵勇”是也。四是威武不屈，杀身成仁。勇来自两个方面：一曰气；一曰义。小勇于气，大勇于义。孔子认为小人因气而勇，君子因义而勇。《论语·为政》中记载：“见义不为，无勇也”，《左传·哀公十六年》中记载：“率义之为勇”，可见古人推崇因义而为的君子之勇。孔子提出“杀身成仁”，认为要有必死之心来成就仁德的勇气，《论语·卫灵公》中说道：“志士仁人 ，无求生以害仁，有杀身以成仁”即属此理。

三、古代清廉教育的主要原则和方法

（一）古代清廉教育的主要原则

我国古代德育内容广泛，恪守清廉之德尤为各家青睐。古人清廉教育遵从一定的原则，悉心梳理收获有四。一是有教无类。此“类”得解为类别、种类。这是孔子首倡并获得广泛认同，提出教育对象应当不分贵贱、鄙庶、族类，一律可教。孔子弟子三千来自诸国各族，所涉阶级各异，可谓率先垂范。二是因材施教。出自《论语·为政》里孔子对弟子同一问题的不同回答而产生，意指根据人的才能、品行等情况施加不同的教育。时至今日，此原则仍然广泛适用于教育界。三是德主刑辅。即德治与法治孰轻孰重。在先秦时期争论较大，以儒家和法家为代表。后世学者和政治家们的主张都兼而有之，引导与惩戒并行。四是知行合一。“知”为知识、学问，“行”为实践、行为，即学以致用之意。孔子创立儒学之初即重视两者的结合，称此是用道德实践成就圣贤的学问，即“圣人之学”。

（二）古代清廉教育的主要方法

自周代开始，德教已从民间上升到为当政者服务的高度，经过系统的整理使之制度化，正式成为阶级政治统治的工具。清廉教育采取的主要方法归纳如下：

第一，正心明志，注重表率。此为两方面理解，从为人的角度，推崇君子之法，即修德于心，志存高远。所谓《论语·子罕》中记载："三军可夺帅也，匹夫不可夺志也"；从为政的角度，倡导仁君之法，即德布天下，身先垂范，所谓《论语·颜渊》中"君子之德风，小人之德草，草上之风，必偃"。

第二，循循善诱，寓教于乐。"循循善诱"意为擅于有步骤的启发学生。"寓教于乐"是将枯燥的教化过程娱乐化。孔子是启发式教化方法的鼻祖，可谓擅教乐学。《论语·述而》提到"不愤不启，不悱不发……。"意为老师的启发引导必须把握时机，以学生渴求为前提。《论语·学而》有记载："学而时习之，不亦乐乎？"即提到实践以学到的知识是一件很高兴的事情，可见"乐"在其中。

第三，由近及远，修齐治平。儒家思想中关于君子内外兼修的方法，即"内圣外王"。《大学》中记载："故之欲明明德于天下者，先治其国；欲治其国，先齐其家；欲齐其家者，先修其身；欲修其身者，先正其心；欲正其心者，先诚其意；欲诚其意者，先致其知；致知在格物。"即"八条目"。其中格物（事物原理）、致知（广博知识）、诚意（意念诚实）、正心（内心端正）是修身之法，为"内圣"；齐家（整顿家庭）、治国（治理国家）、平天下（德行四方）是亲民之法，为"外王"。

第四，慎独自省，知耻改过。《论语·里仁》提到"见贤思齐焉，见不贤而内自省也。"意为见到贤德之人要向其看齐，见到不贤之人要反思自身。《论语·子罕》说到"过则勿惮改"有过错就要勇于改正。曾子说"吾日三省吾身"即是此理。

第五，防微杜渐，锲而不舍。《三国志·蜀志传》刘备训子之遗诏曰："莫以恶小而为之，莫以善小而不为。"除恶要从小恶开始根治，行善也要从小善开始积累，即有防微杜渐之意。

第六，持敬节欲，勤俭自强。《二程遗书》卷五："敬义夹持，直上达天德自此。"提出以"敬"治心以成就天道之法：一曰涵养，用封建礼教养心；一曰操存，就是坚守操行不懈怠。要守清廉之德必先治心，心廉人自清，至于勤俭、节欲自然不是问题。

第七，好学慎思，笃行不殆。《论语·学而》记载："君子食无求饱，居无求安，敏于事而慎于言，就有道而正焉，可谓好学也已。"何为好学？即为少说多做，不追求吃好住好，多向德行好的人请教并改正罢了。《论语·为政》记载"学而不思则罔"就是少思考会使人迷茫，不知所措。所以主动的学习思考必须坚持下去而不能懈怠。

第八，广施教化，敦厚民风。"教化"为教育感化之意。教化行，德行立，才有世风端正，民风淳朴。明末清初学者顾炎武在《亭林文集》卷四中说道："目击世趋，方知治乱之关,必在人心风俗。而所以转移人心,整顿风俗,则教化纪纲为不可缺矣。"所以历代学者政者都重视教化的实施。

第九,肃贪倡廉,整顿吏治。廉与贪相对,廉洁守正是秉公执法的基础。清廉之仕都被冠以"青天",受人推崇,如:魏人西门豹、宋代包拯、明代海瑞等;贪腐之徒则饱受诟病,被归类为社会之害为后人所不齿,如:吴之伯嚭、秦之赵高、明之刘瑾。历代统治者为维护其政权的合法性,都不遗余力地肃贪治吏,养廉倡俭。

【解疑释惑】

为什么说儒家的"仁爱"有别于墨家的"兼爱"?

儒家的"仁爱"和墨家的"兼爱" 产生的时代背景相仿,都倡导人与人之间要相爱,且都是"爱人"的方式之一,但是两者在本质上是相异的。儒家的"仁爱"则是按照封建宗法血缘关系产生"别爱",即有差别之爱,主张视亲疏尊卑来定义爱的多寡。墨家的"兼爱"是一种"均爱",即无差别之爱。主张消除人与人之间的差别,不分亲疏尊卑,彼此利益兼而为一,天下同仁。

在封建宗法血缘关系盛行的时代,墨子的"兼爱"显然缺乏实践的基础,且"兼爱"的目的是"互爱",即以自身之爱去换取别人对等的爱,在没有约束的前提下很难实现。反观儒家"仁爱"思想,"仁"发自于内而"爱"挥发于外,是建立在客观存在基础上的人道思想,更易于被当时社会所接受。

【案例分析】

案例一呈现:雍乾肱股贤臣　八桂清流名士——陈宏谋

陈宏谋,字汝咨,号榕门。出生于广西桂林临桂县四塘乡横山村一农户家庭。1723年中进士,正值雍正元年。从此步入仕途四十八载,历任翰林院检讨、支部郎中、浙江道御史、扬州知府、江南驿盐道、云南布政司、直隶天津道、江苏按察使、江苏江宁(今南京)布政司等职;其后,又历任甘肃、江西、陕西、湖北、河南、福建、湖南、江苏等省巡抚和陕甘、两广、两江、湖广等地总督之职。乾隆二十八年(1763年)奉调进京,历任吏部尚书、工部尚书、协办大学士、东阁大学士等职。乾隆三十六年(1771年)因病告老还乡,乾隆准奏并加太子太傅衔,谕令所经处官员二十里内迎送。同年六月,船行至山东兖州韩庄时,于舟中病逝,终年七十六岁,谥号文恭。

陈宏谋即是雍乾时期清官廉吏的代表,又是清代的理学名士。他治宋代二程、朱熹之学,强调明体达用、知行合一。任外官30多年,历12省,研究各地民心风俗的得失利弊,分明兴革,逐条钩考,加之勤奋学习,遂成为学识渊博、编著甚丰的学者。主要编著有:《纲鉴正史约》(增订)、《司马文公年谱》(辑)、《三通序目》(录)、《甲子纪元》(辑)、《培远堂偶存稿》、《大学衍义辑要》(辑)、《大学衍义补辑要》(辑)、《吕子节录》(辑)、《女训约言》、《培远堂文集》、《手札节要》、《课士直解》、《培远堂文录》、《湖南通志》(监修)、《五种遗规》(辑)、《陈榕门先生遗书补遗》等,著作总集有《培远堂全集》和《陈榕门先生遗书》。其中作为清代社会教育和蒙童教育教材,清末中学堂修身科教材的《五种遗规》乃是前人关于养性、修身、治家、为官、处世、教育等方面的著述事迹的集大成之著作。陈宏谋无论是为官还是治学,都是一代楷模。美国著名历史学家、美国霍普金斯大学历史系教授罗威廉先生研究陈宏谋十余载,于 2001 年发表了《救世:陈宏谋与十八世纪中国的精英意识》一书。无论从学术水平还是篇幅规模而言,均可称为巨著。可见宏谋影响之深远。

案例分析

自清开国以来,在历代广西籍官员中,陈宏谋官拜宰相可谓最高,任官四十八载可谓最长,经略 12 省政务可谓最广,官声清廉而学术卓著在民间影响可谓最大,堪称一代楷模。《清史稿·陈宏谋传》称"乾隆年间,论疆吏之贤者,尹继善与陈宏谋其最也……宏谋学尤醇;所至拳拳民生风俗,古所谓大儒之效也。"

案例二呈现:因贪贿而丧命的伯嚭

伯嚭,春秋晚期吴国太宰,此人贪财好色,善于玩弄权术,阿谀奉承,深得吴王夫差喜爱。公元前 494 年,吴国大败越国,占领越国都城会稽(今浙江绍兴),将越王团团围困在会稽山上。越王乞降,吴王不准。越国大夫文种献计:"用珠宝美人贿赂伯嚭,使之帮助说服吴王,此事可成。"穷途末路的越王立即备足金银珠宝,并精选八名容貌姣好之越女,遣文种献于伯嚭。伯嚭大悦,使出浑身解数成功说服吴王同意越国议和之请。此后越国多次贿赂伯嚭,使之谄媚吴王放松了警惕。历时数年,吴越实力此消彼长,越王夫差利用吴王会盟于中原,国内兵力空虚之机,攻入吴国,迫夫差自杀。越王进入吴都,以贪贿不忠之罪斩杀伯嚭。

案例分析

伯嚭,因善于玩弄权术,阿谀奉承而窃取吴国太宰之位。不思报效吴国,因贪贿而使国都陷落,吴王自杀。最终自己也落得妻离子散,身首异处的悲惨下场,岂不为后人耻笑。

【小资料】

石鲁国宰相季文子的故事

春秋时，鲁国宰相季文子忠贞守节，勤勉于邦，节俭于家。其位居上卿大夫，掌握国家实权，自有田邑无数，其妻儿仍然衣无绸缎，马无粟米而食青草。孟献子的儿子仲孙对季文子这种做法很不屑，问季文子："你贵为正卿大夫，妻子不穿绸缎，马匹不喂粟米，就不怕百官耻笑你吝啬吗？不顾及诸侯对鲁国的看法吗？"季文子回答："我看国中百姓都吃粗粮穿布衣，我不能和他们不一样。我只听说君子品德高尚才能使国家有尊严，没听说过美妾良马会让国家有尊严的。"孟献子知之大怒，将儿禁足 7 天以示惩戒。此后仲孙洗心革面，效仿有加。消息不胫而走，鲁国俭朴之风日盛，传颂良久，为诸国赞。

【知与行】

古代清廉教育思想源头众多，不胜枚举。汉武帝罢黜百家独尊儒术之后，儒学之正统地位得以确立，自此盛行二千年之久。其核心乃：仁、义、礼、智、信、恕、忠、孝、悌，同学们可以利用业余时间进行适量阅读，并从古今社会的对比中加以理解，努力实现古为今用、批判继承、创新转化、实践借鉴。

第二节　中国近代的清廉教育

【基本理论】

一、近代清廉教育的目的和作用

近代中国社会是一个大变革的时代，从 1840 年的鸦片战争开始到 1949 年新中国的成立，前后历经民主主义革命的两个阶段。告别了延续二千多年自给自足的封建社会，进入半封建半殖民地社会。各种社会力量逐次登场，共同书写了一部争取民族独立、国家解放而不屈不挠的斗争史。鉴于此民族危难时期，清廉教育的目的不仅肩负净化社会、教化四方之责任，更肩负传播并弘扬中华民族自强爱国精神，培育爱国志士，力挽国破家亡命运之重任。清廉教育增强了民族凝聚力，使之团结一致，驱除鞑虏以恢复民族之独立自主的地位。催生了一批忧国忧民的爱国志士，为民族发展史增添了值得骄傲的光环。同时，延续了中华民族的文化精髓，符合社会发展诉求，彰显其与时俱进的品质。

近代的清廉教育是我国德育教育的一部分，在半封建半殖民地的背景下产生，印上了深深的民族求存图强的时代诉求，体现了爱国主义精神。在此种教育的感召下，众多清正廉明的仁人志士纷纷涌现，推动并最终实现了中华民族的独立自主。由于教育实施主体的混乱且自身的封建腐朽色彩给清廉教育的效果平添了一份阻碍。

二、近代清廉教育的主要内容

（一）爱国御侮，知耻兴邦

“御侮”此为抵御外侮抗击外来侵略之意。《尚书·大传》中写道：“自吾得由也，恶言不至於门，是非御侮乎！”即属此意。“知耻”即有羞耻心之意。《礼记·中庸》写道：“知耻近乎勇”就是赞扬这种德行。两次鸦片战争，击碎了一直以来延续的“天朝上国”梦，被视为“蛮夷”的西洋人越洋过海带来了无数新玩意，让国人目不暇接，逐渐由抵制拒绝到接受效仿。以龚自珍、魏源等为代表的地主阶级开明派高举救社稷、民族于危难之大义，力主改革。被誉为近代中国开眼看世界第一人的魏源提出“君子用世，随大随小，皆全力赴之。”[①]要求每个人都要具有忧国忧民之心，尽自己所能承担一份责任。魏源呼吁“正人心、厉风俗、兴教化”，教化兴则人心正，世风善则国运昌，主张“师夷长技”向西方学习，取其长补己短。龚自珍认为人之初无善恶之分，都是后天教育使然。《明良论二》中强调：“以教之耻为先”，指出：“历览近代之士，自其敷奏之日，始进之年，而耻已存者寡矣。”说明封建宗法伦理进入近代，世风日下，社会知耻懂爱者较少。少爱如何御侮，寡耻何来兴邦！

（二）忘私遏欲，扬善抑恶

中国农民革命运动的最高水平就是近代的太平天国运动，不仅声势浩大，且创立了自己的一套革命理论。“忘私遏欲，扬善抑恶”即是贯穿整个革命运动的理论之一。其领导人之一洪仁玕认为信仰上帝为“善”，私心私欲即为“恶”，来源于外部的诱惑，《克敌诱惑论》记载：“私欲为罪根”必须去除。《钦定军次实录》记载：“不可先有获福之心，宜先有遏欲之实，而真福自慰乎心乎。”每个人都要先有遏欲之心，这样才能坚定自己的信念，避祸得福。其论述虽然带有一定服务革命的片面性，但是对于当时的清廉教育亦有很多积极的意义，在近代德育史上占有一席之地。如戊戌变法之康有为主张“节欲”，在《大同书》中写道：“人生而有欲，天之性哉，欲无

① 罗炽等著.中国德育思想史纲[M].武汉：湖北教育出版社，2003：626.

可尽，则当节之。”则有殊途同归之意。

（三）忠勤恕诚

“忠”即为尽心于封建国家政权和君主，曾国藩曰：“忠，不必有过人之才智，尽吾心而已矣”①。“勤”即为尽忠而不遗余力，曾国藩说到“……家勤则兴，懒则衰；国勤则治，怠则乱……”。“恕”即封建社会准则，就是所谓维护封建统治的“三纲五常”等封建宗法思想。“诚”即不欺之意，是一切封建礼教得以广施教化的基础和保证。可见此时的忠的对象政权、君主只是“恕”的外化，真正需要忠于的是封建的礼教思想和等级制度，而君主、政权只是其代表和外在形式。“勤”是在“忠”的鞭策下的外在行为，“诚”则是其内化，所谓“至诚之心”是也，这样“则天下无不可为之事也”的封建士大夫们的理想才能实现。

（四）合理之德

“理”乃群之意。“合理之德”即“合群之德”，梁启超在《论独立》中写道：“群者，天下之公理也。”这反映了个人和群体的关系，是爱国主义思想的具体体现。《十种德性相反相成义》中：“以一身对于一群，常肯绌身而就群”就阐述了个人利益与群体利益发生冲突时，应该顺大义而去私利。梁启超在《爱国论》中“言爱国必自兴民权始”得出了爱国教育的正确结论，即民权兴则国权立的主张，兴民权就是要用教育的手段培养出具有爱国心的有德之人。可见，作为戊戌变法时期资产阶级维新派的重要代表人物之一，梁启超的“新民”学说的重要内容是实施爱国主义教育，在当时具有积极意义。

（五）义利合一

我国传统中“义”一般指人的行事方式必须符合特定时期社会的道德准则，即规矩之意。“利”乃物质与精神利益。自古重义轻利的思想广受赞许，封建教化甚至极端的将利与小人等同起来“闭言利之门”。但是近代以来，自给自足的经济模式逐渐转向商品经济，“义利之辩”再次兴起。严复对传统义利观提出质疑，认为“饿死事小，失节事大”“贫贱不能移”无法要求社会大众都能做到，在《原富》中提出：“礼生于有，而废于无。”强调从长远计，道德的广播必须要有一定的经济基础做前提条件。就此提出了义利合的观点，其意有三：其一义在利前，强调得利必须合道义；其二共赢之利，即利自己又利他人；其三义利统一，即得利须遵守一定的社会规范。符合其提出的“新民德”的道德重建要求，对当时的社会发展具有进步作用。

① 罗炽等著.中国德育思想史纲[M].武汉：湖北教育出版社，2003：682.

（六）天下为公

《礼记·礼运》："大道之行也，天下为公。"上古五帝所开创的制度，就是天下是公众的，天子之位，传贤而不传子。"天下为公"为世人对美好社会制度的向往。近代资产阶级革命先驱孙中山先生以此表达自己对民主公正社会的追求和向往，推崇备至。这里的"公"已非儒家"家天下"之意，而是以自由、平等、博爱为主要德育观的"三民主义"，即民族、民权、民生为"公"。为此，孙中山提出"替众人服务""为主义奋斗"的人生观，并指出其实践方向：其一立志存高远，即要有以"天下为己任"的志向，目光远大；其二勇于为主义献身，即舍生取义，这里的"义"就是"三民主义"，就是"公"；其三要因公废私，反对自私自利，损公肥私的不道德的行为。革命者"要存心做大事，切不可存心做大官。"唯有此才能实现民主公正社会之夙愿。

（七）立党无私，清廉为民

"五四"之后，中国救亡图存的形势发生了根本的变化，一支新的更进步的社会力量逐渐走到了历史舞台的中央，这就是代表广大无产阶级的中国共产党。中国共产党从成立伊始就努力唤起中华民族的爱国御辱的斗志，通过发动广大工人、农民的自觉自省意识成就近代国家政治、经济、文化等各方面的诉求。中国共产党将自我定义为一个群众党，实现群众利益和国家诉求就是党的使命。时刻教育党组织内的每一位同志代表和肩负的对象和责任，在革命道路上始终依群众的利益为标准，立党无私，清廉为民。毛泽东同志十分反对贪污和浪费行为，在新民主主义革命的每个阶段都旗帜鲜明的加以斗争。面对第二次国内革命战争的严峻形势，强调："应该使一切政府工作人员明白，贪污和浪费是极大的犯罪。"号召全党要和贪污浪费行为做斗争；抗日战争时期，针对一些党员干部的越轨行为，毛泽东同志强调："……自私自利，消极怠工，贪污腐化，风头主义等，是最可鄙的；而大公无私，积极努力，克己奉公，埋头苦干的精神，才是可尊敬的。"1949 年初，针对全面胜利即将到来党内干部的麻痹松懈思想，毛泽东同志用糖衣炮弹来告诫广大的党员干部要时刻保持清正廉洁的优良作风，要抱着"赶考"的心态去面对即将到来的新局面。

三、近代清廉教育的主要原则和方法

（一）近代清廉教育的主要原则

近代以来，传统闭关锁国的状态被打破，加速中西德育文化的交流，清廉教育思想也有明显的融合重塑倾向，主要原则归纳为四点：

第一，尊心宥情。"尊心"就是遵从内心体验，即自愿之意。"宥情"是宽容和尊重自己的情感。近代早期主观思想盛行，认为世界由“我”之“心力”造成。龚自珍在《壬癸之际胎观第四》中写道：“报大仇，医大病，解大难，谋大事，学大道，皆以心之力。”[①]所以，自愿才是为人处世的基本原则。而情是人与生俱来的最真实自然的，不能人为去之。“自性清净心”才是净心清欲的关键，有别于程朱理学“去欲存理”之说。

第二，转化塑造。“开人之蒙蔽以慰其心”即转化教育，对不道德的思想和行为，进行启发引导，提高其自觉性，使其“洗心革面”“咸与维新”；“广人之智慧以善其行”即塑造教育，即按照上述的原则和要求，去培养和塑造人们应有的道德品质。[②] 这一原则指导近代农民改天换地运动蓬勃发展，也是洪仁玕《资政新篇》关于德育主张之一。

第三，变器立道。即“变器不变道”，“道”乃维护封建统治之三纲五常的道德制度，如：封建典章制度、伦理道德、史经之学等。“器”是益智之技能、方法，如：西方技艺、政治、历史等，为近代洋务派提出。沈寿康在“匡时策”中提出“中西学问本自互有得失，为华人计，宜以中学为体，西学为用”，这是首次提出“中体西用”的观点，随后清朝两广总督张之洞大加赞赏并极力推崇，在自己《劝学篇》中全面论述了这一思想，其中“中学为内学，西学为外学；中学治其心，西学应世事”，强调中国要自强，就必须“师夷之智”这一教育观点的提出，造就了一批洋务之士，推动了近代工业在中国的发展。满足了资产阶级的某些经济发展诉求，也压制了其政治企图。

第四，平民路线。即清廉教育的对象是平民，而不仅仅是封建特权阶级。这一思想从辛亥革命时期产生，由蔡元培等进步人士提出，强调“务应顺应时事，养成共和国民健全之人格”“私德为立身之本，公德为服务社会国家之本……发挥平民主义，俾使人人知民治为立国之本，养成公民自治习惯，俾使人人能负国家社会之责任”。[③]可见，近代资产阶级革命之路线就是唤起民众自治之意识，强调平民教育之重要性，提高民众思想觉悟和阶级觉悟，以便更好地发动群众主动投身到革命中去。

第五，群众路线。即一切为了群众，一切依靠群众，从群众中来，到群众中去。这是整个共产党在长期的革命斗争中总结出来的非常重要的原则，被誉为毛泽东思想的活的灵魂之一。群众路线清晰的阐述了中国共产党打碎旧世界建立新国家的目的、力量来源和具体工作原则，同时告诫党内干部牢记自己肩负的历史使命，保持清正廉洁、无私忘我的公仆形象，从而赢得了广大人民群众的信任和拥护，最

① 罗炽等著.中国德育思想史纲[M].武汉：湖北教育出版社，2003：634.

② 罗炽等著.中国德育思想史纲[M].武汉：湖北教育出版社，2003：664.

③ 罗炽等著.中国德育思想史纲[M].武汉：湖北教育出版社，2003：81.

终在中国的大地上实现了旧貌换新颜。

(二)近代清廉教育的主要方法

近代中国处在社会大变革时期，乃多事之秋，各股政治势力彼此较量，粉墨登场。无论其采用何种政治立场，不约而同地都重视清廉教育，在推行德育的同时，也采用了各种独具特色的方法。归纳如下：

第一，经世致用，厚德载物。“经”为上下贯通，“世”为理、道，“经世”即为治理世事之意。“致用”即不务虚学，尽其所用之意。“厚德载物”意为道德高尚之人能成就大业，现在多指以深厚的德行育人利物。此方法根源于儒家德育思想，被地主阶级改革派所倡导，以修己治人、内圣外王之道为本，主张经世致用、自强不息、厚德载物作为立世处身的圭臬。[①]体现了中华民族的奋发拼搏精神及融合四方的思想，是特定历史时期的图存之法。

第二，守本知足，造化自我。“本”乃基础之意，这里指人的基本衣食住行条件；“足”即满足。人要懂得知足，守本知足就是善；越本，贪得无厌就是恶。要从内心提高自己的德行，即“养心”去抵御外界的诱惑，这才是根本去欲的方法。“造化自我”即我定造化，由我来创造变化。《默觚上·学篇五》中“万物皆备于我矣”即属此意。魏源在《皇朝经世文编叙》中“事必本乎心”，“法必本乎人”，“物必本乎我”就阐述了“造化自我”的观点，强调主观之人、心、我是客观事物的根源，提出了救世必须从人心开始的主张。

第三，教法兼行，讲明道理。这是太平天国时期所推行的清廉教育方法。其创始人洪秀全推行政教合一的模式，将太平天国时期的制度以及其所创立的“拜上帝教”的教义制定成“法”，通过日常教育来传播扩散以达到维持管理和征战的目的。“教”的形式可以多样，可以三五成群围聚一起学习教义，说明制度，讨论问题；也可以召集成百上千之众，以大会的形式宣讲道理。洪仁玕认为“教者”必须身体力行，倡导“亲身以倡之，真心以践之”这样方能上行下效，最终达到除妖气，正鸿规的目的。

第四，格物诚意，至诚力行。“格物诚意”出自《大学》，“格物”即事物原理，“诚意”是意念诚实，曾国藩认为前者即是致知之事也，而后者为力行之事也。其提出“以礼自治”到“以礼治人”就是站在恢复礼教之本意，倡导“正人心，易风俗”，以期达到维护风雨飘摇的封建制度之目的，这种逆历史潮流的举动可谓螳臂当车也！

第五，中学为体，西学为用。洋务派后期的领军人物张之洞，继承其前辈“正人心，易风俗”的教育理念，结合时局之发展趋势，推崇沈寿康的“中体西用”的观点，

① 罗炽等著.中国德育思想史纲[M].武汉：湖北教育出版社，2003：629.

强调“中学”是“道”，是封建礼教，亘古不可变也；“西学”是“器”，是西洋科技，承认其先进性，可以借鉴以自强。此种观点支撑洋务运动近30年，创造了一批中国近代工业。

第六，改造人心，感化人群。辛亥革命领军者孙中山针对自己所提“知易行难”的观点，认为让一个人去做事很容易，但是要想改变其认知则很难。为此，提出革命成功之法，首推教育，通过“感化人群”来改造人的心理，重点在树立正确的认知，这样才能催生革命热情，将革命运动推向高潮。在后人整理的《孙中山选集》中，孙中山指出：“大凡一个国家所以能够强盛的缘故，起初的时候都是由于武力的发展，继之以种种文化的发扬，便能成功。但是要维护民族和国家的长久地位，还有道德问题，有了很好的道德，国家才能长治久安。”可见，孙中山之革命，夺取政权只是万里长征第一步，改造人心才是重点。

第七，整风治吏，互帮互助。1921年中国共产党成立伊始，面对国内严峻的斗争环境，我党就坚持边斗争边培养干部的发展策略，加强宣传和鼓动，积极培养积蓄革命的后备力量。党组织对要求加入的同志进行严格审查并制定了切实可行的制度保障，对党员同志更是通过不断的学习来树立马克思主义信仰，培育坚定的斗争意志。遵义会议后发表了一系列的党员学习材料，如：《论共产党员的修养》，1942年大规模的延安整风运动更是用大家喜闻乐见的互批互建的形式将清正廉洁之风气融入广大的根据地军民心中，使互动式的教育模式蔚然成风。

【解疑释惑】

为什么说爱国思想是清廉教育应有之意？

清廉即清正廉明之意。历代清廉教育的目的就是爱国，爱国即爱祖国。祖国的直接体现是同胞，国家的直接体现是政权。舍小我而顾大义，即是爱国的外在表现，更是清廉必须具备的品质。这是作为一国公民最基本的道德要求。近代中国的清廉教育很好地诠释了爱国的思想内涵，“苟利国家生死以，岂因祸福避趋之”。就是集清廉与爱国于一身的林则徐的真实写照，即使罢官充戍伊犁，仍然矢志不渝，保持清廉之身、爱国之心。

【案例分析】

案例呈现：革命烈士方志敏的故事

2009年9月10日，方志敏被评为“100位为新中国成立做出突出贡献的英雄模范人物”。

方志敏是伟大的无产阶级革命家、军事家、杰出的农民运动领袖。在他短暂而光辉的一生中，面对苦难多舛的祖国，无论艰难困苦、艰途险阻，都义无反顾、秉志直行，积极探索救国救民道路，直至献出自己的生命。他用热血和忠诚奏响了励志报国、革命救国、以身殉国三部曲，始终保持坚定的革命信仰是贯穿其整个生命乐章不变的主旋律。

追求真理　矢志不渝

方志敏出生在江西省弋阳县的一个家境贫困的农民家庭。早在青少年时期，他就开始积极探求救国救民的道路，寻求强国富民的真理，并积极参加反帝反封建斗争。五四运动前夕，17 岁的他考取了弋阳县城的县立高等小学，在那里，他深受新文化思潮影响，立志要寻求救国救民的真理。他在校园组织进步团体“九区青年社”，积极投身五四爱国运动，成为反帝反封建的先锋。高小毕业后，他考进了远在省城南昌的江西省立甲种工业学校。他一边认真学习，一边寻求强国富民的真理。虽然他学习成绩优良，终因带头痛砭时弊而遭军阀当局仇视被校方开除学籍。他继而以优异成绩考进九江南伟烈学校，在这里接触并阅读了《共产党宣言》《资本论》等进步书籍，由此成为马克思主义的信仰者，认定“只有社会主义可以救中国”。历史的机缘，让有着共同革命理想的三位杰出江西籍青年走到了一起，方志敏、赵醒侬、袁玉冰被后人称为“江西三杰”。为鼓吹革命运动，他们商议在南昌建立文化书社，专门销售宣传马克思主义和革命思想的书刊。这个意见得到了中国社会主义青年团中央的同意。1922 年 8 月，方志敏加入社会主义青年团。随后，他回到江西筹办文化书社，推动革命思想在江西的传播，并筹建江西地方党团组织。1923 年 1 月 20 日，方志敏与赵醒侬等在文化书社创建了“中国社会主义青年团江西地方团”。方志敏还与袁玉冰合力创办了报纸《青年声》，此后还担任过《新江西半月刊》的编辑，积极传播马克思主义。1924 年 3 月，方志敏在南昌加入中国共产党。之后，他与赵醒侬一道创建了江西第一个党组织——中共南昌支部，成为江西党团组织创始人之一。

投身革命　坚贞不渝

踏上革命的征程，方志敏始终保持着高昂的革命斗志和坚定的革命信仰。在第一次国共合作期间，他坚决服从党的安排，担任了国民党江西省党部农民部部长、省农民协会常务委员兼秘书长，积极领导开展农民运动。大革命失败后，大批共产党员和革命群众遭屠杀，全国笼罩在一片血雨腥风的白色恐怖之中。危难关头，他坚信革命必胜，秘密潜回家乡领导武装起义，开始探寻创建农村革命根据地、进行土地革命的道路。

在领导赣东北革命斗争期间，他与邵式平、黄道等共产党员一起，克服环境封闭、没有外援等困难，一切从当地实际和革命斗争需要出发，创造性地开展工作，创建党的组织和红色政权，开展武装斗争和土地革命，逐步形成“工农武装割据”局面。根据地的范围逐步“由弋横而信江，由信江而赣东北，由赣东北而闽浙赣”，其区域最广时纵横赣东北、闽北、浙西、皖南4省边区近50个县，人口100多万。闽浙（皖）赣苏区发展成为全国6大苏区之一和中央苏区重要的侧翼，被誉为“坚强的苏维埃阵地”。

在根据地创建发展过程中，这里先后组建了老红十军和新红十军两支地方主力红军。根据地党的建设、政权建设、军事建设乃至社会建设都取得了巨大成就，积累了丰富经验。为此，中华苏维埃临时中央政府授予其“苏维埃模范省”的光荣称号，毛泽东同志称赞其为“方志敏式”根据地。在根据地创建与发展过程中，方志敏作为实际担负着最主要职责者，被中华苏维埃中央政府特别授予了红旗勋章。

在第五次反“围剿”战争期间，方志敏根据中央电令将红七军团与新红十军整编为红十军团，并计划分兵两路，一路跳向苏区外线打乱敌军部署，一路转移至闽北开展游击战。但这一正确主张遭到否决，中央军区命令组成以方志敏为主席的军政委员会，率红十军团向皖南出击，执行北上抗日先遣队任务。此时中央红军已被迫长征，在此形势下向国民党统治中心进军，其前程必然是艰险重重。尽管如此，他还是以坚强的革命意志，严格执行上级决定。

对于权力与地位，方志敏总是个人服从大局，地方服从中央，从不计较自己职位的高低与权力的得失；在与党内“左”倾冒险主义做斗争的过程中，既注重维护党内团结，也力求保护干部。对于干部队伍建设，他从不搞亲亲疏疏，既重视培养和使用本地干部，对外来干部的培养和使用也是高度重视。对于金钱和享受，他一向过着朴素的生活，甚至无钱去营救自己的爱妻，却分三次向党中央输送了大量黄金。他时时事事无一不体现出坚贞的革命信念和崇高的人生品格，体现出一个伟大革命者宽广的眼界和大局意识。

身陷囹圄　至死不屈

“血战东南半壁红”，方志敏率北上抗日先遣队浴血奋战两个月，终因弹尽粮绝被七倍于己的敌军围困于怀玉山区。他虽带领先头部队奋战脱险，但为接应后续部队又复入重围，终因弹尽粮绝，于1935年1月27日在江西玉山陇首村被俘。国民党当局如获至宝，给他戴上手铐脚镣押上铁甲车“示众”。

令他们始料未及的是方志敏的革命风采赢得了人们由衷的敬佩，闹剧草草收场。国民党当局继而又软硬兼施，威逼利诱，但这一切丝毫不能动摇他坚定的共产主义信念和钢铁般的革命意志。

在狱中，他一面与敌人进行信仰的交锋，意志的较量，一面领导难友建立党支部，进行革命气节教育，积极组织越狱斗争。在遭受囚禁的6个月中，他不是消极地等待敌人的杀害，而是以对党的无限忠诚，对祖国的无限热爱，在极其险恶的环境下，撰写了《可爱的中国》《清贫》《死——共产主义的殉道者的自述》《我从事革命斗争的略述》等狱中文稿共16篇约14万字，展示了他坚定的革命信仰和不屈的革命意志。他的高尚情操和人格魅力，甚至感染了狱中的看守人员和"落难"的原国民党高官。

他们帮助他将这批文稿传出，使得这一宝贵的精神财富得以留存。1935年8月6日，方志敏在南昌下沙窝为国捐躯，时年36岁。

资料来源：https://www.liuxue86.com/a/2596179.html

案例分析

方志敏同志对革命事业忠心耿耿，对共产主义信仰坚定不移，对革命大局全力维护，为了人民的解放事业，艰苦奋斗、出生入死、大义凛然，为了维护党和人民的利益，克勤克俭、一身正气、两袖清风，他的崇高品格、浩然正气、清廉品行凝聚为我们党宝贵的精神财富！新时代，人们所处的环境和条件发生了巨大的变化，重温方志敏革命事迹，重读方志敏所遗文稿，学习弘扬方志敏精神，对进一步树立正确的价值取向、培养高尚的道德情操仍具重要的现实意义。

【小资料】

刚直不阿、清廉为官的民主人士——白鹏飞

白鹏飞(1889—1948)，字经天，号擎天，祖籍苏州，自十三世祖迁居桂林，便入桂林籍。清宣统三年(1911年)，东渡日本东京帝国大学，遍习兽医、统计、政治、经济、法律达11年之久，获取多个硕士学位，与郭沫若、李达、陈豹隐为先后同学。在中国教育界、法学界均享有盛名，在百姓中素有"包公再世""白青天""铁面御史"等称号。

时任国民政府中央监察院监察委员的白鹏飞对贪官污吏的惩治毫不手软，对国民党当局高官、高级将领也毫无畏惧之心。

抗日战争爆发后，李宗仁、白崇禧、黄旭初提出了建设新广西口号，组建了"广西建设研究会"，会址设在八桂厅(现在的市工人文化宫处)。所有知名人士，凡在桂林者，不论省内省外，均邀请入会，并定期开会，与会者也能竭诚地提出建设性的

许多建议，可惜很少被当局采纳。

有一次，李宗仁、白崇禧相继回桂林，又以广西建设研究会与知名人士开会，有取宠之意。白崇禧开口便吹："全国各战区都获得了胜利，广西子弟兵真为广西争气，更是所向披靡，痛挫日寇，树立赫赫战功，此可告慰在座诸公……"白崇禧还未说完，白鹏飞立即站起反驳道："广西将士奋勇杀敌，乃全体将士之功，但战功之获得主要还依靠了其他力量(指新四军)的牵制，何以独贪天功，自欺欺人，在座诸公非聋非哑均有同感，唯不敢直言耳！健生(白崇禧字健生)你自吹自擂，独贪天功，不配是个军人，更不配是个广西人。"言罢，拂袖离席而去。白崇禧被呛得面色铁青，但事实俱在，又不便发作，只得忍气吞声。

"皖南事变"发生后，一次广西建设研究会召开时，白鹏飞公开斥责蒋介石，还当众从口袋拿出早已写好的"上蒋介石书"宣读。"上书"发出后，蒋介石果然暴跳如雷，顿起杀机。经陈布雷劝解，蒋介石给其下特任状和手令：凡有违犯军纪的军官、贪赃枉法的官员，除军长及省主席以上者，均可先行处决，再行报案。于是，白鹏飞更坚定了他"我一定要为民除害，好好地干一场"的决心。

白鹏飞既铁面无私，严惩贪官，又不为世俗所动，始终保持自身清廉，为人刚正，深得桂林人民敬重。1948 年 6 月 28 日，一代学人铁面御史白鹏飞，溘然长逝。

资料来源：http://gx.sina.com.cn/zimeiti/2017-12-08/detail-ifyppemf5888261.shtml

【知与行】

清廉教育在近代中国被无数忧国忧民之志士所倡导，"正人心，明大义"就是其最好的体现。清清白白做人，干干净净做事才能心正、义明。请结合近代以来中国人民救亡图存的斗争实践，以新时代高职学生应如何继承和发扬老一辈革命家一心为民、忠心报国、艰苦奋斗、清廉无私的优良革命传统为主题，组织一次主题班会。

第三节　中国现当代的清廉教育

【基本理论】

一、现当代清廉教育的目的和作用

1949 年 10 月 1 日中华人民共和国成立，中国共产党领导下的人民通过不屈不挠的革命斗争，终于摆脱了半封建半殖民地的社会，打碎了资本主义官僚体制的枷锁，实现了人民当家做主人的奋斗目标。中国社会步入了社会主义改造和建设阶段，同时开创了我国德育事业的新篇章。从1949年新中国成立到1978年党的十一届三中全会召开为我国现代阶段，之后为当代阶段。此时，清廉教育的重点已从为无产阶级政治服务，为革命战争服务转移到"为人民服务"上，社会面貌为之焕然一新。它摒弃了旧社会的诸多陋习，塑造了社会主义社会的新风气；促进了社会各阶层的和谐，推动了社会各领域的飞速发展；培养了大批清正廉明，作风过硬的社会主义事业的建设者。

新中国是社会主义国家，前后经历了计划经济时期和市场经济时期。在建设社会主义道路的探索中出现过偏差，经历过挫折，但是这些困难并没有改变我们的初衷——建设富强民主文明和谐的国家。清廉教育始终紧密联系国家的建设和发展，突出服务的角色，由起初的"以国家为本"逐渐过渡到"以人为本"。虽然清廉教育在方向曾经出现"左"和"右"的偏差，但是最终得以拨乱反正，回归服务社会主义事业建设和发展的正确轨道上。

二、现当代清廉教育的主要内容

（一）为人民服务

"我们的共产党和共产党所领导的八路军、新四军，是革命的队伍。我们这个队伍完全是为着解放人民的，是彻底地为人民的利益工作的。……因为我们是为人民服务的，所以，我们如果有缺点，就不怕别人批评指出。"[①]1944年9月在纪念张思德同志的讲话中，毛泽东同志首次提出"为人民服务"的德育思想。随后在1945年《论联合政府》一文中再次强调："紧紧地和中国人民站在一起，全心全意为中国人民服务，就是这个军队的唯一宗旨。""全心全意地为人民服务，一刻也不脱离群众；一切从人民的利益出发，而不是从个人或小集团的利益出发；向人民负责和向党的领导机关负责的一致性；这些就是我们的出发点。"这是毛泽东同志对革命军人和革命工作者的要求，并于同年七大召开之际，将"全心全意为人民服务"这一精神写入党章，作为全党的行动指南。可见，新中国成立前，"为人民服务"已经成为无产阶级革命者的德育目标。1954年写入新中国首部宪法，1982年新宪法再次确认党和国家机构"为人民服务"的宗旨。

"为人民服务"高屋建瓴，回答了人为什么活着，如何活才更有意义这个命题，

① 毛泽东选集（第三卷）[M].北京：人民出版社，1991：1003.

始终围绕着无产阶级革命的目的，社会主义改造和建设的方向，是正确的无产阶级人生观。“为人民服务”是毛泽东德育思想的核心，保证清廉教育始终朝着正确方向发展，始终服务于社会主义建设。改革开放以来，历代领导集体都将“为人民服务”作为其执政理念的内核来加以倡导。1978 年党的十一届三中全会上，邓小平同志谈到“全心全意为人民服务”时，提出用“人民拥护不拥护”“人民赞成不赞成”“人民高兴不高兴”“人民答应不答应”的标准来将服务意识落到实处。当察觉到某些领导“官本位”作风后，强调“什么是领导？领导就是服务。”[①]，从而把自己对执政党领导地位的理解阐述清楚，告诫党员领导干部，必须全心全意为人民服务。江泽民同志明确提出：“贯彻‘三个代表’重要思想，关键在坚持与时俱进，核心在坚持党的先进性，本质在坚持执政为民。”要坚持群众利益无小事，始终为人民谋利益，办实事、办好事，一切工作都必须着眼于实现最广大人民的根本利益。胡锦涛同志阐述科学发展观时强调：“要把人民的利益作为一切工作的出发点和落脚点，不断满足人们的多方面需求和促进人的全面发展。”发展必须以人为本，党员干部一定要做到权为民所用、情为民所系、利为民所谋。

（二）“五爱”

“五爱”是在长期的革命斗争和社会主义建设实践中形成、丰富并确定下来的，是建设有中国特色的社会主义德育体系的重要组成部分，是全体公民必须共同遵循的五种基本道德规范的简称。1949 年《中国人民政治协商会议共同纲领》第四十二条首次提出：爱祖国、爱人民、爱劳动、爱科学、爱护公共财物；1982 年《中华人民共和国宪法》第二十四条提出：爱祖国、爱人民、爱劳动、爱科学、爱社会主义。这都是顺应国家建设和社会发展需要，“五爱”教育的内容也不断得以扩充，与时俱进。

“五爱”即是新社会德育的基本要求，也是社会主义清廉教育的德育基础。首先爱祖国。这是中华民族千百年爱国主义精神的传承和延续，在近代中国集中表现为“不甘屈服于帝国主义及其走狗的顽强的反抗精神”[②]。新中国成立后，掀起了全民建设社会主义富裕国家的浪潮，此时爱祖国又有了新的寓意，即增强民族自尊心和自信心，坚决抵制腐朽思想袭扰，清廉为人，全力以赴为新中国的建设和发展而奋斗。其次爱人民。对人民群众之爱体现在四个方面：一爱倾听，遇到涉民问题，要到群众中去倾听他们的意见和要求，多和群众商量，做出符合群众利益的决策；二爱关心，这是全心全意为人民服务的延伸之意。要关心人民群众疾苦，心中时刻惦记并昼思夜想解决的办法，让人民生活更幸福；三爱学习，人类的无穷智慧

---

① 邓小平文选(第三卷)[M].北京：人民出版社，1993：121.

② 毛泽东选集(第二卷)[M].北京：人民出版社，1991：632.

都蕴藏在人民群众的劳动中，要善于虚心向群众学习，尊重人民群众的首创精神，帮助群众认识到自己的价值并发挥出来；四爱负责，向人民群众负责，一切工作得失的衡量标准就是人民群众的满意与否，要勇于为维护人民群众的利益而自我检讨，将对党忠诚和对人民群众负责统一起来。再次爱劳动。劳动是光荣的，劳动也是人类得以区别于其他物种的类本质，其对人类的形成起到巨大的推动作用。古往今来，人类的智慧创造都来源于劳动之中。社会主义新国家的建设和发展，需要广大的劳动者发扬主人翁的精神，在劳动中积极主动，树立劳动光荣、懒惰可耻的意识，抓住国家发展的战略机遇期，迎难而上，实现更大的跨越。然后爱科学。科学技术是人类实践的结晶，是人类认识和改造世界的有力武器。科学技术推动了人类生产方式和生活方式的变革，是实现社会永续发展的动力源。随着社会发展日新月异，对科学技术的需求也与日俱增。毛泽东将“爱科学”视作共产主义社会德育不可或缺的内容之一，新中国成立伊始就注重科学技术人员的培养与保护，即使在国家发展困难时期仍然一如既往地重视科学技术人员。邓小平强调“科学技术是第一生产力”，掀起了尊重科学，崇尚知识的新风尚。最后爱护公共财物。自古财物就有公私之分，社会主义国家财物的公是指国有和集体所有的一切财产，是全体人民共同的劳动成果，这是建设国家和保障人民生活水平的物质基础。爱护公共财物是爱祖国、爱集体、尊重劳动者的具体表现，培养自觉爱护公共财物的习惯，树立爱护公共财物为荣，破坏公共财物为耻的道德操守。1982 年宪法的实施，将“爱护公共财物”进一步引申为“爱社会主义”，体现国家性质对公民德育的基础性地位，同时，社会主义的国家性质也决定着公民德育建设的方向。在建设中国特色社会主义国家的新征途上，“爱社会主义”也是爱国主义具体的表现，两者在新时期的历史进程中是一致的。2001 年中共中央印发的《公民道德建设实施纲要》中明确“爱护公物”为社会公德之一，“爱社会主义”是“五爱”之一，也是公民道德基本要求之一。

（三）“四有”

“四有”即有理想、有道德、有文化、有纪律。是培养社会主义新人思想的重要部分，邓小平明确提出“培养社会主义新人就是政治”[①]，这不仅继承而且发展了马克思主义关于人的全面发展和培养社会主义新人的观点，适时提出了培养社会主义新人的“四有”内容。江泽民同志又进一步强调社会主义德育目标：培育德、智、体、美全面发展的“四有”新人。有理想是“四有”的灵魂，邓小平指出：“我们一定要

① 邓小平文选（第二卷）[M]．北京：人民出版社，1994：256．

经常教育我们的人民，尤其是我们的青年要有理想。”①理想是人生奋斗的目标，是人生观和世界观以及所持政治立场的反映，青少年尤其要从小开始培养远大理想。“要特别教育我们的下一代下两代，一定要树立共产主义的远大理想，一定不能让我们的青少年做资本主义腐朽思想的俘虏，那绝对不行。”②中国是社会主义国家，以实现共产主义为最高理想和奋斗目标，而现阶段全国各族人民的共同理想就是实现社会主义现代化，立志早日建成高度富强、民主、文明、和谐的社会主义现代化国家。有道德是“四有”的目标。作为人类社会形态的最高级，社会主义社会“新人”必须要有新的道德规范来调整人与人及社会之间的行为。这种道德有两个层次：一是大公无私的全心全意为人民服务的共产主义道德，适用于社会主义社会建设中的先进分子；一是遵守社会主义社会公德和职业道德，适用于一般社会公众。邓小平同志一贯倡导“全心全意为人民服务”“大公无私”“毫不利己，专门利人”的共产主义道德，强调要用共产主义道德要求共产党员的言行。因此，大力弘扬共产主义道德，对于提高全民族的道德水平，保证社会主义道德建设方向，推进社会主义现代化建设具有重要作用。③ 有文化是“四有”的综合素质。社会主义“新人”一定要具有再学习的能力，不断提高自身的科学知识储备和实践能力。邓小平将科学文化视为建设社会主义的必备条件，强调：“没有专业知识，又不认真学习，尽管你抱了很大的热心建设社会主义，结果做不出应有的贡献，起不到应有的作用，甚至还起相反的作用。”④可见，建设中国特色社会主义必须要掌握科学文化，只有综合素质提高了，才能更好地增强共产主义意识，为社会主义事业贡献更大的力量。有纪律是“四有”的重要内容。中国是礼仪之邦，自古就有“无规矩不成方圆”之说，革命年代，共产党的军队就以纪律严明著称，是革命成功的秘诀之一；建设时期，社会主义“新人”更应该讲纪律，协调一致，才能众志成城。邓小平指出：“我们这么大一个国家，怎样才能团结起来，组织起来呢？一靠理想，二靠纪律。组织起来就是力量。没有理想，没有纪律，就会像旧中国那样一盘散沙，那我们的革命怎么能成功？我们的建设怎么能成功。”⑤可见，一个拥有 13 亿人口的泱泱大国，纪律何其重要！现如今，一些年轻人追求自由过度，这种现象是没有搞清楚自由和纪律的关系。打个比方：自由和纪律就好比人的身体，自由就好比细胞，如：红细胞、白细胞等，而纪律就好比骨骼、血管等器官。人之所以行走自如，得益于骨骼、血管等器官和全

---

① 邓小平文选(第三卷)[M].北京：人民出版社，1993：110.
② 邓小平文选(第三卷)[M].北京：人民出版社，1993：111.
③ 罗炽等著.中国德育思想史纲[M].武汉：湖北教育出版社，2003：885.
④ 邓小平文选(第二卷)[M].北京：人民出版社，1994：264.
⑤ 邓小平文选(第三卷)[M].北京：人民出版社，1993：111.

身细胞的默契配合，各司其职。没有器官存托下的细胞无法生存，更无法支撑身体的正常运行。同此理，自由和纪律也是维持国家正常运作的两个方面，缺一不可。

（四）“三个代表”

“……代表着中国先进生产力的发展要求，代表着中国先进文化的前进方向，代表着中国最广大人民的根本利益”①这是步入 21 世纪，以江泽民同志为核心的中国共产党人在研究新时期建设什么样的党以及如何建设党的问题时，总结历史经验后向世人发出的最强音。一是铸共识。明确作为一名共产党人的责任意识，不断强化党组织“两个先锋队”的性质，告诫广大党员同志做到“三个代表”是我党长期执政的群众基础，同时也是立党之本、力量之源。在全党范围内形成理论共识、认知共识、行为共识，进而合力共建美好家园；二是严要求。就是对广大党员同志加强管理，严明纪律，从严治党。不断健全党内制度民主，严肃党员作风建设，加强党员组织生活，提倡先锋模范作用，同时对以权谋私、贪污腐败、违法违纪的党员领导干部采用雷霆手段，发现一起，查处一起，坚决铲除损害人民利益的害群之马；三是强监督。加强党内监督、政府监督、司法监督之余，引入新媒体大众监督形式，发动群众参与到维护清廉，揭发贪腐渎职的运动之中来，在全社会对贪腐渎职的行为筑成威慑态势，形成“过街老鼠，人人喊打”的新局面。

（五）“八荣八耻”

“八荣八耻”是以胡锦涛为核心的共产党人用浅显易懂的形式对广大群众行为方式的一种引导，目的就是号召广大党员干部和人民群众树立正确的荣辱意识，自觉践行社会主流价值观，进而为构筑社会主义核心价值体系打下坚实的群众基础。坚持以热爱祖国为荣、以危害祖国为耻，以服务人民为荣、以背离人民为耻，以崇尚科学为荣、以愚昧无知为耻，以辛勤劳动为荣、以好逸恶劳为耻，以团结互助为荣、以损人利己为耻，以诚实守信为荣、以见利忘义为耻，以遵纪守法为荣、以违法乱纪为耻，以艰苦奋斗为荣、以骄奢淫逸为耻。这不仅遵循了“为人民服务”的核心宗旨，对“四有”“五爱”精神在新时期的延展，也是对弘扬中华民族传统美德，树立社会正气，帮助青少年明是非、辨善恶、知美丑起到了引领作用。同时也再次告诫广大党员干部：群众尚且知荣辱，何况汝辈！

（六）纠“四风”

“四风”即形式主义、官僚主义、享乐主义和奢靡之风。是 2013 年 6 月习近平同志提出的现阶段被老百姓深恶痛疾并深刻影响党群干群关系的毒瘤，是和党的

① 江泽民文选（第三卷）[M]. 北京：人民出版社，2006：2.

清廉教育背道而驰的逆流。“四风”主要存在于党员领导干部的作风方面，形式主义之风主要体现在工作不务实，花拳绣腿摆空架子，不能从事务的实效去解决问题；官僚主义之风主要体现在对群众关心、关切的事情不关注不作为，对维护群众的利益不热心，开展群众工作高高在上；享乐主义之风主要体现在个人利己思想作祟，及时行乐变成其生活的主旋律，脱离基层，背离群众；奢靡之风主要体现为攀富比阔，生活堕落，铺张浪费，严重滋生权贵思想。提“四风”的目的在于“纠”，而自上而下的自查自纠无疑是最好的开端。习近平同志指出，实现党的十八大确定的各项目标任务，实现“两个一百年”目标，实现中华民族伟大复兴的“中国梦”，必须把我们党建设好。党风廉政建设和反腐败斗争，是党的建设的重大任务。为政清廉才能取信于民，秉公用权才能赢得人心。自此以后从中央到地方，从总书记到普通党员开展了一场声势浩大的纠“四风”实践活动，中央陆续出台了一系列的纠“四风”的组合拳。先是中央出台八项廉政新规，要求转作风、简会风、改文风，轻车简从，厉行勤俭节约等措施相继落实；继而中央军委颁布“禁酒令”严肃军纪，从严治军；接着是加强对“裸官”监管力度；建立“廉洁政府”，本届政府停建一切政府性楼堂馆所设施；中央巡视组派出多路巡视组，加强对地方政府官员的审查监管，并在中纪委内部实行“清卡”行动，要求打铁先要自身硬等。

三、现当代清廉教育的主要原则和方法

（一）现当代清廉教育的主要原则

中国共产党成立伊始就秉承马克思主义世界观和方法论，强调以为人民服务中心的德育理念，清廉教育的主要原则也围绕这个德育中心开展。从新中国成立至今，不同发展阶段清廉教育的原则也不尽相同。

第一，集体主义原则。集体主义是我们构筑社会主义和共产主义道德的基本原则，用以调节公私利益的尺度，加强集体主义的教育，就是要协调好国家、集体和个人三者之间的利益，将国家的和集体的利益作为获得利益的出发点和归宿，同时兼顾个人利益。毛泽东提出集体主义原则，并多次强调其在党和国家建设发展中的重要性。他说：“共产党员无论何时何地都不应以个人利益放在第一位，而应以个人利益服从民族的和人民群众的利益。”[①]邓小平也指出：“在社会主义制度之下，个人利益要服从集体利益，局部利益要服从整体利益……我们提倡和实行这些原则，绝不是说可以不注意个人利益，不注意局部利益，不注意暂时利益，而是因为

① 毛泽东选集（第二卷）[M].北京：人民出版社，1991：534.

在社会主义制度之下，归根结底，个人利益和集体利益是统一的，局部利益和整体利益是统一的，暂时利益和长远利益是统一的。我们必须按照统筹兼顾的原则来调节各种利益的相互关系。”[①]可见，社会主义中国必须倡导集体主义原则，这是指导人们面对利益取舍时的指南针。

第二，理论联系实践原则。此原则来自马克思主义的基本原则“理论联系实际”，指导我党革命和建设时期的整个过程，贯穿马克思主义中国化的理论精髓，是把马克思主义的普遍真理同中国的具体实际相结合。毛泽东认为，马克思列宁主义的理论结合中国革命的实践，是我党在长期的革命斗争中形成的三大优良作风之一，应一贯始终。理论联系实践要求从两个方面做好工作：一方面抓紧理论的学习和研究，吃透精神，更好地指导革命和建设工作；另一方面开展工作必须脚踏实地，实事求是，努力在实践中锻炼进步。

第三，发扬民主与正确指导结合的原则。民主集中制由列宁提出，并很好地运用到苏联的国家机构中。毛泽东创造性地将民主集中原则引入到社会主义德育之中，在开展社会主义德育工作，要坚持民主的原则，充分发扬人民群众的集体智慧，尊重人民群众的民主权利，坚持民主作风，使用民主方法。以平等的心态与人民群众进行交流，积极听取群众反映的新情况，及时进行批评和自我批评。同时，在德育工作开展的全过程进行积极的、正确的指导，在发扬民主的基础上，适时指导，从而有效地开展德育工作。

第四，精神鼓励与物质鼓励结合的原则。马克思辩证唯物主义认为：物质决定意识，意识可以能动地作用于物质。精神鼓励和物质鼓励结合符合此理。邓小平指出：“革命精神非常宝贵的，没有革命精神就没有革命行动。但是，革命是在物质利益的基础上产生的，如果是讲牺牲精神，不讲物质利益，那就是唯心论。”[②]革命时期的这样，社会主义建设时期更是这样，马克思的辩证唯物主义必须始终坚持并运用到中国社会主义建设的实际中去。同时强调：“我们实行精神鼓励为主，物质鼓励为辅的方针，颁发奖牌、奖状是精神鼓励，是一种政治上的荣誉，这是必要的。但物质鼓励也不能缺少。”[③]可见，物质鼓励是精神鼓励有益的补充，是社会主义建设过程中应当坚持的德育原则之一。

第五，解决思想问题与解决实际问题结合的原则。我国正在经历的经济建设具有跨越性的发展特性，广大人民群众在建设社会主义的过程中会遇到许多新问

---

① 邓小平文选(第二卷)[M].北京：人民出版社，1994：175.

② 邓小平文选(第三卷)[M].北京：人民出版社，1993：47.

③ 邓小平文选(第二卷)[M].北京：人民出版社，1994：27.

题，既有思想认识上的问题，也会有涉及自身的利益问题，多数时候两者可能产生交叉。这就要求我们德育工作要深入实际，通过调查研究了解群众的思想动态，并结合实际问题，有针对性地提出解决的方案。必须杜绝浮躁的工作态度，如果不能及时地解决群众在生产、工作、学习及生活中遇到的各种问题，我们的德育工作就无从开展。

第六，身教与言教结合的原则。教育工作重在示范，尤其是德育工作。言教是靠说，通过讲道理去启发受众，提高其认识能力和道德水平；身教是靠做，及教育工作者的人格魅力，通过身体力行的示范去影响受众，坚定其严格要求自己的决心。邓小平强调："群众对干部总是要听其言，观其行的"[①]在清廉教育中，广大党员和教育工作者更要坚守自己做人的底线，以身作则、遵纪守法，做到身教和言教结合起来。这样才有资格率领人民群众建设社会主义新家园，才能得到人民群众的信任和拥护。

第七，法治与德治结合的原则。德治是在我国建设社会主义法治国家的进程中，于20世纪之初由江泽民同志提出来的，其目的是让德治作为法治进程中的重要补充，更能推进我国建设法治的进程，提升社会道德风气。这里的"德"是社会主义道德和中华民族传统美德的结合体。德治强调人的自律性，通过教育的方式提高人的守德意识；法治强调人的他律性，通过惩罚震慑的方式强化人的守法意识。两者发生作用的领域没有重叠，可以互通有无，相得益彰。

（二）现当代清廉教育的主要方法

中华人民共和国的成立，结束了自1840年以来的混乱局面，我国开始进入社会主义改造和建设阶段。在德育工作中，也经历了改造和建设的发展时期，随着不同时期德育工作的重点的不同，采取的方法也不尽相同。

第一，三反五反，改造学习。在社会主义改造阶段，为顺利完成从新民主主义向社会主义的转变，1951—1952年期间，党和政府分别在党政机关和私营工商业战线分别开展了"三反"(反贪污、反浪费、反官僚主义)和"五反"(反行贿、反偷税漏税、反盗骗国家财产、反偷工减料、反盗窃国家经济情报)运动。据不完全统计，到1952年1月，全国共查出贪污旧币1 000万元以上的贪污犯10万余人，贪污的总金额达6万亿元，对有严重贪污行为的罪犯，判处有期徒刑9 942人，判处无期徒刑的67人，判处死刑的42人，判处死缓的9人。而这其中，影响最大的就是刘青山、张子善的被处决。这有力地整肃了社会风气，为社会主义改造有序进行提供

① 邓小平文选(第二卷)[M].北京：人民出版社，1994：177.

了保障。

第二，讨论说服，批评教育。延安整风运动开始，摆事实，讲道理，以理服人就是我党在开展德育工作的方法之一。用“团结—批评—团结”的教育方式已达到统一思想，团结同志的目的。毛泽东指出“惩前毖后，治病救人”，前者就是对曾经有的错误进行揭发、检举，不讲情面；后者是说明揭发错误，检举他人的目的是为了救人，像医生诊治病患一样。

第三，培育典型，树立榜样。特别在社会主义建设中，先进典型和榜样的力量是无穷的，德育工作尤其需要这样的模范人物。如：雷锋、王进喜、焦裕禄、郭明义等，这些先进人物的事迹情真意切，体现了时代的精神风貌。对人民群众来说，非常真实、直观，具有强大的说服力和感召力。这成为社会主流道德的标杆，能正确引导大众舆论，让其更健康、更积极向上。

第四，健全教育，完善法制。建设社会主义法治国家必须双管齐下，即健全教育，完善法制。德育工作是正人心，树风气的必要方法。树立社会主义核心价值，社会主流道德意识是社会主义建设中必不可少的环节，是社会教育的重要组成部分，必须不断健全教育的内容、原则和方法。完善法制，不仅要不断补充应对发展中各种新情况的法律条文，而且要针对现行法律进行广泛的宣传，加强群众知法、懂法、守法、用法的力度。

第五，惩防并举，标本兼治。习近平同志强调：反腐倡廉必须常抓不懈，拒腐防变必须警钟长鸣，关键就在“常”“长”二字，一个是要经常抓，一个是要长期抓。我们要坚定决心，有腐必反、有贪必肃，不断铲除腐败现象滋生蔓延的土壤，以实际成效取信于民。[①] 反腐倡廉的工作重点不在于不出问题，要让问题出现，我们才好对症下药，不断完善制度漏洞；而在于如何制定出一套行之有效的制度，是其既可治标又能除本，实现惩防同步，双管齐下，以期达到尽可能的少出问题，这样，既可震慑打击不良之徒，同时又可挽救对国家发展有用之人。

【解疑释惑】

为什么改革开放以来贪腐奢靡之风屡禁不止，甚至在一定时期、一定范围、一定程度上呈现出前“腐”后继、愈演愈烈以致塌方式的趋势？

“腐败，自有人类文明史以来就一直存在，古今中外、概莫能外，只不过有时轻

① 习近平.更加科学有效地防治腐败　坚定不移把反腐倡廉建设引向深入——在中国共产党第十八届中央纪律检查委员会第二次全体会议上的重要讲话[DB/OL].(2013-01-22)[2013-01-23]. http://politics.people.com.cn/n/2013/0123/c1024-20291291.html.

有时重。任何公权力都面临被腐蚀的危险，执政党永远会面对与腐败的斗争。”①

改革开放以来贪腐奢靡之风屡禁不止，甚至在一定时期、一定范围、一定程度上腐败呈现出前“腐”后继愈演愈烈以致塌方式的趋势，这不是危言耸听，是事实。例如，周永康、薄熙来、郭伯雄、徐才厚、孙政才、令计划等数百只“大老虎”严重违纪、违法、犯罪的事实触目惊心，山西系统性、塌方式腐败问题令人震惊，湖南衡阳破坏选举案、四川南充拉票贿选案、辽宁省系统性拉票贿选案震动全国（三大案件共查处 1 899 人）。减少腐败存量、遏制腐败增量的任务依然艰巨。

习近平指出：“党风廉政建设和反腐败斗争形势依然严峻复杂。从党的十八大以来查处的中管干部违纪违法案件看，腐败分子往往集政治蜕变、经济贪婪、生活腐化、作风专横于一身。当前，腐败问题依然存在。有的仍心存侥幸，搞迂回战术，卖官帽、批土地、抢项目、收红包，变着花样收钱敛财，动辄几百万、几千万甚至数以亿计。”②

贪腐奢靡之风屡禁不止的原因比较复杂，既有内因的作用，也就外因的影响；既有历史原因，也就现实因素的影响；既有国内自身原因，也有国际因素的影响。归纳起来，主要有以下几个方面的原因：

第一，理想信念丧失、宗旨意识丢弃。物必先腐，而后虫生。唯物辩证法认为，在事物发展的过程中，外因是变化的条件，内因是变化的根据，外因通过内因而起作用。一些党员干部走上贪腐道路，首先是从放松主观世界的改造、放松个人品德的修养、缺少精神之“钙”开始的，表现为放弃马克思主义信仰、共产主义理想和为人民服务的宗旨，世界观、人生观、价值观扭曲，金钱观、权力观、地位观、义利观、生活观变形，精神颓废、脱离群众，私欲膨胀、见利忘义，目无法纪、胆大妄为。长期执政条件下，有的地区、部门、单位的党员干部“四风”严重，管党治党责任落实不到位，管党治党失之于宽、失之于松、失之于软。一些人思想滑坡、蜕化变质，拒腐防变的思想防线崩溃，这是滑向腐败泥潭的内在原因。

第二，环境复杂严峻，考验长期存在。我们党作为执政党，长期执政面临的环境是极其复杂和严峻的，需要经受的各种考验也是无时不有、无处不在。例如，封建主义、资本主义等剥削阶级腐朽思想和文化的渗透与侵蚀将长期存在；市场经济条件下，等价交换原则超越经济生活界限而在政治生活、社会生活等领域被滥用，造成等价交换原则的泛化，催生了权钱交易、权色交易、权权交易等腐败行为；一些不法商人为追求利益最大化而对党员干部、公职人员设置“陷阱”、实施“围猎”将长期

① 十八届中央纪委.向党的十九大的工作报告[N].新华每日电讯，2017-10-30(1).

② 习近平.在第十八届中央纪律检查委员会第六次全体会议上的讲话[N].人民日报，2016-05-03(2).

存在；国内外各种反动和邪恶势力相互勾结，联合实施“和平演变”战略，运用互联网等各种手段，腐蚀、拉拢、收买党员干部、公职人员中意志薄弱分子也将长期存在。

第三，制度存在漏洞，法治有所不足。邓小平强调：“制度好可以使坏人无法任意横行，制度不好可以使好人无法充分做好事，甚至会走向反面。”习近平指出：“产生腐败问题的一个重要原因，是一些体制机制存在漏洞，必须坚持以改革思路推进工作，加强制度创新。”①改革开放以来，党和国家不断加强制度建设、法治建设，取得可喜成果，但是，制度不健全，制度软化、弱化，制度成为“稻草人”，甚至有的制度和体制机制存在漏洞，法治意识不强、以权压法、以言代法、徇私枉法，有法不依、执法不严等问题在一定范围、一定程度上仍然存在。这是贪腐奢靡之风屡禁不止的一个重要原因。

第四，权力制约不够，监督问责乏力。不受制约的权力，必然产生腐败。现实生活中，一些人有权就任性，搞权力寻租，其中一个重要原因就是缺乏对权力的有效制约和监督，尤其是对“一把手”掌握的权力缺乏有效制约和监督。有的人把民主集中制中的“集中”理解为一人说了算，独断专行、飞扬跋扈、不守规矩、不受约束，这必然导致权力滥用、走向腐败。此外，一旦出现违纪问题，有的没有依规依纪及时问责、追责，搞无原则的一团和气、下不为例，从而使一些人由小错不改、到有恃无恐，最终酿成大错以致违法犯罪。

第五，精准惩治滞后，利益固化仍存。一些“大老虎”潜藏在党和国家机关多年，才被发现、清除、追究，这些人在仕途上曾多次被带病提拔，严重污染和败坏了政治生态。如果对“老虎”“苍蝇”不能及时精准识别、依法精准打击，就会助长腐败分子的嚣张气焰，就会出现劣官驱逐良官，就会出现腐败蔓延、窝案、串案不断，甚至发生大面积塌方式腐败。不敢腐的震慑力度弱一寸，腐败就会进一尺。此外，“政治腐败和经济腐败相互交织形成利益集团，严重危害党和国家政治安全。”②一些人在走向政治蜕变、经济贪婪、生活腐化、作风专横的过程中，与不法商人、黑恶势力相互勾结、沆瀣一气、狼狈为奸，形成横跨经济、政治和社会领域的利益集团和恶势力，这种利益集团和恶势力依靠贪官的权力、不法奸商的财力、黑恶势力的暴力、腐朽文化的腐蚀力的杂交融合，对国家和人民利益具有极大的破坏力，对党和国家有机体的侵害就像癌细胞一样具有极强的扩散力和毁伤力。

总之，贪腐奢靡之风屡禁不止的原因虽然复杂，但不想腐的自觉、不能腐的制

---

① 习近平.在第十八届中央纪律检查委员会第五次全体会议上的讲话（2015年1月13日）[N].人民日报，2015-01-14(1).

② 十八届中央纪委.向党的十九大的工作报告[N].新华每日电讯，2017-10-30(1).

度、不敢腐的震慑仍存在不足是最主要原因。

令人高兴的是，党的十八大以来，在以习近平同志为核心的党中央坚强领导下，我们党着眼于新的形势任务，把全面从严治党纳入“四个全面”战略布局，把党风廉政建设和反腐败斗争作为全面从严治党的重要内容，正风肃纪，反腐惩恶，着力构建不敢腐、不能腐、不想腐的体制机制，党风廉政建设和反腐败斗争取得新的重大成效。腐败蔓延势头得到有力遏制，反腐败斗争压倒性态势已经形成并巩固发展，我们党在革命性锻造中浴火重生，焕发出新的强大生机活力。[①] 党的十八大以来，在短短5年时间里，立案查处“大老虎”400多只（经党中央批准立案审查的省军级以上党员干部及其他中管干部440人）；全国纪检监察机关共处分村党支部书记、村委会主任27.8万人；全国纪检监察机关共接受信访举报1 218.6万件（次），处置问题线索267.4万件，立案154.5万件，处分153.7万人，其中厅局级干部8 900余人，县处级干部6.3万人，涉嫌犯罪被移送司法机关处理5.8万人。[②] 2015年，国家统计局问卷调查结果显示，91.5%的群众对党风廉政建设和反腐败工作成效表示很满意或比较满意。中国社科院一个问卷调查显示，93.7%的领导干部、92.8%的普通干部、87.9%的企业人员、86.9%的城乡居民对中国反腐败表示有信心或比较有信心。这再次印证党风廉政建设和反腐败斗争顺党心、合民意，有着广泛和坚实的政治基础和群众基础。只要我们管党治党不放松、正风肃纪不停步、反腐惩恶不手软，就一定能赢得这场输不起也决不能输的斗争！[③]

纵观人类政治发展史、政党发展史，能够像中国共产党这样，始终坚定地站在最广大人民的立场上，以壮士断腕的决心和勇气进行自我革命，依规依法坚决铲除生长在党和国家有机体中的腐败毒瘤，规模之广、力度之大、速度之快、人民满意度之高，史无前例。这充分彰显了中国共产党是真正为人民谋幸福、为民族谋复兴的马克思主义执政党，中国特色社会主义制度具有无可比拟的优越性和强大生命力。

【案例分析】

案例呈现：毫无戒惧“杰出青年”赴末途[④]

“作为党委书记，你回答一下什么是‘两学一做’？”

---

① 十八届中央纪委.向党的十九大的工作报告[N].新华每日电讯，2017-10-30(1).

② 十八届中央纪委.向党的十九大的工作报告[N].新华每日电讯，2017-10-30(1).

③ 十八届中央纪委.向党的十九大的工作报告[N].新华每日电讯，2017-10-30(1).

④ 申晚香 张璐 谭龙圆.毫无戒惧，“杰出青年”赴末途——海南省供销合作联社原党委书记、理事会主任简纯林严重违纪问题剖析[N].中国纪检监察报，2018-01-03(7).

“……这个，我不太清楚。”

作为海南省供销合作联社党委书记、理事会主任的简纯林，竟然连“两学一做”是什么都不知道，着实让执纪人员“大跌眼镜”。“他党性全无，心中无戒，这是他违纪的根源。”执纪人员说。

曾经，简纯林在很多人眼中是幸运的。他从基层干部成长为海南省供销社党委书记、理事会主任，属于正厅级。他聪明干练、年轻有为，家人朋友皆以他为荣。他还曾经获得过第八届中国十大杰出青年、海南省十大杰出青年等荣誉。

一个人什么时候容易犯错误？就是志得意满、一切顺利的时候，耳朵再也听不进提醒的话的时候，自我膨胀、唯我独尊的时候，就容易随心所欲，随心所欲而又不能做到不逾矩，就要出问题了。

这位昔日的“杰出青年”，因为胆大妄为、目无法纪，使自己从一个深受组织信任的党员领导干部，蜕变成为一个违纪违法的反面典型。

2017 年 5 月 8 日，海南省纪委对外宣布对简纯林进行纪律审查，这也是新一届省委查处的第一个正厅级领导干部。

负隅顽抗，对抗组织调查

当执纪人员把他带往办案点的时候，他依然气焰嚣张：你们这样做，你们领导知道吗？然后，他就开始了自己的“表演”：装病，伪造证据、串供并指使他人翻供。他总是自作聪明，以为能瞒天过海，其实他的违纪问题就是从他向组织提供虚假情况暴露出来的。

2016 年 5 月，省委巡视组在核实省供销社违规发放奖金的问题时，简纯林为了隐瞒真相，授意省供销社财务审计处副处长陈某某起草了虚假说明，并提交给省委巡视组，称省供销社不存在任何违规发放津补贴的情况，意图欺骗、干扰巡视组的工作。但事实上，当时的海南省供销社直属企业全面亏损，简纯林在这种情况下却虚报财务数据，骗取了全国供销总社同意省供销社用利润发放奖金的批复。

2013 年至 2014 年，海南省供销社通过弄虚作假的方式，以发放“年度综合奖”“优秀奖”等名义，违规发放奖金 242.84 万元，其中简纯林共领取 13.79 万元，后退还。

2017 年 3 月，简纯林在得知省纪委在核查其违纪问题后，立即找到涉案的老板许某，要求其按照自己口径把一笔 300 万元的贿款说成是正常的借贷。许某按简纯林的要求对省纪委做了虚假陈述，后经执纪人员教育，许某做了真实交代。但迫于简纯林的压力，许某又向省纪委提交一份内容虚假的声明，否认之前承认的事实。

假的真不了，正是简纯林的做贼心虚，充分暴露了他的违纪事实。

自作聪明，大搞权钱交易

中央八项规定精神是红线，是不可逾越的雷区，可是在简纯林这里却是视而不见、置若罔闻，顶风违纪，不收敛、不收手。除了违规发放奖金，简纯林依旧我行我素违规公款吃喝、购送购物卡……本应由个人承担的餐费，随着简纯林一声令下，通通都能报销。他利用手中的权力指挥供销社的财务人员安排下属几家单位拆分报销，甚至明目张胆地将白酒、洋酒等项目直接入账。偶尔有下属企业的会计对此提出质疑时，身后有简纯林撑腰的财务总监便呵斥说："没有简主任，你会有这个钱吗？钱是简主任给的，让你怎么报就怎么报！"

2007 年下半年，简纯林要求省供销社超标准购买一辆价值约 45 万元的越野车作为自己的公务用车，为规避车价超标不能纳入公车编制的问题，将车价拆分为三张发票报销。后因群众举报，简纯林便指使他人以虚假出让的方式将该车登记在一公司名下。该车继续由他使用到 2009 年。2015 年 6 月，省纪委就此事向简纯林进行函询，其在书面说明中予以否认。

简纯林身为领导干部，却带头违纪，把党规党纪当儿戏，他的恣意妄为、肆无忌惮令调查组的同志瞠目结舌："感觉在简纯林领导下的供销社对中央八项规定精神不在乎，甚至无视。"究其原因，关键在于其党性缺失，纪律意识淡薄，对纪律和规矩缺乏敬畏之心，最终害了自己。

会计出身的简纯林懂经济、擅财务，但作为一把手的他，并没有把所学知识运用到企业经营和干事创业上，反而把心思放在了隐蔽谋财上。在这方面颇为自信的他，从来就不拘泥于简单的当面赠送，通过"移花接木"来掩人耳目，才是简纯林最为得意的手段。他曾经在一定范围内狂妄放言："我所收受的财物，组织上是查不出来的。"

2002 年至 2015 年期间，简纯林先后利用职务便利，为老板陆某在承揽工程及拆借 2 000 万元流动资金等方面提供帮助。陆某为感谢这位"老朋友"的倾力帮忙，多次向简纯林贿送财物，共计 320 万元。为规避风险，其中 250 万元，简纯林要求以陆某的名义办理了房产认购手续，但实际购买人为简纯林。

2011 年，"老朋友"郑某找到简纯林，让其帮忙推动股权转让，将省供销社与该公司合资成立的海南省农资公司 60% 的股份转给第三方。简纯林帮郑某促成此事之后，郑某便以"投资款"的名义，送给简纯林 300 万元。为了掩人耳目，简纯林又将钱款改为"借贷合同"，并伪造虚假的还息凭证。

他先后以三种名目收受这笔钱，并将这笔钱转账了七次，不断变换款项的名目，实际上是通过伪造一个合理化的名目，来掩盖自己搞权钱交易的违纪事实。

不廉则无所不取，利欲熏心的简纯林完全脱离了正轨，他自信地认为，自己所谓的专业知识，能够让他处理好自己收受贿赂可能承担的风险，企图蒙混过关。其实，他却一步步落入了自己亲手编织的“陷阱”。

无心学习，忙于培植羽翼营销自己

简纯林深耕省供销社近十年，在此期间，他不断培养自己的亲信，扩大势力范围。财务总监是他从别的部门调过来的，一些核心岗位上全是他安排的“自己人”。这样，他就越发能一手遮天、独断专行。“小圈子”里的人为了报答他的“提拔重用”，便“投桃报李”，只要是他的“招呼”，无不“绿灯放行”，这更加助长了他的嚣张气焰。

简纯林经常和一些老板称兄道弟、勾肩搭背，受人蛊惑，往往将一些不靠谱的项目拿到会上与领导班子谈论，并大肆宣扬这些项目未来的前景多么可观。在省供销社，民主集中制形同虚设。在会议决策时，偶尔有人提出反对意见，简纯林便撂下狠话：“如果谁不同意，就滚蛋！”久而久之，也就没人敢反对了。

经他拍板投资的项目，有的钱投出去便不了了之了，有的则变成债务纠纷，至今仍在打官司。曾与其共事的一名干部坦言：“只要简纯林插手的项目，最后都得亏损，给供销社造成了巨大的损失。”

随着年龄的增长，曾经脚踏实地的简纯林变得对发财更加迫切。尤其觉得自己升迁无望后，开始感到对家庭和儿子的愧疚，希望用金钱补偿。

他不再学习研究业务，做什么都是随心所欲。对单位组织的学习活动，仅做表面功夫，或以自己有事、忙为借口缺席。对中央的政策、要求更是一问三不知。平常，工作人员也很难在办公室看到他，因为比起政治学习、经营企业，简纯林更热衷于到上级领导面前“营销”自己，大讲特讲自己的“成绩”，把自己打扮成“改革家”。但经他“改革”后的省供销社，实际上亏损连连。

作为正厅级干部的简纯林被任命为海南省供销社（副厅级单位）的一把手，实属职务“高配”，组织希望他到这个岗位上去干出点成绩。作为“杰出青年”，他一路顺风顺水，39 岁即提拔为副厅级领导干部，40 岁当上县委书记（副厅级），后又提拔为正厅级。面对组织的信任，本应以身作则，带领企业谋发展。但他却不知珍惜，不正确行使手中的权力，对自己放松了要求，理想信念滑坡。

月盈则亏，水满则溢。一个人不管当到多大干部都要有组织纪律性，职位越高组织纪律性应该越强，慎独慎微，才能不出问题，否则，苦果自吞。

经查，简纯林严重违反政治纪律、中央八项规定精神、廉洁纪律，且在党的十八大后仍不收敛、不收手，性质恶劣、情节严重。2017 年 7 月 24 日，简纯林被开除党籍、开除公职，其涉嫌犯罪问题及线索移送司法机关依法处理。

“面对组织给予这么好的条件，自己仍然不满足，不好好珍惜，却见钱眼开，为企业办事，人家给钱就要，毫无顾忌，把党纪国法放在脑后，忘记了党规党纪，忘记了一个共产党员的责任，忘记了组织多年的培养，我后悔，非常后悔……”他的忏悔姗姗来迟。

案例分析

简纯林出生于农村家庭，小时候家里很困难，生活很艰苦，凭着刻苦学习、努力工作的精神，在工作中做出了成绩，得到组织信任并逐步升职为厅级干部。职位高了，权力大了，本应该更加严格自律、清廉为民、率先垂范。然而，因放弃政治学习和思想改造，在金钱、利益诱惑面前，利用党和人民给的权力收取钱财，谋取私利，走上违纪违法的道路。正如其在“忏悔书”中所言：“见钱眼开，为企业办事，人家给钱就要，毫无顾忌，把党纪国法放在脑后，忘记了党规党纪，忘记了一个共产党员的责任，忘记了当时的入党宣誓，忘记了组织多年的培养，辜负了组织和领导的栽培，辜负了组织和领导的希望。”因毫无戒惧，昔日的“杰出青年”，终赴末途，教训十分深刻！

【小资料】

沈浩精神：一面高高飘扬的旗帜[①]

30多年前，一场发轫于安徽省凤阳县小岗村的土地改革，拉开了中国全方位改革的帷幕。由此，敢想敢干、敢为人先的大包干精神作为一面旗帜享誉全国。

10年前，作为安徽省财政厅的选派干部，39岁的沈浩来到小岗村这片厚重的土地，担任村党支部第一书记。他用一腔热血激活了小岗村一潭春水，直至2009年11月6日，疲倦的沈浩睡下后再没有醒来……

斯人已逝，但沈浩精神却在江淮大地上树起了一面新的旗帜。

探求就里、艰苦奋斗的求实作风

“这个书记是来干实事的！”

清明时节，江淮大地草长莺飞、花红柳绿。漫步在小岗村宽敞笔直的“友谊大道”上，两旁一座座白墙黛瓦的徽派建筑新居耸立，望着这块浸染过沈浩心血和汗水的土地，记者的思绪不禁飞回到了10年前。

2004年2月，沈浩带着组织的重托踏上了小岗村的土地。

“身”入基层、“心”入百姓。上任伊始，沈浩就开始起早贪黑、挨家逐户地耐心

① 赵达，李陈续．沈浩精神：一面高高飘扬的旗帜[N]．光明日报，2014-4-16(4)．

访谈……30多个日夜，将全村100多户人家门头“数”了两遍，对小岗的实际情况更是了然于胸。

小岗究竟该如何发展，怎样才能尽快走向共同富裕？沈浩以所学专长，结合小岗实际，与村两委一班人确立了“三步走”的发展规划，调整产业结构，发展现代农业；加快设施建设，发展旅游业；跳出小岗求发展，着力办好工业园。

思路有了，如何干起来？改造村里“友谊大道”东头的一条泥巴路，成为沈浩上任后的第一把火。

沈浩没有采取招投标的形式，而是将全村男女老少组织起来，按劳取酬。这是为了省钱，更是为了唤起每位村民对小岗事业的参与感。

沈浩一有时间就到工地上扛水泥、拌砂浆，什么活都干。有一次，车子轧倒了水泥模板，刚拌好的水泥熟料洒到地上，一时找不到锹，沈浩袖子一挽，用手一捧捧把水泥料捧回路基。不久，这条水泥路高质量完成，还节余了一半的资金。

行动胜过千言万语。一条路修好了，沈浩的形象也立了起来。“这个书记是来干实事的！”村民们竖起大拇指。

心系群众、服务人民的公仆情怀

“这样的好干部，谁能不拥护？”

小岗村村东的道路尽头，便是小岗陵园。苍松翠柏之间，沈浩长眠于他深爱的土地。拾级而上，人们来到墓前深深鞠躬，寄托哀思。

“心里装着群众，想群众之所想，急群众之所急，办群众之所需……”转至碑后，默念碑文，追忆事迹，缅怀精神。

任职6年间，沈浩时刻关心、牵挂着小岗村村民。

为方便村民随时进来，他的房间从不上锁。2008年3月，小岗村与石马、严岗三村合并，找他的人更多了。村干部怕影响他休息，趁他外出时在楼下装了个铁门。沈浩看到后很不高兴：“乡亲们找我肯定有事，这样做不是把我与他们隔开了吗？”这扇铁门也就从没锁过。

“有困难，找沈浩”，这是小岗村民的口头禅。沈浩坚持群众利益高于一切，奔波为民，辛劳为民，没日没夜地为群众办事，无私无畏地替百姓解忧。村民谁家有困难，他心里都有一本账，都会想方设法去解决。

2005年，一个大雨滂沱的夜晚，早已躺下的沈浩，不放心住在危房中的村民徐庆山，撑着雨伞冲进大雨中。由于泥路湿滑，他的鞋子掉了，就干脆打赤脚来到徐庆山家，直到为徐庆山安排好住处睡下，才一手撑着雨伞一手拎着鞋子离开。

大包干带头人关友章的遗孀毛凤英家境贫寒、常年生病，沈浩在入户走访中发现后，立即把她送到医院，跟院长说："尽管给她治病，出院了我来结账！"

"沈书记处处为小岗村着想，这样的好干部，谁能不拥护？"沈浩离开5年来，谈起他在小岗村的点点滴滴，村民们依然记忆犹新。

艰苦朴素、廉洁奉公的道德情操

"我爱你爸爸，别做贪官。"

新落成的沈浩同志先进事迹陈列馆，参观的人络绎不绝，很多单位结合正在开展的党的群众路线教育实践活动，组织党员干部专程前来缅怀沈浩。

一张照片引得诸多观众驻足深思。这是沈浩到小岗任职后，女儿沈王一送他的一张个人照，女儿特意在照片背面留下几行稚嫩的文字："我爱你爸爸，祝你身体健康，万事如意，还有，别做贪官。"

任职期间，沈浩清正廉洁，一心为公，做人重形象，做事讲原则，始终以共产党员的标准严格要求自己。

6年中，沈浩为小岗村民都翻建了新房，而他始终租住在村头一间不足20平方米的小屋里。妻子王晓勤来看望他，发现条件如此简陋，难过得流下眼泪。

2008年春节，沈浩一家三口回老家过年。除夕晚上，兄弟几家在一起吃团圆饭。饭桌上，一个侄子问："小叔，听说明年你们要上不少大项目，能不能介绍点工程给我做做。"沈浩听了，把筷子一放，严肃地说："这可不行，上面把我派到小岗，是让我把小岗搞好，而不是谋私利的，这个忙我不能帮！"当时饭桌上的气氛很尴尬，年夜饭最后也不欢而散。

沈浩在小岗村任职的6年里，没有节假日，没有周末，除了外出开会、招商，基本都在村里。每年春节都忙到大年三十中午才回家，年初二又回到村里……直到去世，他的案头还摆放着11项必须在年底前完成的近期重点工作责任分解表。

"两任村干部呕心沥血带领一方求发展，六载离家鞠躬尽瘁引导万民奔小康"，一副挽联凝练了沈浩的6年小岗生活，同时也是沈浩一心为公、无私奉献精神的最好诠释。

党的群众路线教育实践活动开展以来，作为沈浩精神的发源地，安徽省进一步掀起学习沈浩精神的热潮，组织党员干部把沈浩精神作为一面镜子，反复对照，深入查摆在思想境界、素质能力、作风形象等方面存在的问题和不足，努力向沈浩同志看齐。

中国共产党廉洁自律准则

中国共产党全体党员和各级党员领导干部必须坚定共产主义理想和中国特色

社会主义信念，必须坚持全心全意为人民服务根本宗旨，必须继承发扬党的优良传统和作风，必须自觉培养高尚道德情操，努力弘扬中华民族传统美德，廉洁自律，接受监督，永葆党的先进性和纯洁性。

党员廉洁自律规范：

第一条　坚持公私分明，先公后私，克己奉公。

第二条　坚持崇廉拒腐，清白做人，干净做事。

第三条　坚持尚俭戒奢，艰苦朴素，勤俭节约。

第四条　坚持吃苦在前，享受在后，甘于奉献。

党员领导干部廉洁自律规范

第五条　廉洁从政，自觉保持人民公仆本色。

第六条　廉洁用权，自觉维护人民根本利益。

第七条　廉洁修身，自觉提升思想道德境界。

第八条　廉洁齐家，自觉带头树立良好家风。

资料来源：中国共产党纪律检查委员会　中华人民共和国监察委员会网站 http://www.ccdi.gov.cn/fgk/law_display/6320

【知与行】

请利用节假日，以 3～5 人的学研小组为单位，就近参观爱国主义教育基地、清廉教育基地，并制作成课件(PPT)在班上与同学分享。

【课外作业】

任选其一：

1.请利用课余时间以 3～5 人的学研小组为单位，搜集广西古今清廉故事，并讲给身边的人听一听。

2.请利用课余时间以 3～5 人的学研小组为单位，利用互联网信息技术(“问卷星”)在一定范围内对学生有违清正廉明的行为开展一次问卷调查，并撰写一篇调查报告。

第二讲　清廉教育困与策

——清廉教育现状与路径

【导　　语】

广西地处祖国南疆边陲，有12个世居民族，集西部地区、边疆地区、民族地区于一身，由于历史文化和自然条件等原因，虽然新中国成立后，特别是改革开放以来取得了翻天覆地的变化和发展进步，但与东部发达地区相比其发展总体水平仍相对落后。实现广西经济社会的健康稳定和可持续发展，实现边疆稳固、民族团结、人民幸福，实现党的十九大确立的发展目标，迫切需要培养和造就各级各类具有清廉素质的优秀青年人才，尤其需要培养和造就一大批热爱边疆、扎根边疆、建设边疆、保卫边疆的清廉务实、敬业为民、无私奉献的高素质技术技能型人才。加强高职学生清廉教育，是培养和造就高素质技术技能型人才的必然要求。分析广西高职学生清廉教育现状，探讨高职学生清廉教育的特点，探索走出高职学生清廉教育困境的对策，有利于增强高职学生清廉教育的针对性、科学性和实效性。

第一节　广西高职学生清廉教育现状分析

【基本理论】

一、高职学生清廉教育取得的主要成就

（一）对高职学生清廉教育重要性的认识不断提升

加强广西高职学生清廉教育是广西高职学生成长成才和平安幸福的必要条件，是增进广西高职学生家庭和谐与福祉的必然选择，是促进广西地方经济社会科学发展和边疆地区长治久安的重要举措。

1.高职院校重视学生清廉教育。表现在：一些高职院校逐步形成了“党委统一

领导，党政齐抓共管，各部门各单位分工负责，干部师生广泛参与”的清廉教育管理和工作机制。明确高职学生清廉教育目标，制定活动方案，并在财力、物力、人力等方面提供了必要的保障。积极探索和创新高职学生清廉教育活动新途径：有的学校举办“高职学生清廉教育研讨会”，探讨新形势下高职学生清廉教育面临的问题和走出困境的对策；有的学校加大清廉教育的宣传力度，普及清廉知识、渗透清廉理念，通过思想政治理论课、宣传栏、校园广播站、互联网、文艺表演、影视作品以及开展五四青年节、建党节、建军节、国庆节等节庆活动等途径大力弘扬社会正气、传播清廉思想，使清廉教育进课堂、进教材、进头脑；有的学校把清廉教育与入学教育、就业指导、毕业教育、入党教育等有机结合，使清廉教育贯穿于学生成长成才的全过程。

2. 高职学生积极参与清廉教育活动。任何教育活动都是教育者与受教育者相互作用、相互影响的实践过程。高职学生清廉教育的有效开展离不开高职学生的积极参与，离不开他们才华和智慧的发挥。近年来的实践表明，在组织高职学生进行清廉教育时，学生能以积极的态度、饱满的热情、创新的精神、顽强的意志、合作的意识配合学校。一是通过学生会、学生社团、学生自律委员会等载体参与到高职学生清廉教育活动中，自主举办清廉文化活动。二是配合相关职能部门、教师积极开展活动。高职学生积极参与清廉教育活动说明其对清廉教育重要性的认识不断提升。

（二）高职学生清廉教育形式丰富多样

许多高职院校在开展学生清廉教育过程中，思路清晰、主题明确、重点突出、措施具体，狠抓队伍建设、创新活动形式、加大监督力度、始终以人为本，做了大量卓有成效的工作，使高职学生清廉教育彰显特色，形式丰富多样。多数高职院校在清廉教育中，能够因势利导、就地取材、整合资源、创新形式。不仅注重发挥包含清廉教育内容在内的思想政治教育课程的主渠道、主阵地之作用，把清廉教育与思想政治理论课建设有机结合，做到清廉教育进课堂、进头脑、进网络，而且注重校园清廉文化的建设，使高职学生在丰富多彩的活动中受到感染和熏陶。一是发挥校园宣传平台的作用，着力营造清廉教育良好氛围。例如，有的院校建设清廉教育长廊或宣传橱窗，举办清廉教育图片展、书画展等；有的院校建立高职学生清廉教育网站或运用校内报纸、广播、电视等媒体，开设“清廉教育”等栏目，宣传古今清廉思想、清廉故事、党风廉政建设和反腐败斗争情况等清廉文化内容。二是利用廉政教育基地，开展学生清廉教育。三是开展清廉文艺活动，寓清廉教育于文艺学习与欣赏之中。四是依托各种实践活动开展清廉教育。例如，把清廉教育与学生党团建设、校训校风校纪教育、诚信考试、推优评先、奖助学金评定、志愿服务、“三下乡”等活动有机结合，寓清廉教育于多彩实践活动之中。

（三）高职学生清廉教育成效明显

主要体现在学生的清廉意识增强、清廉行为能力提升、清廉品质逐渐养成等方面。

1.高职学生清廉意识得到增强。清廉意识是激励和推进人们追求清廉的精神动力。清廉意识的培养是高职学生践行清廉的前提和基础。据调查，多数高职学生认同“清廉品质是一位合格公民应具备的基本素质”，并愿意积极参加学校学生社团组织的清廉教育活动。绝大多数高职学生反对以请同学吃饭或者送礼的方式来实现当学生干部的目的，认为靠请客送礼当上学生干部既不公平也不道德，表示要反对校园腐败和不清廉行为。这些都说明当代大学生的清廉意识在逐步增强。

2.高职学生清廉行为能力得到提高。高职学生清廉教育活动的开展，既要培养高职学生的清廉意识，又要促进学生清廉行为的养成。例如，许多高职院校通过坚持开展“诚信考试、杜绝作弊”教育，使绝大多数学生不仅思想上提高了诚信考试意识，而且在行动上能够严格遵守考试纪律，自觉维护考试公平。由此，可以看出，通过学校清廉教育，高职学生清廉行为养成得到加强。

3.高职学生清廉品质逐渐养成。广西高职院校清廉教育的开展，在提高学生清廉意识、促进学生清廉行为养成的基础上，也逐渐形成其清廉品质，从而为国家和广西地方经济社会发展，培养造就了一大批具有清廉品质、勤学上进、有文化教养、有技术技能的高素质优秀人才。

二、高职学生清廉教育存在的主要问题

（一）部分高职院校对学生清廉教育重视程度不够

目前，虽然广西各高职院校都不同程度地开展了学生廉洁教育工作，但是对高职学生清廉教育的重视程度还不够，仍需进一步提高。主要表现：

1.在思想认识上存在误区。有人认为，清廉教育的重点是社会而非学校，只要把社会上的清廉文化建设搞好了，就能消除腐败和各种歪风邪气，就能形成良好的社会风气；有人对学生清廉教育的重要现实意义和深远历史意义表示怀疑，认为清廉教育的重点是干部而非学生，高职学生无权无钱无势，开展高职学生清廉教育是流于形式，部分高职院校的管理者在思想上没有引起高度重视，导致高职学生清廉教育缺乏系统有效的组织与管理；有些高职院校认为开展清廉教育活动并不是为了学生的发展，而是应付上级检查，检查时一个样，平时一个样，清廉教育名不符实。另外，对部分高职学生诚信缺失、盲目攀比、追求享乐的严重性认识不足。

2.对高职学生清廉教育投入不够。任何一项教育活动要想达到预期的目的和

效果，都要有一定的人力、物力和财力做支撑。当前，部分高职院校对学生清廉教育存在不同程度的经费投入不足问题，尤其在清廉教育理论研究、实践开展、课程开发等方面无法提供必要的经费，严重制约了教育活动的开展；有些院校在时间和精力方面无法保障学生清廉教育的实施。

此外，在学生清廉教育方面，一些高职院校还不同程度地存在有效激励机制和相关管理制度缺失的问题。

（二）高职学生清廉教育水平亟待提高

尽管部分高职院校在学生清廉教育方面探索出一些成功的教育经验，取得了一些成就，但是在教育内容和教育方式方法等方面也存在一些不容忽视的问题。主要表现在：

1. 清廉教育内容存在缺陷。高职学生清廉教育的内容应根据党和国家的教育方针、实现“两个百年”奋斗目标对高素质技术技能型人才的需要、广西地方经济社会发展的需要和高职学生思想实际而确定。但是，由于种种原因，目前的高职学生清廉教育内容还存在一定缺陷。例如，清廉教育内容和范围狭窄化倾向明显，清廉教育即关于清正廉明的教育，其内容应包括清、正、廉、明四个基本方面的教育，而现实的清廉教育中，往往只重视“廉”的教育，而在一定程度上忽视了“清”“正”“明”等方面的教育，有的人则简单化地把清廉教育仅仅理解为廉洁教育、廉政教育，甚至仅仅理解为反腐败教育（清廉教育包含倡廉戒贪的反腐败教育，但不限于此），致使清廉教育内容的全面性、基础性、根本性弱化；清廉教育内容脱离实际的倾向明显，重理论学术性，轻现实针对性，缺乏广西民族特色、边疆地方特色、高职特色；清廉教育内容重理论阐释，轻联系高职学生思想实际解疑释惑、案例分析，致使教材内容的可读性、生动性、吸引力不够。

2. 清廉教育方式方法单一。高职院校学生清廉教育在一定程度上忽视学生的主体作用，多以“灌输式”的教学为主，课堂缺乏互动交流，教学枯燥乏味、机械呆板，学生对清廉教育缺乏兴趣，甚至产生抵触心理。忽视实践养成教育，知行统一弱化。“无论从理论上，还是在实践中，都无法证明正确的逻辑推理和高水平的思维能力与合理的行为之间有必然的联系。”①传统“灌输式”“说教式”的清廉教育方式、知行脱节的教育方式已经不适应清廉教育的新要求。

（三）高职学生清廉教育的效果不尽如人意

近年来，随着国家对大中小学生廉洁教育的高度重视与各项措施的实施，高职学

① 鲁洁等：德育新论[M].南京：江苏教育出版社，1998：471.

生清廉教育意识有所增强，但是整体效果不够明显。学生清廉意识、清廉认知是否提高，清廉理念、清廉情感是否形成，清廉信念、清廉意志是否坚定，清廉行为、清廉习惯是否养成，清廉智能、清廉素质是否提升，是评价和衡量学生清廉教育效果的重要依据和标准。当前，部分高职学生存在清廉教育认知误区，认为清廉教育与自己成长成才没有多大关系，只是被动地接受教育或非自愿性地参加清廉教育主题活动，把参与清廉教育仅仅当作拿学分或不得不完成的任务来对待，没有把清廉素质养成作为人生的必修课以及个人与社会发展进步的必然需要来对待。部分学生不能做到清廉认知、情感、信念、意志和行为的有机统一，其主要表现是：清廉信念不坚定，知行合一不到位。虽然他们具有崇尚清廉、反对腐败的意识，但在实践中往往不能严格要求和约束自己，习惯要求别人、监督别人，一旦在涉及入党、评优评先、学科考试等切身利益时，总是放松自我监督、自我约束，有的甚至通过拉选票、请客送礼、贿赂别人等手段实现自己的目的。当身边出现假恶丑等不良现象时，往往事不关己、高高挂起，或视而不见、听之任之，不愿、不敢、不善于与不良现象做斗争。

三、高职学生清廉教育存在问题的主要原因

（一）客观环境中负面因素的制约性

环境是构成高职学生清廉教育过程的要素之一，是高职学生清廉教育的外部条件，也是高职学生清廉品质形成和发展的客观基础。环境中的积极因素有利于提高清廉教育的实效性，有利于促进人的全面发展，环境中的消极因素则对清廉教育实效性的增强产生阻碍作用，阻碍人的全面发展。当前，环境中的负面因素在一定程度上成为高职院校对学生进行清廉教育的制约因素，成为高职学生清廉教育存在问题的外部根源。

1.社会环境中消极和负面因素的影响。从党的十八大到党的十九大，5 年来，我国取得了改革开放和社会主义现代化建设的历史性成就，5 年来的成就是全方位的、开创性的，5 年来的变革是深层次的、根本性的。尤其是，思想文化建设取得重大进展，主旋律更加响亮，正能量更加强劲；全面从严治党成效卓著，出台中央八项规定，严厉整治形式主义、官僚主义、享乐主义和奢靡之风，坚决反对特权；坚持反腐败无禁区、全覆盖、零容忍，坚定不移“打虎”“拍蝇”“猎狐”，不敢腐的目标初步实现，不能腐的笼子越扎越牢，不想腐的堤坝正在构筑，反腐败斗争压倒性态势已经形成并巩固发展。[①]以上伟大成就和伟大变革为高职学生清廉教育创造了良好

① 习近平．决胜全面建成小康社会 夺取新时代中国特色社会主义伟大胜利——在中国共产党第十九次全国代表大会上的报告（2017 年 10 月 18 日）[M]．北京：人民出版社，2017：3-8.

的社会环境条件。然而，社会环境中存在的消极和负面因素的影响也不可低估。在市场经济条件下，“商品交换的法则也侵蚀到社会政治生活和人们的精神领域，引发见利忘义、权钱交易，导致国家意识、集体意识和互助精神、奉献精神的减弱”①。拜金主义、拜权主义、享乐主义、极端个人主义、利己主义、自由主义、分散主义、官僚主义、形式主义、好人主义、帮派文化、码头文化等在不同程度上恶化着社会生态、政治生态。“滋生腐败的土壤依然存在，一些地方和部门不正之风和腐败问题仍然多发，‘四风’问题反弹回潮隐患仍然存在，群众身边的腐败问题依然多发。”②以上社会环境中的负面因素比较容易对学生造成不良影响，这是由于高职学生正处在世界观、人生观、价值观形成的重要时期，其辨别是非、善恶、美丑的能力还不够强，抵御各种诱惑和腐蚀的能力也不够强。受不良风气和腐朽思想的影响，部分学生在价值追求上崇尚拜金主义、享乐主义、利己主义，表现为以金钱来衡量一切，心浮气躁、急功近利，追求享乐、盲目攀比，荒废学业、考试作弊，人际交往、庸俗功利等。

2.学校环境中消极和负面因素的影响。学校环境对高职学生清廉教育的影响是巨大的、潜移默化的、全面渗透的。党的十八大以来，高校党的建设不断加强，思想政治教育、舆论宣传、意识形态阵地建设等工作扎实推进，培育和践行社会主义核心价值观成效显著，全面贯彻党的教育方针、落实立德树人根本任务取得可喜成就，这为更好地开展学生清廉教育创造了良好的学校环境。然而，学校环境中存在的消极和负面因素的影响也不容忽视。高校出现的经济腐败、学术腐败、招生腐败、基建腐败等不仅严重污染了高校的政治生态和教育环境，也产生了极其恶劣的社会影响，对学生清廉教育造成巨大冲击。此外，在学生中不同程度存在的失信作弊、盲目攀比、奢侈浪费、拉帮结派、追逐权力、贿选拉票、违规违纪等腐败亚文化对学生清廉教育也提出了严峻的挑战。

3.网络环境中消极和负面因素的影响。网络环境具有开放性、虚拟性、便捷性等特点，伴随智能手机等无线移动通信技术的普及应用，其影响力超越了时空限制，无处不在、无时不有，网络环境对青年学生的影响之广、之深、之常、之久超乎人们的想象。党的十八大以来，党中央国务院高度重视建设网络良好生态，充分发挥网络引导舆论、反映民意的作用，高度重视网络安全和信息化建设工作，本着对社会负责、对人民负责的态度，依法加强网络空间治理，加强网络内容建设，加强网上

① 江泽民.论“三个代表”[M].北京：中央文献出版社，2001：122.

② 十八届中央纪委.向党的十九大的工作报告[EB/OL].(2017-10-29)[2015-09-30].http://cpc.people.com.cn/19th/n1/2017/1029/c414305-29615051.html

正面宣传，培育积极健康、向上向善的网络文化，用社会主义核心价值观和人类优秀文明成果滋养人心、滋养社会，使正能量更加充沛、主旋律更加高昂，努力为广大网民特别是青少年营造风清气正的网络空间。这都为更好地开展学生清廉教育创造了十分有利的网络环境条件。然而，由于种种原因，网络空间在一定程度、一定范围、一定时期内也存在一些不容忽视的消极、负面、反动的因素，例如，有的人利用网络散布虚假、诈骗、攻击、谩骂、恐怖、色情、暴力、封建迷信、骄奢淫逸、低级庸俗等不良信息，有的人利用网络鼓吹推翻国家政权、煽动宗教极端主义、宣扬民族分裂思想、教唆暴力恐怖活动。某些西方大国利用其对互联网的控制能力和影响能力，极力地向其他国家进行思想文化、价值观念、意识形态的渗透，利用互联网对我国推行"和平演变"战略，煽动颜色革命，例如，香港"占中"事件，其背后就有外国势力插手并利用互联网推波助澜。网络环境中存在的消极、负面、反动的因素对高职学生清廉教育产生了非常不利的影响。

此外，家庭教育理念、内容、方式、方法的失当也会对学生清廉教育产生不利影响。

（二）主观认识的片面性

目前，关于高职学生清廉教育，还存在重视程度不够、效果不佳等问题，主要原因之一就是部分高职院校、教师、学生对其认识有片面性。

1.部分高职院校对学生清廉教育的地位和作用认识不到位。对"为什么要开展学生清廉教育、怎样开展学生清廉教育"这一根本性问题没有完全搞清楚，没有从培养社会主义事业合格建设者和可靠接班人、推动实现中华民族伟大复兴的中国梦的高度以及实现学生全面发展、健康成长、家庭幸福的角度来认识学生清廉教育的重要地位和战略意义，没有对"怎样开展学生清廉教育"进行系统性、全面性、科学性、前瞻性研究，缺乏具有整体性、战略性、针对性、可行性的学生清廉教育实施方案和计划。认为"学生清廉教育多此一举、没有必要"的有之；认为"清廉教育是纪检监察、公检法司等部门的事，与高校关系不大"的有之；对学生清廉教育仅仅满足于"上传下达、敷衍了事，做做样子、应付检查"的有之。这些都对学生清廉教育产生了不利影响。

2.部分教师对学生清廉教育的认识有偏差。有些教师把清廉教育完全等同于思想政治教育，认为高校已经开设了思想政治理论课，不必再进行专门的清廉教育，同时，也没有将清廉教育与专业教育、课程教学、实习实训、社会实践、社会服务有机结合起来，有针对性地开展清廉教育。有些教师认为清廉教育的对象应是国家公职人员、党政干部，而不应是在校高职学生，没有认识到学生清廉教育是爱党报国、向善为民、尚清除浊、守正祛邪、崇廉戒贪、启智明道的教育，也没有认识到学生清廉教育是人生“免疫”教育、底线教育、幸福教育。部分教师思想认识上的偏差、教育行动上的盲目削弱了学生清廉教育的实效。

3.部分学生对清廉教育的认识模糊。有些学生把清廉教育完全理解为党风廉政建设和反腐败斗争教育,对清廉教育的基础性、广泛性、根本性认识不足,没有把清廉教育与自身成长成才、家庭幸福,与社会进步、国家富强、民族振兴、人民幸福紧密联系起来,在清廉教育过程中缺乏主动性、积极性和自觉性。思想认识上的模糊与偏差,必然导致行为失范,甚至出现学生“亚腐败”“模拟腐败”等不良现象。一些学生对党风廉政建设和反腐败斗争不能辩证地看待,没有看到反腐败斗争的复杂性、长期性、艰巨性,没有认识到青年在反腐倡廉建设中应承担的社会责任,只是看到社会的一些阴暗面,对反腐败斗争缺乏信心,甚至认同和模仿腐败。例如,有的学生受社会不良风气影响,把搞腐败当作实现一己私利的捷径,为求及格贿赂任课老师,为了入党或评优评先贿赂辅导员、学工干部,为了加入学生社团和学生会贿赂学生干部,这样做必然严重破坏公平公正、败坏校风学风,产生恶劣影响。学生思想认识上的模糊与偏差及其导致的行为失范,在很大程度上消解了学生清廉教育的效果。

(三)缺乏清廉教育长效机制

目前,虽然大多数高职院校开展了不同形式的清廉教育,并取得了一定成效,但与党和政府的要求、人民的期待仍有较大差距。关于“清廉教育创新发展不充分、不平衡突出,清廉教育系统性、针对性、实效性不强,清廉教育常态化、规范化、科学化不足”等问题,虽然其原因复杂,但没有建立科学的清廉教育长效机制是重要原因之一。据调查,缺乏清廉教育长效机制的主要表现是:清廉教育的制度体系不健全,清廉教育的领导管理、组织实施、监督检查、考核评价缺失或弱化,清廉教育的多元主体不明确、职责分工不明晰,清廉教育的激励措施、反馈和改进措施不到位,清廉教育的课程设置、教材编写、学分分配、师资培训等严重滞后。

【解疑释惑】

“清廉教育”与“廉政教育”等同吗?

现实中,有人常常把清廉教育等同于廉政教育,或把廉政教育等同于清廉教育,这是因为两者皆含有“廉”的教育。其实,从更严格意义上说,“清廉教育”与“廉政教育”是既有联系,也有区别的两个概念。第一,从教育对象来看,一般来说,“清廉教育”的对象比“廉政教育”的对象范围更广,“廉政教育”虽然有人认为也可面向全体公民,但作为“廉洁从政的教育”,其教育的主要对象、重点对象应是担任公职的各级各类干部(如在党政军部门和企事业单位担任公职的人员),而"清廉教育"的对象不仅包括担任公职的各级各类干部,也包括其他各行各业的从业人员、大中小幼学生等在内的所有公民。第二,从教育内容来看,"清廉教育"即关于清、正、廉、明的教育,是清、正、廉、明四个方面内容有机统一的教育,是包括清廉从政、清廉从工、清廉从农、清廉从商、清廉从教、清廉从军等在内的清廉从业教育,是清廉做人与清廉做事有机结合的教育,而"廉政教育"与"清廉教育"虽然在教育内容方面存在许多交集,但其教育内容主要是与"为政"密切相关的关于廉洁从政、从政为民、从政规范、从政智慧等方面的教育,其教育内容的范围相对窄小一些。第三,从教育作用来看,"清廉教育"的作用比"廉政教育"的作用更具有基础性、广泛性、根本性,"清廉教育"含有廉政方面的教育但不限于廉政教育,"清廉教育"与"廉政教育"互为补充、相得益彰。第四,从教育主体来看,"廉政教育"的主体主要是官方及其所属教育、宣传、纪检、监察、检察等部门、机构和单位,而"清廉教育"的主体更具多元性、广泛性、多层次性,官方及其所属相关部门、机构和单位,社会各行各业的各类组织和单位,学校、家庭等都是"清廉教育"的主体,是官民结合的具有十分广泛性的教育主体。

关于"清廉教育"与"廉政教育"异同的分析,由于种种主客观原因会有所差异,但有一点需要特别明确,也就是,两者相互区别、相互渗透、相互补充、不可割裂,两者都应得到重视和加强,尤其需要统筹谋划、协调推进,实现"清廉教育"与"廉政教育"同向同行、合力倍增。

【案例分析】

案例呈现:从优秀大学生到阶下囚①

肖明辉,1980 年生。2002 年于郑州工业大学土木系本科毕业,后以优异成绩考入清华大学土木系硕士研究生,2006 年获得工学硕士学位。研究生毕业后作为引进人才,进入海南省洋浦经济开发区规划建设土地局,担任建设工程管理主管,先后完成了环境监测站、滨海路、接下景观路、洋浦中学、洋浦中心医院等众多政府投资工程项目的管理工作,出色完成了第二出口路、居民安置区及服务设施工程等重大项目的筹备工作,为洋浦保税港区建设顺利推进创造了有利条件。在洋浦青年中起到了积极进取的模范作用,并于 2007 年荣获洋浦经济开发区第一届十大

① 傅勇涛.海南 80 后副局长收受千万元"好处费"被判无期(经济参考报)[EB/OL].(2013-04-12)[2018-02-22].http://legal.people.com.cn/n/2013/0412/c42510-21106706.html

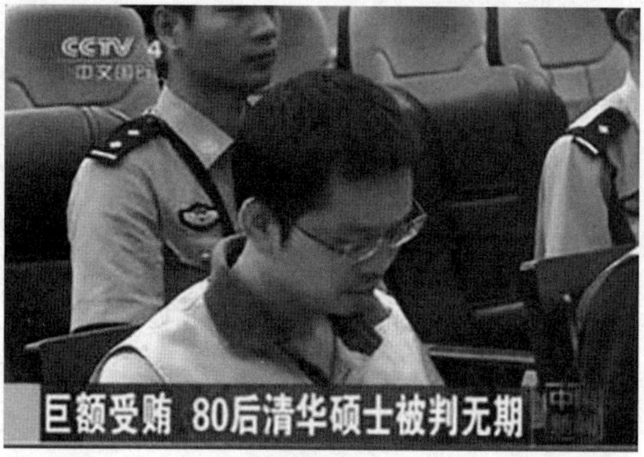

肖明辉在接受审判

"杰出青年"荣誉称号，2008 年又被评为海南省第九届十大"杰出青年"荣誉称号，并授予"海南青年五四奖章"。2011 年 8 月 13 日，肖明辉因涉嫌受贿罪被刑事拘留，同年 8 月 25 日被执行逮捕；2012 年 7 月 4 日上午案件在海南省第二中级人民法院开庭审理时，检方认为，其在担任洋浦规划局副局长期间，利用职务上的便利，多次伙同其司机张某非法收受他人财物 1 611 万余元，单独收受他人现金 6 万元。2012 年 10 月 12 日，肖明辉因犯受贿罪被判处无期徒刑，剥夺政治权利终身，并处没收个人全部财产。

案例分析

一名原本优秀的大学毕业生在参加工作后的短短几年内迅速滑坡并沦为阶下囚，其犯罪行为不仅对国家和人民利益造成严重危害，而且对个人和家庭来说也是一场难以挽回的悲剧。青年是祖国的希望和未来，被称为"天之骄子""栋梁之材"的大学生更是被社会寄予厚望。然而，一部分大学生却为了一己私利铤而走险，最终难逃法网，断送美好前程，成为一现"昙花"，怎不令人扼腕！"在各类犯罪群体中，学生犯罪的现象日益严重，尤其值得注意的是，高校学生犯罪案件有明显上升的趋势。在高校较为集中的地方，据统计，2009 年至 2013 年 6 月，某检察机关受理的学生犯罪案件共计 52 件 99 人，而大学生犯罪案件 38 件 72 人，占学生犯罪案件件数的 73.1%，占人数的 72.7%。检察官认为，随着社会的发展，高校将会是各种矛盾、各种热点问题的集散地，大学生犯罪问题越来越突出，预防大学生犯罪变得更加重要。"①

每个大学生犯罪案件都是个人、家庭、学校或者社会等多方面原因作用下的综合产物，也是社会多方面消极因素的综合体现。因此，减少和预防大学生犯罪，需要个人、家庭、学校、社会高度重视、综合施策、综合治理，共同创造一种有利于大学

① 赵志锋、高琪. 检察院调研报告指出高校学生犯罪呈上升趋势(法制日报 · 法制网)[EB/OL]. (2013-08-20)[2018-02-22]. http://www. legaldaily. com. cnindexcontent20130820content_4780170. htmnode = 20908

生全面发展的环境和氛围，才能取得明显效果。新华社记者傅勇涛在采访肖明辉案件后发文谈到“肖明辉的心理自白”，肖明辉在其《忏悔书（节选）》中写道：“我这次犯下的罪行是严重的，背弃了信仰，背叛了组织和人民，背离了一个公务人员应恪守的基本准则，辜负了组织的苦心培养，也辜负了领导的信任和师长们的期待。我的罪行产生的影响是恶劣的，我深知罪孽深重，无地自容。反思自己的所作所为，根源有三个：一是信仰缺失，信念不坚定。我出生于一个工人家庭，接受的都是传统教育，也立志长大后做一个好人，清清白白。工作后，身边也确实存在较多暴富的建筑商，我见证了工程行业的高利润，我就错误地将违背法律和纪律的潜规则当成了主流。我迷失了，做了思想的懦夫，屈从于这股风潮，走入歧途，干起了所谓的‘见者有份’的勾当。二是人生观和价值观的扭曲。从小我养成了过度自信、自傲的心理，总是理所当然地认为自己应该什么都比别人强，攀比心理极为严重，整天做着‘人上人’的梦。来到洋浦工作后，我觉得放弃北京的生活来洋浦奋斗不值得。为了弥补自己心中的不平衡，我伸出了罪恶的手，接过了他们送来的好处费。现在回头想想，当时的自己是何等不理智，何等愚蠢。三是侥幸心理作祟。对方找到我时，反复劝说我‘做一件事，冒一次险，得一生富’，本就心动的我很快就被打动了。现在看来，是多么荒唐可笑，‘人在做，天在看’，做错事就要付出代价，这是千古不变的真理。我现在身陷囹圄，也是罪有应得。我深刻反省了自己犯下的罪行，羞愧万分，追悔不已。愿人们从我的身上吸取教训，谨言慎行。人生就像攀岩，往上很难很辛苦，但一松手就会跌下山崖。成就人生很难，而毁掉则不费吹灰之力。”

肖明辉的人生观、价值观、权力观、金钱观、生活观、法治观的扭曲是导致其走向腐败深渊的根本原因，肖明辉案给大学生清廉教育提供了一个值得剖析的贪腐标本，加强对年轻干部的选用、教育和监管，成为迫切需要解决的问题，也是反腐倡廉面临的新课题，同时也折射出加强清廉教育尤其是大学生清廉教育的极端重要性。高校能否通过卓有成效的清廉教育，为每一位学子精心种上保持清廉、健康成长的“疫苗”，不仅关系到学生个人和家庭的幸福，也关系到国家和人民的根本和长远利益。包括高职院校在内的所有高校都应通过坚持不懈、形式多样的清廉教育，为大学生崇尚清廉、遵纪守法、报效祖国、服务人民打下坚实的清廉素质基础，帮助大学生树立科学的世界观、人生观、价值观和清廉权力观、地位观、金钱观、利益观、生活观、法治观，使他们具备崇尚和践行清正廉明的良好素质，增强抵制诱惑、拒腐防变、抵御风险的能力，使他们能在纷繁复杂的社会环境中，始终如一地自觉践行清廉，自觉把个人梦想融入为实现中华民族伟大复兴的中国梦而奋斗的事业之中，用青春书写无愧于时代、无愧于历史、无愧于人民的华彩篇章。

【小资料】

高校腐败问题扫描——“净土”不“净”，源自党的观念淡漠[①]

自2013年7月至2015年11月，仅从中央纪委监察部网站公布信息统计，至少已有68名高校领导干部因违纪违法被查处，平均每个月超过2人。

高校腐败案件频发，体现了反腐力度不断加大，也凸显高校腐败问题的严峻复杂。“净土”不“净”，在让人痛心的同时，也促使人们深思问题产生的根源。

一把手任性用权　“象牙塔”成腐败易发区

梳理被查处的68名领导干部，其所在高校分布于24个省区市。其中，既有教育部直属重点大学，也有一般地方院校，包括本科、专科及高职高专院校等，覆盖高等教育的各个层次和类别，显示出高校腐败现象分布之广，以及问题之严重。

高校一把手违纪违法问题突出。落马的68人中，有24名党委书记、17名校(院)长、2名党委副书记、22名副校(院)长，以及1名总会计师、1名副总会计师和1名校长助理，党政一把手占比达60.3%。

结合有关公开报道可以看出，在腐败问题表现方面，一些高校一把手无视“三重一大”事项集体决策制度，肆意任性用权。如云南民族大学党委原书记甄朝党，担任校长时多次公开强调大学是“校长负责制”，担任党委书记后，又以“党委书记领导下的校长负责制”为名，大搞“一言堂”，其专断霸道令人咋舌。

因腐败问题落马的高校领导干部，还明显表现出贪腐的“59岁现象”。如齐鲁工业大学党委原书记徐同文接受调查时59岁，湖南科技学院党委原书记佘国华和成都中医药大学党委原书记张忠元接受调查时58岁。此外，一些已经离开高校领导岗位的腐败分子也被查处，如2011年12月退居二线的中南大学原副校长胡铁辉，在2014年5月接受组织调查，充分体现出反腐败无禁区、全覆盖、零容忍。

通报的68人中，不乏曾在四川大学、吉林大学、中南大学、湖南大学等985、211工程大学担任领导职务的。自2013年中央巡视组对中国人民大学、复旦大学进行巡视后，国内部分重点大学的腐败现象就经常出现在公众视野中。2015年1月，教育部对4起直属高校科研人员贪污挪用科研经费的典型案件进行了通报，涉及浙江大学、北京师范大学等名校。相对高校总量来说，985、211工程大学数量较小，却频因腐败问题被点名曝光，尤为值得警惕。

对此，中央纪委驻教育部纪检组领导指出，当前，教育领域绝非一片净土，教育

① 李甑. 高校腐败问题扫描——“净土”不“净”，源自党的观念淡漠[EB/OL].(2015-11-26)[2018-02-22]. http://fanfu.people.com.cn/n/2015/1126/c64371-27860495.html

部门也非清水衙门，有些问题还相当突出。高校“老虎”的贪腐行为，不仅造成公共资源和财产损失，而且污染校园风气，危害教育事业，玷污了“象牙塔”在公众心中的形象。

关键领域问题凸显　窝案串案时有发生

结合近年查处的腐败案件和巡视发现问题看，高校在基建项目、物资采购、招生录取、财务管理、科研经费、校办企业、选人用人 7 个领域腐败问题易发多发。这些领域要么资金密集，要么聚集着大量资源，特别是随着高校发展增速、扩招加快，它们成为滋生腐败的温床。

基建领域无疑是高校腐败的“重灾区”。北京航空航天大学发布的研究课题报告《高校基建领域廉政风险防控机制研究》显示，高校基建有多达 58 个廉政风险点。基建项目的腐败现象渗透到招投标、发包分包、施工、验收、预决算和工程进度款预付等各个环节。如南昌航空大学党委原书记王国炎，在建设学生校舍等工程中多次收受、索取他人财物，四川大学原副校长安小予，被指在工程招投标、工程建设等方面为他人谋取利益，非法收受他人财物 353.4 万元。

有油水的地方最容易滑倒。在高校，不仅基建领域，利用采购权、招生权、用人权、职称评定权收受贿赂，以及贪污挪用科研经费等案件不在少数。另外，中央和教育部巡视发现，一些高校对校办企业和校辖附属医院监管不到位，存在利益输送、截留和侵占国有资产等隐患，这些都为高校党风廉政建设和反腐败工作敲响了警钟。

窝案、串案时有发生，进一步凸显了高校反腐败工作的复杂性。根据中央纪委监察部网站通报，辽宁医学院、中国民航飞行学院、西安理工大学、临沂大学、湖南科技学院、成都中医药大学都涉及领导干部腐败窝案，查处违纪违法人员往往是“拔出萝卜带出泥”，甚至同一学校的党委书记和校长相继落马。

高校违纪违法人员不仅包括党政一把手等高层领导，还包括内设部门、学院、直属单位负责人等中层干部，主要原因在于他们处于关键岗位，掌握着对人财物的支配和使用权。有媒体梳理了近年来涉及高校科研经费的贪污案，在“贪腐带”上，既有项目负责人、科研仪器采购人员，也有诸如高校会计等科研“圈外人”，甚至出现了“夫妻搭档”“师生同伙”骗取科研经费等现象。特别是围绕基建这块“肥肉”，一些高校的分管领导、基建部门领导和直接经手人员上下联手，形成了关系密切的利益团体和贪腐链条，使得腐败行为十分隐蔽，增加了发现和查处的难度。

唤醒党章党规意识　扛起责任强化监管

“由于不加强学习，贪财、恋财之心渐渐滋生，久而久之对党章、党纪、党规等的神圣和庄严性、威严性失去了入党宣誓时的那种敬畏之心。”在被查处后的忏悔书中，成都中医药大学原校长范昕建感慨，自己腐败蜕变的根本原因是忽视党性修养，不讲政治，将党纪、党规的约束置之一旁。

从通报查处的案例看，范昕建所言具有一定代表性。一些高校领导干部职务不断提高，党的观念却越来越淡，重行政级别、轻党员责任的现象不同程度地存在。只知道自己是校长、院长，忘了自己是党员，是党的干部，忘了纪律和规矩的红线，为利益所诱、为贪欲所困，从学术的“象牙塔”跌落至腐败的泥潭，这样的教训不可谓不深刻。

2014 年 10 月，中共中央办公厅印发《关于坚持和完善普通高等学校党委领导下的校长负责制的实施意见》，再次强调“要坚持党委的领导核心地位”。在我国，党委领导下的校长负责制，是党对国家举办的高校进行领导的根本制度。但这一制度在一些高校并没有得到有效贯彻执行，出现了“校长领导党委书记”等现象。这看似只是普通的职务排名问题，实际反映出的是党的观念淡漠、党章党规意识弱化，更反映了高校管党治党不力，而这也是高校腐败问题的根本所在。

党的观念淡漠，必然导致责任担当缺失。中央第十二巡视组向复旦大学反馈时指出，巡视发现的问题，“根源在于没有真正落实好党要管党、从严治党要求，党委履行主体责任失之于松、失之于软，纪委履行监督责任乏力、问责不严”。这正点到了问题的症结。一段时间以来，一些高校党委存在定位不清、职能弱化等现象，重学术、轻党建，对党要管党、从严治党的任务以及党风廉政建设主体责任认识不到位，放松、放任、放纵甚至放弃管理。

此外，我国高校处在大发展过程中，在资源增加、权力集中的同时，规范权力运行的机制和措施并没有跟上，这也给心怀贪欲者以可乘之机。湖南省法学会廉政法学课题组组长邓联繁认为，在高校相对封闭的环境内，权力更容易因利益的驱动而失去控制，走向腐败。

把权力关进制度的笼子里，让大学真正回归净土，是人们的共同期待。为此，必须进一步加强高校党的建设，从增强党的观念入手，唤醒高校党员领导干部的党章党规党纪意识，促使其既做到严以修身、严以用权、严以律己，又切实履行好管党治党的职责。有关专家表示，还应针对高校腐败问题易发的重点领域，加快改革创新与建章立制步伐，加强对关键环节和重要岗位的监督，深入推进依法治校和“阳光治校”，消除腐败滋生的土壤。

编者思考：部分高校存在腐败问题，虽然其腐败程度各不相同，但其对高校政治生态，尤其是对育人环境的破坏和危害不可低估。高校作为培育人才之地，坚持不懈推进党风廉政建设至关重要，坚决维护高校一方“净土”不仅对优化大学生清廉教育环境具有重大意义，而且事关国家和民族前途命运。法网恢恢，疏而不漏。一些高校的腐败问题被严肃查处，一些腐败分子被绳之以法，充分彰显了党和政府深入推进党风廉政建设和反腐败斗争的坚定决心和坚强意志。伴随全面从严治党的深入推进和高校反腐倡廉建设的不断加强，玷污高校“净土”的腐败分子必将受到应有的惩处，大学生清廉教育环境必将不断得到优化和改善。

【知与行】

面对同学通过请自己吃饭、送“纪念品”等方式拉选票当学生干部的情形，你是欣然接受还是婉言拒绝？为什么？

第二节　高职学生清廉教育的特点

【基本理论】

高职学生清廉教育的主要特点是教育内容的综合性、教育对象的针对性、教育载体的多样性、教育环境的开放性、教育方式的渗透性、教育实效的滞后性等。

一、教育内容的综合性

广西高职学生清廉教育内容的综合性是指清廉教育内容的全面性、丰富性、系统性、层次性、有机统一性等特点，清廉教育内容既要体现党和国家对学生清廉素质的根本要求，又要体现广西民族边疆地区经济社会发展对学生清廉品质的基本要求，既要体现传承中华优秀清廉文化，又要体现传承广西民族地方优秀清廉文化，既要体现高等职业院校培养高素质技术技能型人才对学生清廉品行的要求，又要体现实现学生全面发展、健康成长成才、家庭幸福的需求，各项清廉教育内容互为补充、相得益彰、有机统一，共同构成广西高职学生清廉教育内容体系。

具体来说，清廉教育内容，一要充分体现党的教育方针，为培养中国特色社会主义事业建设者和接班人服务；二要充分体现落实党的十九大精神，为把我国建设成为富强民主文明和谐美丽的社会主义现代化强国、为实现中华民族伟大复兴的中国梦，培养大批具备清廉素质、德才兼备的优秀人才；三要充分体现落实自治区第十一次党代会精神，为营造“三大生态”、实现“两个建成”，培养大批热爱边疆、扎根边疆、建设边疆、保卫边疆的具备清廉素质的优秀技术技能型人才；四要充分体现以人民为中心的思想，加强热爱人民、服务人民的教育；五要充分体现爱国主义思想，加强热爱祖国、报效祖国的教育；六要充分体现社会主义核心价值体系和社会主义核心价值观教育要求，加强马克思主义基本理论教育，加强毛泽东思想和中国特色社会主义理论体系教育，加强习近平新时代中国特色社会主义思想教育，树立共产主义信仰、中国特色社会主义共同理想，树立正确的世界观、人生观、价值观、权力观、地位观、金钱观、婚恋观、利益观、生活观，加强法治和诚信教育，加强社会公德、职业道德、家庭美德和个人品德教育；七要充分体现党风廉政建设和反腐败斗争方面的方针政策、法律法规等要求，不断提高学生的道德自律意识，增强拒腐防变的良好心理品质，逐步形成清正廉明、艰苦奋斗、求真务实、诚实守信、爱岗敬业、遵纪守法的优良品质，使广大学子成为创造和维护海宴河清、朗朗乾坤的生力军；八要充分体现清廉认知、清廉情感、清廉信念、清廉意志、清廉行为、清廉习惯、清廉品格、清廉智慧、清廉能力、清廉素质的协调发展、有机统一，体现“清”“正”“廉”“明”四个方面教育的协调发展、有机统一。

高职学生清廉教育是高校思想政治教育体系的重要组成部分，高职学生清廉教育内容体系既要体现高职院校思想政治教育的总体要求，又要遵循高职学生思想品德形成发展和成长成才的规律，同时又要体现清廉教育的特点，从而提高清廉教育的针对性和实效性。高职学生清廉教育要与思想政治教育、廉政文化教育、心理健康教育、职业教育、素质教育、创新创业教育、法治教育、劳动与社会实践教育等相互渗透，优势互补，形成合力。要创新清廉教育内容，综合运用各种教育资源，寓高职学生清廉教育于社会主义核心价值观教育、群众性精神文明创建活动、校园文化活动、法治教育活动、社会实践与社会服务等活动之中，不断增强高职学生清廉教育的渗透性、吸引力和感染力。

二、教育对象的针对性

广西高职学生清廉教育对象的针对性有两层基本含义，一是课题研究确定的清廉教育对象是指广西高职院校学生，而不是泛指高校所有学生（本科生、专科生、研究生等）；二是在清廉教育过程中，要根据高职学生不同年级、不同专业、不同特点，有的放矢地开展清廉教育，体现清廉教育的因材施教。

加强高职学生清廉教育，要坚持贴近实际、贴近生活、贴近学生。第一，高职学生与本科生、研究生比较，在知识基础、认知能力、思维特点、学习习惯、智能结构、兴趣爱好、价值取向等方面存在一定差异性，因此，清廉教育必须从高职学生实际出发，既要体现理论性、科学性、学术性（创新性），又要体现现实性、艺术性、可行性。第二，高职学生不同年级有不同特点，清廉教育要根据不同年级的特点，有针对性地开展教育活动，例如，在大一新生中，把清廉教育与专业教育、入学教育等有机结合起来，把立志感恩教育、理想信念教育、爱国主义、集体主义、社会主义教育、世界观、人生观、价值观、权力观、金钱观、利益观、婚恋观、生活观、法治观教育等有机结合起来；在毕业年级学生中，把清廉教育与学生“职业梦”“创新创业梦”“报国梦”教育有机结合起来，开展爱岗敬业、诚实守信、廉洁奉公、遵纪守法为主题的就业创业指导和毕业教育等。第三，高职学生不同专业也有不同特点，清廉教育要根据不同专业的特点，有针对性地开展教育活动，例如，针对财会专业的学生开展“市场经济条件下该不该做假账”的辩论赛，针对医学专业的学生开展不开高价药处方、不吃回扣、不收红包等方面的演讲活动，针对师范专业的学生进行不收家长礼品礼金、不吃拿卡要、不乱办班、不乱收费等教育活动，使学生清廉教育更具有针对性、更符合学生的实际。

三、教育载体的多样性

高职学生清廉教育载体以其特定的内涵、功能和作用，在高职学生清廉教育体系中居于重要地位。高职学生清廉教育是一种系统性、开放性、动态性的思想政治教育，是家庭清廉教育、学校清廉教育、社会清廉教育的协调统一。因此，它的教育载体是多种多样的，包括课程载体、文化载体、管理载体、大众传播载体、语言载体、活动载体等。

第一，清廉教育的课程载体。“课程载体是指教师通过组织课程教学来实施的思想政治教育活动”。[①] 清廉教育的课程载体是指教师通过组织课程教学来实施的清廉教育活动。清廉教育的课程载体形式稳定，有制度保障，清廉教育内容明确，教育者通过清廉教育课程载体进行的教育活动具有较强的影响力和主导作用，是清廉教育的主渠道和主阵地。

第二，清廉教育的文化载体。文化作为清廉教育的载体，可以把清廉教育寓于文化建设之中，或在文化建设中挖掘、融入清廉教育元素。文化载体具有渗透性、全面性、可塑性的特点。文化涉及社会生活的各个方面，其中包括物质文化、精神文化、制度文化、行为文化等。文化本身就蕴含着大量清廉教育的内容，它能潜移默化地影响教育客体的价值取向、价值判断和行为习惯。

第三，清廉教育的管理载体。把清廉教育融入管理活动之中，在推进科学管理、民主管理、依法管理中渗透清廉教育。例如，在学生勤工俭学的招聘和录用、奖学金的评选、各种评先评优等管理活动中，要坚持公开、公平、公正原则，坚持阳光

① 程静.高校思想政治教育载体的基本形态及其特点[J].西华师范大学学报(哲学社会科学版).2006(3):116.

操作、反对暗箱操弄，坚持秉公做事、反对以权谋私。其实，在任何管理实践中，如果秉持清廉原则，能够做到一心为民、为人正派，办事公道、无私奉献，光明磊落、明辨是非，那么，其管理的过程在一定程度上就是清廉教育的过程，管理者的清廉作风、清廉形象本身就具有示范效应，具有清廉教育的意义和价值。

第四，清廉教育的大众传播载体。清廉教育的大众传播载体是指教育者利用印刷媒介、电子传媒和网络等大众传播工具，向学生传输清廉教育内容，使学生在接受广泛的社会信息的同时，接受清廉教育，从而实现清廉教育目的的活动方式。大众传播载体在清廉教育中的优势日益凸显，其传播渠道、途径较多，通过易班、微信、微博、Q 群、虚拟社区、BBS 论坛、校园网络、广播电影电视、报纸杂志等，都能及时、便捷地把清廉教育内容渗透于学生的日常生活之中，形成良好的舆论氛围，从而实现清廉教育的广覆盖、全天候、高效率。

第五，清廉教育的语言载体。高职学生清廉教育过程中语言载体以不同的表现形式起着不可替代的作用。语言和文化有着不可分割的关系，在文化的形成、发展、传递的过程中，语言发挥着媒介、记录、载体的作用。语言是人类敞开心扉的交流形式；是人类搭架心灵桥梁的快捷方式；是人类情感交流的抒发模式；是人类释放悲喜的表达公式。就高职院校而言，结合清廉教育，在校徽的设计解读、校风校训的诠释，名家的讲座、大师论坛、教师课堂授课等过程中，都会以语言形式给学生以心灵的震撼、感化和净化，起到春风化雨、润物无声的清廉教育作用。

第六，清廉教育的活动载体。清廉教育的活动载体是指有目的、有计划地开展各项活动，把清廉教育的内容寓于活动之中，使学生在活动的过程中受到清廉教育，提高清廉觉悟。学生清廉教育活动载体主要包括校园文化活动、社会实践活动、社团活动、学生创新创业活动、跟岗与顶岗实习活动、专业服务活动等。

高职学生清廉教育主、客体通过各种载体相互联系、相互作用，共同推动清廉教育目标的实现。

四、教育环境的开放性

高职学生清廉教育作为一项教育实践活动，它总是在一定的环境中存在和发展的。在经济全球化、区域经济一体化趋势不断发展，科学技术突飞猛进，互联网快速发展，遍及世界范围的各种思想文化相互交流、交融、交锋的历史背景下，清廉教育环境越来越具有开放性特征，一系列新的环境要素为高职学生清廉教育提供了前所未有的机遇，也带来了前所未有的挑战。

高职学生清廉教育环境的开放性，主要表现在清廉教育环境影响因素在时空上没有固定界限。在现代社会，科学技术的进步，尤其是现代通信技术的进步和社会信息化程度的不断提高，为人们跨区域、跨国界的交往、交流提供了快速便捷的途径和方式，互联网极大地改变了人与人交流交往的时间和空间限制，成为学生获取信息、交流交往的最重要方式之一，网络上时时刻刻都有来自天南地北的海量信息，其中，许多信息在一定程度上承载、内含着多元多变的社会心理、社会思潮、价值取向、行为方式等，对学生必然产生潜移默化的深刻影响。

高职学生清廉教育环境可以分为现实环境和虚拟环境，也可以分为宏观环境、中观环境和微观环境，无论何种清廉教育环境都不是封闭的、不变的，而是开放的、动态的。因此，学校清廉教育要与家庭教育、社会教育互相结合、互为补充，同时要充分运用互联网开展清廉教育。马克思曾经说过："既然人的性格是由环境造成的，那就必须使环境成为合乎人性的环境。"①因此，在不断优化清廉教育各种环境的基础上，既要发挥高校清廉教育课的主渠道、主阵地作用，发挥高校党团组织的政治优势和组织优势，发挥高校清廉文化建设重要载体的作用，又要充分利用社会清廉教育资源，包括爱国主义教育基地、清廉教育纪念馆、优秀电影电视网络作品等，还要加强与学生家长的沟通和交流，发挥家庭清廉教育功能，推动学校、家庭、社会清廉教育同向同行、协调发展、科学发展。

五、教育实效的滞后性

高职学生清廉教育实效的滞后性，是指高职学生清廉教育的实际效果，无法在短时间内全部显现，也难以在短时间内完全衡量，具有延迟的特点。

学生清廉教育是一项长期的、复杂的、艰巨的系统工程，其实际效果不可能立竿见影。高职学生清廉品质的形成也不可能一蹴而就。学生清廉教育的效果不能以简单的课堂教学或其他教学考试的方式来评价和衡量。清廉教育课程考试或考核主要是考查其对清廉知识的掌握情况，即考察清廉认知，学生的清廉行为、清廉品质之优劣好坏是很难通过考试答卷来衡量的。校园环境相对比较简单，对学生来说，金钱、权力、地位等利益诱惑相对较少较弱，学生滑向腐败泥潭的机会和现象较少，所以学生清廉品质如何、清廉教育实效如何很难以学生的在校行为做出全面、客观的判断，只能做出部分评判。

鉴于清廉教育实效的滞后性，高职院校应建立健全学生清廉教育的科学评价

① 中共中央马克思恩格斯列宁斯大林著作编译局.马克思、恩格斯全集[M].第2卷，北京：人民出版社，1957：167.

机制，要定期或不定期地对学生步入社会后的行为表现进行追踪调查。只有把清廉教育评价的机制延伸到学生毕业以后踏上工作岗位，考察他们在面对各种利益诱惑时，能否经得起考验、真正做到清廉从业，才能在更大程度上对学生清廉教育实效做出实事求是的评价。

【解疑释惑】

应如何看待当前的党风廉政建设和反腐败斗争形势？①②

从2012年党的十八大到2017年党的十九大，五年来，在以习近平同志为核心的党中央坚强领导下，经过全党全社会共同努力，全面从严治党取得重大成效，党内政治生活气象更新，党内政治生态明显好转；以顽强意志品质正风肃纪、反腐惩恶[十八大以来，经党中央批准立案审查的省军级以上党员干部及其他中管干部440人，全国纪检监察机关共接受信访举报1 218.6万件（次），处置问题线索267.4万件，立案154.5万件，处分153.7万人，其中厅局级干部8 900余人，县处级干部6.3万人，涉嫌犯罪被移送司法机关处理5.8万人]，党中央及时察觉、果断处置、坚决铲除周永康、薄熙来、郭伯雄、徐才厚、孙政才、令计划等野心家、阴谋家，消除了党和国家内部存在的严重隐患，腐败蔓延势头得到有力遏制，反腐败斗争压倒性态势已经形成并巩固发展，我们党在革命性锻造中浴火重生，焕发出新的强大生机活力。全面从严治党，维护了党中央集中统一领导，使党的面貌焕然一新，党心民心更加凝聚，党执政的政治基础更加牢固，中国特色社会主义道路自信、理论自信、制度自信、文化自信更加坚定，为党和国家事业发展提供了坚强政治保证。

在充分肯定成绩的同时，也要清醒地看到，党风廉政建设和反腐败斗争形势依然严峻复杂，滋生腐败的土壤依然存在，消除存量、遏制增量任务依然艰巨繁重，全面从严治党依然任重道远。影响党内政治生活、政治生态的消极因素尚未根除，党的领导弱化、党的建设缺失、全面从严治党不力问题还没有彻底解决，有的党组织执行党章党规党纪不严格，贯彻党的路线方针政策不坚决、不到位，一些地方和部门不正之风和腐败问题仍然多发，“四风”问题反弹回潮隐患仍然存在。有的领导

① 习近平.决胜全面建成小康社会 夺取新时代中国特色社会主义伟大胜利——在中国共产党第十九次全国代表大会上的报告（2017年10月18日）[EB/OL].（2017-10-18）[2018-02-22] http://politics.people.com.cn/n1/2017/1027/c1001-29613459.html

② 十八届中央纪律检查委员会.向中国共产党第十九次全国代表大会的工作报告（2017年10月24日中国共产党第十九次全国代表大会通过）.[EB/OL].（2017-10-29）[2018-02-22]http://cpc.people.com.cn/19th/n1/2017/1029/c414305-29615051.html

干部管党治党责任意识不强，缺乏担当精神，压力传导存在层层递减现象，群众身边的腐败问题依然多发。实践“四种形态”特别是用好第一种形态，真正落实抓早抓小还需做大量工作。

党的十九大报告强调，人民群众最痛恨腐败现象，腐败是我们党面临的最大威胁。只有以反腐败永远在路上的坚韧和执着，深化标本兼治，保证干部清正、政府清廉、政治清明，才能跳出历史周期律，确保党和国家长治久安。党的十九大针对当前反腐败斗争形势依然严峻复杂的现实，在向全党提出“夺取反腐败斗争压倒性胜利”的伟大目标任务的同时，郑重表明了巩固反腐败斗争压倒性态势、夺取压倒性胜利的坚如磐石的决心，并做出部署、提出要求：要坚持无禁区、全覆盖、零容忍，坚持重遏制、强高压、长震慑，坚持受贿行贿一起查，坚决防止党内形成利益集团。在市县党委建立巡察制度，加大整治群众身边腐败问题力度。不管腐败分子逃到哪里，都要缉拿归案、绳之以法。推进反腐败国家立法，建设覆盖纪检监察系统的检举举报平台。强化不敢腐的震慑，扎牢不能腐的笼子，增强不想腐的自觉，通过不懈努力换来海晏河清、朗朗乾坤。

正确看待党风廉政建设和反腐败斗争形势，对巩固反腐败斗争压倒性态势、夺取压倒性胜利具有重要意义。腐败是生长在党和国家有机体上的致命的恶性毒瘤，是危害人民利益的毒蛇猛兽，也是人类社会健康可持续发展的绊脚石。自从人类进入阶级社会，腐败毒瘤就始终没有得到根本消除，腐败不仅现在有、过去也有，不仅社会主义国家有、资本主义国家也有，不仅中国有、西方国家和其他国家也有。我国在党的坚强领导下反腐败斗争取得压倒性态势并不断巩固，但反腐败斗争形势依然严峻复杂。因此，既要清醒地认识到反腐败斗争的长期性、艰巨性和复杂性，要有反腐败永远在路上的坚韧和执着，持之以恒、永不停息、久久为功，又要看到党和国家持续强力开展反腐倡廉工作的坚定决心、坚强意志以及取得的重大成就，增强对夺取党风廉政建设和反腐败斗争压倒性胜利的信心。

【案例分析】

案例呈现：清廉奉献 桃李芬芳——“四有”好老师莫振高的故事①

莫振高，男，壮族，生于1954年11月，生前系广西都安瑶族自治县高级中学党支部书记、校长，全国先进工作者、全国教书育人楷模、广西先进工作者、广西十佳

① 中国文明网.中国好人榜——莫振高的故事[EB/OL].(2015-04-28)[2018-02-22].http://www.wenming.cn/sbhr_pd/zghrb/jyfx/201504/t20150428_2583606.shtml

校长、广西优秀教师、2006年感动广西十大新闻人物。

莫振高从教43年，工作兢兢业业，任劳任怨，有强烈的事业心，有高度的责任感，他以自己实际行动诠释了“有理想信念，有道德情操，有扎实知识，有仁爱之心”的“四有”好老师。在教育教学工作中，开拓创新，锐意进取，求实务真，严谨办学，勤勉治学，成绩卓著。莫振高爱校如家、爱生如子，他的一生，是为山区教育事业呕心沥血的大爱人生。

用爱和责任做好人生每一件事

莫振高与学生在一起

莫振高同志把毕生精力奉献给教育事业，用爱与责任铸就丰碑，诠释着一个师者的崇高。每年莫振高和同事们都会跋山涉水到贫困学生家里走访，自带干粮去了解学生的家庭情况，40多年来，为了不让贫困生失学、辍学，瑶山处处留下了莫振高和同事们家访的足迹。对于学生家里的困难，他十分清楚。他精力充沛，有干劲。每到新学期开学，他总是要求第一个值周，并且一值便是两周；一年到头，除了开会，大部分时间都是在学校里，专心教学，认真细致。在40多年的教学生涯里，莫振高同志没有因为个人私事请过一天假，更没有因为个人私事缺过一节课。每逢节假日，他都主动留在学校上岗值班。由于超负荷没日没夜的工作，多次病倒在讲台上，老师和同学们将他送到医院，即使躺在病榻上，他仍时刻关心学校的事情。他始终用爱和责任面对每一件事、每一个人。他的爱与责任，托起了数万瑶山孩子心中的梦。

用心和言行诠释了生命价值

他的同事说：“莫校长对自己很小气、对学生却很大方。自己的衣服和鞋子，缝缝补补，穿了又穿。但对于学生，他总会自掏腰包给孩子们购置课外读物，拓展他们的阅读视野。在他的带动下，学校的许多老师也纷纷行动起来。他善解人意、乐于助人。哪位老师家有困难，他都会亲自过问，从始至终给予帮助，还会带领同事一同前往慰问，并带上慰问金。”

40多年来，莫振高同志用自己微薄的工资，先后资助300多名学生上完了高中、大学。“帮一个贫困生，就是帮一个家庭！”他时常这样对同事说。每逢开学之时，在学校报到处，总见莫振高和同事一道“摆摊设点”，专为贫困生排忧解难。寒门学子交不起学费来找他，他便大笔一挥，在交费单上签上“可缓交”字样。每当有家庭苦难的学生来向莫振高表示“可能家里交不起学费”时，他总是温和地说：“别担心，先入学，其他费用慢慢想办法。”

用德和情感传递社会正能量

莫振高同志善于用发展的眼光看待问题，用创新的办法解决难题，思想行动与时俱进。在他的工作生活中，总能以诚相待，以情感人，以理服人，以人为本，以和为贵，以善为人，以明处事。他爱校如家，爱生如子。他坚持 40 多年如一日，早上 6 点催学生起床，晚上 11 点催学生睡觉；刮风下雨的时候，他提醒学生添衣防寒；冬天出太阳的时候，他敦促学生晾衣晒被；学生被雨淋时，他叫食堂准备姜糖水；临近高考的时候，他督促食堂为学生加餐……他被孩子们亲切地唤作“校长爸爸”。他把“怎样做人”的教育作为学校工作坚定、高亢、清晰的主旋律，把“怎样做人”为核心的素质教育作为校园文化建设不可撼动的方向。

他以言传身教，影响着全校师生，让学生养成良好行为习惯，让教师们自觉提高文化素质水平。他用科学的办学理念引领人心，用良好的人文环境熏陶人心，用科学的制度规范人心，用校长的人格魅力激励人心。他以身正为范的职业素养，把自己的全部心血奉献给了他最挚爱的教育事业，书写瑶山的教育传奇。

用能和坚持竖起教育一面旗帜

莫振高同志事业至上，追求卓越，在他的带领下，都安高中的教学质量稳步提升，学校被评为全国教育系统先进集体、广西示范性高中以及全国语文、数学、英语（论坛）教学先进集体等。他酷爱教学，身为校长，仍然坚持教学，做“痴心”教育的校长，每周上 12 节课以上。执教 43 年，他手中经常拿着一本订了又订的厚厚的教案，甚至连吃饭，那本教案也没有离开过他。他热爱瑶山教育，心系学子，多次被推荐到行政部门任职、被外地学校高薪聘请，他都婉言谢绝。他把办好教育事业作为体现人生价值的毕生追求。40 多年来一直孜孜不倦，呕心沥血，鞠躬尽瘁，在本职工作岗位上实践着全心全意为人民服务的宗旨，体现了一名共产党员对党无比忠诚、对人民无限热爱、对事业高度负责的高尚情操。（来源：广西文明办）

案例分析

莫振高同志在 40 多年的职业生涯中，始终如一地坚持和践行全心全意为人民服务的宗旨，爱校如家、爱生如子，兢兢业业、呕心沥血，两袖清风、一身正气，他的一生是清正廉明为人民的一生、是无私奉献育英才的一生，充分体现了一名共产党员对党无比忠诚、对人民无限热爱、对事业高度负责的高尚情操。他以自己的实际行动生动诠释了“四有”(“有理想信念，有道德情操，有扎实知识，有仁爱之心”)好老师的内涵，不愧是清廉、务实、为民的光辉典范。

【小资料】

清廉太守——救民如救火的第五访[①]

多难的童年

第五访，字仲谋，是东汉中期京兆长陵(今陕西省咸阳市东北)人。他的祖父第五伦曾做过汉朝司空。祖父以后，家境衰败，沦为贫苦农民。第五访就是在这种贫困的环境里出生，又经受饥寒交迫的磨难。尤其不幸的是，他早年就失去了父母，只好依附于兄嫂家里，由兄嫂把他拉扯成人。兄嫂的生活自然也是饥不能充食，寒难以添衣。在清贫之极、生活难以维持的情况下，第五访稍大便到豪门富户家里当雇工，把挣来的钱奉养兄嫂。苦难的童年，磨炼了第五访的性格，使他能够体会民间疾苦，同情劳动人民的辛酸。贫困和苦难并没有使第五访丧志，反而激励了他勤学苦读的志气，这也许是祖父留下的遗风吧。第五访一有空闲时间，就借来富家的书籍，孜孜不倦地阅读，他特别注重学习治国之道和与生活密切相关的有关技艺等方面的知识。由于他天性聪敏，富有智慧，再加勤奋刻苦，不耻下问，学识逐步渊博起来。

初为官吏

由于汉代选拔官吏不把学府读书取仕当作唯一途径(正式的科举考试在隋朝才建立)，这给没有上过正规学校却有学识的第五访能够做官带来了机遇。一个偶然的机会，第五访被荐，做了某郡的功曹。这“功曹”的官，相当于郡守的总务长，除掌人事之权外，并参与一定政务的处理。第五访恪尽职守，忠于政务，颇有政绩，很快被荐举为孝廉，补任新都县令。第五访任县令后，治政有方，百业兴盛，三年之间，有相邻的几个县入籍新都县，新都县的户数增加10倍。

张掖救民

不久，第五访升任张掖太守。第五访上任后，这里遇到少见的大旱，从春至夏，滴雨未见，大地干裂，焦土千里，幼小的庄稼苗全部枯死。到秋天，许多农家颗粒未收。一些奸商乘机囤积粮食，抬高粮价，一石粟竟要几千钱。贫穷农家，哪里有钱购粮。荒年如此严重，许多农民忍饥挨饿，奄奄待毙。第五访看到乡亲们陷于水火之中，受此熬煎，个个奄奄一息。这惨状如同撕肝裂肺，令他坐卧不安，心急如焚。

① 张楚.救民如救火的第五访[J].党风通讯，2002(10):42.

为了拯救这些民众，第五访当即决定：开仓放粮，赈济灾民。可是有一些官吏，害怕未经批准就打开国家军用粮仓，朝廷怪罪下来，担当不起责任。他们提出，还是先上奏朝廷，获准后再行为妥。

第五访听了这种意见后，果断地说："如今时间紧迫，救民如救火，一刻也不能容缓。若等上报批准再行事，就等于把灾民推向死亡的绝路，这怎么能行？"第五访略停片刻，以无畏的气概说："我是一郡之长，乐于以自身性命挽救众人性命。朝廷怪罪下来，由我一人负责，是杀是剐，鄙人心甘情愿！大家不要犹豫了，救人要紧。"于是，国家军仓一一被打开，按着户口人丁的多少，为灾民分发了救济粮，拯救了众多百姓的生命。事后，第五访把灾情和开仓赈济灾民的情况报告给朝廷。汉顺帝知道了这件事，不仅没有怪罪第五访，还特别赞赏第五访的果断行动。为此，顺帝特发诏书，嘉奖第五访赈济灾民的事迹。

由于第五访为官最能体贴民情，把灾民的疾苦和生命看得最重要，终于用办实事的果敢行动保全了一郡百姓。翌年，第五访率民救灾建业，恢复生产，再加这一年风调雨顺，终于获得农业丰收。收获季节，官民喜气洋洋，打谷入仓。界内无盗无贼，一片太平景象。百姓们含着喜悦的热泪，感激第五访这位农家人的"父母官"。据记载，第五访后来奉调做了南阳太守。以后又官拜护羌校尉。他廉洁为官的事迹和威望，同样受到黎民百姓的拥护和爱戴。

【知与行】

在严峻的就业形势下，假如你面临毕业，工作还没有着落，有的必修课程没有通过考试，毕业前夕，只有最后一次的考试机会，面对现实你会选择考试作弊吗？

第三节　走出高职学生清廉教育困境

【基本理论】

一、创新高职学生清廉教育理念，树立学生终身受益的目标

（一）树立清廉教育是培养担当民族复兴大任的时代新人的战略理念

高职学生是我国产业工人的后备力量，是未来现代化建设的主力军。实现"两个一百年"奋斗目标，需要数以万计的高职学生投身到波澜壮阔的现代化伟大事业之中去。习近平指出：中国梦归根到底是人民的梦，必须紧紧依靠人民来实现，必

须不断为人民造福。全国广大青少年，要志存高远，增长知识，锤炼意志，让青春在时代进步中焕发出绚丽的光彩。加强高职学生清廉教育是促进高职学生健康成长成才的需要，也是党和国家做出的伟大战略决策。因此，树立清廉教育是担当民族复兴大任的时代新人的战略理念。

1.以正确的指导思想统领高职学生清廉教育。要以马列主义、毛泽东思想、“三个代表”重要思想、科学发展观、习近平新时代中国特色社会主义思想作为指导思想，深入贯彻落实《实施纲要》和党的十九大报告关于反腐倡廉的精神，在高职学生中间倡导富强、民主、文明、和谐，倡导自由、平等、公正、法治，倡导爱国、敬业、诚信、友善，积极培育和践行社会主义价值观，遵循学校教育教学规律和高职学生成长成才规律，突出重点，整体推进，把清廉教育作为实施素质教育的重要内容，促进高职学生健康成长，努力培养担当民族复兴大任的时代新人。

2.以科学的工作态度对待高职学生清廉教育。要高度重视高职学生清廉教育工作，不断加强理论研究和实践研究。清廉是中华民族的传统美德，清廉教育一直是党和国家所重点关注的问题。对高职学生进行清廉教育，促进其身心健康发展，既是一项具有前瞻性的从源头上预防腐败现象滋生蔓延的系统工程，又是担当民族复兴大任的时代新人的重要政治保证。我们要消除那种认为高职学生清廉教育就是思想政治教育的片面看法；加强对高职学生清廉教育的督导评价和调查研究，了解学生清廉教育的动态和进程，使高职学生清廉教育有章可循、有据可依。

(二)树立以“自我教育”为核心的教育理念

任何教育活动都是教育者和受教育者之间双向互动的过程。高职学生清廉教育过程是一个开放的过程，要充分调动学生的能动性，引导其在校内外因地制宜开展自主教育活动。

1.坚持以人为本的原则。“以人为本”是科学发展观的核心，也是高职学生清廉教育的指导思想。重视大学生的物质利益是坚持“以人为本”的起点。利益是清廉教育的起点和归宿。回避高职学生物质利益需求，清廉教育将难以取得良好效果。因为“‘思想’一旦离开‘利益’，就一定会使自己出丑”。① 高职院校要解决好学生尤其是贫困学生的学费问题，关心贫困学生。关心高职学生关注的问题是坚持“以人为本”的着力点。形式主义、享乐主义、官僚主义、奢靡之风、反腐倡廉、就业创业、诚信问题等都是高职学生较为关注的问题。因此，高职学生清廉教育应紧

---

① 中共中央马克思恩格斯列宁斯大林著作编译局.马克思恩格斯全集[M].第2卷.北京：人民出版社，1979：103.

密结合这些问题。关注高职学生心理健康是坚持“以人为本”的中心内容。

2. 构建自我教育的体系。“自我教育可分为个体自我教育和集体自我教育两种基本形式。”[①]在自我教育过程中，个体自我教育不能脱离集体自我教育而孤立地进行，必须与集体自我教育有机结合，既发挥集体教育对个体的促进作用，又发挥个体自我教育对集体自我教育的积极影响，只有形成良好的互动关系，才能既完善个体，又提高集体的清廉道德水平。学生会、共青团和学生社团等组织是党委、团委领导下，实行“自我教育、自我管理、自我服务”的群众性学生“自治”组织。要加强对它们的管理和指导，充分发挥它们密切联系高职学生的组织优势，积极鼓励它们自主开展内容健康、形式活泼的清廉教育活动，使高职学生在活动中实现自我教育。

3. 激发自我学习的动机。自我学习是自我教育的关键环节，自我学习分为个体自我学习和集体自我学习。个体自我学习的方式有，向书本和课堂学习、向环境尤其是媒介环境学习、向竞争对象学习、向榜样人物学习；集体自我学习的方式有，集体讨论、辩论、班会、集体竞赛、展览、典型示范、文明公约、制度、批评与自我批评等。必须帮助高职学生认识到自我学习清廉知识的意义。激发高职学生自我学习的动机，只有通过高职学生自觉自愿的学习，清廉意识、清廉情感等才能真正转化为每个个体的意识，并且作为自己的价值准则和价值依据，以“自我教育”为核心的教育理念才能实现。

二、充实高职学生清廉教育内容，切实增强清廉教育的全面性、系统性

（一）以社会主义核心价值观为引领，加强理想信念教育

社会主义核心价值体系是社会主义意识形态的本质体现。马克思主义指导思想、中国特色社会主义共同理想、以爱国主义为核心的民族精神和以改革创新为核心的时代精神、社会主义荣辱观是社会主义核心价值体系的基本内容，也是高职学生清廉信念教育的基本内容。高职学生清廉教育，要以社会主义核心价值体系为引领，对学生进行正确的世界观、人生观和价值观教育，促进学生清廉认知、情感和践行能力的建构和提升。

社会主义核心价值体系是激励全民族奋发向上的精神力量，是社会主义思想道德建设的指导方针。因此，在开展大学生清廉教育过程中。首先，是马克思主义信仰教育。要坚持不懈用马克思主义中国化最新成果武装大学生头脑，帮助他们树立科学的世界观、人生观和价值观。其次，是中国特色社会主义共同理想教育。

---

① 教育部社会科学研究与思想政治工作司. 思想政治教育学原理[M]. 北京：高等教育出版，1999：223-224.

以共同理想引领个人理想，有助于高职学生领会清廉教育的长远意义，确立为实现中华民族伟大复兴而奋斗的共同理想和坚定信念。再次，是以爱国主义为核心的民族精神和以改革创新为核心的时代精神教育。就是要引导学生热爱祖国、服务人民、立志成才、勇于创新，始终保持艰苦奋斗的作风和追求卓越的精神状态。最后，是社会主义荣辱观教育。提高大学生辨别是非、善恶、美丑、对错的能力，为确立正确的行为价值取向提供理念支撑。

（二）以法治教育为重要抓手，加强高职学生法治意识教育

加强高职学生清廉教育，以法律知识、纪律意识和法治观念为主要内容进行法制纪律教育，拓宽清廉教育领域，教育高职学生自觉遵守法纪法规，培养他们严格守法的良好品质，形成适应现代社会生活所必需的法制观念和纪律观念，做到清廉自律、遵纪守法，学会严格依法办事，用纪律约束自己，从而增强反腐倡廉的自觉性。

帮助高职学生树立法治观念，培养学生清廉意识。现代社会是讲法治的社会。社会主义市场经济也是法治经济，要求学生树立健全的法制观念和良好的清廉意识，做到知法、守法、用法、护法。提升法律素养，领悟清廉精神。法律观念和法律信仰，法律素养是大学生全面素质的重要内容之一。要在学生中间倡导遵章循律、诚实守信、依法办事等基本法律规范要求，引导他们树立法治信仰，领悟清廉精神，维护法律权威，做一名具有较高法律素养的合格公民。学习法律法规、条例、规章等，规范清廉行为。组织高职学生学习《普通高等学校学生行为准则》《教育部关于在大中小学全面开展廉洁教育的意见》《学生手册》等，提高法律意识，增强法制观念，形成法律自觉性，时刻提醒学生规范自身清廉行为。

（三）以增强反腐倡廉的自觉性为目标，加强高职学生清廉理论教育

高职学生清廉理论教育包括党的反腐倡廉的理论、社会主义政治文明建设理论、党风廉政建设理论和反腐败方面的政策法规、中国古代廉政思想和国外廉政理论教育等方面教育。通过理论教育提高学生的清廉理论素养，增强反腐倡廉的自觉性。它既是学生清廉教育区别于其他思想政治教育的内在要求，也是高校思想政治教育新的着力点。

中国共产党自成立以来，就高度重视党风廉政建设和反腐败工作，积累了许多宝贵经验，形成了系统的理论，通过对这些理论知识的灌输与讲授，能引导高职学生牢固树立马克思主义清廉建设的基本立场、基本观点，学会辩证地分析反腐倡廉的问题。对高职学生进行清廉理论知识教育，重点是向高职学生介绍党在长期反腐倡廉实践中形成的指导思想、基本原则、工作方针和成功经验；正确分析评价当前国内外反腐倡廉的形势，教育学生既要清醒地认识到反腐败斗争的严峻形势和

任务艰巨，又要让高职学生看到党和国家开展反腐倡廉工作的坚定决心，使他们对反腐败斗争工作的充满信心；引导高职学生学习党风廉政建设和反腐败方面政策、法规、制度的基本内容；引导高职学生学习中国古代廉政思想和国外廉政理论教育。

（四）以公民基本道德规范为指导，加强高职学生道德品质教育

开展高职学生清廉教育，要以公民基本道德规范教育为基础教育，进行社会公德、职业道德、家庭美德教育。以“爱国守法、明礼诚信、团结友善、勤俭自强、敬业奉献”为公民基本道德规范涵盖了社会生活的各个领域，它既是对中国优良道德传统和中国革命道德传统的继承与弘扬，又体现了新的时代条件下对道德建设的新要求。公民基本道德规范，不仅是人们判别善与恶、道德与不道德的基本尺度，也是人们在行为选择中应当怎样做和不应当怎样做的基本标准。

社会公德教育能引导学生正确处理国家、集体、个人之间的利益关系。职业道德教育能为学生今后在职业活动中全心全意为人民服务、依法办事、清廉奉公打下坚实的基础。家庭美德教育可以增强学生对婚姻和家庭的责任感，促进高职学生养成尊老爱幼、勤俭节约的优良作风。因此，在开展高职学生清廉教育的同时，结合公民基本道德规范教育，能够从源头上防止学生道德失范，抑制拜金主义、享乐主义、极端个人主义的滋长，减少学生步入社会以权谋私、腐化堕落行为的发生。

三、拓宽高职学生清廉教育载体，切实提高清廉教育实效性

（一）强化课堂教学主导载体

目前，我国高校的清廉教育大多数以主题教育活动、社会实践活动等方式为主体进行，没有建立完善的教学体系。要加强高职学生清廉教育，必须发挥课堂教学的重要作用。课堂教学是学生清廉教育的主阵地，这一载体必须继续得到加强，推动清廉教育理论进教材、进课堂、进头脑，做到真正的领会和运用。各门课的教学都要渗透清廉教育内容，不仅思想政治理论各门课程和文科各门课程要充分挖掘清廉教育资源，理科各门课程也应该充分挖掘清廉教育资源。各类课程和思想政治理论课要同向同行，形成协同育人效应。

作为人类认识物质世界的结晶的自然科学，其中不仅凝结着人类的智慧、思想、认识、情感和意志，也渗透着人们的世界观、人生观、思想道德等，蕴含着丰富的清廉教育资源。只要教师把清廉教育作为教书育人的职责，就能自觉地把清廉教育贯穿到自己的教学过程中。要将清廉教育目标的实现和教学内容的完善有机结合，正确处理清廉教学与其他学科教学的关系，充分挖掘清廉教育资源，使高职学

生在学习知识、增强能力和提高认识的过程中受到清廉教育，加强思想道德修养。将清廉教育纳入教学计划，在师资力量、教学学时、实践教学、财政经费等方面予以保证，充分发挥课堂教学的载体作用。通过思想政治理论课、清廉知识专题讲座、清廉教育报告会等形式，增强他们的清廉意识。

（二）丰富校园文化内涵载体

校园文化是学校所具有特定的精神环境和文化气氛，是学校发展进步的灵魂。清廉文化也是高校校园文化的重要组成部分。把清廉文化融入校园文化建设，用先进健康、积极向上的清廉文化引导高职学生健康成长，是高职的重要任务。校园文化活动形式多样，内容丰富，参与性强，吸引度高，是高职学生全面发展的重要途径。每所大学都有自己的文化特色，要依托各自所在地的悠久历史文化资源，积极挖掘本校历史和当地的人文积淀，寓清廉教育于校园文化活动之中。精心设计和组织内容丰富、形式新颖的建设活动，传播清廉知识，弘扬清廉精神，建设清廉文化。充分发挥学校报纸、杂志、校园广播站电视台、宣传栏、文化长廊的舆论宣传阵地作用，开展清廉主题征文、知识竞赛、公益广告、短信、戏剧节目创作、文艺演出、演讲辩论等活动，免费发放廉诗、廉文和清廉警句格言等书籍或宣传册供学生阅读，组织崇尚清廉的主题班会，参观红色教育基地等。鼓励学生发挥想象力，创新清廉教育的模式和内容，提高清廉教育的实效性。

（三）创建教育基地外延载体

加强学生清廉教育，要积极创建外延载体——清廉教育基地。清廉教育基地是学生培养清廉意识、弘扬清风正气的重要阵地，青少年学习清廉知识、陶冶道德情操的重要课堂。一是革命传统教育基地，比如：井冈山革命博物馆、延安革命纪念馆、百色起义纪念馆等。二是警示教育基地，通过与法院、监狱、军队等特殊场合建立警示教育基地，组织大学生到法院旁听各类贪污受贿案件的审判；组织大学生到监狱与服刑人员进行面对面交流，用现实案例以身说法；组织学生到军队参观，感受军人的风采。三是校企合作企业教育基地。高职院校大多实行产教融合、校企合作的人才培养模式，生产实习、顶岗实习是人才培养的重要环节，高职院校可以选择重要的企业设立教育基地，利用企业正反两方面的案例开展教育，帮助学生形成正确的行业、专业和岗位的清廉意识，同时把清廉教育贯穿于学生实习的全过程，让学生在真实情境中获取清廉知识，发现岗位清廉风险，树立清廉意识。

（四）占领网络教育创新载体

网络以开放性、交互性、便捷性和隐匿性等特点吸引着当代高职学生，改变着他们的行为方式和思维方式。因此，高职学生清廉教育必须高度重视网络的教育作用，强化网络教育功能，牢牢占领网络教育阵地。首先，是加强网络清廉文化的宣传，比如高校可以开发建设适合学生使用，融思想性、教育性、知识性于一体的清廉网页，鼓励高职学生参与到网络教育的过程中去。可以聘请高职学生做版主，鼓励他们在张扬个性、展现才华的同时进行清廉教育的自我管理、自我教育。也可以通过微信公众号、QQ 群、手机短信平台等形式多样的网络通信工具传播清廉文化信息，调动他们参与清廉文化建设活动的积极性。其次，加强网络管理，净化网络环境。网络空间不是法外之地，要多措并举营造天空晴朗、生态良好的网络空间，相关职能部门要加强对网络的管理，构筑"网络绿盾"，利用网络技术对教育网和公共网络的信息进行监控、鉴别和过滤。还要制定网络规范、网络立法，树立正确的舆论导向，弘扬社会正气。

四、优化高职学生清廉教育环境，营造清正廉明的良好氛围

（一）优化清廉教育的舆论环境

人的思想和行为受主导性舆论环境的影响最为显著，主导和支配人们的思想和行为，而高职学生清廉教育总是在一定的环境中进行，必然受到一定的社会环境的影响。坚持正确的舆论导向，既是促进环境改善的现实需要，也是大学生清廉教育的重要内容，加强高职学生廉洁教育离不开强有力的舆论引导。必须强化舆论引导，高校必须树立"抢阵地"的意识，坚持正面宣传为主的方针，让正面舆论成为一种强大的舆论导向，加强对高职学生清廉教育的宣传，使全社会都重视高职学生廉洁教育。同时，以社会主义核心价值观引领舆论环境，把舆论环境、人们的心理特点和高职学生清廉教育结合起来，牢牢把握舆论主动权。

（二）创建良好的清廉教育家庭环境

家庭是个体生命的摇篮，是人生的第一个课堂，也是非常重要的教育机构。充分发挥家庭环境的教育功能，对高职学生的清廉品质形成具有至关重要的作用。首先，要高度重视对子女清廉教育，促进清廉品质养成。加强家庭清廉文化建设。以增强素质为根本，提高拒腐防变能力，以科学的理论来武装家庭成员的头脑，完善家庭清廉文化设施，如清廉书籍、报刊等精神食粮。努力提高思想觉悟、练好清廉内功，做到"富贵不能淫、贫贱不能移，威武不能屈"。以和谐家庭为目标，培植诚信相爱亲情，营造一种和睦、平等、民主、积极的家庭氛围，强化对子女的清廉品质期望。以家庭美德为灵魂，倡导勤劳俭朴家风。其次，发挥父母的榜样作用，增强社会历史责任感。父母是孩子最早学习的榜样。榜样的力量是无穷的，这就要求父母注重清廉修养及示范作用。

（三）打造和谐的清廉教育校园环境

构建和谐校园环境是优化大学生清廉教育环境的重要内容。和谐校园环境主要由校园的物质环境、校园的文化环境、校园的人际环境三个方面的内容构成。

1. 美化校园物质环境，建设美丽校园。优美的校园物质环境以整体的风貌构成某种暗喻的符号，无声地、长期地辐射出学校倡导的思想、风范和审美准则，对学生身心思想的发展具有熏陶功能、凝聚功能和导向功能。因此，我们必须高度重视高职院校物质环境建设，加大物质投入，搞好基础设施建设，如绿化校园、建好图书馆、购置先进仪器设备等。同时，可以通过花园、草坪、树木、喷泉、雕塑等自然环境建设突出人文精神。

2. 营造良好文化环境，培育优良校风。加强师德建设。弘扬“德高为师，身正为范”的优良传统，教师要通过自己良好的思想和行为影响高职学生。端正学风。加强高职学生思想政治工作，改革和创新考核评价机制，加强教学质量监控体系建设，进一步端正学风，调动高职学生的学习积极性和主动性。

3. 培育人际关系环境，促进健康成长。高职学生的健康成长不仅需要一定的物质方面的硬环境作支撑，而且需要一个以良好人际关系为基础的软环境作必要条件。高校中各种各样的人际关系，直接影响着高职学生清廉教育活动。因此，一是构建民主平等的师生关系，表现为师生双方的相互关系、相互信任、相互配合。稳定、和谐的师生关系能感染、激励学生，促进双方的思想交流。二是良好的同学关系，良好的同学关系能逐步内化成良好的基本道德品质。

（四）营造健康的清廉教育社会环境

仓廪实而知礼节，衣食足而知荣辱。生产力越发达，人们的需求和利益相对获得满足的程度越高，文化修养、道德意识、礼仪观念建立的层次也越高。因此，始终以经济建设为中心，坚持科学发展观，提高综合国力和人民生活水平是优化清廉环境的根本途径和措施。在改革和发展的过程中，注重社会公平、缩小贫富差距、完善社会保障体系。在高职院校，要减轻学生，尤其是贫困生的“后顾之忧”，帮助解决实际困难，提供勤工俭学岗位，建立高职学生心理辅导中心解决心理失衡问题。缩小学生的贫富差距和消除“炫富”与“仇富”心理问题，帮助解决学生就业问题。同时，要加强民主法治建设。当前，要加强党风廉政建设，着力推动全面从严治党向纵深发展，坚持开展批评和自我批评，积极运用监督执纪“四种形态”，抓大放小、防微杜渐，加强纪律教育，强化纪律执行，让党员、干部习惯在受监督和约束的环境中工作生活；要坚持科学执政、民主执政、依法执政的原则；建设法治政府，要防止行政权力的缺失和滥用，防止国家机关行政人员滥用职权、贪污、受贿等腐败现象的发生;同时,要在全社会加强法制宣传,提高公民法治意识。

五、加强清廉教育的队伍建设,提供清廉教育的组织保证

(一)建设一支部门协同、齐抓共管的工作队伍

高职学生清廉教育是加强党风廉政建设、建设和谐社会的基础性工程,具有重大的理论意义和现实意义,高职院校党委必须高度重视,深入贯彻落实《实施纲要》和《教育部关于在大中小学全面开展廉洁教育的意见》文件精神,实行党委统一领导,学校纪委、监察室、宣传部、学工处、团委、思政部等部门协同配合的教育管理制度,将高职学生清廉教育纳入高校廉政文化建设的整体规划之中,加大高校惩治和预防腐败的力度,营造清正廉洁、公平正义、崇尚科学、遵纪守法的育人环境,以良好的校风学风感染和教育高职学生。加大高职学生清廉教育的监督检查力度,实行责任到人、目标明确、落实到位、精心管理的管理模式,确保学生清廉教育扎实有效地开展。

(二)建立一支政治合格、业务精通的工作队伍

清廉教育工作不同于其他的教育工作,有其自身的政治性和科学性。因此,作为高职学生清廉教育工作者,必须坚定政治立场,提高政治站位。要坚持不懈地用习近平新时代中国特色社会主义思想武装头脑,增强政治鉴别力和政治敏锐性,加强对人文社会科学的学习,开展富有成效的工作。要建立严格的准入制度。建立准入制度,保证清廉教育工作者具有较高的综合素质。建立和完善清廉教育教师队伍培训体系。要采取个人自学、集中培训、脱产进修、相互交流等措施,全面拓宽培训途径和培训内容。制订明确的培训计划,不断提高教师的教学水平。组织全体教职工深入学习《实施纲要》和《教育部关于在大中小学全面开展廉洁教育的意见》,深刻领会清廉教育的意义,明确清廉教育的内容和目标,强化职责意识,充分调动全体教职工的积极性和创造性。广大教育工作者要围绕大学生清廉教育主题有所作为,不断创新教育方法,要把清廉教育与日常业务工作有机结合,扩大清廉教育的覆盖面,增强清廉教育的影响力。

(三)建立一支公正严明、狠抓落实的监督考评队伍

教育的方案制定以后,关键在于落实和实施的效果。高职学生清廉教育不仅需要科学、合理的教育方案,而且要看实施的效果。为此,需要建立一支监督考评队伍,具体负责对高职学生清廉教育的监督、检查和考评的力度。深入到高职学生中间及时了解对开展清廉教育的认识、态度和要求,并把获取的信息第一时间反馈给相关部门和相关教师,完善解决问题的机制,提高清廉教育的效果。监督考评人

员可以通过随机听课、问卷调查、学生座谈等多种监督形式，对清廉教育的教学计划、教学方法、教学效果等教学环节，对党团组织、学生团体、师资培养等方面活动情况进行监督检查。对开展清廉教育的方案、过程、效果等量化，以事实为依据，实行全面考核，并把考评的结果与师生员工的评先评优、选拔任用相挂钩，切实提高清廉教育效果的长效性。

总之，队伍建设搞好了，就能夯实各级领导干部和教职工清廉教育的思想基础，调动各部门和全体教职工的积极性；就能把清廉教育纳入学生培养体系，各部门结合实际各司其职、各负其责；就能使清廉教育不停留在一般的号召和只写在计划上，而是在实践中得到真正的落实。

【解疑释惑】

应如何看待家庭、家教、家风？[①]

家庭、家教、家风在清廉教育中占据重要地位，具有重要作用。党的十八大以来，习近平同志在不同场合多次谈到要“注重家庭、注重家教、注重家风”，强调“家庭的前途命运同国家和民族的前途命运紧密相连”。以下是摘录的习近平同志有关家庭、家教、家风的部分论述。

不论时代发生多大变化，不论生活格局发生多大变化，我们都要重视家庭建设，注重家庭、注重家教、注重家风

中华民族自古以来就重视家庭、重视亲情。家庭是社会的基本细胞，是人生的第一所学校。不论时代发生多大变化，不论生活格局发生多大变化，我们都要重视家庭建设，注重家庭、注重家教、注重家风，紧密结合培育和弘扬社会主义核心价值观，发扬光大中华民族传统家庭美德，促进家庭和睦，促进亲人相亲相爱，促进下一代健康成长，促进老年人老有所养，使千千万万个家庭成为国家发展、民族进步、社会和谐的重要基点。（2015 年 2 月 17 日）

无论时代如何变化，无论经济社会如何发展，对一个社会来说，家庭的生活依托都不可替代，家庭的社会功能都不可替代，家庭的文明作用都不可替代。无论过去、现在还是将来，绝大多数人都生活在家庭之中。我们要重视家庭文明建设，努力使千千万万个家庭成为国家发展、民族进步、社会和谐的重要基点，成为人们梦想启航的地方。（2016 年 12 月 12 日）

家庭是社会的细胞。家庭和睦则社会安定，家庭幸福则社会祥和，家庭文明则

① 中央纪委监察部网站．注重家庭、注重家教、注重家风，习近平总书记这样说[EB/OL]．(2017-02-10)[2018-02-22]．http://www.ccdi.gov.cn/toutiao/201702/t20170209_125355.html

社会文明。历史和现实告诉我们,家庭的前途命运同国家和民族的前途命运紧密相连。我们要认识到,千家万户都好,国家才能好,民族才能好。国家富强,民族复兴,人民幸福,不是抽象的,最终要体现在千千万万个家庭都幸福美满上,体现在亿万人民生活不断改善上。同时,我们还要认识到,国家好,民族好,家庭才能好。当前,全党全国各族人民正在实现“两个一百年”奋斗目标、实现中华民族伟大复兴中国梦的新长征路上砥砺前行。只有实现中华民族伟大复兴的中国梦,家庭梦才能梦想成真。(2016 年 12 月 12 日)

家庭是人生的第一个课堂,父母是孩子的第一任老师。孩子们从牙牙学语起就开始接受家教,有什么样的家教,就有什么样的人。家庭教育涉及很多方面,但最重要的是品德教育,是如何做人的教育。也就是古人说的“爱子,教之以义方”,“爱之不以道,适所以害之也”。青少年是家庭的未来和希望,更是国家的未来和希望。古人都知道,养不教,父之过。家长应该担负起教育后代的责任。家长特别是父母对子女的影响很大,往往可以影响一个人的一生。(2016 年 12 月 12 日)

广大家庭都要重言传、重身教,教知识、育品德,身体力行、耳濡目染,帮助孩子扣好人生的第一粒扣子,迈好人生的第一个台阶。(2016 年 12 月 12 日)

领导干部的家风,不仅关系自己的家庭,而且关系党风政风

领导干部的家风,不是个人小事、家庭私事,而是领导干部作风的重要表现。

这里,我还要强调一下家风问题。从近年来查处的腐败案件看,家风败坏往往是领导干部走向严重违纪违法的重要原因。不少领导干部不仅在前台大搞权钱交易,还纵容家属在幕后收钱敛财,子女等也利用父母影响经商谋利、大发不义之财。有的将自己从政多年积累的“人脉”和“面子”,用在为子女非法牟利上,其危害不可低估。古人说:“将教天下,必定其家,必正其身”“莫用三爷,废职亡家”“心术不可得罪于天地,言行要留好样与儿孙”。(2016 年 1 月 12 日)

家风是社会风气的重要组成部分。家庭不只是人们身体的住处,更是人们心灵的归宿。家风好,就能家道兴盛、和顺美满;家风差,难免殃及子孙、贻害社会,正所谓“积善之家,必有余庆;积不善之家,必有余殃”。诸葛亮诫子格言、颜氏家训、朱子家训等,都是在倡导一种家风。毛泽东、周恩来、朱德同志等老一辈革命家都高度重视家风。(2016 年 12 月 12 日)

广大家庭都要弘扬优良家风,以千千万万家庭的好家风支撑起全社会的好风气。特别是各级领导干部要带头抓好家风。《礼记·大学》中说:“所谓治国必先齐其家者,其家不可教而能教人者,无之。”领导干部的家风,不仅关系自己的家庭,而且关系党风政风。(2016 年 12 月 12 日)

每一位领导干部都要把家风建设摆在重要位置，廉洁修身、廉洁齐家

必须管好亲属和身边工作人员，决不允许他们擅权干政、谋取私利，不得纵容他们影响政策制定和人事安排、干预日常工作运行，不得默许他们利用特殊身份谋取非法利益。（2015 年 1 月 13 日）

在培育良好家风方面，老一辈革命家为我们做出了榜样。每一位领导干部都要把家风建设摆在重要位置，廉洁修身、廉洁齐家，在管好自己的同时，严格要求配偶、子女和身边工作人员。干部子弟也要遵纪守法，不要以为是干部子弟就谁都奈何不了了。触犯了党纪国法都要处理，而且要从严处理。（2016 年 1 月 12 日）

各级领导干部特别是高级干部要继承和弘扬中华优秀传统文化，继承和弘扬革命前辈的红色家风，向焦裕禄、谷文昌、杨善洲等同志学习，做家风建设的表率，把修身、齐家落到实处。各级领导干部要保持高尚道德情操和健康生活情趣，严格要求亲属子女，过好亲情关，教育他们树立遵纪守法、艰苦朴素、自食其力的良好观念，明白见利忘义、贪赃枉法都是不道德的事情，要为全社会做表率。（2016 年 12 月 12 日）

【案例分析】

案例呈现：并蒂“廉”花香益远——甘祖昌和龚全珍的家风故事①

在江西省萍乡市莲花县有一位传奇人物，他叫甘祖昌。

甘祖昌参加过井冈山斗争、五次反“围剿”、长征、抗日战争、解放战争……1955 年甘祖昌被授予少将军衔，但两年后他毅然解甲归田，和妻子龚全珍回到家乡当农民。夫妻两人领着乡亲们架桥梁、修水库，解民困、分民忧，践行着共产党员的本色。

甘祖昌和龚全珍夫妇

1975 年 4 月 18 日，《人民日报》以《万里征途不歇脚——记红军老战士、共产党员甘祖昌》为题，对甘祖昌先进事迹进行了报道。1977 年，该文被选入江西省初中《语文》课本。龚全珍数十年来一心为民、无私奉献，当选为第四届全国道德模范、全国优秀共产党员。2016 年 12 月龚全珍家庭荣

① 景国成，李小斌．并蒂“廉”花香益远——甘祖昌和龚全珍的家风故事[N]．中国纪检监察报，2017-02-27(1)．

获第一届全国文明家庭。

甘祖昌和龚全珍的家风故事，被传为佳话。

龚全珍现在住在她三女儿甘公荣家里。“爸爸从小就教育我们要淡泊名利、艰苦奋斗，一生为党、一心为民，这是爸爸留给我们最宝贵的精神财富。”近日，面对笔者的采访，甘公荣娓娓道来。

1926年夏天，甘祖昌在老乡陈竞进的介绍下认识了方志敏，在方志敏等人影响下，甘祖昌走上了革命道路，丹心一片，赤诚报国。

1957年，甘祖昌从新疆军区回到莲花县坊楼镇沿背村。有一次生产大队的水库捞鱼，按每户3斤分给社员，队长有意照顾，抓了一条大鱼给他家。甘祖昌得知自己的鱼比别人家大时，硬是去厨房将鱼一分为二，留下一半，让队长把另一半拿走了。

甘公荣说她在读小学五年级的时候，有一次把一双破了的鞋子扔在门后，不想穿了。到了晚上，甘祖昌拿着补好的鞋子语重心长地对她说：“公荣，穿破鞋不丢人，贪图享受才不好。艰苦奋斗是我们党和国家的优良传统，我们不能把这个传统丢了。”

1957年至1984年间，甘祖昌工资收入加原有存款共计102 452元，其中支付用于国家建设的有79032元，占总收入的70%多。他带领乡亲们修建了3座水库、25公里长的渠道、4座水电站、3条公路、12座桥梁。

为了让孩子接过艰苦奋斗的传家宝，甘祖昌告诫子女最多的一句话是“要挑老红军的担子，不能摆老红军的架子”。

甘祖昌在生命的最后时刻，交代家人：“领了工资，先交党费，留下生活费，其余的全部买农药化肥支援农业。”

并蒂“廉”花齐绽放。龚全珍毕业于西北大学，受到过良好的教育和中国优秀传统文化的熏陶，甘祖昌去世后，她继续保持和发扬勤俭朴素、无私奉献的优良传统，经常帮助留守儿童、困难群众。

龚全珍的日记里多次表达了要捐赠器官的意愿，“自己哪里有用就捐哪里”。2015年3月17日上午，龚全珍签订了遗体捐赠书。随后，她对身边人说：“作为一个平凡人，能帮助别人，能用得上我的器官，是我最开心的事。”

受甘祖昌夫妇的影响，其孩子都在平凡的岗位上老老实实做人，勤勤恳恳做事。甘公荣在家乡基层岗位上，默默坚守了几十年，获得了“全国劳动模范”、全省优秀共产党员、全省“三八红旗手”等荣誉。甘公荣热心公益事业，捐款5万多元资助贫困学生，还担任了社区“龚全珍工作室”志愿服务队队长，她的儿子、儿媳、侄女，都成了志愿者。

这些年，甘公荣被井冈山干部学院聘为红军后代宣讲团成员，为传承优良传统贡献力量。

案例分析

在内忧外患、民不聊生的旧中国，为了实现民族独立和人民解放，甘祖昌、龚全珍先后毅然参加了革命，驰骋疆场、无私无畏，克己奉公、勤勤恳恳，为建立人民当家做主的新中国献出青春和热血。新中国成立后，为让家乡父老乡亲过上好日子，身为少将的甘祖昌毅然解甲归田，带着妻子龚全珍和孩子回乡，带领乡亲们艰苦奋斗，改变家乡落后面貌。龚全珍风风雨雨几十年，不忘初心，始终保持清廉为民、无私奉献的共产党员本色，赢得了人民的衷心爱戴和崇高敬意。甘祖昌、龚全珍夫妇不仅率先垂范、严以律己，而且高度重视家庭文明建设，家教严格、家风清廉。受其影响，其孩子都在平凡的岗位上遵纪守法、老老实实做人，敬业奉献、勤勤恳恳做事，以实际行动为传承奉献为民、清廉务实、艰苦奋斗的优良传统贡献力量。2013年9月，习近平同志在会见全国道德模范时，向将军夫人龚全珍表示致敬并郑重提出要世世代代传承和弘扬甘祖昌、龚全珍清廉为民、艰苦奋斗的优良传统和精神。“习近平饱含深情地说，我刚才看到这位老前辈，她就是我们的老将军甘祖昌的夫人龚全珍，她今年90多岁了，我看到她以后心里一阵阵的感动。习近平对在场的300多位与会者介绍，甘祖昌是我们共和国的开国将军，江西籍的老红军。新中国成立后，他当了将军，但是他坚持回家当农民。我当小学生时就有这篇课文，内容就是将军当农民，我们深受影响。至今半个世纪过去了，看到龚老现在仍然弘扬着这种精神，今天看到她又当选全国道德模范，出席我们今天的会议，我感到很欣慰。习近平强调，我们要弘扬这种艰苦奋斗精神，不仅我们这代人要传承，我们的下一代也要弘扬，要一代一代传承下去。我再次向龚老前辈表示致敬。”[①]甘祖昌、龚全珍夫妇之所以得到党和国家领导人的高度评价和人民的衷心敬仰，在于他们始终不忘初心、清正廉明、忠心耿耿，为实现人民幸福和民族复兴而艰苦奋斗、无私奉献，并做出突出贡献。2018年春节前后中央电视台热播的电视剧《初心》[②]真实再现了甘祖昌、龚全珍夫妇的感人事迹。

---

① 新华网、中国青年网. 习近平会见全国道德模范 向将军夫人龚全珍致敬[EB/OL]. (2013-09-27)[2018-02-22]. http://news.youth.cn/jsxw/201309/t20130927_3945526.htm

② 电视剧《初心》. http://search.cctv.com/search.php? qtext = %E3%80%8A%E5%88%9D%E5%BF%83%E3%80%8B&type = web

【小资料】

高等学校学生行为准则[①]

1.志存高远,坚定信念。努力学习马克思列宁主义、毛泽东思想、邓小平理论和“三个代表”重要思想,面向世界,了解国情,确立在中国共产党领导下走社会主义道路、实现中华民族伟大复兴的共同理想和坚定信念,努力成为有理想、有道德、有文化、有纪律的社会主义新人。

2.热爱祖国,服务人民。弘扬民族精神,维护国家利益和民族团结。不参与违反四项基本原则、影响国家统一和社会稳定的活动。培养同人民群众的深厚感情,正确处理国家、集体和个人三者利益关系,增强社会责任感,甘愿为祖国为人民奉献。

3.勤奋学习,自强不息。追求真理,崇尚科学;刻苦钻研,严谨求实;积极实践,勇于创新;珍惜时间,学业有成。

4.遵纪守法,弘扬正气。遵守宪法、法律法规,遵守校纪校规;正确行使权利,依法履行义务;敬廉崇洁,公道正派;敢于并善于同各种违法违纪行为做斗争。

5.诚实守信,严于律己。履约践诺,知行统一;遵从学术规范,恪守学术道德,不作弊,不剽窃;自尊自爱,自省自律;文明使用互联网;自觉抵制黄、赌、毒等不良诱惑。

6.明礼修身,团结友爱。弘扬传统美德,遵守社会公德,男女交往文明;关心集体,爱护公物,热心公益;尊敬师长,友爱同学,团结合作;仪表整洁,待人礼貌;豁达宽容,积极向上。

7.勤俭节约,艰苦奋斗。热爱劳动,珍惜他人和社会劳动成果;生活俭朴,杜绝浪费;不追求超越自身和家庭实际的物质享受。

8.强健体魄,热爱生活。积极参加文体活动,提高身体素质,保持心理健康;磨砺意志,不怕挫折,提高适应能力;增强安全意识,防止意外事故;关爱自然,爱护环境,珍惜资源。

【知与行】

学校为了传递“清廉诚信、从我做起”的教育理念,决定发展一批清廉志愿者、提供具体的清廉志愿服务。如果条件具备,你是否愿意参加?如果参加,你想做点什么?

---

① 教育部.关于印发《高等学校学生行为准则》的通知(教学〔2005〕5号)[EB/OL].(2005)[2018-02-22]. http://www.moe.edu.cn/jyb_xxgk/gk_gbgg/moe_0/moe_495/moe_1073/tnull_11916.html

【课外作业】

1.学校要举办大学生清廉教育系列活动，主题为“清廉，我们共同的责任”，请结合实际，以3～5人的学习小组为单位为本次系列活动成功举办提前开展调研、组织讨论、集思广益，在此基础上撰写一份活动方案。

2.任选其一：

(1)在线观看中央纪委监察部网站大型电视专题片《永远在路上》，并以3～5人的学习小组为单位开展讨论，分享观后的体会和收获。

视频出处：http://v.ccdi.gov.cn/2016/10/19/VIDEus5CTzMhfEKDbli5H91l161019.shtml

(2)在线观看中央纪委监察部网站纪录片《清贫太守——文同》(第五届“清廉中国·微视频”展播)，并结合自身实际写一篇观后感。

视频出处：http://v.ccdi.gov.cn/2018/02/02/VIDErWROHmUdJxrSWxKzShQA180202.shtml

第三讲　清廉是做人的本分

——扬正气忠心报国

【导　　语】

2013 年 5 月 4 日习近平同志在与各界优秀青年代表座谈时强调，青年兴则国家兴，青年强则国家强，广大青年要坚定理想信念，练就过硬本领，勇于创新创造，矢志艰苦奋斗，锤炼高尚品格，在实现中国梦的生动实践中放飞青春梦想，在为人民利益的不懈奋斗中书写人生华章。富有朝气、富有梦想的大学生，无论是在校学习生活，还是走进社会就业创业，只有坚守清廉这个做人的本分，把个人前途命运与祖国前途命运紧密结合起来，立为人民服务之志，修德砺能，带头倡导清廉社会风尚，才能使自己真正成为献身祖国的有用之才。

第一节　志存高远——甘守清廉报国家

【基本理论】

一、社会清廉与否是国家治乱兴衰的风向标

(一)贪腐盛则国运衰

贪腐盛而导致国运衰的实例古今中外实在数不胜数。正如习近平同志所言："中国历史上因为统治集团严重腐败导致人亡政息的例子比比皆是，当今世界上由于执政党腐化堕落、严重脱离群众导致失去政权的例子也不胜枚举啊！"[①]以中国王朝更替为例，从夏桀的荒淫无度、为政暴虐，导致夏王朝衰亡，到商纣王的骄奢淫逸、横征暴敛，导致商王朝覆灭，从元朝中后期的吏治败坏、穷奢极欲，导致元

① 习近平. 在第十八届中央纪律检查委员会第二次全体会议上的讲话(2013 年 1 月 22 日).

王朝灭亡，到明朝末年阉党专权、政治黑暗，导致明朝败亡，再到清朝末期统治阶级的专制腐朽、丧权辱国，导致国家内忧外患、中华民族饱受西方列强欺凌、大清王朝在辛亥革命的炮声中寿终正寝……历史事实反复验证了"贪腐盛则国运衰"的铁律。

贪腐对国家的危害是极其严重的，甚至是致命的。贪腐违背民心民意、动摇执政根基，损害公平正义、激化社会矛盾，破坏法治环境、危及社会稳定，扰乱经济秩序、阻碍经济发展，助长奢靡之风、糟蹋国家资源，败坏社会公德、污染社会风气。邓小平曾指出："我们自从实行对外开放和对内搞活经济两个方面的政策以来，不过一两年时间，就有相当多的干部被腐蚀了。要足够估计到这样的形势。这股风来得很猛。如果我们党不严重注意，不坚决刹住这股风，那么我们的党和国家确实要发生会不会'改变面貌'的问题。这不是危言耸听。"[①]江泽民同志在党的十四大报告中也指出："要充分认识这个斗争的紧迫性、长期性和艰巨性。在改革开放的整个过程中都要反腐败，把端正党风和加强廉政建设作为一件大事，下决心抓出成效，取信于民。"[②]胡锦涛同志在党的十八大报告中告诫道：腐败问题解决不好，就会对党造成致命伤害，甚至亡党亡国。2013 年 1 月 22 日，习近平在第十八届中央纪律检查委员会第二次全体会议上的讲话中强调："腐败是社会毒瘤。如果任凭腐败问题愈演愈烈，最终必然亡党亡国。我们党把党风廉政建设和反腐败斗争提到关系党和国家生死存亡的高度来认识，是深刻总结了古今中外的历史教训的。中国历史上因为统治集团严重腐败导致人亡政息的例子比比皆是，当今世界上由于执政党腐化堕落、严重脱离群众导致失去政权的例子也不胜枚举啊！"[③]"要以猛药去疴、重典治乱的决心，以刮骨疗毒、壮士断腕的勇气，坚决把党风廉政建设和反腐败斗争进行到底。"[④]这些科学论断和党的反腐实践一再表明了中国共产党不但与腐败水火不容，而且对腐败的危害性有着清醒的认识，并坚持不懈地开展反腐败斗争。

（二）清廉兴则国运昌

清廉兴则国运昌的实例古今中外都有。中国历史上的"贞观之治"开启了大唐盛世，唐太宗李世民以隋朝灭亡为镜鉴，把人民和君主的关系比作水与舟，认识到"水能载舟，亦能覆舟"的道理，因此秉持民本思想，率先垂范，从严治吏、选贤任能，

---

① 邓小平文选(第二卷)[M].北京：人民出版社，1983：402、403.

② 江泽民文选(第一卷)[M].北京：人民出版社，2006：249-249.

③ 习近平.在第十八届中央纪律检查委员会第二次全体会议上的讲话(2013 年 1 月 22 日).

④ 习近平.谈治国理政[M].北京：外文出版社，2014：394.

广开言路、虚怀纳谏，戒奢从简、轻徭薄赋，使滥用职权和贪污渎职的现象大大降低，从而使唐王朝在政治、经济、文化上都走在了世界的最前列。

新中国成立以来，中国共产党在领导全国人民为实现人民共同幸福、民族伟大复兴、国家繁荣富强而不懈奋斗的过程中，始终坚持反腐倡廉建设，从过去“三反五反”运动、枪毙贪污犯刘青山和张子善的枪声，到如今“老虎苍蝇一起打”的反腐风暴，都彰显了党和政府坚守清廉、惩治贪腐的高度自觉，这是社会主义中国取得举世瞩目的伟大成就、昂然屹立于世界的政治保障和必要条件。

新加坡自治期间和建国之初，贪污腐败问题相当严重，并渗透到社会各个层面。但新加坡执政党和政府高度重视倡导和践行清廉，经过近 20 年坚持不懈的努力，至 20 世纪 70 年代后期，新加坡就基本遏制住了贪污腐败问题。到 20 世纪 90 年代后期，新加坡已是公认的全球最廉洁国家之一，曾连续十年进入全球廉洁度排名前十名国家。新加坡成为亚洲“四小龙”之一并进入发达国家行列，国家清廉起到了保驾护航的重要作用。

事实证明，清廉兴则民心顺，民心顺则国运昌。因此，构建清廉社会已成为国际社会的共识，《联合国反腐败公约》于 2005 年 12 月 14 日正式生效。这是联合国历史上通过的第一个用于指导国际反腐败斗争的法律文件，对各国加强国内的反腐行动、提高反腐成效、促进反腐国际合作具有重要意义。联合国把每年的 12 月 9 日确定为国际反腐败日。每年的这一天，联合国都会呼吁世界各国举行相关宣传活动，倡导“帮助消除腐败是每个人应尽职责”的理念。

怎样的社会才是清廉的社会？清廉社会是相对于贪腐社会而言的，是人们努力追求的一种理想状态。虽然很难完全达成公认、统一、科学的清廉社会标准，但现代清廉社会还是有一些共同的特征。现代清廉社会的主要特征体现在：第一，政治清廉。清廉社会公共权力得到有效的监督制约，公职人员奉公守法，廉洁自律。法律在社会系统中居于最高的地位并具有最高的权威，任何组织和个人都不能凌驾于法律之上，权力在阳光下运行。公职人员严格按照国家法律规定办事，恪守职业道德，自觉谋求公共利益，抵制住各种诱惑，不损公肥私和谋求不正当利益。建设廉洁政府，做到干部清正、政府清廉、政治清明是党的十八大提出的中国特色社会主义政治建设的重要目标之一。第二，社会有序。一个清廉的社会，不仅要求公共部门清正廉明，而且要求私人部门也要清廉。在社会主义市场经济条件下，私人部门活动领域不断扩大，既有私人部门之间的联系，也有私人部门和公共部门之间的联系。任何部门的活动以及部门之间的交往活动，都要依法依规、公平公正、阳光透明，反对不正当竞争和商业贿赂等各种违法乱纪行为。第三，公民自律。公民自律意识强，道德和法律素质较高。公道正派、廉洁自律，光明磊落、实事求是，是非分明、遵纪守法，爱岗敬业、诚实守信，真诚相待、团结互助，做到堂堂正正做人、踏踏实实做事、清清白白奉公，不要小心眼、不搞小动作，不弄虚作假、不阳奉阴违，不贪恋不义之利。总之，如果一个社会清廉蔚然成风，必然推动国家政治清明，经济发展，文化繁荣，社会和谐，个人全面发展。

二、立报国之志　守清廉之德

（一）个人前途和祖国命运息息相关

国家繁荣富强是个人安定幸福的保障。胡锦涛同志在庆祝中国共产党成立90周年大会上的讲话指出："鸦片战争以后，中国逐步成为半殖民地半封建社会，列强对中国的侵略步步进逼，封建统治日益腐败，祖国山河破碎、战乱不已，人民饥寒交迫、备受奴役。"这一论断深刻揭示了个人命运与国家命运是息息相关的。今天，我们的祖国在中国特色社会主义的道路上不断发展壮大、繁荣富强，昂然屹立于世界的东方，综合国力与世界影响力不断跃升，祖国的不断发展进步不仅为每一位中国人提供了人生出彩的舞台和机会，也为人民过上有尊严的幸福生活提供了可靠保障。在当代中国，人民当家做主，安居乐业，生活富裕，扬眉吐气，受到世界人民的尊重和钦佩，这与祖国的繁荣进步、日益强盛是密不可分的。社会主义祖国的利益是无数个人利益的集中体现，社会主义祖国的命运事关个人发展和前途。历史证明：国家贫穷落后，动荡不安，人民也跟着遭殃；国家富强，和谐稳定，人民才能扬眉吐气、生活幸福。

青年兴则国家兴，青年强则国家强。作为祖国未来建设者和接班人的青年学生，必须将个人理想与祖国的发展结合起来，在为实现祖国繁荣富强的奋斗中实现个人理想和志向，在为实现中华民族伟大复兴的中国梦的奋斗中书写精彩的人生诗篇。2009年"五四"前夕温家宝在和清华大学毕业生座谈时指出，每一个青年的前途离不开国家的前途，没有国家的前途，也没有青年的前途。我们国家的发展，社会的进步，将会给每个青年创造用武之地。同时，国家的前途也离不开青年的前途，一个国家的希望就寄托在青年身上，寄托在你们身上。没有青年的牺牲和奋斗精神，没有整个民族素质的提高，这个民族和国家也是没有希望的。这两点互相联系，归根到底，就是青年人要把自己的命运和国家的命运连在一起。

（二）立志报国与坚守清廉的关系

立志报国是坚守清廉的动力源泉和指南针。毛泽东、周恩来、朱德、刘少奇、邓小平、陈云等老一辈无产阶级革命家能够做到"拒腐蚀、永不沾"，一生坚守清廉，其中有一个共同的根本原因和动力源泉就是他们都从青年时期就确立了报效祖国、为中华之崛起而奋斗终生的坚定志向，树立了为共产主义而奋斗终生的崇高理想和坚定信念。只有真正确立报国之志、树立崇高理想信念，才能正确处理个人利益与集体利益、国家利益的辩证关系从而始终把祖国和人民的利益放在首位，才能坚守清廉，始终做到严以修身、作风正派、祛除偏私邪念，严以律己、淡泊淳朴、戒除损公肥私，才能严以用权、明辨是非、铲除昏庸腐化。有的人不能坚守清廉，甚至滑向贪腐，虽然其原因是多方面的、复杂的，但崇高理想信念和报国之志的缺失而导致私欲膨胀、邪念丛生，把个人、家庭、家族或小集团的利益凌驾于国家、人民利益至上，是内在的、根本的原因。当一个人的奋斗目标只是为了自己的时候，一旦遇到各种利益诱惑，很难守住清廉底线，一旦失败，支撑他的精神支柱也就垮了；当一个人的奋斗目标是立足于服务社会，报效祖国，无论面对何种诱惑，也无论遇到多大的困难和挫折，他都不会冲破清廉的堤坝，迷失方向，自暴自弃。马克思说得好："如果我们选择了最能为人类福利而劳动的职业，我们就不会为它的重负所压倒，因为这是为全人类所作的牺牲；那时我们感到的将不是一点点自私而可怜的欢乐，我们的幸福将属于千万人，我们的事业并不显赫一时，但将永远存在。"①许多杰出的人物，他们正是像马克思说的那样，把为人民谋福利，为国家分忧，作为自己的奋斗目标，因而获得了很大的成功。美国发明家、工程师、数学家、建筑师、诗人和宇宙学家巴克明斯特·富勒年轻时所在的建筑材料公司生意每况愈下，股东们更以富勒不称职而解雇了他。当时他只想到自己，所以绝望了。曾想纵身跳进冰冷的湖水一死了之。但坚强的意志促使他清醒地认识自己："你没有权利自我毁灭，你不属于你自己，你属于全人类。"从此，他开始了第二次生命。后来，他为美国做出了很大的贡献，里根总统还授予他美国的最高荣誉——自由勋章。他成为受人们欢迎的人。

坚守清廉是立志报国的必然选择和清洁器。立报国之志是崇高的，但在报国的路上却并非一帆风顺，会面临各种各样的诱惑、困难甚至生命危险的考验，而抵制诱惑、战胜困难、经受考验，坚守清廉是必然选择。首先，坚守清廉才能在践行报国之志过程中抵制住各种诱惑。在革命年代，无数革命者坚守清廉，面对威逼利诱，报国之志从未动摇。民族抗日英雄杨靖宇面对敌人的重兵围剿，率部顽强战斗，使敌人坐卧不安，惶惶不可终日。日寇对他又怕又恨，调集重兵围困。有人曾以高官厚禄为诱饵劝杨靖宇投降，他斩钉截铁地说："不，我有我的信念。"最后，弹尽粮绝，杨靖宇在打完最后一颗子弹后壮烈牺牲，为国捐躯。如今，随着我国全面深化改革和不断扩大对外开放以及社会主义市场经济的不断发展，各种思想相互

① 马克思恩格斯全集(第40卷)[M].北京：人民出版社，1982：7.

激荡，新旧文化相互碰撞，各种诱惑无时不有、无处不在，花样翻新、层出不穷。一些人经不住诸如权力、金钱、美色的诱惑，看到社会上一些人过着花天酒地、声色犬马的生活，难免产生盲目攀比心理，于是思想失衡、行为失范、铤而走险、以身试法，最后一事无成，甚至成为阶下囚。因此，高职学生只有坚守清廉，自己才能淡泊名利，才能抵制住各种"糖衣炮弹"的攻击，才能最终实现自己的报国之志、创造有价值的人生。其次，坚守清廉才能在践行报国之志过程中战胜各种困难、风险和挑战。刚进入大学校园时，高职学生往往对前程充满美好的憧憬，一腔热情欲报国，干劲很足。但等到走上工作岗位，看到现实与理想的差距，难免失落、沮丧。例如，自己踏实工作、积极进取反而受到冷嘲热讽；自己工作成绩显著、获得表彰反而招来嫉妒冷落；有的人热衷奉迎和做表面文章反而被提拔重用，自己却还在原地踏步；有的人吃拿卡要、贪污受贿却手握重权、呼风唤雨，甚至边腐边升，而自己却仍在艰苦的基层摸爬滚打；自己坚持原则、讲真话、干实事、守规矩反而被搞"圈子文化"的人列为"异类"而遭排挤和打压；自己想把工作做好反而事与愿违，因经验不足和技术不过硬而造成差错或失误……面对各种困难、挫折和失败，一些人可能会丧失信心、一蹶不振，一些人可能放弃报国之志而随波逐流，一些人可能最终放弃正道、趋炎附势、投机钻营而与"老虎""苍蝇"沆瀣一气。但如果一个人能坚守清正廉明，就会坚持走正道、拒贪腐、明是非、辨善恶，心中始终想着祖国和人民，心态就不会浮躁，不会患得患失，不会迷失方向，而是千方百计克服各种困难，矢志不渝，最后有所作为、成为国家有用之才。

三、做清廉忠诚理性的爱国者

(一)做清廉的爱国者必须正确处理个人利益与国家利益的关系

社会主义国家利益是最大多数人民的最根本最长远的利益。个人利益是作为个人的一切需求及其满足需求的条件的总和。在现实生活中，每个人都会面临着如何处理国家利益和个人利益的问题。如果个人贪欲过重，损公肥私，损害国家利益，最终将损害个人利益。正确处理国家利益和个人利益，必须把握好三点：第一，国家利益高于个人利益。在我们社会主义国家，必须把整个国家、整个民族的利益放在首位。当国家利益和个人利益发生矛盾时，个人要顾全大局，要以国家利益为重，必要的情况下，个人应当为国家利益而放弃个人利益，甚至为国家利益而献出宝贵的生命。当然，强调国家利益高于个人利益，并不意味着在任何情况下都要无条件地牺牲个人利益，更不意味着对个性的束缚和对个人利益的抹杀。强调国家利益高于个人利益，只是要求我们在处理二者的关系时，把整个国家、整个民族的利益放在首位。第二，在强调国家利益的同时，要重视保护个人的正当利益。也就是说，在强调国家利益高于个人利益的前提下，必须同时强调国家要尽力保障满足个人的正当需求、维护个人的正当权益，促进个人价值的实现，并力求使个人的个性和才能获得全面和充分的发展。这点强调正确处理国家利益和个人利益的关系，不仅是对领导的要求，也是对个人的要求。在实践中，一些领导处理问题时往往片面强调国家利益而忽视个人正当利益，而某些个人往往又过分强调个人利益或者当个人利益受到侵害时，不会运用法律武器维护个人正当权益。第三，从根本上说，国家利益和个人利益是统一的，是相辅相成和辩证发展的。邓小平指出："在社会主义社会中，国家、集体和个人的利益在根本上是一致的。"①国家利益体现着个人的长远的根本利益，是国家中每一个成员的正当合理利益的有机统一，每一个成员的正当个人利益又是国家和集体利益的不可分割的组成部分。国家利益的发展和实现，本身就蕴含着个人正当利益的发展和实现。

（二）做忠诚的爱国者必须始终如一地维护国家和人民的利益

爱国主义是中华民族的优良传统，是中华民族生生不息，自立于世界民族之林的强大精神动力，它体现了人民群众对自己祖国的深厚感情，反映了个人对祖国的依存关系，是人们对自己故土家园，民族和文化的归属感、认同感、尊严感与荣誉感的统一。做忠诚的爱国者，无论面对何种艰难险阻，即使是牺牲生命的考验，也永不叛国。中国汉朝有个叫苏武的人，率领一百多人出使匈奴。不料被扣留下来，并被要求背叛汉朝，臣服匈奴单于。最初，单于派人向苏武游说，许以丰厚的高官厚禄，苏武严辞拒绝了。单于见劝说没有用，就决定用酷刑。当时正值严冬，天上下着鹅毛大雪。单于命人把苏武关入一个露天的大地窖，断绝提供食品和水，希望这样可以改变苏武的信念。时间一天天过去，苏武在地窖里受尽了折磨。渴了，他就吃一把雪，饿了，就嚼身上穿的羊皮袄。过了好几天，单于见濒临死亡的苏武仍然没有屈服的表示，只好把苏武放出来了。单于见软硬不行，于是决定把他流放到西伯利亚的贝加尔湖一带，让他去牧羊。临行前，单于召见苏武说："既然你不投降，那我就让你去放羊，什么时候公羊生了羊羔，我就让你回到中原去。"在那里，唯一与苏武做伴的，是那根代表汉朝的使节棒和一小群羊。苏武每天拿着这根使节棒放羊，心想总有一天能够拿着回到自己的国家。这样日复一日，年复一年，使节棒上面的装饰都掉光了，苏武的头发和胡须也都变白了。在贝加尔湖，苏武牧羊达19年之久。这时候，新单于执行与汉朝和好的政策，汉朝皇帝立即派使臣把苏武

① 邓小平文选(第二卷)[M].北京：人民出版社，1983：337.

接回自己的国家。苏武在汉朝京城受到热烈欢迎，从政府官员到平民百姓，都向这位富有民族气节的英雄表达敬意。

(三)做理性的爱国者必须有远见有主见有智慧

首先，做理性的爱国者，要有远见。在经济全球化背景下，世界各国的交往和联系日益频繁密切，中国的前途命运愈加紧密地和世界的前途命运联系在一起，中国梦同世界各国人民的美好梦想息息相通，中国的发展离不开世界，世界的发展也离不开中国。当今世界，粮食安全、资源短缺、气候变化、网络攻击、人口爆炸、环境污染、疾病流行、跨国犯罪等全球非传统安全问题层出不穷，对国际秩序和人类生存都构成了严峻挑战。正如习近平同志所言："当前，和平发展的时代潮流更加强劲，但世界仍然很不太平，局部动荡此起彼伏，恐怖主义、毒品威胁、重大疫情、自然灾害等非传统安全挑战层出不穷。"[①]不论人们身处何国、信仰什么、是否愿意，实际上已经处在一个命运共同体中。因此，无论是实现中国梦，还是迎接全球性挑战，都必须着眼长远、努力倡导"人类命运共同体"意识，以世界眼光、宽阔胸怀和战略思维来审视和处理国际关系以及人类面临的各种共同挑战，既要维护好自己国家的核心利益，又要体现出一个负责任大国的国际形象。高职学生要努力学习、勤于实践，了解时事、开阔眼界，关心国家大事、关注人类命运，不断丰富和充实自己，努力提高自身综合素质，为以后创造有价值的人生打下坚实基础，为实现中华民族伟大复兴的中国梦、为促进人类进步事业做出应有贡献。

其次，做理性的爱国者，要有主见。有主见的人，不会人云亦云、随波逐流，不会轻易改变自己的志向。一个有主见的爱国者，不会受别有用心之人的煽动和指使，不会听信政治谣言，不会感情用事，做出有损祖国利益的事情。正因为有主见，越王勾践才能在战败被俘之后，矢志不渝，忍辱负重，自强不息，卧薪尝胆，最终洗雪前耻、成就霸业；正因为有主见，中国共产党面对抗日战争中一度甚嚣尘上的"速胜论"和"亡国论"，科学提出了"持久战"的战略思想，为最终打败日本侵略者指明了正确方向。当前，意识形态领域面临严峻挑战，西方反华势力动辄对我国政治体制、经济形势、社会问题、文化传统等方面进行恶意"唱衰"、攻击污蔑、造谣抹黑，而国内一些人极力宣扬所谓"普世价值""宪政民主""新闻自由"等论调，恶意攻击党的领导、攻击社会主义制度、歪曲党史国史、造谣生事。正如习近平同志所言："从国际上看，世界政治经济秩序正在大变革大调整，思想文化领域交流交融频繁、斗

① 习近平. 共建伙伴关系，共创美好未来——在金砖国家领导人第七次会晤上的讲话(2015 年 7 月 9 日)[N]. 人民日报，2015-07-10(3).

争深刻复杂，尤其是西方把中国崛起视为对其价值观和制度模式的挑战，加紧通过互联网等各种渠道进行渗透分化。从国内看，随着经济社会深刻变革和对外开放不断扩大，各种问题和矛盾叠加凸显，价值观念多元多样多变，一些人理想信念动摇、思想道德滑坡，拜金享乐主义、极端个人主义等腐化落后的东西滋长泛滥，还有一些人醉心于制造传播错误观点，核心价值观、党史国史、四项基本原则、改革开放等都被拿来混淆、质疑甚至否定。”[①]由于意识形态领域斗争和较量的长期性、复杂性、严峻性和紧迫性，做理性的爱国者必须站稳正确立场、明辨是非曲直、保持亮剑精神，莫为浮云遮望眼、莫为杂音迷心窍、莫为霹雳吓破胆，做到有主见、有定力，不怕鬼、不信邪，敢于斗争、敢于亮剑，坚决维护我国意识形态安全、国家政权安全和社会和谐稳定。

最后，做理性的爱国者，要有智慧。古今中外，不乏这样的实例，即有些人虽然在主观上是爱国的，但由于缺乏理性与智慧，其自认为爱国的行为反而损害了国家利益。做理性的智慧爱国者，要注意以下几点：第一，要正确区分敌我友，这是维护国家主权安全和发展利益的首要前提。如若混淆敌我友之界限，其爱国行为必然是盲目的，甚至是危险的。第二，要自觉维护国家团结统一，团结一切可以团结的人，结成最广泛的爱国统一战线，这是实现国家繁荣富强的动力源泉。第三，要大力增强综合国力，这是国家兴旺发达的主要标志、是维护国家长治久安的重要基础。第四，要始终坚持和改善党的领导，坚定走中国特色社会主义道路，这是实现国家繁荣富强的政治保证和正确方向。第五，要敢于并善于同危害国家利益的言行做斗争，这是每一位爱国者的责任和义务。在对危害祖国利益的各种言行做斗争中，坚持原则性与灵活性相结合，坚持有理、有利、有节，切实维护国家长远和根本利益。第六，要善于运用法治思维、法治方式，依法维护国家利益。有智慧的爱国首先是合法爱国，而不是违法爱国。违法爱国不叫爱国，叫害国。爱国和害国，有时候只是一步之遥，理性是两者的分界线。面对错综复杂的局面，绝非是靠“泄愤”“匹夫之勇”就能了断，需要的是智慧。保持理性，才能应对复杂的局面，才能依法合理表达意愿和诉求，才能获得更多支持和尊重。而一旦偏离了理性，就容易踏踩法律红线，造成事与愿违的后果，甚至造成“亲者痛、仇者快”的结局，即使再善良美好的愿望、再理直气壮的诉求，也会在“闹剧”中化为笑柄或泡影。因此，缺乏理性智慧的所谓爱国，往往导致以爱国初衷开始，以损害国家利益的结果告终，有的人甚至被别有用心的人利用，沦为危害社会、搞垮社会主义中国的手段和工具。

---

① 习近平.意识形态领域斗争要敢于亮剑[EB/OL].(2013-09-02)[2015-07-20].http://news.eastday.com/chyauto/2013-09-02/665932.html

【解疑释惑】

打砸自己同胞开的日系车是爱国行为吗?

2012年,日本政府及某些右翼分子对待钓鱼岛的态度,激起了中国人的强烈愤慨,很多年轻人通过各种方式表达了不满。有的走上街头,抗议日本政府非法"购岛"行径,表达了中国人民的正义立场和爱国精神,形成了维护主权、捍卫领土的强大声势。爱国是一种最朴素最真挚的情感,也是每一个公民的光荣责任。当父母之邦受到挑衅,当神圣领土受到侵犯,每一个有正义感的人都会义愤填膺,每一个有血性的中华儿女都会慷慨激昂,表达捍卫祖国的坚定决心,诉说追求和平正义的拳拳期待。这种赤子之心、爱国之情弥足珍贵,这种公民表达天经地义,我们应该理解尊重、倍加呵护,让广大人民群众充分表达爱国热情,向世界展示中华民族爱好和平、抗击侵犯的正义力量。

爱国不需要理由,但需要理智,打砸自己同胞开的日系车绝不是真正的爱国行为。爱国主义从来就不是抽象的,它和国家的根本利益紧紧联系在一起。作为一个有着悠久文明历史大国的公民,我们在表达自己的爱国主义热情时,应该坚守文明法治的底线。只有以大局为重,冷静理智、合法有序地表达自己的情感,自觉维护社会秩序,让世界看到中国人的团结、理性、智慧与勇气,让世人看到中国的坚定、开放、自信与自强,才能更有效地凝聚起捍卫民族尊严、国家利益的强大力量,赢得国际社会更多的理解、尊重与支持。

【案例分析】

案例呈现:2004年"感动中国"年度人物:徐本禹

徐本禹出生于山东聊城的一个贫穷的农村家庭,他的父亲教了一辈子小学,最多的时候每月能拿到270元的工资,最少的时候一个月只有十几元,直到2003年转为正式教师后基本工资才到了800元。这点工资几乎就是全家的收入来源。

徐本禹

1999年,徐本禹成为华中农业大学的一名学生。入学后,学习和生活遇到很多困难,被列入特困生,并得到学校的资助、老师同学的关爱和社会的帮助。这化为强大的精神动力,激励他自强不息,立志成才,做一个对国家、对社会、对他人有用的人。他勤奋学习，成绩优秀，获得国家奖学金和学校“特困生自强奖学金”，并被评为学校三好学生和优秀毕业生。

他在政治上积极要求进步，被评为学校优秀共青团员，当选为共青团湖北省第十一次代表大会代表，并加入了中国共产党。他满腔热情，积极投身社会实践，被评为湖北省大学生社会实践先进个人。他富有爱心，在大学期间节衣缩食，用自己勤工助学的微薄收入和刻苦学习所得到的奖学金，先后资助多名经济困难的同学，并积极为社会公益事业捐款。

他一直在资助湖北沙市一名叫许星星的孤儿（曾获全国十佳春蕾女童称号），从未间断。他在自述中写道：“我唯一能做的就是把爱心传递下去，用自己的行动来帮助那些生活上需要帮助的人。”

2002 年 7 月，徐本禹参加学校组织的暑期社会实践，到贵州省大方县猫场镇狗吊岩村设在山洞里的为民小学支教一个月。这次社会实践使他更加深刻地认识了国情，激发了强烈的社会责任感，决心以实际行动为改变当地贫穷落后的状况贡献自己的力量。返校时，孩子们依依不舍，他向孩子们承诺一年后再回去给他们上课。

2003 年 7 月，徐本禹放弃读研机会，重返生活和工作条件十分艰苦的为民小学义务支教。当时团中央西部志愿者计划尚未实施，为了保证他的基本生活，学校团委和他所在的经济贸易管理学院为他提供了生活补助。后来，贵州团省委将他补入贵州扶贫接力计划。徐本禹深受感动和激励，每月从微薄的生活补助中节省出一半的钱，用来资助当地孩子上学。他的感人事迹经媒体报道后，社会各界纷纷伸出援手，使当地教育条件迅速得到改善，小学迁出山洞，搬进了新校舍，在校学生也由原来的不足 100 人增加到 250 多人。

2003 年 7 月，他从办学条件已经大为改善的狗吊岩村转点到条件更加艰苦的大水苗族彝族布依族乡大石村继续义务支教。华中农业大学获悉这一情况后，捐资 8 万元为大石小学修建新校舍，对徐本禹的支教行动给予了更大支持和鼓励。

案例分析

徐本禹志存高远、坚守清廉、奉献报国，是千千万万进步青年的优秀代表，他的事迹不仅充分体现了当代大学生理想信念坚定、价值取向正确、勇于战胜困难、乐于奉献社会的精神风貌，也体现了高等学校自觉履行社会责任、积极服务国家经济社会发展的良好社会形象。

【小资料】

崇尚清廉的国度——芬兰

2006年底，全球知名的反腐败机构“透明国际”组织公布了2006年度清廉指数排行榜。指数排行显示，芬兰、冰岛和新西兰并列为全球最清廉的国家。

廉洁自律是社会风气。芬兰人民自律程度非常高。在芬兰，就算是在车流稀少的深夜街头，当红灯亮起，司机也会把车停下来安静地在那里等候，你看不到有谁会去闯红灯。芬兰人在日常生活中奉公守法的习惯，以及整个社会形成的强大正气，使你想在这样的国家里搞腐败都难！

管住公务员的嘴。在芬兰，公务员不仅接受金钱和实物算受贿，就算是接受低于市场利息的低息贷款，甚至是接受不花人家一分钱的荣誉头衔，也可能被视为受贿。如果是出于公务应酬需要公款请客，上至总理下至普通的科员，一起吃饭的有些什么人，点了什么菜，花了多少钱，都要巨细无遗地在网上开列清单。曾有中央银行行长级别的高官，在公务接待中一不小心上了一道鹅肝，传媒上网查阅菜单后曝了光，行长为这道鹅肝而下台！

看好公家的车。在芬兰，除总统外，整个公务员系统中，只有总理、外交部长、内务部长和国防部长4个人享有固定的专用公车待遇。而且他们也只能在上班时使用。其他公务员只能集体用公车。政府对出差的审批相当严格，想出趟差也不太容易。公务员如需出差，一般原则是在出差地要尽量搭公共汽车。如想趁出差之机逛旅游景点，请自己掏钱！

【知与行】

2013年五四青年节到来之际，习近平同志给北京大学学生回信谈道：中国梦是国家的梦、民族的梦，也是包括广大青年在内的每个中国人的梦。只有把人生理想融入国家和民族的事业中，才能最终成就一番事业。作为高职学生，如何做好学习计划和职业规划，把自己的奋斗目标与国家前途命运有机结合起来？如何在人生的广阔舞台上充分发挥聪明才智、尽情展现人生价值，让青春在为国家和人民建功立业中焕发出绚丽光彩？

第二节 人民至上——俯首甘为孺子牛

【基本理论】

一、社会清廉与否是人民福祸乐忧的指示器

（一）社会清廉是人民之福

社会清廉是指整个社会崇尚清廉、践行清廉，尤其是社会公职人员要做到清廉履职、勤政为民。社会清廉有许多表现，例如，社会公平正义、做人正直正派体现的是清正，见利思义、义利统一、公而忘私体现的是清廉，光明正大、明辨是非、明智理性体现的是清明。社会清廉是世界各国人民的共同期盼和不懈追求，因为唯有社会清廉才能确保社会安定和谐、良性运行、持续发展，才能不断增进人民的福祉。

党的十八大强调，要做到干部清正、政府清廉、政治清明。政府清廉、干部清正，自然一心为民，不与民争利，也易于形成公平正义、积极向上的社会风气，实现人人安居乐业，社会和谐稳定。云南保山人民有了杨善洲这样心中只有人民、唯独没有自己的好书记，犹如沐春风之温暖、临春日之阳光，获得之感日益增，幸福指数不断升，这是因为，杨善洲的两袖清风、清廉履职，忘我工作、一心为民，换来的是当地社会风气的好转，经济社会的进步，人民生活的改善。一个地区社会清廉是该地区人民之福，一个国家社会清廉则是该国人民之福。新加坡曾经历过腐败猖獗、民怨沸腾的时期，但短短几十年内，成功摸索出一条切实可行的反腐倡廉之道，成为举世公认的清廉国家，不仅实现了工业化和现代化的跨越，而且，新加坡人民的生活水平也大为改善、进入发达国家行列。

（二）贪腐泛滥是人民之祸

贪腐泛滥的社会，是污浊横流、邪气弥漫的社会，是私欲膨胀、巧取豪夺的社会，是是非颠倒、善恶混淆的社会，是世道昏暗、愚昧混账的社会。中国古代社会中的贪腐泛滥不仅导致“朱门酒肉臭，路有冻死骨”的社会不公，而且导致“积尸草木腥，流血川原丹”（唐朝诗人杜甫.《垂老别》）的战乱惨景，甚至导致“故国不堪回首月明中”（南唐后主李煜.《虞美人・春花秋月何时了》）的亡国之恨。历史上贪腐泛滥导致的社会不公、战乱频仍、改朝换代，是人民遭受凄惨悲苦、流离失所、民不聊生之祸的重要根源。

贪腐泛滥是人民之祸的结论也得到了世界历史事实的验证，例如，从 20 世纪

80年代末到90年代初发生的东欧剧变、苏联解体给苏东人民生活造成严重冲击。俄罗斯的“休克疗法”导致经济崩溃，物价飞涨，犯罪猖獗，国家财富被少数人攫为己有，少数人的暴富、享乐与广大民众的贫困、煎熬形成鲜明对照。导致东欧剧变、苏联解体的原因虽众说纷纭，但有一条是毫无疑问的，就是执政党及政府各级官员严重脱离群众、大搞特权，贪腐泛滥、丧失民心。

党的十八大以来，党中央以对腐败“零容忍”的态度，以猛药去疴、重典治乱的决心，以刮骨疗毒、壮士断腕的勇气，领导部署、依法开展了声势浩大的反“四风”以及“打虎”“拍蝇”“猎狐”“天网”等一系列重大行动，沉重打击了腐败分子的嚣张气焰，在一定程度上遏制了腐败蔓延的势头，在治标的同时，加大制度反腐、法治反腐等治本的力度，进一步彰显了共产党与腐败水火不容，宣示了把党风廉政建设和反腐败斗争进行到底的钢铁意志。党和政府从严治党、铁腕治吏，建设清廉政党、清廉政府、清廉社会、清廉国家的实践和成效不仅得到中国人民的大力支持和高度赞赏，而且赢得了世界人民的高度评价。

二、坚持为人民服务的历史必然性

（一）坚持为人民服务是贯彻历史唯物主义的必然要求

历史唯物主义群众观充分肯定人民群众在历史创造中的决定作用。社会历史是由人的实践活动构成的，虽然人们在历史发展中所起作用的性质和大小不同，但是每个人都在一定程度上参与了历史的创造。人民群众是历史的主体，是历史的创造者。首先，人民群众是社会物质财富的创造者。广大劳动群众创造了衣食住行等必需的生活资料。看世间，哪一寸土地不是人民开垦，哪一棵庄稼不是人民栽种，哪一栋楼房不是人民建盖，哪一部机器不是由人民制造，哪一件商品不是人民生产？正因为有了人民群众的辛勤劳动，才有人类社会的进步和发展。其次，人民群众是社会精神财富的创造者。人民群众的生活和实践活动是一切精神财富、精神产品形成和发展的源泉。人民群众的实践为精神财富的创造提供了必要的物质条件和设施。人民群众还直接创造了丰富的社会精神财富。自古以来，中国许多文学艺术都是在民间神话、传说、故事、歌谣、谚语基础上加工而成的。众多的文化名人也来自人民群众中间。这些都充分证明了人民群众才是社会精神财富的创造者。再次，人民群众是社会变革的决定力量。社会发展是由社会基本矛盾运动推动的，而生产力是社会发展的最终决定力量，劳动群众是生产力的主导因素，劳动群众不断积累和总结生产经验，改进生产技术、发明新的生产工具，推动生产力的发展，引起生产关系的变革。生产关系的变革又决定着上层建筑或早或迟的变化，决定着社会形态由低级到高级的转变。因此，人民群众是推动社会变革的最终的和最深刻的力量。

（二）坚持为人民服务是实现中国梦的价值追求和必要条件

2012年11月29日，习近平同志带领新一届中央领导集体参观中国国家博物馆“复兴之路”展览时指出，实现中华民族伟大复兴就是中华民族近代以来最伟大梦想，而且满怀信心地表示这个梦想“一定能实现”。首先，坚持为人民服务、为人民谋幸福是实现中国梦不可或缺的价值追求，是中国梦的题中应有之义和本质内涵。2013年3月17日，在第十二届全国人民代表大会第一次会议举行的闭幕会上，习近平进一步阐述中国梦。他在将近25分钟的讲话中44次提到“人民”，并向世人郑重宣示：“生活在我们伟大祖国和伟大时代的中国人民，共同享有人生出彩的机会，共同享有梦想成真的机会，共同享有同祖国和时代一起成长与进步的机会……”从本质上说，中国共产党领导人民实现“中国梦”的根本目的，就是实现好、维护好、发展好最广大人民根本利益，就是要实现国家富强、民族复兴、人民幸福。习近平一再强调，中国梦归根到底是人民的梦。“中国梦是民族的梦，也是每个中国人的梦。”“国家好，民族好，大家才会好。”“人民对美好生活的向往，就是我们的奋斗目标。”中国梦的出发点与落脚点是人民，这句话体现了以人为本、执政为民的根本价值取向。其次，坚持为人民服务、为人民谋幸福是实现中国梦的必要条件。中国梦是人民的梦，中国梦的实现如果没有广大人民的积极参与是根本不可能的，实现中国梦如果不以人民共同幸福为追求也是没有多大意义的。因此，只有坚持为人民服务的根本宗旨，坚持为人民谋幸福的不懈追求，才能确保中国道路不改向、中国精神不变质、中国力量不减弱，实现中国梦才有希望。习近平强调：“实现中国梦必须走中国道路，必须弘扬中国精神，必须凝聚中国力量。”中国道路、中国精神、中国力量与为人民服务的根本宗旨、为人民谋幸福的价值追求有机融合、密不可分，共同构成实现中国梦的现实路径和必要条件。

（三）坚持为人民服务是个人生存发展的必然选择

马克思主义认为：人的本质是一切社会关系的总和。人的社会性决定人是目的和手段的辩证统一，任何人都不能脱离社会而生活，任何人的生存都依赖于其他人的存在。这个道理告诉我们要坚持“我为人人、人人为我”的价值取向。我为他人服务，他人是目的，我是手段；他人为我服务，我是目的，他人是手段。只要求他人、社会、人民为自己付出，而自己不愿做任何贡献和牺牲，是极端个人主义或极端利己主义的表现，与为人民服务思想背道而驰，在理论上是错误的，在实践中也是十分有害的，必然受到人们的鄙视、厌恶和唾弃，甚至因损人利己、违法乱纪而受到法律制裁。因此，要真正实现自己的人生价值，必须坚持为人民服务。

三、坚持清廉是为人民服务的重要保证和现实表现

坚持清廉是为人民服务的重要保证。唯有坚持清正廉明才能确保在为人民服务的实践中，始终做到纯洁不污、公正不偏、奉公不贪、明辨不昏，使为人民服务思想扎根心中、使为人民服务实践扎实有效。一位真心、真正为人民服务的人，也一定是一位清正廉明之人，清正廉明是为人民服务的重要保证。很难设想一个沾染污浊的不清之人、一个行事邪恶的不正之人、一个贪婪贪腐的不廉之人、一个昏庸阴暗的不明之人，能够真心、真正为人民服务。资料显示，从 2012 年 11 月党的十八大到 2017 年 10 月党的十九大，五年来，包括周永康、薄熙来、郭伯雄、徐才厚、苏荣、孙政才、令计划等“大老虎”在内的省军级以上党员干部及其他中管干部 440 人被立案查处[①]。大批落马的“老虎”“苍蝇”正是由于背弃清廉、私欲膨胀，才滑向贪腐的泥潭、走上危害国家和人民利益的邪路，其祸国殃民、违法犯罪的行为与党的全心全意为人民服务的宗旨背道而驰。关于贪官落马的大量实例，从反面一再证明了“坚持清廉是为人民服务的重要保证”这一论断。与贪官腐化害民形成鲜明对照的是：焦裕禄、孔繁森、郑培民、任长霞、牛玉儒、杨善洲等为代表的千千万万党的优秀儿女，几十年如一日，坚守清廉、两袖清风，忠实践行党的宗旨，用生命和热血谱写了一篇篇为人民服务、为人民谋利的壮丽诗篇！

坚持清廉还是为人民服务的现实表现。清正廉明与为人民服务是一致的、统一的，前者是后者的现实表现，后者是前者的必然选择和归宿。在社会主义市场经济条件下，清廉为民有不同的表现形式和层次，例如，毫不利己、专门利人、无私奉献是为人民服务，而热心公益、助人为乐、扶贫帮困也是为人民服务；爱岗敬业、认真做好本职工作是为人民服务，而社会成员之间仁爱友善、守望相助、和谐共进也是为人民服务；即使是私营经济主体，只要合法经营，讲求诚信，照章纳税，在为自己谋利的同时，为社会提供需要的优质产品或服务，这也是为人民服务。由此可见，在我们社会，不论何种岗位、不论能力大小、不论职务高低，只要清正廉明、踏实做事，其本身就是为人民服务的生动表现。

① 十八届中央纪委.向党的十九大的工作报告[EB/OL].(2017-10-29)[2015-07-20] http://www.ccdi.gov.cn/xxgk/hyzl/201710/t20171031_114178.html http://www.ccdi.gov.cn/xxgk/hyzl/201710/t20171031_114178.html

【解疑释惑】

为什么说“主观为自己，客观为别人”是错误的价值取向？

“主观为自己，客观为别人”是合理利己主义的一种表现，它以个人为目的，以他人和社会为达到个人目的的手段，虽在实现个人目的的过程中，直接或间接地也为社会做了一定贡献，但其实质是利己主义的，自身不能解决目的和手段之间的冲突，所以是一种错误的价值取向。

【案例分析】

案例呈现：“感动中国”2012年度人物——周月华、艾起：残疾医生夫妇

周月华，女，43岁，重庆市北碚区柳荫镇西河村乡村医生。二十多年来，她硬是靠着拐杖和丈夫的后背，“爬”遍了方圆13平方公里的大小山岭，为辖区近5 000村民带去了医疗服务。

周月华出生后8个月被诊断为先天性小儿麻痹症，左腿残疾，这一切并没有摧垮她生活的意志。凭着自己的执着，周月华完成了中学学业并成功从卫校毕业。在找工作的过程中，周月华因身体残疾而四处碰壁。后来，看到乡亲们每次都要步行几个小时才能到镇上医院看病，她就动了行医的心思。

周月华、艾起在出诊的路上

周月华将平时省吃俭用下来的200元加上家中仅有的600元储蓄作为开诊所的启动资金，又把家里堂屋修整了出来做场地，药品采购则靠两个弟弟用小竹筐一筐筐往回背。1990年11月，周月华的“柳荫镇西河村卫生室”终于正式挂牌营业了。

“我喜欢我的工作，喜欢我现在所做的一切。”周月华说道，“住在偏远地方，农民看病要走上好几小时。所以我现在做多一点，让乡亲们少跑一点，少花一点，自己会感到很开心。”最开始行医时，周月华右肩挎的是药箱，左肩拄着拐杖在山间艰难行走，直到她遇到了人生中的第二条左腿——她的丈夫，艾起。

周月华和艾起结婚之后，无论上山涉水，刮风下雨，只要有出诊，艾起便会揽起周月华的手，用宽阔的后背将她背到病人家里。"背你一辈子，我无怨无悔！"这个男人用20年的行动，默默支持着妻子的事业。二十多年来，她硬是靠着拐杖和丈夫的后背，"爬"遍了方圆13平方公里的大小山岭，为辖区近5 000村民带去了医疗服务。

资料来源：http://cq.cqnews.net/html/2013-02/19/content_24542412.htm

案例分析

她背起药箱，他再背起她。他心里装的全是她，而她的心里还装着整个村庄。一条路，两个人，二十年。大山巍峨，溪水蜿蜒，月华皎洁，爱正漫漫地升起。其实在我们生活中，有太多太多的人在自己平凡的生命中感动着别人，也感动着中国。中华民族之所以逐渐富强起来，也是因为这些有太多的有道德，有品质的中国人。我们大部分人都在平凡岗位上做平凡的事情，但只要心里装着祖国和人民，始终坚守清廉，为他人、集体、社会做自己应有的贡献，那时的我们虽不能成为感动中国的人，但一定是个让中国人感动的人。

【小资料】

清廉为民的好干部——郑培民

郑培民，原湖南省委副书记、湖南省人大常委会副主任。2002年3月，因突发心脏病在京逝世，年仅五十九岁。以三件遗物和一句遗言让无数人为之感动。这三件遗物是一个防腐账本、一本廉政记录和几十本日记。他最后的遗言是一句普普通通的话语——不要闯红灯。有人说，这平平常常的五个字，正是郑培民一生官风人格最好的总结和诠释。他从来不搞特殊化，从来不做违规事，两袖清风做了几十年官，光明磊落做了一辈子人。

郑培民

他是一个高官，但他更像一介平民。他是一个深爱妻子和儿女的普通男人，他更是一个忠心耿耿的人民公仆。为官数十载，他从未用权力谋过半点私利；为官数十载，他没有一件放不到桌面上的东西。在湘西的大山深处，流传着一首这样的苗歌，唱的是当年郑培民带领群众修路致富的故事。郑培民曾在湘西土家族苗族自治州担任州委书记，他爬过湘西最难爬的山，走过湘西最难走的路，去过湘西最穷的村子，住过湘西最穷的人家。湘西是湖南最穷的地区之一，为了尽快解决群众的温饱问题，郑培民在这进而大力推广粮食新品种新技术并且经常亲自下田示范。有一次连日劳作之后，郑培民体力不支，摔下了三米多高的田埂。这一年，郑培民添了一项病症，脑震荡。但也就是这一年，湘西粮食产量翻了一番，实现了自给有余。

在湖南常德地区，人们记忆中的郑培民，不是一个高高在上的省委领导，而是一个和他们一起找沙袋、堵缺口的抗洪战友。1998 年夏天，长江流域洪水泛滥，常德安乡县堤垸溃决，灾情严峻，时任省委副书记的郑培民在这里和受灾群众并肩抗洪，度过了八十多个艰苦卓绝的日日夜夜。

郑培民在湖南先后担任过湘潭市委书记、湘西土家族苗族自治州州委书记和省委副书记，无论在哪里做什么书记，有两个雅号始终跟随着他，一个是三不书记——说他不唱高调，不做表面文章，不搞政绩工程；一个是三民书记——说他爱民、亲民、一心为民。郑培民被评为 2002 年“感动中国”人物，颁奖词是：他身居高位而心系百姓，他以“做官先做人，万事民为先”为自己的行为标准，直到生命的最后时刻仍然不忘自己曾经许下的诺言。他树立了一个共产党人的品德风范，他在人民心里树立起一座公正廉洁为民服务的丰碑。

资料来源：https://baike.so.com/doc/1502375-1588519.html

【知与行】

人民群众是历史的主体，是历史的创造者。大学生应该放下架子，利用课外时间多深入群众，主动和群众交朋友，尊重群众的首创精神，把群众当成自己的社会老师，以心换心，赢得信任和支持。在服务群众中增见识、长才干。

第三节　与时俱进——时代呼唤清廉人

【基本理论】

一、经济全球化呼唤清廉人

（一）经济全球化与社会清廉的关系

在科技革命和生产力不断发展的推动下，世界经济生活日益国际化，各国之间的相互交流、相互依存日益加深。经济全球化与社会清廉的关系主要体现在以下两个方面：

第一，经济全球化对社会清廉的影响具有双重性。一方面，经济全球化推动经济社会发展，为实现社会清廉奠定物质基础。经济全球化加速了生产要素在全球范围内的自由流动，形成了统一的全球市场，从而推动跨国公司的全球化经营和全球产业结构的调整，使世界范围内的资金、技术、产品、市场、资源、劳动力进行有效合理的配置。中国作为一个发展中国家，可以抓住这一机遇，充分利用外资，优化经济结构，学习借鉴国外先进经验，发挥后发优势，实现跨越发展，为清廉社会建设打下物质基础。古人云："仓廪实而知礼节，衣食足而知荣辱"(《史记·管晏列传》)就是这个道理。另一方面，经济全球化在推动国际经济交流日益频繁的同时，给社会清廉建设带来严峻挑战。伴随经济全球化的不断发展，腐败毒瘤也随之跨越国界成为世界性难题，给人类社会清廉建设带来许多不利影响。经济全球化加速了腐败的全球化，即腐败主体以及腐败的其他相关要素同时涉及两个或两个以上国家，腐败主体组织化、腐败范围扩大化、腐败手段智能化、腐败渗透隐蔽化、腐败危害严重化等特征明显。具体来看，腐败全球化主要表现有跨国贿赂、贪官外逃、腐败资金跨国流动等。腐败严重破坏一个国家的经济运行、危害国家安全稳定、败坏国家公共信誉、损害社会公平正义，它已经成为国际社会普遍关注的一种全球性公害。一个国家如果没有国际间的有效合作，单靠一国之力来治理腐败，显得有些孤掌难鸣，"望腐兴叹"。为此，2003 年 10 月 31 日，第 58 届联合国大会全体会议审议通过了《联合国反腐败公约》并决定将每年 12 月 3 日确定为国际反腐败日。2005 年 12 月 14 日，《联合国反腐败公约》正式生效。《联合国反腐败公约》是世界上第一部全面的反腐败国际法律文件，体现了国际社会治理腐败的共同意愿和决心，对于促进各国反腐败工作、加强反腐败国际合作具有重要意义。中国政府积极参与了《公约》的起草、批准、履约。2014 年 11 月 8 日，我国外交部长王毅表示，亚太经合组织(APEC)第 26 届部长级会议通过《北京反腐败宣言》，成立 APEC 反腐执法合作网络，在亚太加大追逃追赃等合作，携手打击跨境腐败行为。美国、澳大利亚、加拿大等参与宣言的签署释放出一个信号，即整个亚太地区将携手反腐败、反贿赂。

第二，社会清廉是确保经济全球化健康发展的必要条件。经济全球化趋势不可逆转，经济全球化到底能够给各国人民带来什么，取决于其能否健康发展，而国际社会倡导和践行清廉则是确保经济全球化健康发展的必要条件。在国际经济交流、交往中，只有坚持清正之道，倡导诚信合作、互利共赢，才能避免弱肉强食的恶性竞争，更好地实现各自发展利益、促进国际经济公平；只有坚持清廉之道，倡导规则意识、法治精神，才能遏制商业贿赂等腐败行为，更好地维护正常的国际市场秩序；只有坚持清明之道，倡导明智理性、优势互补，才能防止饮鸩止渴式的短视行为，更好地发挥各自优势，保持可持续发展。总之，在国际经济合作交流中，倡导和践行清廉，才能使经济全球化更好地沿着普惠、公平、有序和可持续方向健康发展，造福世界各国人民。

（二）经济全球化对国家、企业和个人提出了更高的清廉要求

经济全球化表现为生产、资金、技术、服务、市场的全球化，以及科技开发应用和信息传播的全球化。经济全球化背景下，无论哪个国家，要想健康发展、可持续发展，要想在激烈的国际竞争中赢得一席之地，崇尚和践行清廉、预防和惩治腐败、维护社会公平正义都是必然选择。根据"透明国际"组织公布的国家清廉指数排名，新加坡、新西兰、丹麦、芬兰、瑞典等国近年来均位居前列，而上述国家也长期保持了社会稳定和经济发达。大量事实和研究证明，从长远和战略角度看，一个国家或地区的发展进步状况与该国家或地区的社会清廉指数呈现出正相关的关系。

经济全球化给企业和个人发展提供了更广阔的舞台，同时也给企业和个人提出了更高的清廉要求。在任何正常国家，一个背离清正而邪念丛生、背离清廉而贪腐泛滥、背离清明而是非不分的组织或个人都是令人鄙视和厌恶的。为规范本国公司在国外的行为，美国、加拿大等国制定了相关法律。美国于 1977 年制定了一部单行法——《美国海外反腐败法》(Foreign Corrupt Practices Act，简称 FCPA)。该法律禁止美国公司向外国政府公职人员行贿，是目前规制美国企业对外行贿最主要的法律。自从 FCPA 实施以来，取得了相当的成效。例如，赛波特(Saybolt Ins)案：1995 年美国赛波特公司行贿巴拿马政府，目的是得到巴拿马运河的租赁权。犯罪后果是其前总裁被捕并处以 2 万美元罚金，而公司被处以 150 万美元的罚金。一个企业要走出国门，开拓国际市场，靠什么赢得客户信任、尊重和青睐？虚假宣传、以次充好、以假乱真、忽悠顾客，以及商业贿赂、违规经营、暗箱操作、坑蒙拐骗、违法乱纪，都是难以真正持久地赢得国际市场的，只有确保品牌质量、优质服务、良好信誉、合理定价、适销对路才能在激烈的国际市场竞争中立于不败之地。杜绝和减少商业贿赂等腐败行为、建立全球性的良性市场秩序，已经成为越来越多国家的共同要求，因此，企业应坚守正道、倡行清廉，努力把经济效益和社会效益结合起来。经济全球化背景下，出国求学、旅行、探亲、工作的人会越来越多，一个人要立足于社会，不仅在国内要践行清廉、遵纪守法，而且走出国门同样要践行清廉，了解和遵守所在国家的法律法规，严于律己，堂堂正正、清清白白做人。这是顺应经济全球化发展大潮流的要求，也是个人趋吉避祸、成功发展的需要。

二、社会主义市场经济需要清廉人

(一)社会主义市场经济与社会清廉的关系

一方面,社会清廉是社会主义市场经济正常运行的必要条件和重要保证。在社会主义市场经济体制下,人们在社会劳动中生产出来的商品,按等价交换的原则在市场上进行交换,使生产者和消费者取得各自所需要的价值和使用价值。全社会必须遵循价值规律来组织商品生产,而价值规律作用的发挥势必引起竞争,竞争又需要良好的秩序。由此可见,市场经济是竞争经济,竞争是市场经济的必然产物,是市场经济正常运行的推动力,它要求每个市场主体遵守共同的市场规则,依法经营、照章纳税。市场经济也是契约经济,各个市场经济主体之间的交换关系是靠合同形式连接的,它要求每个市场主体要守承诺、讲信誉,诚实不欺。维护市场经济秩序、促进市场经济良性发展需要市场主体崇尚和践行清正廉明,如果市场主体背弃清正、走邪道,制造、销售假冒伪劣产品,如果市场主体违背清廉、入歪门,搞商业贿赂等腐败行为,如果市场主体背离清明、用阴招,采用黑恶暴力、作伪欺诈、恶意违约、非法垄断等各种不正当竞争手段,市场活动就会陷入恶性竞争的无序、混乱状态,社会主义市场经济就无法正常运行,必将阻碍经济发展和社会进步、严重损害人民群众根本利益。另外,对市场经济运行肩负宏观调控、法治保障、监督管理等职责的有关国家机关及其工作人员,只有真正崇尚和践行清廉,才能把国家和人民利益始终放在首位,做到恪尽职守、依法执政。因此,社会主义市场经济应该是清廉经济,社会清廉是社会主义市场经济正常运行的必要条件和重要保证。

另一方面,社会主义市场经济为社会清廉教育提供物质基础并提出新的挑战。我国经济发展的实践证明,社会主义市场经济体制与社会主义基本制度有机结合具有强大的制度优势。它通过价格、供求、竞争、激励、信用等机制,实现各类经济主体的市场自由选择权,在优胜劣汰的过程中优化资源配置,为经济社会不断增添新的生机和活力。它通过实施有效的宏观调控,着力消除垄断,维护平等有序的竞争秩序;着力促进经济总量的基本平衡,保持经济平稳较快发展。它积极增加公共产品和公共服务的供给,努力形成公平合理的分配格局,使人民群众共享改革发展成果。不仅如此,社会主义市场经济的发展对社会清廉教育也产生了重大影响。改革开放以来,全国各地建立了一大批清廉教育场馆基地、网站和研究机构,出版了一大批清廉教育图书资料,拍摄了一大批清廉教育影视音像资料,运用了一大批清廉教育新技术(例如借助手机客户端、官方微信、微博等进行清廉教育),构筑了从中央到地方、从干部到群众、从机关到学校、从企事业单位到军营等各级各行各业开展清廉文化教育的立体化体系……所有这一切，都有赖于社会主义市场经济不断发展所提供的物质基础、技术支持和资金保障。因此，社会主义市场经济的不断发展不仅促进了民生的显著改善，而且为社会清廉教育提供了坚实的物质基础。同时，也要清醒地认识到，市场经济本身具有一定的趋利性、盲目性、自发性，容易诱发拜金主义、个人主义、自由主义和享乐主义；市场经济等价交换原则的泛化，容易诱发权钱交易、权权交易、权色交易等腐败行为；市场经济优胜劣汰的竞争，容易导致收入分配严重不均和两极分化趋势，加剧社会矛盾和冲突。因此，社会主义市场经济为社会清廉教育提供物质基础的同时也提出了新的严峻挑战。

（二）社会主义市场经济对清廉人格的要求

有的人认为，市场经济奉行的是物质利益原则和等价交换原则，因此在社会主义市场经济条件下，倡导践行清正廉明似乎与此不太协调。这种看法，实质上是没有认识到发展社会主义市场经济与清正廉明的内在统一性。其实，社会主义市场经济是道德经济，也是法治经济，它对清廉人格提出了更高要求。市场经济是同比较发达的商品生产和商品交换相联系的一种经济体制和运行机制。商品生产的目的，不是为了生产者自己消费，而是用来交换，市场主体的利益是通过商品交换来实现的。商品交换的基本原则之一，就是自愿交换，交换双方都以能获取各自的利益为前提。所以，市场经济客观上要求市场主体必须把追求自己的利益与交换方的利益结合起来。谁要想通过市场为自己谋求更大的利益，谁就应当更好地满足他人和社会的需要，即为他人、为社会更好地服务，否则，自己的利益难以或无法实现。我国社会主义市场经济除了有市场经济的一般特征外，还有自己的特征。在我国，社会主义市场经济是与社会主义基本经济制度和政治制度结合在一起的，它是以公有制为基础的，以实现共同富裕为最终目标的。这就决定了只有坚持清正廉明、坚持为人民服务、坚持集体主义，才能适应社会主义市场经济的要求，才能促进社会主义市场经济的健康发展。一切拜金主义、极端利己主义的道德观都不是社会主义市场经济所要求的，都是社会主义市场经济健康发展的消极、破坏因素。只有把个人利益与社会利益、人民利益结合起来，把追求经济效益与实现社会效益结合起来，切实践行清廉为民的价值取向，诚实劳动、合法经营，才能确保社会主义市场经济的正确发展方向。

三、就业创业与清廉做人

（一）就业创业与清廉做人的关系

贪腐是就业创业路上的绊脚石。每个人都渴望事业的成功。事业的成功是需要人品、能力、人格魅力、机遇等要素做支撑的。贪腐之人的共同特征是德行不足。就高职学生来说，贪腐倾向的主要表现为心生邪念不正派、诚信缺失不实在、盲目攀比不节俭、浪费严重不珍惜，以及一切向钱看的拜金主义，个人利益至上的个人主义，热衷吃喝玩乐的享乐主义，甚至把社会上的庸俗的"关系学""潜规则"等搬到校园里，一切行为功利化。这是个十分危险的信号。一个做不到清正廉明的人，是无法谈及人格魅力的。在公众的记忆中被列入黑名单的人，是不会有信誉的，也不会得到社会的支持。没有信誉、没有支持，就没有市场，没有合作，也就没有成功。为一己之私利而放弃清廉、走向贪腐的人，必将损害他人、集体或国家的利益，其后果是受人民唾弃而失道寡助，或是触犯法律而身陷囹圄。因此，贪腐是就业创业路上的绊脚石、拦路虎，是事业成功的克星，是人生路上的定时炸弹。

清廉做人是就业创业成功的前提、保证和必要条件。如何实现就业创业成功是高职学生普遍关注的重要问题。就业创业成功受主观和客观多种因素影响和制约，并且也没有统一的标准和尺度。对如何实现就业创业成功，可谓见仁见智、众说纷纭。但是，有一点是具有公认性的，那就是，要实现就业创业成功，大方向不能偏，干好事不出事，辨善恶不昏庸，也就是要践行清正廉明。具体来说，第一，践行清正，即坚定正确的人生方向，坚决不走歪门邪道，这是就业创业成功的根本前提。第二，践行清廉，即遵纪守法，坚决不做危害国家和人民利益的贪腐之事，这是就业创业成功的根本保证。第三，践行清明，即正大光明，坚决不做尔虞我诈、颠倒黑白、助纣为虐的卑鄙之事，这是就业创业成功的必要条件。

(二)做清廉的职业人

高职学生，如果要有一番作为，必须确立正确的人生理念，树立牢固的清廉意识，努力做清廉的职业人。在就业创业、实现人生价值过程中，做清正廉明的职业人，要特别注意以下几个方面：第一，要走正道、敢担当、不敷衍，忠于职守、爱岗敬业，努力做一个正直正派、公正公道、崇尚正义的厚道朴实之人；第二，要祛贪欲、守底线、不违纪，诚实守信、见利思义，努力做一个对祖国、对人民、对社会有用之人；第三，要明是非、辨善恶、不昏庸，努力做一个光明磊落、明智理性、德才兼备的坦荡明白之人。总之，在职业生涯中，守住清廉，就是守住人品，就是守住了人间正道和美好形象，就能更好地服务人民，创造无愧于时代的有价值的人生。

【解疑释惑】

有人说："现在搞市场经济，能赚钱就行了；'为人民服务'是唱高调，已经过时

了。"你如何看待这种观点?[①]

新民主主义革命时期,中国共产党坚持全心全意为人民服务的根本宗旨,团结带领全国各族人民经过28年的浴血奋战,推翻了压在中国人民头上的"三座大山",实现了民族独立、人民解放,建立了人民当家做主的新中国。新中国成立后,中国共产党继续坚持全心全意为人民服务的根本宗旨,团结带领全国各族人民为实现国家繁荣富强、人民共同幸福而继续奋斗,并取得举世瞩目的伟大成就。现在,全国人民在党的领导下正满怀豪情地为实现全面建成小康社会,为实现国家富强、民族振兴、人民幸福的"中国梦"而不懈努力。中国共产党的奋斗历程展现给世人的是一部全心全意为人民服务的波澜壮阔的历史画卷。实践已经证明并将继续证明:无论过去、现在,还是将来,全心全意为人民服务是中国共产党始终不渝的追求和根本宗旨。

在我国,坚持"为人民服务"是不以个人的意志为转移的。宪法规定,我国是工人阶级领导的,以工农联盟为基础的人民民主专政的社会主义国家。我国的国家性质决定了人民在国家中"当家做主"的地位,坚持"为人民服务"是人民当家做主的重要体现和必然要求。党和人民经过艰辛探索,建立了社会主义初级阶段的基本经济制度(公有制经济为主体,多种所有制经济共同发展)以及与之相适应的社会主义市场经济体制,这是人民当家做主的政治地位在经济上的体现和保障。我们搞的市场经济,是与社会主义基本制度有机结合的市场经济,是体现社会主义本质、以实现共同富裕为目的的市场经济,归根结底,是坚持为人民服务的市场经济。社会主义市场经济是道德经济,也是法治经济。因此,现在搞市场经济,虽然赚钱是天经地义的,但前提条件是任何市场主体必须诚实劳动、合法经营,必须通过向社会提供需要的合格或优质的物质产品、精神产品或服务,为人民、为社会做出贡献,才有资格和权利获得应有的利润或回报。发展社会主义市场经济条件下,坚持"为人民服务"既不是唱高调,也根本没有过时,而是社会主义市场经济健康发展的内在的、必然的要求,是社会主义市场经济不变质的重要保证。

社会主义市场经济除了具有社会主义的本质特征外,还具有市场经济的一般特点。市场经济在以市场为决定性手段配置资源、促进竞争、提高效率等方面发挥积极作用的同时,其趋利性、盲目性等特点容易诱发拜金主义、极端个人主义。现实生活中,一些人见利忘义、唯利是图,为谋取一己私利,走歪门邪道,做出坑蒙拐

---

① 覃武云、陈成志.团结在党旗下——广西高职高专学生党课教程(第二版)[M].桂林:广西师范大学出版社,2013:31-32.

骗、制假贩假、走私贩私、偷税漏税等误国害民的勾当，这是背离为人民服务宗旨的必然结果。这从反面进一步证明，坚持为人民服务，不仅没有过时，而且尤为迫切。

总之，"搞市场经济，为人民服务过时论"，在理论上是极端错误的，在实践中也是十分有害的。社会主义市场经济条件下，全心全意为人民服务的宗旨不仅不能丢，而且要进一步强化宗旨意识，持之以恒地推进以为人民服务为核心的公民道德建设。

【案例分析】

案例呈现：犯规的成本

欧洲一些国家的公共交通系统售票处大部分是自助的，想到哪个地方，自行买票，不仅没有检票员，连随机性的抽查都比较少，逃票被抽检抓到的比例大约是万分之三。有一位留学生便经常逃票，在他留学期间，共被查到三次。几年后，他大学毕业在当地寻找工作，可是都被拒绝了。最后，他冲进了一家公司人力资源部经理的办公室，要求对不予录用给出一个理由。一家公司的人力资源部经理告诉他：我们很重视你，因为我们公司一直在开发中国市场，很需要一些优秀的人才来协助。但我们不能用你，因为你有三次逃票的记录。这可以证明，你不尊重规则，不仅如此，你还善于发现规则中的漏洞并恶意使用；你不值得信任，而我们公司许多工作的开展，都是必须依靠信任进行的，所以我们无法雇佣你。

案例分析

伴随改革开放和经济全球化，更多的国人走出国门，人生舞台变得更加广阔。无论在国内还是在国外，求学、就业、创业，都要坚守清廉这一做人的基本要求，否则，迟早要付出代价。因为，不守规矩，贪图不义之利，不讲诚信，蒙骗他人、欺骗社会，都是违背清廉的令人鄙视和拒斥的行为。

【小资料】

葛兰素史克因行贿被罚 30 亿元[①]

据《北京日报》2014 年 9 月 20 日记载：在被调查一年多时间之后，葛兰素史克

① 孙超逸. 葛兰素史克因行贿被罚 30 亿元[EB/OL]. (2014-09-20)[2015-07-20]. http://health.gmw.cn/newspaper/2014-09/20/content_100994606.htm

(GSK)在华贿赂案终于迎来了一审判决。昨日,长沙市中级人民法院依法对GSK(中国)和马克锐等人对非国家工作人员行贿、非国家工作人员受贿案进行了不公开开庭审理,并当庭宣判。GSK(中国)被判罚金人民币30亿元,这是迄今为止我国针对国外医药企业开出的最大罚单,马克锐等被告被判有期徒刑二到四年。

与此同时,葛兰素史克英国总公司和GSK(中国)昨日通过其官方网站,就GSK(中国)行贿事件发布调查结果,正式向中国政府道歉,并表示服从判决,不会上诉。

行贿费用占药价30%。新康泰克、芬必得、贺普丁……这些都是葛兰素史克旗下的"明星"药品,而它们在中国高昂的定价,也令人印象深刻。以贺普丁为例,在中国的出厂价是142元人民币(以下均为人民币),而在韩国只有18元,在加拿大不到26元,在英国不到30元,在德国、日本及中国香港等国家和地区,其出厂价也远远低于中国内地。

为何同样的药品出现如此巨大的价格差别?警方的调查揭开了谜底。今年5月长沙市公安局发布消息称,GSK(中国)涉嫌对非国家工作人员行贿、单位行贿、对单位行贿等案已侦查终结。

警方调查显示,2009年到2012年,GSK(中国)的销售收入从39亿元猛增至近70亿元,背后是该公司"销售为王"的策略。GSK(中国)2008年销售队伍不到千人,2009年原GSK(中国)公司总经理马克锐上任后,每年扩招数百到上千人,目前销售人员已达5 500人。这些医药代表每月有3 000元至5 000元甚至更高的费用以影响医生处方,GSK(中国)为打开销路投入的行贿费用占药价的30%,每年总金额高达数亿元人民币。

警方还发现,GSK(中国)利润竟显示微利甚至"亏本"。2009年到2013年销售共213亿元,但在财务报表里形成的利润只有1亿元。原因是GSK早已在海外市场实行了一次转移定价,将高额利润预留在境外。

具体做法是,在原产国公司将要预留的利润确定好,然后将原产国零售价作为销往另一个国家的成本价,报关进口虚高价格的药品后,其在中国的工厂加工包装再出售给GSK(中国),这个链条中GSK在每个环节都能确保赚钱,同时还预结了在中国的贿赂销售费用和目标利润。在这个基础上,GSK(中国)就可以让出在中国销售的几乎所有利润用于拓展销售团队和贿赂通关。而最终为高额药价"埋单"的,是国内患者。

昨日,长沙市中级人民法院依法对葛兰素史克(中国)和马克锐等人做出判决。葛兰素史克英国总公司和其中国公司同时在官网上挂出了道歉声明。葛兰素史克总公司表示，其认同中国司法机关依法认定的事实和证据，服从中国司法机关的依法判决，并向中国患者、医生、医院和中国政府、全体中国人民深刻道歉，对于由此造成的损害，葛兰素史克总公司深感痛心和愧疚。对由于受到葛兰素史克中国公司非法调查而受到伤害的有关人员，葛兰素史克总公司也深表歉意。

【知与行】

正直正派、诚实诚信、克勤克俭、廉以律己既是一个人安身立命、为人处世应当遵循的基本准则，也是一个社会维持正常秩序和有效运行的必然要求，关系到良好社会风尚的形成，关系到社会主义和谐社会的建成，在一定意义上关系到中华民族的未来。因此，无论在学习、生活还是工作中，一定要努力做一个正直正派、诚实诚信、克勤克俭、廉以律己的人成为国家、社会和人民需要的有用之才。

第四节　浩然正气——拒腐防变警钟鸣

【基本理论】

一、讲政治坚守原则

(一)把准方向　坚定立场

“站得稳，行得正”是践行清廉的内在要求，而一些大学生在政治方向、政治立场等大是大非问题上存在的模糊、迷茫、动摇等问题表明了其行为在一定程度上背离了清正廉明的要求，这一现象不容忽视。《关于进一步加强和改进大学生思想政治教育的意见》(中发[2004]16号)指出：“国际敌对势力与我争夺下一代的斗争更加尖锐复杂，大学生面临着大量西方文化思潮和价值观念的冲击，某些腐朽没落的生活方式对大学生的影响不可低估。社会主义市场经济的深入发展，我国社会经济成分、组织形式、就业方式、利益关系和分配方式日益多样化，人们思想活动的独立性、选择性、多变性和差异性日益增强。这有利于大学生树立自强意识、创新意识、成才意识、创业意识，同时也带来一些不容忽视的负面影响。一些大学生不同程度地存在政治信仰迷茫、理想信念模糊、价值取向扭曲、诚信意识淡薄、社会责任感缺乏、艰苦奋斗精神淡化、团结协作观念较差、心理素质欠佳等问题。”

“举什么旗，走什么路，沿着什么方向前进”事关国家前途命运，而青年学生是祖国的未来和希望,青年学生在旗帜、道路和方向问题上如何选择,将在很大程度上决定国运兴衰,因此,大学生必须把准大方向。习近平同志强调,"道路问题是关系党的事业兴衰成败第一位的问题,道路就是党的生命。中国特色社会主义,是科学社会主义理论逻辑和中国社会发展历史逻辑的辩证统一,是根植于中国大地、反映中国人民意愿、适应中国和时代发展进步要求的科学社会主义,是全面建成小康社会、加快推进社会主义现代化、实现中华民族伟大复兴的必由之路。历史和现实都告诉我们,只有社会主义才能救中国,只有中国特色社会主义才能发展中国,这是历史的结论、人民的选择。"[①]大学生把准方向,就是要在党的领导下,坚定不移地走中国特色社会主义道路。要不断增强中国特色社会主义的道路自信、理论自信和制度自信。

大学生不仅要把准政治方向,而且要站稳政治立场。所谓政治立场,通俗地讲就是为了谁、相信谁、依靠谁。习近平指出,"始终站在人民大众立场上,一切为了人民、一切相信人民、一切依靠人民,诚心诚意为人民谋利益,这是中国共产党人坚持马克思主义立场的根本要求。"[②]建党 90 余年来,中国共产党人正是秉承着这一立场不懈奋斗,才赢得了最广大人民群众的支持,推翻了"三座大山",建立了新中国,走上了社会主义康庄大道,实行改革开放,取得了举世瞩目的伟大成就。因此,大学生坚定立场,就是要始终站在人民大众立场上,坚持一切从人民群众的根本利益出发,全心全意为人民服务。

无论是在校学习还是今后走向社会,大学生只有坚定正确的政治方向,站稳正确的政治立场,才能在大是大非面前做出正确选择,才有可能真正成为社会主义的合格建设者和可靠接班人。大学生只有一心报国,甘愿为党、为民、为国家的事业贡献一切,才经得住各种风浪和挫折的考验,始终如一地站稳正确的政治立场,坚定不移地沿着正确方向前进。

(二)大局为重　坚守原则

"顾大局,守原则"是践行清廉的必然选择。考虑问题或做事,如果仅仅从个人或小集团利益出发而不顾大局,为谋取一己之私利而放弃原则,就与清正廉明的要求背道而驰了。

首先,要大局为重。大局问题始终是一个十分重要的问题。常言道,"不谋全

---

① 习近平. 谈治国理政[M]. 北京:外文出版社,2014:21-22.

② 习近平. 深入学习中国特色社会主义理论体系　努力掌握马克思主义立场观点方法[N]. 人民日报,2010-03-02(1).

局者不能谋一域，不谋万世者不能谋一时”。所以有大局观的人，总是能够把目光放长远，能够把握好整体利益和局部利益的关系，分清主要矛盾和次要矛盾，不因小失大，对待问题能做出正确决策和快速反应，从而使整体的利益最大化。无论哪个行业中，具有大局观的人一般是团队的灵魂人物，其所处地位和作用的发挥在很大程度上决定着该组织或集体的未来。

其次，要坚守原则。坚守原则，必须处理好变（灵活性）与不变（原则性）两者的辩证关系。其实，每个人在自己的学习生活和工作的道路上都会遇到很多需要自己选择的事情，每个人在每件事的处理上都应有自己的底线，这个底线决不可以逾越，这就是“大事坚守原则”。在大事上坚守原则，这是一种认真负责的态度。但是坚守原则并不是死板。在事情处理的过程中，可能会出现一些小变故，处理的方式也会随之变化，但是不会影响整体，这就是“小事学会变通”。这样才能对于别人的意见或者建议，听进去但又不盲从，会根据事物的整体发展情况进行判断后再选择，做到把握灵活变通与严守规矩的不同适用范围，避免过度变通与僵化规矩的不良影响。

最后，要科学把握大局和原则。科学把握大局和原则是做到“大局为重，坚守原则”的前提。如果搞不清究竟何谓“大局”，何谓“原则”，那如何做到“大局为重，坚守原则”？要科学把握大局和原则，必须学习和掌握辩证唯物主义和历史唯物主义，立足实践，运用马克思主义的立场、观点和方法分析问题、解决问题。一方面，要运用历史思维、辩证思维和系统思维来把握大局。大局是历史的、具体的而不是一成不变的、抽象的；大局既是绝对的、又是相对的，是绝对与相对的辩证统一；大局具有整体性、系统性、层次性和区域性。例如，新民主主义革命时期，党领导人民致力于推翻“三座大山”就是党和国家的大局，而新时期党领导人民实现“两个一百年”奋斗目标和中华民族伟大复兴的中国梦，把我国建设成为富强、民主、文明、和谐的社会主义现代化国家，就是党和国家的工作大局，就我国而言，这是绝对的。但就整个世界而言，维护世界和平、促进共同发展、实现互利共赢则是当今时代的主题和大局。具体到一个地区、一个部门、一个单位也有各自的“大局”，并且在不同的时期会有所变化。一般来说，低层级的“大局”要服从服务于高层级的“大局”，高层级的“大局”也要顾及低层级的“大局”之具体实际和特殊需要。因此，如何把握好大局是一门学问，必须认真学习。另一方面，关于坚持原则，首要的是要真正搞清楚何为“原则”，做到既不拿原则做交易、搞变通，也不把非原则的东西加以固守而陷入思想僵化。要树立“红线”观念、运用底线思维，把握和坚守原则。在政治上，要坚持四项基本原则这一立国之本，“坚持党的基本路线一百年不动摇”这一大政方针，坚持思想上行动上与党中央保持高度一致，坚决遵守和维护宪法、法律、法规，中共党员还要坚持党性原则、把党性与人民性统一起来、遵守和维护党章党规党纪。

二、树正气遵纪守法

（一）一身正气 两袖清风

风清气正是清正廉明的现实表现和基本特征，清正廉明则是风清气正的根本和基础。践行清廉就要讲正气、树正气、扬正气。

中华民族有讲正气的优良传统。我国古代著名思想家孟子曾经说过："我善养吾浩然之气。"（《孟子·公孙丑上》），孟子提出"浩然之气"这一富有创新思维的哲学概念及其精辟论述，对两千多年来中华民族思想道德传统，产生了重大而深远的影响。何为浩然之气？"浩然之气"这个词，一般用来形容一种刚正宏大的精神。孟子认为，难以表述清楚。它作为一种气，最为盛大，最为刚强，靠正直去培养它而不伤害它，就会充塞天地之间。它作为一种气，要和义与道配合；没有这些，它就会萎缩。它是不断积累义而产生的，不是偶然地有过正义的举动就取得的。如果行为有愧于心，气就萎缩了。由此我们不难理解，所谓浩然之气，就是刚正之气，就是人间正气，是大义大德造就一身正气。孟子认为，一个人有了浩然正气，面对外界一切巨大的诱惑、威胁，都能处变不惊，镇定自若，达到"不动心"的境界。也就是孟子曾经说过的"富贵不能淫，贫贱不能移，威武不能屈"（《孟子·滕文公下》）的高尚情操。南宋著名政治家、民族英雄和诗人文天祥以其刚正不阿、宁死不屈的气节和千古诗作《正气歌》进一步生动诠释了浩然正气的深刻内涵及其长存于天地之间的客观事实。文天祥认为，浩然正气寄寓于宇宙间各种不断变化的形体之中。在大自然，便是构成日、月、星辰、高山大河的元气；在人间社会，天下太平、政治清明时，便表现为公正祥和之气，而在国家、民族处于危难关头时，便表现为仁人志士刚正不阿、宁死不屈的气节。社会秩序靠它维系而得以长存，道义是它产生的根本。

中国共产党无论是在革命战争年代，还是在和平建设时期，历来十分重视培育浩然正气。在经济全球化和社会主义市场经济条件下，坚持讲正气尤为重要和迫切。讲正气就要时刻牢记毛泽东在党的七届二中全会上提出的"两个务必"（务必使同志们继续地保持谦虚、谨慎、不骄、不躁的作风，务必使同志们继续地保持艰苦奋斗的作风），就要在拜金主义、享乐主义、极端个人主义和灯红酒绿的侵蚀和影响面前，一尘不染、正气凛然。习近平在 2013 年 8 月召开的全国宣传思想工作会议上强调:“要加强社会主义核心价值体系建设,积极培育和践行社会主义核心价值观,全面提高公民道德素质,培育知荣辱、讲正气、做奉献、促和谐的良好风尚。”①在中国革命、建设和改革的各个历史时期,都涌现了一大批正气凛然、清廉为民的先进人物,焦裕禄、孔繁森、郑培民、任长霞、杨善洲等是其中的典型代表。共和国第一任总理周恩来就是这样一个人,他的一生没有留下任何私人财产,没有留下子女,没有留下骨灰,他似乎什么都没有留下,但是他却把什么都留下了,他一身正气、两袖清风,把自己的一生都奉献给了党和人民的崇高事业,为我们树立了共产党人的光辉榜样,他深深地爱着人民,人民也深深地爱戴他。周恩来不仅受到中国人民的爱戴,而且也得到了世界人民的敬仰。1976 年 1 月 8 日,周恩来逝世时,设在美国纽约的联合国总部门前的联合国旗降了半旗。作为当代大学生,一定要学习老一辈革命家为了人民的利益“鞠躬尽瘁、死而后已”的崇高品质和“富贵不能淫,贫贱不能移,威武不能屈”的浩然正气。

(二)懂法守法 崇尚法治

法治是清正廉明的保障,清正廉明是法治的根基。清廉道德品格、清廉政治和社会生态之形成离不开加强个人修养和道德教化,但修养和教化不是万能的,对那些修养缺失、教化无效之人怎么办呢?孔子说:“化之弗变,导之弗从,伤义以败俗,于是乎用刑矣。”(《孔子家语》刑政第三十一)意思是说,经教化不改变,经教导不听从,损害道德败坏风气的人,就要用法律来惩罚。古代先哲孔子的论述仍具有重要现实意义。依法惩恶就是扬善,因为惩治劣行,让败德违法者受到惩罚、付出高昂代价,才能发挥对整个社会的警示教育作用。马家爵案件、药家鑫案件、复旦大学室友投毒案、杭州女大学生卖淫案、境外情报机构网络策反境内大学生窃取中国军事机密案等一系列案件,从反面证实了大学生增强法治观念的极端重要性。因此,大学生践行清廉就要增强法治观念,自觉尊法、学法、守法、用法、护法,自觉维护法律的权威。尊法就要尊重法律,敬畏法律,崇尚法治;学法,就要学习法律知识,参加法律实践,树立法治观念。守法,就要自觉遵守法律,法无授权不可为,法定职责必须为。用法,就要严格依法办事,依法享有并行使权利,依法维护权利,依法履行义务。护法,就要敢于并善于依法同各种违法犯罪活动做各种形式的斗争,为维护法律权威贡献力量。维护法律权威是建设社会主义法治国家的前提条件。法律权威是法律在国家和社会生活中具有的权威和尊严,是法的不可违逆性。维护法律

① 习近平.谈治国理政[M].北京:外文出版社,2014:154.

权威需要国家采取各种有效措施，更需要每个公民通过各种方式来维护。总体而言，大学生是一个有理想、有抱负、有知识、有文化并充满朝气的青年群体，在很大程度上承载着国家的未来和民族的希望。大学生自觉尊法、学法、守法、用法、护法，自觉维护法律权威，不仅有利于自身成为清廉之人和国家有用之才，而且对社会主义法治国家建设及清廉社会建设具有重大而深远的意义。

三、拒诱惑防微杜渐

（一）淡泊明志 出淤泥而不染

践行清廉要学会抵御各种诱惑的袭扰和糖衣炮弹的攻击。马克思曾经说过，谁要是为名利的恶魔所诱惑，他就不能保持理智，就会依照不可抗拒的力量所指引给他的方向扑去。早在新中国成立前夕，毛泽东就预言，进城后有些共产党人在糖衣炮弹面前要打败仗。而 1952 年处决“大老虎”刘青山、张子善的枪声不仅验证了毛泽东的预言，也向人们敲响了警钟。

现代社会不乏各种诱惑，如金钱、权力、美色等，在市场经济条件下，在拜金主义、享乐主义、极端个人主义等腐朽思想影响下，各种诱惑伴随数字新媒体技术的日益普及和迅猛发展，日益变得五花八门、无孔不入，巧于伪装、广而覆盖，即时互动、快速精准，令人防不胜防。一个人一时一事能够抵制住诱惑也许并不难，难的是一辈子不被诱惑俘虏、不跌入诱惑背后的陷阱。因此，要想始终如一地抵御住各种诱惑和糖衣炮弹，不仅需要淡泊明志的境界，而且需要“出淤泥而不染”的勇气、智慧和毅力。在成功抵御各种诱惑和糖衣炮弹方面，老一辈革命家为我们树立了光辉的榜样。早在 1949 年 3 月中共中央七届二中全会上，毛泽东就向全党郑重提出了“两个务必”的要求，即“在胜利面前，务必使同志们继续地保持谦虚、谨慎、不骄、不躁的作风，务必使同志们继续地保持艰苦奋斗的作风”。毛泽东强调，夺取全国胜利，只是万里长征走完了第一步。并且把进城比作进京赶考，表示一定要考个好成绩，决不当李自成。毛泽东、朱德、周恩来、刘少奇、陈云、邓小平等老一辈革命家，无论是在艰苦的战争岁月，还是在新中国成立后的和平时期，无论环境和地位怎么变，无论面对什么诱惑，他们始终如一地保持了共产党人大公无私、清廉为民的高尚品格，在广大人民心中竖起了的一座座不朽的精神丰碑。

“近朱者赤，近墨者黑”，其引申意义是说，与善人在一起，自己会变得誉良，与恶人在一起，自己也会变得邪恶。这说明环境对人的影响不容忽视。国人深知这一道理，所以常有现代版“孟母三迁”的感人故事。然而，现代社会是开放的社会，人不可能生活在一个与世隔绝的环境里。“两耳不闻窗外事，一心只读圣贤书”的时代已经一去不复返了。当代大学生不可能也不应该只在象牙塔里生活，必须走向社会参加实践活动，与他人、与社会交往，努力认识与改造世界。面对社会上各种不良现象及种种诱惑，要学习莲花之精神，做到出淤泥而不染。环境的确对人有重要影响，但具有主观能动性的人同样对环境产生影响，这就是“环境造人，人造环境”的道理。作为有志大学生，正视环境对人之影响的同时，要在不断认识世界和改造世界中，坚守做人的原则和底线，决不当环境的奴隶而随波逐流，真正做到勿为名累、勿为利锁、勿为权迷、勿为欲困。著名的德国作曲家勃拉姆斯，童年的生活环境就极其恶劣。他出生于德国汉堡的贫民街上，父亲是个贫穷的乐队演奏员，母亲比父亲大十七岁，丑陋、脚有残疾，而且脾气很坏。勃拉姆斯的家庭生活很苦，他不得不退学去下等酒店、舞厅等地演奏钢琴来帮助家里生活。在这里，勃拉姆斯接触的尽是酒鬼和妓女，然而，他却一直保留着纯洁的精神世界。他的作品大多风格高雅感情深沉。最终成为与巴赫、贝多芬齐名的著名音乐家。

（二）不以善小而不为 不以恶小而为之

千里之堤溃于蚁穴，因此，践行清廉要防微杜渐。一文虽微，能污清白人格。与其后悔于已然，不如防患于未然。刘备去世前给其子刘禅的遗诏中道：“莫以恶小而为之，莫以善小而不为。唯贤唯德，能服于人。”目的是劝勉他要进德修业，有所作为。好事要从小事做起，积小成大，也可成大事；坏事也要从小事开始防范，否则积少成多，也会坏了大事。所以，不要因为好事小而不做，更不能因为不好的事小而去做。小善积多了就成为利天下的大善，而小恶积多了则“足以乱国家”。青年学生不仅要在政治方向、政治原则等大是大非问题上立场坚定、旗帜鲜明，而且在待人接物、日常生活等小事方面也要防微杜渐，做到改过不吝。社会上一些人出现见利忘义等道德滑坡问题，甚至滑向堕落与违法犯罪的泥潭，往往是从日常小节开始的。可见修养的大忌是放纵自己的小错误。践行清廉，必须从点滴小事做起，谨言慎行，一步一个脚印，努力做一个高尚的人，一个纯粹的人，一个有道德的人，一个有益于人民的人。

四、抗威逼一尘不染

（一）威武不屈 刚正不阿

践行清廉，不仅要抵制住各种诱惑，做到富贵不淫、贫贱不移，而且要抗得住各种威逼，做到威武不屈、刚正不阿。在人生的漫长道路上，有时会遇到惑人心智、令人陶醉的诱惑陷阱，也有时会遇到虎狼当道、强权逞凶的高压威逼，始终做一个尚义清廉之人，必须经受住这两方面的考验，有时需要做出巨大的个人牺牲，甚至生命的代价。威武不屈、刚正不阿是人的一种品质，是指在权势面前，在利诱威逼，甚至在受尽酷刑折磨和死亡威胁的情况之下，能挺得住，不颠倒是非，不背信弃义。中国古代有许多清廉尚义、忠贞不屈之士，把国家和民族的利益置于个人利益之上，即使受尽苦难以至杀头，也在所不顾。例如，田卑拒绝封邑、愿跳油锅；洪皓愿就鼎镬(huò)不降金人；左光斗受炮烙酷刑而不屈。他们的事迹，感人至深，成为后人学习的榜样。无数中国共产党的优秀儿女在为祖国和人民利益而奋斗的征程上，用生命和鲜血生动诠释了威武不屈、刚正不阿的深刻内涵：方志敏面对反动派高官厚禄的利诱不为所动，面对严刑拷打，宁死不屈，英勇就义；向警予面对日寇穷凶极恶地威逼拷打、摧残折磨，大义凛然，忠于祖国的信念始终不渝，直至血染白山黑水；张志新面对“四人帮”爪牙的毫无人性的百般凌辱以及惨无人道的酷刑，始终坚持真理正义，百折不挠，慷慨赴死……正是这种可贵的英雄气节，使中华民族生生不息，虽屡遭磨难而仍能昂然屹立于世界民族之林。

(二)敢于斗争 善于斗争

“污浊、邪恶、贪腐、黑暗”势力与人民的美好愿望和根本利益背道而驰，清正廉明与其尖锐对立、水火不容。不仅污浊不会自清、邪恶不会自消、贪腐不会自灭、黑暗不会自明，而且“污浊、邪恶、贪腐、黑暗”势力具有较强的贪婪性与寄生性、扩张性与传染性、欺骗性与勾连性、隐蔽性与残暴性、嚣张性与野蛮性等特点。这就决定了与“污浊、邪恶、贪腐、黑暗”势力的斗争的长期性、艰巨性和复杂性，任何时候都不要掉以轻心。一部人类阶级社会的历史，不仅是生产力不断发展的历史，而且是清纯与污浊，正义与邪恶，廉洁与贪腐，光明与黑暗之长期斗争的历史。人类历史已经证明并将继续证明：廉洁终将战胜贪腐，正义终将战胜邪恶，光明终将战胜黑暗，因为廉洁、正义、光明是民心所向、大势所趋，因为人民才是历史的真正创造者。中国人民抗日战争暨世界反法西斯战争的伟大胜利，第二次世界大战后亚非拉民族解放运动的持续高涨并取得胜利，都充分证明了正义终将战胜邪恶、光明终将战胜黑暗的历史规律。因此，践行清廉要坚定信念、增强信心，不能仅仅满足于洁身自好，“独善其身”，而且要带头学习、宣传、践行清廉道德和法治，要敢于和善于依法同包括贪腐现象在内的各种危害国家和人民利益的言行做斗争，这是反腐倡廉走群众路线的必然要求，也是新时期党和人民赋予青年的重大历史责任。

【解疑释惑】

现实生活中存在“台上讲清廉，台下搞腐败，边腐边升”现象。应如何看待这一现象？

不可否认，现实生活中的确存在“台上讲清廉，台下搞腐败，边腐边升”的现象。“台上讲清廉，台下搞腐败”的人是典型的“两面人”，“两面人”善于伪装和表演，通过贿赂、攀附上级或骗取组织和群众信任等方式而得以升迁，导致出现“边腐边升”现象。《解放军报》2014年12月10日在头版发表了“做老实人不做‘两面人’”一文，文章指出：中央军委原副主席徐才厚就是典型的“两面人”，他善于表演，擅长伪装，用假面具掩盖自己极其肮脏的灵魂和丑恶的行为，演出了一幕幕丑剧。中纪委监察部网站2015年3月31日发文，对典型的“两面人”——王敏（山东省委原常委、济南市委原书记）案件进行了剖析。

腐败分子的“两面人”特征是：“口言善，身行恶”，其表现是：台上一套、台下一套，当面一套、背后一套，说一套、做一套，人前是人，人后是鬼。台上讲清廉、慷慨陈词，台下搞腐败、不遗余力；当面严肃认真、和蔼可亲，背后声色犬马、放浪形骸；口头上讲“忧国忧民”、克己奉公，实则误国害民、以权谋私，人前正人君子、荣誉光鲜，人后男盗女娼、卑鄙无耻，对上阿谀奉迎、低三下四、瞒天过海，对下冷漠无情、专横跋扈、欺骗恐吓；明里示人以立场坚定、五湖四海、团结奋斗、有所作为，暗里做派是见风使舵、拉帮结派、排斥异己、为所欲为……“两面人”表面上好话说尽，实际上坏事干绝，凡有良知者，无不深恶痛绝。

无论“两面人”多么善于伪装和表演，其实质就是通过制造假象掩盖其不可告人的目的——非法攫取更多的不义之利，满足贪婪的私欲，升官发财享乐是其人生的真正追求。“两面人”的所作所为本质上是一种误国害民的政治投机、政治诈骗、政治流氓行径。

“两面人”的迷惑性、欺骗性、潜伏性特别强，因而危害性、危险性也特别大。东窗事发之时，他们往往已蜕变为大奸巨贪，甚至尾大不掉，令人震惊、难以置信。“两面人”的违法犯罪活动不仅败坏党和政府的形象，而且严重撕裂人民群众对社会主义的政治信仰、对执政党的政治信任；不仅给广大人民的根本利益造成严重损害，而且也危及国家政治经济国防安全和社会和谐稳定，如果任其恶性膨胀，做大做强，将会导致人民江山易帜变色，人亡政息。

近些年来，贪官们做“两面人”犹如苍蝇逐臭，“趋之若鹜”。“两面人”何以屡禁不绝？其产生的土壤和根源何在？“两面人”潜滋暗长的原因十分复杂，是主观因素与客观因素、历史因素与现实因素等多种因素共同作用的结果。第一，腐败分子争做“两面人”是一种趋利避害、自我保护的本能。反腐力度不断加大，贪腐的成本和风险不断提高，为了长期安全“潜伏”，降低被查处的风险，除了加强贪腐行为的隐蔽性外，善于运用包装、表演等障眼法来欺骗舆论和公众是其必然的选择。第二，向上爬的需要。腐败分子乔装改扮以掩盖物质上的贪婪、生活上的糜烂、思想上的堕落，便于骗取组织和群众信任得以更快实现政治上的升迁，从而为攫取更多、更大的非法利益创造条件。第三，厚黑学等权谋文化的熏染，使得腐败分子学会了不顾廉耻、不择手段达到个人目的的狡诈之术。第四，剥削阶级腐朽思想的侵蚀，使“两面人”的巧取豪夺、非法敛财，与政治欺骗、思想愚弄并行不悖。第五，在清官文化传统背景下，腐败分子在公众面前把自己精心打扮成“清官”，可以起到四两拨千斤的独特效果，骗取民众崇拜、拥护和组织信任，捞取更丰厚的政治资本，在巧妙掩盖真实目的和罪行的同时，铺就飞黄腾达之路。第六，一些地方和部门官僚主义蔓延、民主集中制遭到破坏、选人用人法规不落实，“潜规则”盛行、显规则式微，为“两面人”的产生提供了现实土壤。第七，权力运行不够透明，群众知情权、参与权缺失，为“两面人”提供了可乘之机。第八，党风廉政建设和反腐败斗争的主体责任和监督责任落实不到位，疏于管理和监督，“牛栏关猫”，让“两面人”现象有了市场。

中国共产党反腐的决心从未改变，尤其是党的十八大以来，更是以零容忍的态度、猛药去疴的决心、刮骨疗毒的勇气，严厉打击和惩治贪污腐败行为。如今反腐败惩防体系建设力度不断加大，国际反腐合作更加密切，反腐技术手段日趋先进，天罗地网更加严密，反腐的铁拳将更加有力。此外，人民群众十分痛恨腐败，腐败成为社会关注的热点问题，人民群众反对腐败的呼声不断高涨并通过多种方式自发地加入反腐行列，在人民群众反腐的汪洋大海中，腐败分子难以逃脱遭受惩罚的下场。荀子把“口言善，身行恶”的“两面人”称为“国妖”，把“口能言之，身能行之”的人称为“国宝”，认为治国者要“敬其宝”“除其妖”。俗语有言：若要人不知，除非己莫为。“两面人”腐败分子无论多么善于伪装，也难免留下蛛丝马迹、露出狐狸尾巴，难掩其“国妖”的本质。党的十八大以来，包括周永康、徐才厚、令计划、苏荣、薄熙来等在内的 100 多只大老虎和国妖的落马，不仅彰显了中央打虎除妖的坚定决心和意志，而且也反复证明了“狐狸再狡猾，也斗不过好猎手”。“打虎拍蝇”“猎狐”“天网”等反腐行动有力震慑了形形色色的“两面人”腐败分子，落实全面依法治国、全面推进改革、全面从严治党，也必将大大压缩“两面人”腐败分子的生存空间。只要“两面人”腐败分子存在一天，党和人民与他们的斗争就不会停止，要相信正义终将战胜邪恶，正义必胜、人民必胜。

早在延安时期，毛泽东同志就指出：“当老实人，讲老实话，做老实事。”几代党的领袖都十分强调这一点。因此，我们高职学生要努力做到言行一致、表里如一，襟怀坦荡、光明磊落，要树立做大事而不是做大官的志向。在校期间要努力学习，提升自身素质，不断增强为人民服务的能力。走上工作岗位后，要踏踏实实做人，认认真真做事。这才是正道。

【案例分析】

案例呈现：于成龙："天下廉吏第一"①

于成龙是山西省永宁州（今方山县）人，字北溟，别号子山。生于明万历四十四年（1616 年），卒于清康熙二十三年（1684 年）。他性格端庄，才智过人，勤俭耐劳，是个崇尚实干、不屑空谈的人。

顺治十八年，清廷委任已 45 岁的于成龙到遥远的边荒之地——广西罗城为县令。罗城新隶于清廷统治不到两年，由于局势未稳，两任知县一死一逃。而且当地万山环绕，瘴疠盛行，从北方到那里为官的"百无一归"。于成龙不顾亲朋的阻拦，抛妻别子到罗城赴任。当地百姓见于成龙不带家眷，生活清苦，便主动给他送来一些土特产。于成龙一概谢绝。于成龙在任期间，废寝忘食，剿匪捕盗，公正断案，抑恶扬善，当地治安改观，社会安宁。他还倡办学校，传播文化，风气为之一新。

于成龙塑像

于成龙律己甚严，又不做交际馈遗之事，不带家属赴任，不许仆从挥霍，生活甚为清苦。但他作为朝廷命官，对百姓却是体恤有加。于成龙能够以百姓为念，为此他甚至不怕得罪上司，不怕得罪朝廷。在四川合州知州任上，他体恤战乱后生活困顿的百姓，停止百姓给府上送鱼之惯例，并上疏反复陈述地方百姓的苦难。知府为之汗颜，于是裁革扰累民间的事情 10 余件。四川奉旨采伐楠木以供"钦工"之用，于成龙毅然上书巡抚指斥这是"大兴土木，劳民伤财"，建议由文官衙役负责修路，武官兵丁负责伐木，这样可以不征调民间夫役。在湖广黄州府任职时，正赶上灾荒，他以糠代粮，把节余下的口粮、薪俸救济灾民，甚至把仅剩的一匹供骑乘的骡子也"鬻之市，得十余两，施一日而尽"。他还劝富户解囊，以广布施。

康熙十四年（1675 年），湖广地区因为地处征讨吴三桂叛军的前沿阵地，驻守官军所需的大量物资，都要地方官府筹措供应。时任黄州知府的于成龙掌管征发

① 山西农民报记者．于成龙："天下廉吏第一"［N］．山西农民报，2015-01-23（16）．

转输。为缓解民力，他亲自经办一应事务，最终“省民费以千万计”，并且“严饬属邑，禁羡耗，绝私派，惩诬告，杜馈遗”。

在以后的日子里，于成龙的官职不断得到提升，可是“清廉自奉”的道德操守却始终没有降低。于成龙迁两江总督时，已逾花甲。“两江”地处长江中下游流域，沃野千里，富庶丰腴，而于成龙不改初衷，一如既往，每餐必食萝卜青菜。主仆无茶可饮，采槐叶充之，日久，衙后槐树，枝朗叶疏。于成龙到任后，恰逢江南屡遭风雨袭击，灾情不断，他经常为了“留米赈饥”，而以稀粥青菜为食。“日食粗粝一盂，粥糜一匙，佐以青菜，终年不知肉味”，江南人为感念他，亲切地称他为“于青菜”。“于青菜”的逸事，至今还在江南流传。

于成龙深知“州县各官厉民积弊，处处皆然，而江南尤甚”，为痛加革除，提出了勤抚恤、慎刑法、绝贿赂、杜私派、严征收、崇节俭这六条戒律，使州县基层官员“朝夕观省，自为猛惕”，并要求他们“虽自己足食，当思民之无食者；自己披衣，亦当思民之无衣者”；若“无功于国，无德于民”而终日华衣美食，则虽身居官长，实与盗贼无异。

于成龙力倡节俭，身体力行，任两江总督仅三年，政风社情，焕然一新：官吏廉洁自律，勤政爱民。两江百姓安居乐业，人户丰瞻。

于成龙为官清正，不徇私情，敢于对官场潜规则说“不”。譬如下级官员给上级送礼，似乎“天经地义”。在清朝，“冰敬”“炭敬”甚至成为高级官员的一笔重要收入。康熙十九年中秋节，有一名知县给于成龙送礼，于异常愤怒并下了一份《严禁馈送檄》，规定“凡遇重阳、冬至、元宵等节，有过路送礼者，各衙门概行禁止。如有私相馈献，查出并行题参，决不姑宽”。

于成龙历任知县、知州、知府、道员等地方官，一直做到藩臬二司（按察使、布政使）、督抚大员，所到之处，皆有政声。尤其是始终清廉自守，多行善政，深得民众爱戴。于成龙病逝之日，江南百姓“皆巷哭罢市，家绘像以祀之”；归葬之日，江南士民数万人，步行相送二十里。康熙谕旨，谥号“清端”，并赐予御制碑文，以示褒奖。于成龙真不愧为清代历史上首屈一指的清官廉吏。

案例分析

于成龙去世三百多年来，一直活在人们的心中，受到人们的敬仰，因为他一生践行清正廉明，替百姓着想，为百姓解忧，做了许多好事、实事。初入仕途，他抛妻别子、不避艰险，毅然到遥远的边荒之地——广西罗城赴任；他对百姓体恤有加，而对自己要求甚严，为了“留米赈饥”，自己以稀粥青菜为食；他以百姓为念，为此他甚至不怕得罪上司，不怕得罪朝廷；他为官清正，不徇私情，敢于对官场潜规则说“不”；他抑恶扬善，剿匪捕盗，公正断案，保一方平安；他带头勤政廉政，并严格约束下属，提出六条戒律——“勤抚恤、慎刑法、绝贿赂、杜私派、严征收、崇节俭”……在特权盛行、等级分明的封建专制社会，于成龙能够做到清廉为民，实属不易，其清廉之官德、利民之品行作为古代清廉文化优秀遗产值得继承和弘扬。

【小资料】

成语故事——威武不屈

战国时期，各诸侯国有强有弱，强国想争霸天下，弱国则想自保，于是，说客应运而生。他们到各国游说，宣扬自己的政治主张。

在众多说客中，公孙衍、张仪称得上其中的佼佼者。因为他们代表着强国，所以弱小的国君看到他们两人都非常害怕，唯恐他们发动军队来攻自己的国家。

有一个说客问孟子：“公孙衍和张仪能令君主害怕，是不是真正的大丈夫？”

孟子回答说：“他们怎么能算大丈夫呢？作为一个大丈夫，应该懂得礼仪法度，把仁义看得至高无上。得志的时候不脱离百姓；失意的时候也不屈从世俗，学习阿谀奉承之术。不能因为富贵而迷惑，也不能因为贫贱而失志，更不能因为受到暴力的威吓而丧失了气节。只有做到了这三点，才能算是真正的大丈夫！”

【知与行】

利用节假日或周末，分组、就近参观一处广西廉政教育基地，并把所见、所闻、所感，制作成 PPT 课件，交流学习。

【课外作业】

以小组为单位（3～5 人）搜集当地清廉为民的先进人物和故事，并制作成 PPT 课件在班上开展讲故事比赛。

第四讲　清廉是驱邪的“照妖镜”
——抗诱惑一尘不染

【导　语】

每个人在其人生旅程中，都难以完全避免要面对金钱、权力和美色等形形色色的诱惑和陷阱。其实，诱惑和陷阱并不可怕，可怕的是人缺乏抵御诱惑、规避陷阱的德行、智慧、能力和意志，尤其是清廉素质。

党的十八大以来，仅“大老虎”就有400多只落马，还有一些为数不少的“苍蝇”被清除，这些“老虎”“苍蝇”大都有一个共同的特点，就是没有抵御住金钱、权力、美色的诱惑。他们私欲膨胀，贪污腐败，追逐权力，贪图享乐，迷恋美色，一步步跌入违法犯罪的泥潭，给党的事业和人民群众的利益带来极大危害，其受到法律制裁完全是咎由自取。与此形成鲜明对照的是，千千万万优秀中华儿女，爱国敬业、清廉为民，不断书写实现中华民族伟大复兴之中国梦的新篇章。青年学子要成为中国特色社会主义的合格建设者和可靠接班人，成为对国家、人民有用的人，避免成为金钱、权力和美色等诱惑之妖的俘虏、避免跌入致人身败名裂的陷阱，就必须崇尚和践行清廉，真正掌握驱邪的“照妖镜”，牢固树立马克思主义的清廉金钱观、清廉权力观和正确的爱情观、婚姻观。

第一节　不要成为金钱的奴隶

【基本理论】

一、金钱与金钱观

(一)金钱的产生及其作用

1. 金钱的产生。金钱是指金属铸成的钱，在经济学上通称为“货币”。在人类对货币的起源及其本质的探索中，曾经是见仁见智、众说纷纭，有的说货币是人们协商的产物，有的说货币是人们有意识地发明出来的，有的说货币是金银天然具有的属性，有的说货币纯粹是一种符号，等等。直到马克思的《资本论》问世，这一千古之谜才得以解开。

在漫长的原始社会中，生产工具极为落后，劳动生产率很低，社会生产力水平十分低下。人们在集体劳动中，实行简单的协作，劳动过程不存在社会分工，只有按年龄和性别的自然分工。氏族社会成员通过狩猎和采集所获得的产品非常稀少，为了保证每个公社成员都能够生存下去，只能实行“平均主义”的分配方式。人们生产的全部产品，除了用以维持自身生存的最低需要外，没有什么剩余，既不可能，也没有必要进行产品的交换，因而原始社会长时期是一种自给自足的自然经济。

在原始社会末期的第一次社会大分工出现以前，交换只是一种极为偶然的现象，也就是在氏族公社之间，偶然才把自己公社所生产的极少量多余产品拿去同别的氏族公社的产品相交换，这时，一种商品的价值是偶然地、简单地表现在和它相交换的另一种商品上，从而出现了简单的或偶然的价值形式。用公式表示为：1 只绵羊 = 2 把石斧。绵羊的价值是通过石斧表现出来的，即 1 只绵羊的价值表现为 2 把石斧。绵羊的价值依靠石斧相对地表现出来，因而绵羊处于相对价值形式的地位，而石斧只是充当表现绵羊价值的材料，处于等价形式的地位，起着等价物的作用。

原始社会末期，随着社会生产力的发展，出现了第一次社会大分工，即畜牧部落从其他原始部落中分离出来，商品交换发展成为一种经常的现象，这时，一种商品不只是偶然地和另一种商品相交换，而是经常地和许多商品相交换，从而使一种商品的价值表现在其他一系列商品上，等价物也不只是由一种商品来承担，而是由许多商品来承担，从而使商品的价值表现得更充分了。这样，简单价值形式就逐渐发展到总和的或扩大的价值形式。用公式表示为：

$$
1\text{只绵羊}\begin{cases} = 2\text{把石斧} \\ = 1\text{件上衣} \\ = 15\text{千克粮食} \\ = 1\text{克黄金} \\ = \text{若干其他商品} \end{cases}
$$

扩大的价值形式存在很大缺点，等价物是经常变换的，从而给商品交换带来一定困难。如绵羊的所有者需要石斧，而石斧的所有者不想要绵羊却想要粮食，粮食的所有者又需要上衣，只有上衣的所有者才需要绵羊。这样，绵羊要换成石斧，则需要经过许多周折，从而不利于商品交换的顺利实现。

随着商品交换的进一步发展，逐渐从商品世界中分离出一种商品，其他各种商品都习惯地与这一种商品相交换，都通过它来表现自己的价值。一切商品的价值都获得了简单的、统一的表现形式。这样，就由扩大的价值形式逐渐发展到一般价值形式，用公式表示为：

$$\left.\begin{array}{r} 2\text{ 把石斧} = \\ 1\text{ 件上衣} = \\ 15\text{ 千克粮食} = \\ 1\text{ 克黄金} = \\ \text{若干其他商品} = \end{array}\right\} 1\text{ 只绵羊}$$

任何商品只要首先换成作为一般等价物的商品（绵羊等），就能用其（绵羊等）换回自己所需要的任何商品。但是，一般价值形式也有不足之处，一般等价物虽然已有某种商品来充当，但一般等价物的职能还没有完全固定在某一种商品上，可以因时因地而变化。这种不完全固定的一般等价物，仍然不利于商品交换的发展。

在原始社会向奴隶社会过渡的时期，出现了第二次社会大分工，即手工业从农业中分离出来，出现了专门为市场交换而进行的商品生产。商品生产和商品交换的日益发展和范围逐步扩大，就要求一般等价物在时间上和地区上具有统一性，固定地由某一种特殊商品来充当。当一般等价物的职能最终被固定在某一种特殊商品上时，这种商品就成为货币，从而一般价值形式就发展成为货币形式。用公式表示为：

$$\left.\begin{array}{r} 2\text{ 把石斧} = \\ 1\text{ 件上衣} = \\ 15\text{ 千克粮食} = \\ 1\text{ 只绵羊} = \\ \text{若干其他商品} = \end{array}\right\} 1\text{ 克黄金}$$

货币的本质是固定充当一般等价物的商品，体现着商品经济条件下，商品生产者之间的社会经济关系。贝壳、毛皮等都曾充当过货币商品，以后，随着生产力的发展，货币的职能才逐渐固定在黄金、白银等贵金属上。贵金属之所以能固定地充当货币商品，一方面，因为它本身也是包含一定价值的商品；另一方面，因为它具有体积小而价值大，质地均匀，易于分割，不易腐烂，便于保存、收藏和携带等自然属性，因而便于执行货币的职能，正如马克思所说："金银天然不是货币，但货币天然是金银。”随着商品交换的发展，逐渐产生了由国家铸造的铸币，后来又产生了由国家发行的并强制流通的价值符号——纸币，它代表贵金属货币执行流通手段职能。随着计算机网络技术的发展，又出现了信用卡等电子货币。

总之，马克思在自己创立的科学的劳动价值论的基础上，通过对商品交换发展历史的考察，分析了商品价值形式从简单的价值形式到扩大的价值形式，再到一般价值形式，最后发展成为货币形式的历史演变。深刻揭示了货币是商品交换矛盾发展的产物，是价值形式发展的必然结果，是从商品世界中分离出来的固定地充当一般等价物的一种特殊商品。从而，科学地阐明了货币的起源和本质，揭开了货币之谜，创立了科学的货币学说。

2.金钱的作用。货币，就是我们通常讲的金钱，是人类社会发展到一定历史阶段的产物，它是商品交换的媒介、计量商品价值的尺度和社会财富的一般代表。

货币因商品交换的出现而萌芽，伴随商品生产的日益发展和商品交换范围的不断扩大而产生，货币产生后又进一步促进了商品生产、商品交换的发展。具体来说，在发达的商品经济中，货币在社会经济生活中的作用体现在价值尺度、流通手段、贮藏手段、支付手段、世界货币五种职能。货币的价值尺度职能是指货币是衡量和计算一切商品价值量大小的社会尺度。货币的流通手段职能是指货币起着商品交换媒介的作用。货币的贮藏手段职能是指货币退出流通领域，作为社会财富的一般代表贮存起来，以备不时之需。货币的支付手段职能是指在出现商品赊购赊销情况下，商品买卖以后，当赊购到期需偿还货款时，货币就执行支付手段的职能。货币的世界货币职能，就是货币越出一国范围，在国际经济关系中发挥一般等价物的作用。货币的价值尺度和流通手段是货币最基本的职能，是货币一产生就具有的职能，其他三种职能是随着商品经济的发展，在价值尺度和流通手段两种基本职能的基础上逐渐相继产生的。

货币作用之性质和货币作用发挥的程度，因社会生产方式、社会形态的不同而不同。例如，在奴隶社会和封建社会中，自然经济占据统治地位而商品经济在社会经济生活中只是处于从属和补充的地位，货币的作用因商品经济的从属地位而受到限制。到了资本主义社会，商品经济成为占据统治地位的、最普遍、最一般的经济形式，因而货币的作用日益凸显。在资本主义条件下，大量的货币转化为资本从而成为资产阶级阶级剥削工人阶级的手段。

货币或金钱的作用是客观存在的，不能任意贬低其作用，尤其是在商品经济发达的时代，更不能忽视货币或金钱的作用。但是，也不应任意夸大货币或金钱的作用。

有的人把金钱视为幸福的化身，认为有了钱，就有了一切。有的人把金钱视为罪恶的根源，认为金钱是人类所有发明中近似恶魔的一种发明，再没有其他东西比在金钱上有更多的卑鄙和欺骗。无论是金钱幸福论、金钱万能论、金钱自由论，还是金钱灾难论、金钱无用论、金钱罪恶论，都没有客观、辩证、全面、历史地看待和评价金钱的作用，因而都是片面的、非科学的。正如一把刀，可以用来切菜做饭、砍柴谋生，也可以用来偷盗行凶、谋财害命，用刀做坏事，不是刀的罪过，而是做坏事的人的罪过。其实，货币或金钱本身没有善恶之分、是非之别，关键在于生活在一定历史条件下的人是如何看待、如何获得、如何使用货币或金钱的。例如，有的人靠劳动创造、合法经营、科学管理，创造社会价值，来实现个人价值、获得金钱，而有的人却靠巧取豪夺、坑蒙拐骗、贪污腐败，危害国家、人民利益，来获得金钱；有的人用金钱治病救人，而有的人却用金钱雇凶杀人；有的人用金钱扶危济困，而有的人却用金钱助纣为虐；有的人用金钱资助失学儿童，而有的人却用金钱拉票贿选；有的人用金钱资助公益，而有的人却用金钱赌博嫖娼……总之，要彰显金钱的积极作用，消除金钱的消极作用，除了要建设公平正义的美好社会、创造良好的社会环境外，还必须使人们树立并践行正确的金钱观。

（二）金钱观的内涵及其分类

1. 金钱观的内涵。金钱观是指人们在实践中形成的对于金钱的根本看法和态度，是人生价值观的一部分。

2. 金钱观的分类。

(1)按金钱观性质的不同划分。可以分为正确金钱观、错误金钱观，还可以分为清廉金钱观、贪腐金钱观。

正确金钱观是以马克思主义关于金钱的理论为指导的金钱观。马克思主义科学地揭示了金钱的产生、本质和历史作用，认为金钱即货币的产生有其历史的必然性，它是人类社会发展到一定历史阶段的产物，是固定地充当一般等价物的特殊商品，是商品交换的媒介、衡量商品价值量大小的尺度和社会财富的一般代表。金钱是人类创造的，应为人类服务，人类应当是金钱的主人，而不是金钱的奴隶。人们依靠自己的劳动和创造，积累社会财富，并获取一定的报酬、金钱、财产是值得肯定的。而那种用剥削、掠夺、欺诈等恶劣、卑鄙手段，攫取金钱、财富的不劳而获，则是可耻的。金钱在促进商品交换的过程中起了重要作用，但金钱并非万能，世界上有比金钱更重要、更宝贵的东西。

错误金钱观则违背了马克思主义关于金钱的理论，认为金钱是万能的，视金钱为上帝，爱金钱如生命，为了获得金钱而不择手段；或者表现出对金钱的憎恨和厌恶，认为“钱是肮脏的”“钱是万恶之源”，或者视金钱如烟云，认为金钱对人毫无意义。

清廉金钱观是一种正确的金钱观，它倡导勤俭节约、艰苦奋斗，主张勤俭办一切事业，坚决反对慕虚荣、讲排场、比阔气，坚决抵制铺张浪费、享乐主义、奢靡之风；主张通过合乎道德和法律的正确途径获得金钱，提倡适度消费、理性消费、绿色消费。

贪腐金钱观是一种错误的金钱观，它过分夸大金钱的作用，认为金钱是万能的，崇拜金钱，视金钱为人生追求的唯一目的；为了获得更多的金钱而煞费苦心、不择手段。贪腐金钱观的现实表现多种多样，有的追求灯红酒绿、奢靡享乐、比阔斗富、纸醉金迷、奢华排场；有的热衷受贿索贿、贪污腐化、偷税漏税、走私贩私、制假售假；有的迷恋偷盗抢劫、巧取豪夺、欺行霸市、敲诈勒索、拐卖人口等。

(2)按照人们对金钱功能之看法的不同划分。可分为视金钱万能的金钱观、视金钱有害的金钱观、较客观看待金钱功能的金钱观。

视金钱万能的金钱观，认为“有钱能使鬼推磨”，有了金钱就有了一切，一切向钱看，将获得金钱视为人生的唯一目标，为了金钱甚至可以不择手段，是拜金主义的金钱观。视金钱有害的金钱观则认为，“钱是肮脏的”“钱是万恶之源”，金钱会玷污一个人的灵魂，金钱是人堕落腐化的罪魁祸首，认为追逐金钱会使人陷入万劫不复之地。

较客观看待金钱功能的金钱观，承认金钱在现实生活中具有不可替代的作用，同时也看到了金钱作用的局限性。认为“金钱不是万能的，没有金钱也是万万不能的”，对金钱应该取之有道，用之有度。

(3)按照人们对金钱的主导程度划分。可分为金钱主人型金钱观、金钱奴隶型金钱观。

金钱主人型金钱观认为，“金钱不是目的，而只是达到目的的一种手段。”(撒切尔夫人语)人应该成为金钱的主人或主宰，应正确看待金钱、合法取得金钱、合理使用金钱，不因金钱而迷失方向，不因金钱而丧失理性，不因金钱而出卖灵魂。金钱奴隶型金钱观则恰恰相反，认为人生的目的与乐趣就是为了获取金钱，人受金钱支配，受金钱奴役，是金钱的奴仆，一切活动都是围绕金钱而开展的。

3. 清廉金钱观的内涵及其特征。

清廉金钱观是人们在实践中形成的，以崇尚和践行清廉为原则的金钱观。其主要特征包括以下三个方面：金钱要取之有道、金钱要用之有度、金钱要用之有益。

(1)金钱要取之有道。古人云：君子爱财，取之以道。孔子说：“不义而富且贵，于我如浮云。”[①]“不义之财不会给人带来好运气。”[②]清廉金钱观认为，要通过合乎道德与法律的正当途径，光明正大地取得金钱，也就是说，要通过诚实劳动创造、合法经营管理取得金钱，而不是通过违背道德和法纪的方式取得金钱。

① 《论语·述而》

② 古罗马·奥维德《爱情诗》

(2)金钱要用之有度。“德，俭而有度。”[①]就是说，节俭而有限度，才是美德。“俭开福源，奢起贫兆。”[②]其意是，节俭为幸福开辟源泉，奢侈引起贫困之征兆。“俭则约，约则百善俱兴；侈则肆，肆则百恶俱纵。”[③]大意是，俭朴就会约束自己，而自我约束，一切好事都会发生；奢侈就会放纵自己，而自我放纵，一切坏事就会滋长。因此，对于金钱要用之有度，要从实际出发，量入为出、适度花钱，量力而行、理性消费。使用金钱，无论是投资兴办事业，还是消费满足物质文化需要，都要把握好“度”。投资要分轻重缓急，把有限的资金用到刀刃上，提高投资效益、规避投资风险，少花钱、多办事、办好事。消费要理性、节制、节俭，克服脱离实际的盲目攀比消费、寅吃卯粮的过度超前消费、杀鸡取卵式的败家子消费。

(3)金钱要用之有益。“财富无常而仁德永恒，故一旦得财需及时行善。”[④]“治家量入为出，干好事则仗义轻财。”[⑤]用金钱行善、干好事、为人民谋福等都是金钱“用之有益”的表现。“财富只有当它为人的幸福服务时，它才算作财富。”[⑥]不但获得金钱要合乎义，使用金钱也要合乎义。只有使用金钱合乎义，才能使金钱“用之有益”。有益，就是有好处。无论国家、集体，还是家庭、个人，对待金钱，都应“用之有益”，避免“用之招害”。金钱要用之有益，尤其需要把握好使用金钱的时空与对象。一是把金钱用到最该用的时候，正确把握金钱使用的时间与时机，例如，“5·12”汶川大地震时，为了支持和支援抗震救灾，国家大量拨款(2008 年中央财政下达汶川地震生活救助金 417.94 亿元[⑦]，2008 年至 2010 年中央财政投入地震灾后重建的资金达 3 018.94 亿元[⑧])，社会各界踊跃捐款捐物(截至 2008 年 9 月 25 日 12 时为止，全国共接收国内外社会各界捐赠款物总计 594 亿元[⑨]，民政部官员在 2009 年 5 月 12 日表示，汶川地震救灾捐赠，款和物资捐赠折款合计约 768 亿元[⑩])，充分体现了雪中送炭和“一方有难，八方支援”的精神。二是把金钱用到最

① 《艺文类聚·卷第二十一·左传》
② 《魏书·李彪传》
③ 清·金缨《格言联璧·持躬》
④ 印度·瓦鲁瓦尔《古拉尔箴言》
⑤ 清·金缨《格言联璧·惠吉》
⑥ 苏联·苏霍姆林斯基《家长教育学》
⑦ 人民日报记者.中央临时生活救助资金发放工作基本完成[N].人民日报，2009-01-05(1).
⑧ 新华网.中国政府今年投入近千亿元重建汶川地震灾区[EB/OL].(2010-03-05)[2015-09-30]. http://news.xinhuanet.com/politics/2010-03/05/content_13106574.htm
⑨ 华声在线.历史上的今天：汶川地震 盘点上世纪中国史上十大地震.[EB/OL].(2015-05-12)[2015-09-30]. http://gz.people.com.cn/n/2015/0512/c370110-24828785.html
⑩ 熊德 邹陈东.民政部救灾司：确保社会捐赠资金和物资不被挪用.[EB/OL].(2009-05-12)[2015-09-30]. http://www.ce.cn/xwzx/gnsz/gdxw/200905/12/t20090512_19058678.shtml

该用的地方，正确把握金钱使用的空间和地域，例如，中央政府不断加大对边疆地区的财政投入，内地省区市对口支援边疆地区发展，对缩小东部发达地区与边疆地区的发展差距，实现共同富裕意义重大。三是把金钱用到最该用的对象身上，正确把握金钱应该重点支持的群众和人口，例如，为减少贫困人口，政府不断加大扶贫资金投入，以帮助困难群众脱贫致富。总之，金钱要用之有益，就要把金钱用到有利于国家发展、民族振兴、社会进步、人民幸福的地方，用到有利于帮助困难群众渡过难关、成就梦想的地方，用到有利于个人全面发展、实现人生价值的地方。

二、树立清廉金钱观的意义

树立清廉金钱观对于帮助人们，尤其是青年学子，正确看待、获取和使用金钱，克服拜金主义倾向，对于维护社会主义市场经济秩序、促进社会安定和谐，对于实现国家政治清明、形成良好社会风尚都具有重要意义。

（一）有利于预防和克服“一切向钱看”的拜金主义倾向

从人的发展角度来看，拜金主义与人的全面发展相背离，剥夺了人的本质的丰富性，把人降低为金钱的奴隶；从社会发展角度来看，拜金主义盛行的社会必然是一个物欲横流、人情冷漠、尔虞我诈的社会，是一个道德沦丧、信仰缺失的社会。而树立清廉金钱观，正确认识金钱的产生、地位与作用，有利于预防和克服“一切向钱看”的拜金主义倾向，自觉抵御拜金主义。只有人们真正认识到世界上还有很多比金钱更重要的东西，金钱不是人生的全部内容，更不是人生的唯一目的，而只是实现人生目的的一种手段，才能坚守自己的崇高信仰和道德底线，坚持做金钱的主人、不做金钱的奴隶，坚持“以义为先、义利统一”，努力为社会创造更好更多的物质和精神财富。

（二）有利于维护社会主义市场经济秩序

在经济领域，如果任由拜金主义等错误金钱观泛滥，就会导致唯利是图、诚信缺失、见利忘义的行为泛滥，坑蒙拐骗、敲诈勒索、制假贩假、偷工减料、偷税漏税、欺行霸市者将大行其道，就会使经济秩序陷入混乱，给人民生命财产造成危害。多年来，虽然国家在维护社会主义市场经济秩序方面采取了一系列措施并取得积极成效，但是，经济领域仍然存在一些不容忽视的问题，例如，有的地区、部门、企业在错误金钱观的驱使下，割裂经济效益与社会效益的辩证关系，片面追求经济效益，为了局部利益或小集团的利益不惜牺牲国家和民族的整体利益、长远利益；更有甚者，为了追逐金钱无视社会公德、践踏市场规则，甚至泯灭人性、不择手段，不惜以危害他人健康和生命为代价来谋取不义之财，三鹿毒奶粉案、河南瘦肉精事件、“齐二药事件”等案件一再为人们敲响警钟；也有一些人，为了金钱而疯狂作案、铤而走险，广东特大假币案（广东省公安机关2015年9月捣毁了一起2.1亿元特大假币案，29名犯罪嫌疑人全部落网，超2亿元假币无一流入社会）、厦门远华特大走私案（赖昌星走私犯罪集团及其他走私犯罪分子，在厦门关区走私价值高达人民币530亿元，偷逃税款人民币300亿元[①]）、广东深圳“7·18”特大虚开骗税案（查获近百家涉案企业的各类票证超过5吨，挽回经济损失1亿余元[②]）等犯罪行为严重干扰和破坏我国社会主义市场经济秩序。树立清廉金钱观，引导人们正确看待金钱，见利思义，自觉遵守国家法律法规，通过诚实劳动创造、合法经营管理，实现致富目标，这有助于预防和减少经济犯罪，维护社会主义市场经济秩序。

（三）有利于实现国家政治清明

在贪腐金钱观的腐蚀、驱使下，出现了金钱功能人为异化、价值规律运用泛化之倾向。金钱即货币在本质上是固定地充当一般等价物的商品，既然是商品就要遵循等价交换的价值规律，这一切都是在商品交换、商品经济领域。然而，有的人把人民赋予的权力也当作商品来买卖，出现了买官卖官的现象，有的人把选票当作商品来买卖，出现了拉票贿选的现象，有的人把权力作为赚钱的资本，出现了“不给钱不办事，给了钱乱办事”的现象……这就使金钱这一特殊商品走出商品经济领域而进入了不该进入的政治领域，导致其功能的异化，这就使商品经济的基本经济规律——等价交换的价值规律运用到不该运用的政治领域，导致价值规律运用的泛化。金钱功能的异化、价值规律运用的泛化，严重破坏和恶化了政治生态，导致“劣币驱逐良币”、“贪官驱逐清官”、官场“潜规则”盛行、塌方式腐败等严重后果。在政治领域如果贪腐金钱观盛行，腐败蔓延，执政党和政府就会失去广大人民群众的信任和支持，就有亡党亡国的危险。树立清廉金钱观，可以有效预防金钱功能异化和价值规律运用的泛化，发展商品经济就按经济规律办事，发展政治文明就按政治规矩、政治纪律办事，自觉依法依规获得和行使权力，执政为民，清廉务实，勤俭正派，从而有效压缩腐败生存的空间，形成良好的政治生态，遏制并逐步消除以权谋私、与民争利、权钱交易、贪图享乐、挥霍浪费、贪污腐化等现象，这有利于实现政治清明。

---

① 秦杰、翟伟、吴兢．正义必定战胜邪恶——厦门特大走私案查处始末[N]．人民日报，2001-07-26(1)．

② 人民网．中国2013年十大经济犯罪案件公布[EB/OL]．(2014-02-13)[2015-09-30]．http://legal.people.com.cn/n/2014/0213/c42510-24354167.html

（四）有利于促进社会安定和谐

受错误金钱观的影响，一些人热衷不劳而获、走“捷径”发财，为了金钱，有的拐卖妇女儿童，有的组织、强迫、容留妇女卖淫，有的制毒贩毒，有的搞电话或网络诈骗，有的加入“飞车党”肆意抢劫，有的“飞檐走壁”入室偷窃，有的为了争财产一家人反目成仇，有的非法排污导致“癌症”“怪病”频现……这一切都严重损害人民群众利益、严重危及社会和谐稳定。树立清廉金钱观，有利于遏制人们膨胀的金钱欲望，做到对金钱取之有道，有利于克服不劳而获思想，自觉通过正当合法途径致富，预防和减少各种违法犯罪活动，促进社会安定有序，人民安居乐业，实现共同富裕。

（五）有利于形成崇尚勤俭的良好风尚

受错误金钱观的影响，出现了炫耀性消费、奢侈性消费、盲目性消费、攀比性消费、浪费性消费等非理性消费，造成了金钱财富的极大浪费，艰苦奋斗、勤俭节约的优良传统受到冲击。从一餐 15 万元的年夜饭到国际美食节上耗资 20 万元的“满汉全席”，从售价上万元的“天价月饼”到标价数十万元的“金书”“金画”，从购车追求豪华型、大排放量到购房追求高标准、大面积、豪华装修，从地产商为母举办数百万的豪华葬礼到煤老板数千万嫁女的奢华婚礼，等等，这体现了一些人生活方式上追求奢侈的暴发户心态。党的十九大报告强调：“中国特色社会主义进入新时代，我国社会主要矛盾已经转化为人民日益增长的美好生活需要和不平衡不充分的发展之间的矛盾。必须认识到，我国社会主要矛盾的变化，没有改变我们对我国社会主义所处历史阶段的判断，我国仍处于并将长期处于社会主义初级阶段的基本国情没有变，我国是世界最大发展中国家的国际地位没有变。”炫耀性等非理性奢靡消费不符合我国国情，不符合中华民族崇尚勤俭的优良传统，不符合低碳消费、绿色消费和可持续消费的现代理念，不符合实现共同富裕的目标要求。我国人口众多，人均占有资源量少，炫耀性等非理性奢靡消费的蔓延不仅使人们的价值观扭曲，而且加剧了资源浪费和短缺、社会消费结构不合理、社会生产导向不合理和社会不公平之趋势。《晋书》上说：“奢侈之费，甚于天灾。”《墨子·辞过》中有言：“俭节则昌，淫佚则亡。”《唐书》有论：“奢侈者，危亡之本。”可见，古人鉴于历史的经验教训，早已认识到生活奢侈、挥霍无度的严重危害。树立清廉金钱观，不仅对金钱要取之有道，而且对金钱要用之有度、用之有益，学会花钱、理性消费、科学消费，这有利于把金钱财富的使用控制在合理有益的限度之内，预防和克服铺张浪费和奢靡之风，形成崇尚艰苦奋斗、勤俭节约的良好风尚。艰苦奋斗，勤俭节约是任何时候都不可丢弃的传家宝。一个浪费盛行的国度，不可能涵养真正的现代文明；一个艰苦奋斗的政党，必定懂得成由俭败由奢的道理。树立清廉金钱观，反对铺张浪费和奢靡之风，我们的国家才有希望，我们党才能在改进工作作风、密切联系群众中，始终保持艰苦奋斗、昂扬向上的精神风貌。树立清廉金钱观，厉行勤俭节约，才能有效净化社会环境，培育健康向上的文明风尚。

此外，树立清廉金钱观也有利于高职学生成长成才。树立清廉金钱观，才能更好地发扬艰苦奋斗的精神，克服不切实际的盲目攀比之消费心理，减轻家庭经济负担，才能学会花钱、提高财商，形成理性、绿色、健康消费观念。树立清廉金钱观，才能更好地抵御"一切向钱看"的拜金主义思潮的腐蚀和侵袭，克服急功近利的浮躁心态和不劳而获、走"捷径"的投机思想，才能端正人生目的，勤学苦练，掌握更多有用的知识技术技能，靠劳动和创造为社会做出贡献、实现人生价值。

三、在实践中树立清廉金钱观

高职学生确立清廉金钱观重在知行统一。思想上要认清包括贪腐金钱观在内的各种错误金钱观的实质及其危害，行动上要严格遵循清廉金钱观的要求，摆正金钱在人生追求中的地位，不断增强抵御各种错误金钱观侵蚀的能力，并结合实际情况，在实践中学会对金钱取之有道、用之有度、用之有益。

（一）正确看待金钱

当代大学生肩负重要历史使命，必须旗帜鲜明地反对拜金主义，客观辩证地看待金钱的作用，始终做金钱的主人。努力把个人的理想追求与祖国的前途命运紧密结合起来，牢固树立为实现中华民族伟大复兴的中国梦而奋斗的远大志向，在为实现国家富强、民族振兴、人民幸福而奋斗的实践中展现青春风采、实现人生价值、创造美好未来。

要辩证地看待金钱的作用。关于金钱的作用，如前所述，要着重从两方面把握：一方面，在社会主义初级阶段，在发展社会主义市场经济的条件下，金钱有着不可替代的重要作用，金钱即货币是促进物质文明建设的手段，商品生产的发展、市场经济的发达都离不开金钱。对个人而言，金钱是生活的手段，在商品经济条件下，个人生活所需的消费品都必须用钱来换取。另一方面，在承认金钱对发展商品生产、市场经济和提高个人生活水平之作用的同时，也要认识到金钱作用的局限性，金钱绝不是万能的，例如，金钱买不来时间、买不来青春，金钱只是手段而非人生目的。人类的终极追求和目的是幸福，马克思主义者的终极追求是人类的彻底解放和人民共同幸福，而幸福的内容十分丰富，包括物质幸福、精神幸福、政治幸福、人际幸福、生态幸福等,幸福受主观和客观多种因素制约,由多种要素构成。因此,金钱不等于幸福,物质财富只是幸福的元素而不是幸福的全部。认为有钱就有一切,把追逐金钱作为人生目的和幸福,是不懂幸福之科学内涵的表现。如果处在水资源污染、空气污染、土地污染的环境中,喝不到干净的水、呼吸不到洁净的空气、吃不上放心的食品,常常处于癌症等怪病的直接威胁之下,即使很有钱,能幸福吗?因此,我们既要重视金钱、充分发挥金钱的积极作用,又要坚决反对夸大或贬低金钱作用的各种错误金钱观,尤其要反对“一切向钱看”的拜金主义金钱观,拜金主义与实现人的自由全面发展要求相背离,使人沦为金钱的奴隶。

(二)正当获取金钱

树立清廉金钱观,必须树立为人民服务的思想和热爱劳动创造的思想。努力学习科学文化知识,不断提高思想道德素质和法律素质,打牢服务人民、报效祖国的素质能力基础。要在未来的职业生涯中,通过诚实劳动、合法经营、科学管理去创造人生价值和美好生活。

在求学之路上,若遇到经济困难,筹集金钱时要“取之有道”。有些新入学的同学和其他一些在校生,可能会遇到一些经济困难,那么,如何应对可能的经济困难呢?一是要增强克服困难的勇气和信心,二是要了解并用好国家助学政策,通过正确的途径和方法克服困难。目前,我国高等学校已经初步建立起包括国家助学贷款、国家助学奖学金、勤工助学、特殊困难补助、学费减免、“绿色通道”等政策的国家奖助学体系。此外,可以参加学校支持和组织的大学生创新创业实践活动,在提高创新创业能力的同时,在可能的情况下,按相关规定取得一定报酬,或者在确保安全的情况下,从自身实际出发利用假期打工挣钱以缓解经济困难,同时也可得到社会实践锻炼。

对待金钱要“取之有道”,必须防范和克服各种错误观念和腐朽思想的侵蚀。一要努力摒弃不劳而获的剥削阶级思想。不劳而获的剥削阶级寄生思想,是一些人鄙视劳动和创造、搞歪门邪道捞钱的重要思想根源,非法传销牟利、出卖灵肉求包养、吃空饷等皆属于不劳而获行为。二要努力克服急功近利的浮躁心态。常言道,“天上不会掉馅饼。”“一分耕耘,一分收获。”“宝剑锋从磨砺出,梅花香自苦寒来。”然而,有些人总是急功近利,整天想着如何让自己的钱袋子鼓起来,却不愿付出时间和精力去学习和掌握创造财富的能力,上课开小差、网游开夜车、看书打瞌睡、实训怕吃苦、考试搞小抄、论文求“枪手”等行为就是其浮躁心态的表现。三要努力祛除一夜暴富的赌徒做派。有的青年人羡慕“一夜暴富”,须知建立在不道德、不合法之基础上的"一夜暴富"式的金钱财富积累是不长久和不可持续的，是危险的。四要努力抵御享乐主义的物欲诱惑。享乐主义往往助长人们对金钱的贪婪，而对金钱的贪婪是导致违法犯罪的重要诱因。五要努力消除个人主义的自私心理。极端个人主义把个人利益凌驾于他人、集体或社会利益之上，为了实现个人利益甚至不惜牺牲他人、集体或社会利益，因此，极端个人主义者在对金钱的追求上容易滑向不择手段的索取从而表现出无情无义、卑鄙败德与违法乱纪。极端个人主义、享乐主义、拜金主义是孪生兄弟，一些人为了获得更多的金钱以满足享乐主义的人生追求而私欲膨胀，在极端个人主义思想驱使下而不择手段，因此，要对金钱取之有道，需要祛除极端个人主义和享乐主义等腐朽思想的影响。

对待金钱，如果是"取之无道"，必害人害己。例如，四川汉龙集团的刘汉、刘维兄弟等受拜金主义思想的驱使，把疯狂聚敛钱财、追求享乐作为人生目的，极端自私，不惜以凶残的黑恶暴力之手段开路，以贿赂、腐蚀干部之手段开道，以攀高枝寻求保护伞为"护身符"，建立起价值数百亿元的财富大厦，最终因作恶多端被判处死刑，不仅没有进入幸福的天堂，反而带着罪孽和耻辱跌入万劫不复的地狱。刘汉、刘维"黑金帝国"的覆灭，从反面昭示人们：对待金钱应该且必须"取之有道"。

党的十八大以来，中央相继出台了"八项规定""六项禁令"，明确规定"严禁向上级部门赠送土特产，严禁违反规定收送礼品、礼金、有价证券、支付凭证和商业预付卡，严禁滥发钱物，严禁讲排场、比阔气、搞铺张浪费"等，并严格监督、严格执纪，对于各种不良风气和违法乱纪行为，具有很大的遏制和震慑作用。青年学生一定要抵制金钱、名利的诱惑，拒腐蚀、永不沾，做到不义之钱财勿取、非法之利益勿索，干干净净做人，踏踏实实做事。

(三)合理使用金钱

"历览前贤国与家，成由勤俭败由奢。"[①]个人的金钱如何使用，只要不违法乱纪，每个人都有自由选择的权力，尽管如此，学生也应该合理使用金钱。合理使用金钱，不仅可以体现一个人的思想道德素质，而且有利于个人成长成才并减轻家庭经济负担。据调查，一些学生花钱不当，在很大程度上是虚荣心作祟。虚荣心是一种过分表现的、扭曲的自尊心，是一种追求虚表的性格缺陷，它是人们为了取得荣誉和引起普遍的注意而表现出来的一种不正常的社会情感和心理状态。虚荣心表现在消费行为上，主要是盲目攀比、追求不切实际的高消费。当家庭无力满足其虚

① 唐·李商隐《咏史》

荣、攀比的消费欲望时，有的学生则深陷“网贷”陷阱而无法自拔（甚至有的学生因无力还贷而导致自杀）、有的参与“裸贷”而遭敲诈导致身心受到极大伤害、有的出卖尊严和灵魂求包养、有的落入传销的泥潭……事实触目惊心、教训十分深刻！因此，青年学子一定要加强清廉品质修养，树立正确的金钱观和消费观，学会正当获取并合理使用金钱，坚决克服爱慕虚荣、盲目攀比、崇尚奢华、讲究排场、铺张浪费、追求享乐的错误思想和行为。

【解疑释惑】

应如何正确认识和对待拜金主义？

一、拜金主义是一种痴迷金钱的人生价值观

拜金主义是一种认为金钱可以主宰一切，把金钱作为衡量人生价值的唯一标准，把追求金钱作为人生至高目的的观念。拜金主义者信奉金钱至上、金钱万能，视金钱为圣物，把金钱神秘化、神圣化，为了金钱可以不顾一切，可以不择手段。

二、拜金主义是人类历史发展到一定阶段的产物

如前所述，金钱货币作为固定地充当一般等价物的特殊商品，是伴随人类社会生产力不断发展、商品交换日益丰富和频繁而出现的，自从金钱产生以后，就逐渐有了对金钱的追逐甚至崇拜。虽然，我国传统文化的主流是重义轻利、以义为先，崇尚舍生取义、杀身成仁，但是，也存在“人不为己、天诛地灭”，“有钱能使鬼推磨”等宣扬利己主义之说。拜金主义观念和社会思潮的盛行是在资本主义产生之后。资本主义和拜金主义宛如一对如影随形的孪生姐妹，或者说，拜金主义是附着在资本主义身上、去除不掉的毒瘤。资本主义之所以会盛行拜金主义，就在于资产阶级的本性（实际也就是资本的本性）就是无休止地聚敛财富，追求资本的增值；就在于金钱作为财富的化身，在资本主义社会能够左右一切。西方的一些有识之士早就认识到拜金主义的危害，并展开了对它的批判，但是拜金主义并没有被清除，也不可能在资本主义条件下被清除。改革开放后，随着国门的打开，在引进资金、技术和优秀文化成果的同时，这些腐朽思想也传了进来。

拜金主义的滋生与市场经济自身的弱点和不足也有关系。我国建立和不断完善社会主义市场经济体制是促进我国经济发展和社会进步、改善人民生活、增强综合国力、充分发挥社会主义优越性的必由之路，具有重要意义。但同时，市场经济自身固有的市场主体追求利润最大化以及等价交换原则也会反映到精神生活中来，容易诱发人的趋利性，从而滋生出对金钱的过分崇拜心理，导致“一切向钱看”；另一方面，等价交换原则从经济领域容易泛化到社会生活的一切领域，从而导致违规违纪违法犯罪等行为。拜金主义表面上是对金钱的崇拜，但这种崇拜的背后实

际上是享乐主义、极端个人主义在作祟。一个贪图享乐、极端自私的人在市场经济条件下必然表现为拜金主义。

三、拜金主义的危害不可低估

拜金主义不仅在认识上是极端错误的，而且在实践中也是十分有害的。拜金主义因过分夸大了金钱的作用，而迷失了人生的正确方向，忽视了人生内容的丰富性和幸福元素的多维性，成为引发各种假恶丑现象、造成严重恶果的重要思想根源。拜金主义的危害表现在许多领域和方面。

——经济领域，在看到取得举世瞩目经济建设成就的同时，也要看到一些地区、部门或单位为了本地区、本部门或本单位的局部利益而牺牲国家和民族的整体利益、长远利益，例如，有的人热衷搞脱离实际、劳民伤财的"形象工程""政绩工程"，以图捞取资本、升官发财。更有甚者，一些人不择手段地追逐金钱、利益，从金融、保险、证券领域的欺骗诈取、暗箱操作，到食品、医药等领域的假冒伪劣，从偷税漏税、走私贩毒，到基建领域的"豆腐渣"工程……拜金主义思潮在使少数缺德、不法之徒获得暴利的同时，严重破坏国家整体经济运行、严重迟滞经济社会的科学健康和可持续发展。经济领域如果任拜金主义泛滥，就会使经济秩序陷入混乱，就会使诚实劳动创造者得不到应有的回报，使坑蒙拐骗、敲诈勒索等非法聚敛财富者大行其道。

——政治领域，在看到大多数党员干部恪尽职守、勤廉为民的同时，也应看到少数领导干部把手中的权力作为谋取钱财的手段，从而出现不少贪污腐败、行贿受贿、权钱交易、买官卖官等腐败现象。对山西系统性、塌方式腐败案，湖南衡阳破坏选举案（467 人受到责任追究），四川南充拉票贿选案（477 人受到责任追究），辽宁省系统性拉票贿选案（955 人受到责任追究）等案件的查处，彰显了党中央对腐败坚持零容忍的鲜明态度以及坚决惩治腐败的决心和意志，若从另一个角度来看，这一系列案件也反映了拜金主义思潮对党员干部队伍的严重腐蚀、对政治生态的严重破坏，以及等价交换之市场经济原则在政治领域的恶性泛化。政治领域如果盛行拜金主义，我们党和政府就会失去广大人民群众的信任和支持，苏联东欧剧变的悲剧就会重演。

——文化领域，在看到我国文化繁荣发展、成就斐然的同时，也应看到一些人只讲经济效益，不讲社会效益，导致低级趣味、黄色暴力、消极反动等有害文化产品屡禁不止；有的学者文人为金钱而出卖道德良心，甘心充当某些资本的吹鼓手；甚至有的人被境外反华势力收买，充当西方文化渗透、"和平演变"的急先锋或"带路党"……拜金主义导致文化垃圾生产不断，严重毒害人们的灵魂，严重危及我国文化安全。文化领域如果"一切向钱看"，整个社会就没有了精神支柱，没有了凝聚力，国家和民族就不会有希望。

——社会及生态领域，在看到我国社会主义和谐社会建设与生态文明建设取得巨大成就的同时，也应看到有的人因争家产而使亲人反目成仇、有的人不愿尽赡养老人义务而导致父子对簿公堂、有的人结婚后移情别恋傍大款而导致家庭分崩离析，有的人以民间借贷形式诱骗大学生陷入网贷陷阱导致大学生债台高筑、无法自拔甚至搭上性命，有的人当老赖欠债不还、有的人参与电信或网络诈骗、有的人以传销手段非法榨取钱财、有的人盗窃、抢劫甚至谋财害命、也有的人把拐卖妇女儿童当成发财之道……拜金主义必然危害家庭和睦、社会和谐及人民生命财产安全。拜金主义也是造成环境污染、危害生态文明建设的思想根源和罪魁祸首。例如，有的企业为了追求高额利润，以牺牲环境为代价求发展，违法把未经处理的废气废水等有害物质直接排放到大自然，而有的环境监管人员失职渎职，甚至收受企业贿赂后主动放弃监管职责，从而导致破坏环境的案件时有发生。例如，2013 年 10 月 24 日，监察部通报了 10 起破坏生态环境责任追究典型案例，其中，就包括“广西壮族自治区贺州市汇威综合选矿厂和上百家采选矿小作坊违法恶意排污，致使该市发生严重的镉、铊水污染事件，造成严重经济损失，并影响到下游广东省肇庆市的生态环境”之案件，该案有 27 人受到党纪政纪处分，4 人被移送司法机关处理。[①] 此外，在看到包括高等职业教育在内的我国高等教育蓬勃发展，大批德才兼备的大学生满怀豪情地走上报效祖国、服务人民的工作岗位的同时，也应看到有的大学生不重视知识与技能的积累和个人道德修养，把金钱作为个人奋斗和追求的唯一目的，“理想，理想，有利就想；前途，前途，有钱就图”；为了获取金钱，有的大学生隐瞒消费实情、欺骗家长，有的荒废学业去赚钱，有的恶意拖欠国家助学贷款，有的甚至走上出卖肉体、偷窃诈骗等违法之路；也有的大学生为了金钱而不惜出卖国家机密、危害国家安全……拜金主义严重误导和腐蚀青年学子，严重阻碍其健康成长和全面发展。

四、要努力克服拜金主义

克服拜金主义必须坚定地走中国特色社会主义道路。资本主义是拜金主义盛行的根源和温床，而社会主义的本质不仅要解放和发展生产力，把“蛋糕”做大，而且还要消灭剥削、消除两极分化，最终实现共同富裕，把“蛋糕”分好，生产力的持续健康发展与社会公平度的提高，经济社会的全面、协调、可持续发展以及人的全面发展是消除拜金主义的治本之策。

克服拜金主义必须先从党员干部做起。正如毛泽东所言：政治路线确定之后，

---

① 中国新闻网. 监察部通报 10 起破坏生态环境责任追究典型案例[EB/OL]. (2013-10-24)[2017-10-16]. http://www.chinanews.com/gn/2013/10-24/5421746.shtml

干部就是决定的因素。榜样的力量是无穷的。党员领导干部应该是社会主义先进道德的实践者、引领者。党员领导干部的作风决定着党风政风,党风又影响着整个社会风气。如果党员领导干部牢牢确立马克思主义的世界观、人生观和价值观,树立马克思主义清廉金钱观,坚持全心全意为人民服务的宗旨,廉洁从政,一身正气,整个社会风气就会逐渐好转,拜金主义的生存空间就会被大大压缩。

克服拜金主义必须加强马克思主义清廉金钱观教育。高职学生要成为高素质技术技能型人才,清廉金钱观教育不可或缺。要使学生正确看待金钱的作用,摒弃金钱万能论,做金钱的主人,不做金钱的奴隶;对金钱要取之有道(合情合理、合规合法),用之有度(不浪费、不挥霍、不吝啬)。同时,要引导学生克服享乐主义和极端个人主义,因为享乐主义引发的攀比消费、奢侈消费、炫耀性消费、盲目消费,极易导致入不敷出甚至债台高筑,而在极端自私的个人主义的驱使下,把满足其膨胀私欲的金钱作为人生唯一目的,而不择手段追逐金钱就难以避免了。

克服拜金主义必须营造积极向上向善的文化氛围。宣传思想领域,尤其是从事文化事业和文化产业的部门单位,要有强烈的社会责任感和使命感,始终坚持为社会主义服务、为人民服务的正确方向,始终坚持把社会效益放在首位,大力宣传积极、健康、向上的思想观念和行为,不媚俗、不迎合低级趣味,勇于、善于批判那些腐朽堕落的世界观、人生观、价值观,批判贪腐金钱观,净化社会空气和生活环境。

克服拜金主义必须健全制度、厉行法治。只有健全制度、厉行法治,才能让见利忘义的拜金主义者无漏洞可钻,才能使其因缺德、违规、违纪、违法或犯罪行为而受到应有的舆论谴责、纪律处分或法律制裁,使其付出应有的代价而警示众人。

【案例分析】

案例呈现:“天之骄子”如何蜕变为金钱的奴隶?[①]

1964 年出生的陈秋华以“聪明,能吃苦”著称,36 岁当上副厅长,39 岁走上正厅级领导岗位,可谓早年得志,春风得意。

然而,他不矜细行,得志便放纵,得意便猖狂,逐渐走上违纪违法的不归路。经查,2005 年至 2014 年期间,陈秋华利用其担任广西壮族自治区审计厅厅长、防城港市市长和自治区林业厅厅长的职务便利,为他人谋取利益,索取、收受他人给予的财物共计折合人民币 2 225.584 7 万元。至案件提起公诉前,陈秋华对其家庭财

---

① 桂纪宣.得志放纵,“天之骄子”自断前程——广西壮族自治区林业厅原厅长陈秋华腐败警示录[N].中国纪检监察报,2017-04-27(3).

产有人民币684.286 8万元不能说明来源。

陈秋华在法庭接受审判

2016年12月9日，广西壮族自治区崇左市中级人民法院对陈秋华受贿、巨额财产来源不明案一审公开宣判，判处其有期徒刑十七年，并处罚金人民币1000万元；对其受贿所得财物和来源不明财产予以没收，上缴国库。

这位曾经的“天之骄子”，仕途戛然而止，人生步入灰暗。

蜕变轨迹：39岁成为正厅级领导干部，51岁生日前10天被开除党籍，12年时间走上一条怎样的不归路。

1991年，陈秋华从财政部财科所研究生毕业后，分到了广西财政厅工作。因为工作业绩突出，2000年就走上了自治区财政厅副厅长的岗位，2003年39岁时又被提拔为自治区审计厅厅长，是当时广西最年轻的正厅级领导干部，也是全国审计系统最年轻的审计厅长。

2006年，组织再次对他委以重任，任命其为防城港市市长，2008年又将其调任自治区林业厅厅长。此后，他先后当选自治区政协委员、自治区人大代表、全国人大代表、自治区党委委员，还是广西师范大学兼职教授、硕士生导师。至2015年案发前，陈秋华还未满51岁，正值年富力强，本应在更广阔的舞台上施展自己的才华和抱负，却因为严重违纪违法人生惨淡收场，在51岁生日前10天，被开除党籍、开除公职，移送司法机关依法处理。

据调查，陈秋华的违纪违法行为从2005年延续至2014年，其中任自治区林业厅厅长期间最为严重。纵观陈秋华的腐败之路，可以将之分为试水探路、集中爆发、不知收敛三个阶段：

试水探路阶段：2005年至2008年，陈秋华利用担任自治区审计厅厅长、防城港市市长的职务便利，为利益关系人获取项目、帮助处置不良资产，从校友、师兄那里以“优惠价”购房等方式谋取利益。如2005年，陈秋华就以低于市场价45万多元的价格从其校友公司开发的楼盘“购买”了3套房产。这一时期陈秋华谋利的手段尚属隐蔽，其违纪行为以违反廉洁纪律为主。

集中爆发阶段：2009年至2012年，陈秋华的违纪违法行为主要集中在这一时期，严重违反廉洁纪律和组织纪律，收受贿赂数额特别巨大。

这一时期，陈秋华利用广西林业事业大发展尤其是区直林场盘活土地资源、大力发展房地产业的机遇，为一些林业企业老板、房地产开发商、建筑企业谋取利益，大肆以权谋私、搞权钱交易。如支持某林业企业上市，为其协调出具无违法纪录证明等问题，接受利益关系人贿赂 20 万澳元；为两家房地产公司协调与林业厅两家直属国有林场合作开发房地产项目，接受 2 名利益关系人送的 225 万澳元、70 万元人民币、4 万美元和 1 辆越野车；以父母、两个弟弟在老家建房为由，接受利益关系人提供的 100 万元人民币；从利益关系人那里用亲属名义以"优惠价格"购买 4 套房子、2 个车位；在母亲住院治疗及丧葬期间，收受利益关系人送的 20 万元人民币。为掩饰犯罪所得，陈秋华处心积虑，让利益关系人把好处费兑换成澳元并设法汇到事先在国外以他人名义开设的银行账户。

这一时期，陈秋华独断专行，拉帮结派、任人唯亲：一名受过处分的副科级干部在他"力荐"下得以任林业厅下属单位正处级领导职务；从原工作过的 3 个单位先后调入 8 名干部并提拔使用，从原籍所在地调入 1 名干部并予以重用；区直林场超职数配备干部；为一些利益关系人与身边工作人员的亲属、朋友安排调动工作等，造成严重不良影响。

不知收敛阶段：2013 年至案发前，这一阶段，陈秋华因中央强力反腐而有所收敛，但并未完全收手，更未主动向组织交代问题。一开始他对中央的反腐决心表示怀疑，认为只是走过场，时间不会太长，依然心存侥幸。在看到从中央到地方"老虎""苍蝇"一起打，对腐败零容忍的高压态势之后，他内心惶恐不安，但表面上装作若无其事，在大会小会上对中央决策部署表示坚决拥护，背地里却仍然索贿受贿、转移赃款，并于 2013 年上半年将之前约定收受的 200 万澳元匆忙兑现并转移至国外，甚至于 2014 年 5 月、6 月，还以出国为名向利益关系人索取 8 万澳元。后来，其腐败问题被网络举报以后，他认为未触及根本性问题，解释说明即可应付。甚至在中央巡视组指出广西林业系统存在突出问题，组织对他进行约谈时，他还信誓旦旦地表示自己"清正廉洁，没有问题"，企图蒙混过关，丧失了向组织坦白问题的机会。

案例分析

陈秋华案，是一起不收敛、不收手的典型案件，情节特别严重，影响极其恶劣，教训十分深刻。

陈秋华一步步走上违纪违法犯罪的不归路，原因主要有两个方面。一是主观方面的原因（内因），主要是其本人放松思想改造和党性修养，崇高理想信念和人民立场逐步丧失，为人民服务的宗旨意识不断丢弃，世界观、人生观、价值观逐渐扭曲，既想当官、又想发财，私欲不断恶性膨胀，不守纪律、不讲规矩，放纵自己、迷失方向，公权私用、以权谋私，马克思主义清廉金钱观被其抛弃的同时，被极端个人主义、拜金主义和享乐主义等剥削阶级腐朽人生价值观所俘虏，终于堕落为金钱的奴隶。陈秋华集思想蜕变、政治背叛、经济贪婪于一身，演绎了一出由飞黄腾达到跌入深渊的人生悲剧。二是客观方面的原因（外因），主要包括贪腐金钱观、不劳而获、见利忘义、贪得无厌、“升官发财”等剥削阶级腐朽思想的侵蚀；市场经济条件下各种诱惑的大量存在，不法商人的拉拢腐蚀与“围猎”；选人用人工作存在漏洞；对干部尤其是一把手等主要领导干部的监督不力，权力制约机制不健全；管党治党不严不实，党风廉政建设党委主体责任、纪委监督责任落实不到位，执纪问责乏力。

陈秋华一步步走上违纪违法犯罪道路的根本原因是主观方面的原因（内因）。毛泽东认为：“唯物辩证法认为外因是变化的条件，内因是变化的根据，外因通过内因而起作用。”①陈秋华在《忏悔书》中写道：“我之所以最终走上严重违纪违法的道路，很关键的一个方面就是对党纪国法敬畏不够、严守不够，尤其是在畏与严字上打了折扣，怕而不畏、守而不严、始而不终。我为什么会心安理得收取一些老板送的钱物，为什么会主动找一些利益关系人办事，甚至在收钱与找人办事的时候，还认为反正都是好朋友，我也帮过他们不少忙，他们在经济上支持我一下，不是很正常吗，不是互相帮助吗？认为当今社会就是这种风气，见怪不怪，忘了自己的党员身份，完全把自己等同于一个普通人。如果自始至终都能严守党纪国法，我不会成为一些不法商人“围猎”的对象，更不至于“主动”奔着“被围”而去，他们想拉我下水，而我自己也主动配合，最终被金钱所俘虏，被“糖衣炮弹”所击倒。看到社会上一些人富起来很轻松，与一些老板整天泡在一起，想到自己也帮助过一些朋友，这些朋友愿意也有这个财力对我进行支持，而之前靠写书、爬格子、发表文章赚钱毕竟太辛苦，不如这样来得轻松，心态就这样慢慢地失衡。一开始接受人家送钱的时候，也没有被人举报、被人发现，胆子也慢慢地大起来，最后由量变到质变，一发不可收拾。另一方面，总认为自己学历高、智商高，既从事过财政工作，又从事过审计工作，对相关财经制度、财会制度也熟悉，自认为自己知道如何规避法律责任与纪律风险，心存侥幸，又认为这些利益关系人都是自己多年的朋友，他们是不会背叛我的。加之，收受的钱又大都是境外交易，主要是外币，神不知鬼不觉，不容易被查处，不容易被发现，而且大都是老板兼朋友的钱，又不是收受单位干部或下属送的钱，没有吃“窝边草”，被举报、被查处的概率小，正是这样的心理驱动，才使自己一步一步走上严重违纪违法的道路。”②陈秋华的《忏悔书》在一定程度上剖析了其走

① 毛泽东选集（第1卷 第2版）[M]．北京：人民出版社，1991：302．

② 桂纪宣．得志放纵，“天之骄子”自断前程——广西壮族自治区林业厅原厅长陈秋华腐败警示录[N]．中国纪检监察报，2017-04-27(3)．

上违纪违法犯罪道路的自身方面的原因。

陈秋华案的几点启示：

第一，思想防线要筑牢。陈秋华作为党和国家培养的中共党员、市厅级干部、全国人大代表、自治区党委委员、经济学博士、硕士生导师、教授，本该运用自己的才华报效祖国、服务人民，却走向了以权谋钱、权钱交易、危害国家和人民的犯罪道路，从反面再次验证了加强自身修养、砥砺清廉品行、树立马克思主义清廉金钱观具有重要意义。高学历、高职称、高职位不等于高道德、高素质、高品位，唯有锲而不舍地加强思想道德和法律修养，驰而不息地加强党性修养，筑牢思想防线，才能成为经受住考验、抵制住诱惑的人，才能成为服务人民、奉献社会的人，才能成为德才兼备、群众拥护的人。筑牢思想防线，要切实克服"既想当官，又想发财"，"当官不发财，请我也不来"等错误思想，坚决克服拜金主义，牢固树立马克思主义清廉金钱观。

第二，制度防线要严守。从陈秋华 2005 年开始违纪违法到 2015 年 3 月 2 日被纪委工作人员带走调查，再到 2016 年 12 月 9 日广西壮族自治区崇左市中级人民法院对其受贿、巨额财产来源不明案一审公开宣判，历时 10 多年。案例中谈到，"纵观陈秋华的腐败之路，可以将之分为试水探路、集中爆发、不知收敛三个阶段。"陈秋华从"好同志"变为"罪犯""阶下囚"历时 10 多年，期间经历了从违纪、到违法、再到犯罪即从量变到质变的长期过程，陈秋华接连突破思想道德防线、纪律制度防线、法律防线等三道"防火墙"，跌入犯罪深渊，完全是咎由自取、罪有应得。但是，从另一个角度分析，如果坚持党纪严于国法、把党的纪律挺在前面，严格执纪问责，在陈秋华开始违纪时，根据其违纪情节，及时给予严肃批评教育、提醒诫勉或纪律处分，正确运用监督执纪"四种形态"，抓早抓小；如果在选人用人时，坚持"德才兼备，以德为先"，坚持严格全面考察、防止带病提拔，坚持公道正派、按章办事，坚持群众公认、充分发扬民主；如果自始至终从严管理监督干部、强化党内巡视监督、民主监督，切实形成全天候、全覆盖的综合监督强大合力；如果自始至终落实好全面从严治党主体责任和监督责任……也许陈秋华的人生轨迹要改写。正如邓小平所言："制度好可以使坏人无法任意横行，制度不好可以使好人无法充分做好事，甚至走向反面。制度问题更带有根本性、全局性、稳定性和长期性。"[①] 为此，党的十八届六中全会聚焦全面从严治党的重大主题，总结了我们党开展党内政治生活的历史经验，以增强党在长期执政条件下自我净化、自我完善、自我革新、自我提高能力

---

① 邓小平文选(第二卷)[M].北京：人民出版社，1994：333.

为目标，坚持思想建党和制度治党紧密结合，不断创新党内法规制度，制定了《关于新形势下党内政治生活的若干准则》，修订了《中国共产党党内监督条例》，为全面从严治党进一步夯实了制度根基，全方位扎紧制度笼子，同时，狠抓制度执行。习近平强调，要狠抓制度执行，绝不能让制度形同虚设，成为“纸老虎”“稻草人”，要“让铁规发力、让禁令生威”。这对营造风清气正的政治生态具有重要意义。

第三，治标治本要结合。如果说筑牢思想防线不想腐，严守制度防线不能腐，是党风廉政建设的治本要求，那么，“打老虎”“拍苍蝇”，依法严惩各类腐败分子就是治标，保持惩治腐败高压态势，有利于为治本赢得时间、有利于震慑腐败分子、有利于形成不敢腐的政治社会环境，因此，要坚持标本兼治、综合施策，从而不断减少腐败存量，遏制腐败增量。对陈秋华的依法审判，震慑了腐败分子。陈秋华案作为反面教材，教育警示了其他党员干部。

第四，政商关系要亲清。陈秋华身为党员干部，不思如何更好为人民服务，却热衷于“傍大款”，与不法商人称兄道弟、勾肩搭背，在处理政商关系上亲而不廉，亲而不清。在不法商人的拉拢腐蚀以及自身贪腐金钱观支配下一步步走上权力寻租、权钱交易、违法犯罪的道路，教训十分深刻。因此，正确处理政商关系至关重要。习近平指出，新型政商关系，概括起来说就是“亲”“清”两个字。对领导干部而言，所谓“亲”，就是要坦荡真诚同民营企业接触交往，特别是在民营企业遇到困难和问题情况下更要积极作为、靠前服务，对非公有制经济人士多关注、多谈心、多引导，帮助解决实际困难。所谓“清”，就是同民营企业家的关系要清白、纯洁，不能有贪心私心，不能以权谋私，不能搞权钱交易。对民营企业家而言，所谓“亲”，就是积极主动同各级党委和政府及部门多沟通多交流，讲真话，说实情，建诤言，满腔热情支持地方发展。所谓“清”，就是要洁身自好、走正道，做到遵纪守法办企业、光明正大搞经营。①

【小资料】

凡人不凡——“兰小草”②

从2002年开始，每年11月17日前后，一封装有2万元钱、署名为“农民的儿子兰小草”的信封都会被人交到温州市慈善总会或者温州晚报记者袁寿省的手上。

① 习近平. 构建“亲”“清”新型政商关系[N]. 新华每日电讯，2016-03-05(1).

② 黄筱菁. 隐善15年“兰小草”去世[N]. 北京青年报，2017-10-24(A09).

15年来，大家只知道捐赠者叫“兰小草”，其余一概不知，就连市里授予“兰小草”荣誉称号，颁奖时都不知道该颁给谁。

“兰小草”(王珏)在为患者诊断病情

距离今年(2017年)11月17日已不到一个月，“兰小草”却再也无法亲手将这2万元准备好帮助需要的人了。10月20日，年仅48岁的“兰小草”因病去世，这时世人才知道他的真实身份。

“兰小草”到底是谁?

2002年11月17日，温州晚报记者袁寿省接到一个陌生电话，对方称给他的一个包裹已经放在楼下。拿到包裹后，袁寿省看到包裹里有一个盒子，盒子里装有2万元的现金，还有一封署名为“农民的儿子兰小草”的信。这封信里写道:“这两万元是我们辛苦挣来的，捐给那些急需帮助的孤儿寡母”“希望用33年时间，每年捐献2万元‘星雨心愿’善款，报答农民‘粒粒皆辛苦’的养育之情”。

之后的每一年，“兰小草”都会把装有2万元捐款的信封放在温州慈善总会的办公桌上，或者委托袁寿省转交，但“兰小草”从没露过面，每次都是将信封放在某处让袁寿省去取，就连打来的电话也是用的公用电话。

为了知道“兰小草”到底是谁，有人调取了监控录像，但由于每次捐款“兰小草”都来去匆匆，有时还刻意压低帽子戴着口罩，所以画面中只能看到一个男子模糊的背影。

经过媒体报道，不知身份的“兰小草”成了温州市市民耳熟能详的名字。“兰小草”还曾被授予“温州改革开放三十年十大慈善人物”“感动温州十大人物”等，但颁奖的时候他不但没有现身，也没有委托他人领奖。

15年来，“兰小草”到底是谁始终是一个谜，但2万元捐款每年都准时送达。2016年是“兰小草”捐款的第15个年头，那天是11月18日，袁寿省一早接到匿名电话称，“星雨心愿”善款已经送到了楼下，电话里的人接着说，“不好意思我送迟了一天”。

“兰小草”去世后身份曝光

距离2017年11月17日已不到一个月，按照惯例，“兰小草”将于11月再次把2万元的款项交给温州慈善总会或者袁寿省。

但10月20日晚，袁寿省接到一个电话，电话里的人自称叫王瑜，并表明“兰小草”是他的二哥，真名为王珏，今年48岁，在温州洞头区大门镇岙面村当医生。王瑜带来的还有一个悲伤的消息：王珏因病于当天去世了。王瑜表示，王珏妻子无业，儿子刚大学毕业，虽然家里经济条件并不算好，但作为家属，还是想继续完成33年连续捐款的心愿。

很多人通过各种方式都无法知晓其身份的“兰小草”，却以这种方式让世人认识。王瑜表示，王珏以“兰小草”的名义每年向慈善机构捐款的事，并不是所有家人都知道。2012年除夕，大哥聊起了从媒体上看到的关于“兰小草”的报道后，随口说了句“每年都捐2万元，家里肯定有几千万财产”，这时，王珏的妻子无意中回了一句称：“那不一定，你弟有什么钱，只不过是在坚持。”话还没说完王珏打断了她说话，并转移了话题。从那时起，家里的几个兄弟知道了“兰小草”就是王珏，但都尊重他的意愿，没有向别人透露。

15年中的14年，王珏都是委托小舅子侯海国去送的这笔钱，有一次不让他送，是因为王珏看报纸时发现侯海国与记者多说了几句话，而王珏还是希望这件事不让别人知道。

2002年第一次捐款是侯海国与王珏一起送的，侯海国称，当天王珏起了个大早，让侯海国陪他到温州送个东西。那天，他们到温州晚报一楼送了内装善款2万元的包裹，仅几秒钟就转身离开，“一路上王珏省吃俭用，连打的都舍不得”。

追授“最美温州人”

据王珏的家属介绍，王珏于1990年来到大门岛，那时的大门岛交通闭塞，岛上医务人员紧缺，工作环境颇为艰苦。由于自小跟着父亲学医，又在浙江中医学院进修过，当时只有20岁的王珏来到岛上，在当地的诊所当了一名乡村医生。

小菲(化名)因为读书去了外地，但从五六岁起，她一生病家人就会带她到诊所找王珏看病，“有时候半夜发病去找他，他被吵醒了也没有不快”。另一名村民说到王珏时称，“他为人很温和，看到阿公阿婆的身体不好，他都会念叨说一定要把他们看好才行”。

直到“兰小草”就是王珏的事终于大白于天下后，小菲和其他村民以及当地政府工作人员才知道，除了医生的角色，王珏还做了这么一件大事。

洞头区政府一名工作人员称，除了以“兰小草”的名义捐款外，平时的王珏也做了不少事，对于贫困的村民，他看病时少收或者不收钱；村里修桥铺路，他得知情况后积极捐助。此外，王珏夫妇每年都会到敬老院，王珏负责义诊，妻子就给老人们分发酒品尝。

10月23日，温州市委相关负责人到王珏的家中，为王珏家人送上一张“最美温州人"的证书。对于王珏15年来所捐的30万元的去向，温州市慈善总会募捐部一名工作人员表示，慈善总会接收的社会善款每年很多，"王珏所捐的钱我们都和其他善款汇在一起，开展助学、助医、助困的活动"。

读后感言："兰小草"——王珏为何能赢得人们的广泛赞誉，为何能深深感动千千万万华夏儿女，其原因主要在于"兰小草"的事迹既体现了对仁者爱人、乐善好施、扶危济困等中华优秀传统美德的继承和弘扬，也体现了对以为人民服务为核心的社会主义道德的践行和光大。"兰小草"用爱岗敬业、治病救人、热情服务的善举，辛辛苦苦挣钱谋生，体现了对金钱的取之有道；去温州送善款"一路上省吃俭用，连打的都舍不得"，体现了对金钱的用之有节；把个人劳动所得的善款慷慨无私地"捐给那些急需帮助的孤儿寡母"，体现了对金钱的用之有益、用之为善；15年来省吃俭用、持续不断地捐助慈善且隐姓埋名、不求名利回报，体现了以义为先、大爱无私的崇高境界。"兰小草"的金钱观是无私奉献、竭诚为民的清廉金钱观，在金钱至上、见利忘义、坑蒙拐骗、巧取豪夺、盗窃抢劫、贪污受贿、腐化堕落等丑恶行径屡禁不止的背景下，"兰小草"的清廉金钱观弥足珍贵。"兰小草"——王珏不愧为清廉为民、无私奉献的光辉典范，其精神值得学习和发扬光大。

【知与行】

从以下两个题目中任选一个，开展调查并写出调查报告。

1. 请结合实际，以小组（3～5人）为单位，组织开展一次关于高职学生金钱观的调查。

2. 请结合实际，以小组（3～5人）为单位，组织开展一次关于高职学生"校园贷"的调查。

第二节　权力是一把双刃剑

【基本理论】

一、权力与权力观

（一）权力的本源、内涵、特点及其作用

1. 权力的本源。纵观人类发展的历史，权力之于人类，形影不离，有时像吉祥的雨露滋润禾苗而恩泽广施，有时又像无情的烈火吞噬家园而祸乱八方。权力就像一个难解的人类之谜，古今中外，不知有多少政治家、军事家、理论家、思想家等名家巨子对其进行过思考和研究，也不知有多少政治学、社会学、历史学、管理学、伦理学、法学、哲学等学科领域的专家学者对其进行过考察和探究，并且这种对权力的思考和探索从未间断、也必将不断持续下去。由于人们各自所处的主客观条件不同，包括社会物质生活条件不同、经济社会地位不同、时空维度不同、代表的利益不同、追求的目标不同等原因，其对权力的理解，往往是众说纷纭。统观中外历史，关于权力的本源有多种学说，例如，权力之天意、神授说，权力之祖传、世袭说，权力之强力、暴力说，权力之民意民授、社会契约说，权力之社会实践、阶级斗争说，等等。

无论是代表古代统治者利益的权力“天意神授说”“祖传世袭说”，还是代表近代资产阶级利益的“民意民授、社会契约说”，都是社会历史的产物，前者显然是非科学、反民主的权力本源说，后者虽然在反对封建专制和封建神权的斗争中发挥过积极的进步作用，但也不可否认其具有阶级和时代的局限性以及虚伪性、欺骗性。马克思主义的辩证唯物论和历史唯物论，在人类历史上首次科学地回答了权力的本源和实质。

马克思主义认为，权力是随着人类社会的诞生而产生，并随着人类社会的发展而变化。马克思主义强调，生产力决定生产关系，经济基础决定上层建筑，生产关系对生产力、上层建筑对经济基础具有反作用。权力属于政治上层建筑的范畴，它是由经济基础（即一定社会中占统治地位的生产关系的总和）决定的，最终是由生产力发展水平决定的。马克思主义哲学是解开权力之谜的金钥匙。自从人猿揖别，人类就进入了原始社会。在原始社会，生产力极端落后，人们为了生存和发展，必须实行生产资料公有制，必须共同劳动、共同分配，而共同劳动、共同分配就必须结成一定的组织或群体，要结成一定的组织和群体，就必然产生凝聚组织和支配群体的权力。“权力是群体组织成员共同生存和发展的条件，群体产生权力，权力维护群体。”[①]因此，权力来源于社会，是社会组织、社会群体的衍生物。随着生产力水平的提高，产品出现了剩余，出现了贫富分化和私有制，原先的共同分配和共同劳动的关系被破坏，随之出现了阶级和阶级之间的斗争，人类便进入了阶级社会。经济上居于统治地位的阶级为了维护其阶级利益、镇压被统治阶级的反抗就建立了国家，统一行使统治权力。在阶级社会，国家权力的实质是维护统治阶级的统治地位、实现统治阶级利益的工具和手段，国家权力具有阶级性，同时为了实现整个社会的有序发展，维护统治阶级整体和长远利益，国家权力也担负一定社会管理和

① 王玄武.政治观教育通论[M].北京：高等教育出版社，1999.

服务职能，从而也就具有了社会性，国家权力是阶级性与社会性的统一。我国宪法规定"一切权力属于人民"。人民是国家的主人。这是对中国共产党领导中国人民推翻帝国主义、封建主义和官僚资本主义的反动统治，取得新民主主义革命伟大胜利并走上社会主义道路，实现人民当家做主之历史成果和人民权力的法律确认和法律保障。在我国，国家权力通过人民代表大会制度逐步实现了阶级性、人民性和社会性的辩证统一，有效维护了最广大人民群众的根本利益，有效推动了经济社会的不断发展，有效打击了危害人民群众利益的各种违法犯罪活动，有效推动了反对霸权主义、殖民主义，维护世界和平和发展的崇高事业。

2.权力的内涵和特点。对权力的内涵和定义有许多不同理解和阐释。例如，"权"是权衡、衡量的意思，"力"是能力、力量的意思，权力就是权衡事物的能力和力量。据此，《辞海》认为"权力"是指用来仲裁、衡量或裁决公共事务的一种能力和社会力量。也有学者从权力与权利之关系的角度来定义"权力"："权力者，乃权衡、确认和保障实现权利之力也，亦即权衡、确认和保障利益分配关系之力也；并且权力本身也是经由社会权衡、确认之力。"[①]《不列颠百科全书》则认为"权力"是一个人或许多人的行为使另一个人或其他许多人的行为发生改变的关系。马克斯·韦伯认为，权力是一种影响他人做某种事的力量。孙中山认为，权力是指行使命令和制服群伦的力量。《新华字典》则认为权力是职责范围内支配和指挥的力量。

上述对"权力"的理解和阐释，都有一定道理和启发意义，但也有值得商榷的地方。例如，《不列颠百科全书》认为"权力"是一个人或许多人的行为使另一个人或其他许多人的行为发生改变的关系。此定义能够认识到"权力"反映人或群体之间的某种"关系"是值得肯定的，但其对"权力"的定义过于宽泛，设想一个建筑工人不幸从脚手架上跌落下来，正好砸到另一个人身上，其行为致使被砸的人之行为发生改变（受伤暂时无法正常工作），这种一方行为使另一方行为发生变化的关系显然不是正常意义上的"权力"。马克斯·韦伯关于"权力是一种影响他人做某种事的力量"的认识也是把"权力"定义的过于宽泛，设想当飓风突然来临，生活在海边的居民为了安全而自发转移时，飓风不能不说是影响海边居民转移的力量，但这一力量显然不是"权力"（自然力不能算作"权力"）。而认为"权力者，乃权衡、确认和保障实现权利之力也"之定义又使"权力"的内涵过于窄化了。另外，认为"权力"是职责范围内支配和指挥的力量，或仲裁、衡量或裁决公共事务的一种能力和社会力量，强调了"职责范围内""公共事务"，从而在一定程度上，试图把异化的、腐败变质的所谓"权力"排除在外，其实，"权力"一旦异化或腐败变质，就必然蜕变成一种"破

① 漆多俊.论权力[J].法学研究，2001，(1)：20.

坏力”“邪恶力”或“反动力”，从应然的角度来看，也就失去了让人服从的前提条件，这是有一定道理的，但是，一个占据一定职位、握有职位权力的人，即使其滥用权力（用权超出了“职责范围”和“公共事务”的范畴等），在被查处、被剥夺权力之前，因其把持的权力仍然具有支配、指挥、仲裁、衡量或裁决的力量，对此也不能不视之为“权力”，只不过是异化的权力而已。总而言之，对“权力”这一概念做出比较科学的界定不是件容易的事情。由于“权力”与人类相伴始终，研究权力具有重要理论、学术、实践价值，因此，必须在前人研究的基础上，对“权力”的内涵、特点等继续进行探索、研究，以便得出更为科学的认识。

以马克思主义政治观为指导，课题组经研究认为，权力是在社会实践中形成的，由社会物质生活条件决定的，为达成一定目标或实现一定利益，在群体、组织、共同体或联合体内外交互作用和选择基础上，作为主体的人通过一定途径获取的，能够使作为客体的人服从的力量。权力一经确立，就具有了多种功能，其中包括领导、引领、指挥、协调、统御（治）、治理、支配、调度、权衡、裁决、奖惩、教化、监督、影响等功能。

结合权力的内涵，可以分析权力的基本特点：

第一，权力是在社会实践中形成的，是社会的产物。这就与权力之天意、神授说等客观唯心主义权力观彻底划清了界限。

第二，权力是社会客观物质生活条件决定性与人的主体选择性的辩证统一。社会客观物质生活条件主要是指社会生产方式（即社会生产力与生产关系的统一）。一方面，如果说自给自足的农业文明、封建土地所有制关系决定了据支配、统治地位的地主阶级的权力，那么，商品经济发达的工业文明、生产资料的资本家占有制关系则决定了据支配、统治地位的资产阶级的权力，在落后的以自给自足经济为主体的古代封建社会是不可能存在资产阶级统治权力的，因为资产阶级是近代工业革命和资本主义经济发展的产物。在生产力、科技没有发展到互联网信息化时代时，也就不可能产生互联网信息管理的权力。另一方面，封建社会王朝更替、帝王将相等官吏的移入，资本主义社会总统、部长等官员的换届或变换，虽然具体原因复杂多样、具体形式不一而足（正常的和平交接或非常的强力更迭等），但在很大程度上是“群体、组织、共同体或联合体内外交互作用”及主体选择的结果。而互联网信息化时代，互联网信息管理权力由谁行使、如何行使等在很大程度上也是人的主体选择的结果。坚持“权力是社会客观物质生活条件决定性与人的主体选择性的辩证统一”的观点，是历史唯物主义和辩证唯物主义基本原理在“权力”问题研究上的运用和体现，从而克服了“权力之英雄决定论”等历史唯心主义和“权力之物质决定论”等机械唯物主义在权力问题上的错误观点。

第三，权力是普遍性与特殊性的辩证统一。一方面，由于任何“权力”都是“作为主体的人使作为客体的人服从的力量”，这就说明任何“权力”都有一定共性即普遍性，另外，权力的普遍性还表现在凡是有群体、组织、共同体或联合体的地方，就必然存在权力，因为权力是群体、组织、共同体或联合体得以生存、延续或发展的必要条件（社会产生权力，权力维系社会），否则，群体、组织、共同体或联合体就会变成人人各行其是的一盘散沙而名存实亡；权力的普遍性也表现在“权力”伴随人类社会的始终。另一方面，由于人们的社会实践以及所处社会物质生活条件的多样性、复杂性和可变性，由于人们的目标设定、利益诉求存在差异性，由于群体、组织、共同体或联合体内外交互作用及选择的差异性，由于作为权力主体的人与作为权力客体的人的素质能力及各自对途径手段选择的差异性等原因，作为主体的人所具有的权力之性质、大小、范围、功能及其发挥作用的结果等各有其不同的特点，这就是权力的特殊性。总而言之，权力是普遍性（共性）与特殊性（个性）的辩证统一。

第四，权力是支配与服从的辩证统一。权力体现的是人与人之间的支配与服从关系。权力不仅来自社会，而且体现的是一种社会关系。任何权力都有三个要素：权力主体（领导者）、权力客体（被领导者）、权力主体使权力客体服从的手段或力量。对于权力构成来说，三个要素缺一不可。任何具有支配性的权力都是以服从为前提的，而服从又是以权力服务于社会或群体组织为前提的。当权力失去了为社会和群体服务的功能而变为谋取一己之私利的工具时，人们就有理由不再服从这种权力。

第五，权力是工具性与目标性的辩证统一。任何权力都是为达到一定目的、达成一定目标、实现一定利益诉求而存在的，不存在无目的、无目标、无利益的权力，这体现了权力的工具性，同时，任何权力的形成、确立、行使、监督、变更、废除等都是通过一定途径和手段实现的，这体现了权力的目标性（当然权力非终极目的）。

此外，权力也是相对稳定性与绝对变动性的辩证统一；如前所述，在阶级社会，权力则具有阶级性与社会性之两重属性，并且不同形态的阶级社会以及同一形态阶级社会的不同历史阶段中，权力之阶级性与社会性的占比是不同的。

3.权力的作用。权力是一把双刃剑。关于权力的作用，不能笼统地一概而论，更不能抽象地谈论其作用的好与坏，要具体情况具体分析。例如，焦裕禄、孔繁森、郑培民、任长霞、杨善洲等许多党的优秀干部秉公用权、无私奉献，他们把人民赋予的权力用来为人民谋幸福，权力充分发挥了利国利民的正面的积极作用；而刘青山、张子善、成克杰、周永康、徐才厚等少数腐败变质的干部以权谋私、巧取豪夺，他们把人民赋予的权力用来为个人或小集团谋取私利，导致权力异化变质，从而产生了祸国殃民的负面的破坏作用。又譬如，在近代中国，内外反动势力把持的国家权力带给人民的是充满血泪的悲惨生活以及国家的四分五裂、日益衰败；新中国成立后，一切权力属于人民，人民在党的领导下掌握了国家权力，带来的是民族日益振兴、国家繁荣昌盛、人民生活不断改善。无数事实证明，“权力”可以给人类带来福祉，也可以带来灾难，权力是一把双刃剑。权力像水，可以浇灌农田、造福人类，也可以泛滥成灾、危害社会；权力像火，可以烧水做饭、取暖驱寒，也可以毁灭家园、吞噬生命。

权力有不同类别，就国家政治权力而言，其作用主要体现在以下几个方面：第一，在阶级社会，代表统治阶级根本利益的政治权力对社会中占统治地位的生产关系（即维护统治阶级利益的生产关系）具有强力维护的作用，并在一定条件下、一定程度上、一定范围内对占统治地位的生产关系的某些方面或环节发挥调整或改革的作用。

第二，政治权力对于社会生产力的发展具有巨大的反作用。当政治权力维护的生产关系适应生产力发展需要时，或通过推进改革不断促进生产关系适应生产力发展需要时，政治权力就能够极大地推动社会生产力的发展；当政治权力维护的生产关系不适应生产力发展需要时，政治权力就阻碍乃至于破坏社会生产力的发展。

第三，政治权力对于社会思想文化领域具有巨大影响力。政治权力影响甚至支配着社会主流思想文化的发展方向、发展进程和发展方式。

第四，政治权力影响着社会生活的其他方面。政治权力的特定性质、组织构成、运行方式、规则规范不仅影响着社会各个方面和各个领域，而且深刻影响着每个社会成员的思想观念、价值取向、思维方式和行为方式。

另外，国家政治权力除了维护统治阶级的整体的、根本的、长远的利益以外，一般来说，还具有社会管理或社会服务、处理外交事务和国际关系的作用。

（二）权力观的内涵及其分类

1. 权力观的内涵。权力观是指人们对权力的基本态度和总的看法，包括对权力的本源、性质、获取、使用、服务对象等基本问题的认识。权力观是人们的世界观、人生观、价值观在权力认识问题上的集中体现，是政治观的重要内容。权力观是具体的、历史的，不同的时代或同一时代处于不同组织、群体、阶级、阶层或政党的人们，其权力观是不同的。

2. 权力观的分类。纵观人类政治思想史，人们的权力观有多种类别。例如：（1）按权力的性质划分，既有正确权力观与错误权力观之分，也有清廉权力观与贪腐权力观之别。（2）按权力的来源划分，可分为神授权力观、天赋权力观、契约权力观、民赋权力观等。（3）按权力的服务对象划分，可分为为人民群众服务的权力观、为个人、家庭或小集团服务的权力观等。(4)按权力维护的阶级利益划分,可分为维护统治阶级利益的权力观、维护被统治阶级利益的权力观等。(5)按权力的组织形式和运行机制划分,可分为专制主义权力观、君主立宪制权力观、“三权分立”制权力观、民主集中制权力观(如我国的人民代表大会制权力观)等。(6)按权力的主体划分,可分为国际权力观、国家权力观、地方权力观、集体或组织权力观、个人权力观等。(7)按权力与法的关系划分,可分为人治权力观、法治权力观。

3. 清廉权力观的内涵及其特点。

(1)清廉权力观的内涵。清廉权力观是以清正廉明为原则,以取权有道、用权利民、运权公明、制权有效为根本特征的权力观。清廉权力观又可分为古代清廉权力观、近代资产阶级清廉权力观、马克思主义清廉权力观等。其中,马克思主义清廉权力观实现了科学性、先进性(人民性)、实践性、发展性的辩证统一。马克思主义清廉权力观认为,权力来源于人民,权力的基础是人民的支持和拥护,权力的根本目的是全心全意为人民服务;权力的功能是执行人民的意志,维护人民的权利,实现公共利益;权力运行的基本方式是民主执政、科学执政、依法执政;权力的行使要接受人民的监督。

阶级社会中,古代清廉权力观、近代资产阶级清廉权力观在缓和统治阶级与被统治阶级的矛盾和冲突方面发挥了积极作用,虽然从根本上有利于巩固统治阶级的地位及其统治秩序、有利于统治阶级的整体与长远利益,但在客观上一定程度地减轻了劳动人民的负担、有利于促进社会生产力的发展与社会文明进步。阶级社会中,古代清廉权力观、近代资产阶级清廉权力观都是以剥削阶级的生产资料私有制占主体的生产关系作为基础,其阶级和历史的局限性是显而易见的,这就不难理解为什么漫长的中国古代封建社会的清官(像诸葛亮、姚崇、包拯、海瑞、于成龙等)如此凤毛麟角,老百姓对清官的寻觅犹如浩瀚沙漠中寻找绿洲和水源一样艰难;也不难理解为什么在1948年国民党政府进行金圆券改革,力图挽救日益崩溃的国民政府经济,蒋经国到上海进行经济管制“打老虎”,其结果是虎头蛇尾、无功而返;更不难理解为什么美国向全世界极力标榜、兜售的“三权分立”制衡、民主廉洁政治,“沦为靠金钱支撑的、竞选人之间的烧钱比赛以及隐藏其后的政治分赃和权钱交易”。[①]

(2)马克思主义清廉权力观的特点。马克思主义清廉权力观具有为民性、利民性、亲民性、民主性、公正性、透明性、制约性等基本特点。

第一,为民性。主要表现为:权为民所用,勤政为民、清廉用权,秉公用权,反对

① 徐崇温.选举沦为一种金钱游戏[N].人民日报,2017-02-05(5).

公权私用。马克思主义认为，人民是历史的创造者，社会主义国家的一切权力属于人民。我国宪法规定：中华人民共和国的一切权力属于人民。无论从马克思主义历史唯物论的角度，还是从党领导人民经过不懈奋斗、翻身做主人的苦难辉煌历史角度，无论是从社会主义国家性质与政治伦理的角度，还是从国家根本大法《宪法》的法律规定的角度，新中国成立后党和国家的各级各类机关及其干部和工作人员手中掌握的一切权力都是人民赋予的。权力来自于人民，必须用之于人民，必须体现人民的意志和愿望，必须把权力用在为人民群众办实事、做好事上。只要是有利于人民群众的事，就应全心全意、千方百计、全力以赴地去做。正如习近平同志所言：“我们的权力是党和人民赋予的，是为党和人民做事用的，姓公不姓私，只能用来为党分忧、为国干事、为民谋利。要正确行使权力，依法用权、秉公用权、廉洁用权，做到法定职权必须为，法无授权不可为，保持如临深渊、如履薄冰的谨慎，做到心有所畏、言有所戒、行有所止，处理好公和私、情和法、利和法的关系。”①

第二，利民性。主要表现为：利为民所谋，为人民谋幸福，反对以权谋私。在人类社会历史发展中，任何权力都是基于一定物质生活条件并为维护、增进或服务一定主体的利益而产生和存在的。在阶级社会，居于统治地位的阶级的权力是维护、增进、服务统治阶级利益的工具。在资本主义条件下，居于统治地位的资产阶级虽然也标榜公权力为公而不得为私谋利，但实际情况并非如此，例如，“共和党总统里根、老布什、小布什都在不同程度上接受了石油能源公司的捐助，作为回报，里根在其任内推动取消石油、汽油价格管制；布什父子则通过发动两场伊拉克战争，把石油储量占世界第五的伊拉克控制在手。民主党的克林顿接受了更多信息科技产业的资金支持，上任后积极推动信息高速公路计划。奥巴马之所以在2008年国际金融危机之后对金融行业整顿力度不够，也是因为大型金融集团曾为他的竞选活动慷慨解囊。现今的美国，金钱主导政治，少数有权势的利益集团通过竞选捐助等控制了政府决策。面对这种助长政治腐败的体制机制，普通民众越发感到民主成了一个幌子，选举也沦为一种金钱游戏。”②由此可见，美国标榜的所谓民主、公权力为民谋利，极具虚伪性与欺骗性。只有建立在公有制为主体的经济基础之上的、实现了人民当家做主的、社会主义性质的权力，才能真正维护、增进、服务最广大人民的根本利益和长远利益，并在更大程度、更广范围实现“利为民所谋”。马克思主义清廉权力观强调“利为民所谋”，坚持人民的利益高于一切、坚持全心全意为人民服

① 习近平．在中央党校县委书记研修班学员座谈会上的讲话（2015年1月2日）[G]//中共中央文献研究室．习近平总书记重要讲话文章选编．北京：中央文献出版社，2016：246．

② 徐崇温．选举沦为一种金钱游戏[N]．人民日报，2017-02-05(5)．

务、坚持以人民为中心的发展理念，坚持一切从人民的愿望出发、一心为人民谋利益。坚决反对以权谋私等不正之风和腐败行为，要求在任何时候、任何情况下都不能用人民赋予的权力为个人、家庭或小集团谋取不正当利益。不可否认，在现实生活中，一些人受剥削阶级腐朽思想的侵蚀而背离马克思主义清廉权力观，以权谋私、违法乱纪，给国家和人民利益造成损害，从而受到党纪政纪处分，甚至受到法律制裁，这是咎由自取。共产党和人民政府对以权谋私等腐败的“零容忍”态度和“老虎”“苍蝇”一起打的坚定决心和实践，是坚持和践行马克思主义清廉权力观的生动体现。

第三，亲民性。主要表现为：情为民所系，干部与群众鱼水情深，反对脱离群众的官僚主义、形式主义。马克思主义清廉权力观强调，要真心热爱和感恩人民，对人民群众始终保持深厚感情；要真正相信和依靠人民，凝聚起推动人类社会文明进步的磅礴力量；要真诚关心和服务人民，察民情、解民忧，与人民群众始终同呼吸、共命运、心连心。坚决反对高高在上、脱离实际、脱离群众，饱食终日、无所作为、不负责任，自以为是、独断专行、衙门作风等各种官僚主义以及形形色色的形式主义的不良行为。

第四，民主性。主要表现为：坚持人民当家做主，反对公仆变主人，反对骑在人民头上作威作福。马克思主义清廉权力观认为，社会主义民主的本质是人民当家做主，没有民主就没有社会主义，没有民主就没有社会主义现代化，人民民主是社会主义的生命、是社会主义的本质要求和内在属性。所有党和国家干部都是人民的公仆，绝不允许把自己凌驾于人民群众之上，更不允许骑在人民头上横征暴敛、作威作福、横行霸道、欺压百姓。权力的组织和运行要符合民主集中制原则，要体现民主科学决策、民主选举管理、民主监督制约、民主法治精神。在我国，中国共产党作为执政党，支持和保证人民通过人民代表大会行使国家权力，实行基层群众自治制度，这些都是马克思主义清廉权力观之民主性的生动实践。

第五，公正性。主要表现为：权力主体要公道、正派、正直、不徇私；权力的生成、获取、使用、运行、调整、存废、监督均以公正法治作为核心价值追求。马克思主义清廉权力观的公正性特点体现在许多方面，例如，不断追求真正的实质上的人民当家做主，而不是金主（财团、利益集团、游说集团等）操控下的实质上代表少数富人财团利益的有名无实的所谓西式“普选民主”，从而否定了权力只为少数人利益服务的偏狭性倾向；不断追求以利国利民为原则的立法法治化，强调立法要遵循宪法的基本原则和精神、依照法定的权限和程序、从国家整体利益出发、体现人民的意志、科学合理地规定公民、法人和其他组织的权利与义务、国家机关的权力与责任，从而否定了把部门、地方或利益集团的不当利益合法化的有违公正的分散主义、地方主义、利己主义的不良倾向；不断追求科学立法、民主立法、公正立法、依法立法的同时，强调严格规范公正文明执法，坚持法律面前人人平等以及有法必依、执法必严、违法必究，强调公正司法以及审判机关、检察机关依法独立公正行使审判权、检察权，强调“法定职责必须为、法无授权不可为”，任何组织或者个人都不得有超越宪法和法律的特权，从而否定了在执政、行政、执法、司法中以言代法、以权压法、徇私枉法、营私舞弊等破坏权力公正行使的倾向。我国“坚持依法治国、依法执政、依法行政共同推进，坚持法治国家、法治政府、法治社会一体建设”[①]的政治实践，大大增强了权力运行的公正性、促进了社会公平正义。

第六，透明性。主要表现为：用权公开透明，让权力在阳光下运行，反对权力的暗箱操作。马克思主义清廉权力观的透明性特点体现在许多方面，例如，强调要保障人民知情权、参与权、表达权、监督权，凡是涉及群众切身利益的决策都要充分听取群众意见；推进权力运行公开化、规范化，不断完善党务公开、政务公开、司法公开和各领域办事公开制度；加强党内监督、民主监督、法律监督、舆论监督的有机结合，让人民监督权力，确保权力运行公开透明。

第七，制约性。主要表现为：有权必有责、用权受监督、侵权要赔偿、违法必追究。马克思主义清廉权力观的制约性特点体现在许多方面，例如，强调“任何人都没有法律之外的绝对权力，任何人行使权力都必须为人民服务、对人民负责并自觉接受人民监督”，[②]“任何国家机关及其工作人员的权力都要受到制约和监督，公民对于任何国家机关和国家工作人员有提出批评和建议的权利，对于任何国家机关和国家工作人员的违法失职行为有向有关国家机关提出申诉、控告或者检举的权利”；[③]强调决策权、执行权、监督权既相互制约又相互协调以确保国家机关按照法定权限和程序行使权力；强调制度体系建设，不断健全权力制约制度，做到用制度管权、用制度管事、用制度管人，“把权力关进制度的笼子里”；强调法治体系建设，着力推进法治国家、法治政府、法治社会一体建设，将权力置于法律框架之内，防止权力滥用。

二、树立马克思主义清廉权力观的意义

（一）有利于巩固人民民主专政的国体，确保国家长治久安

人民民主专政是我国的国体，这一国体的确立来之不易，它是中国共产党领导

---

① 习近平. 谈治国理政（第2卷）[M]. 北京：外文出版社，2017：287.

② 习近平. 谈治国理政[M]. 北京：外文出版社，2014：388.

③ 习近平. 在庆祝全国人民代表大会成立60周年大会上的讲话[N]. 人民日报，2014-09-05(2). 9

中国人民历尽千难万险、长期不懈奋斗的结果，是无数革命先烈用鲜血和生命换来的。人民民主专政的国体体现了人民当家做主的社会主义国家的性质，其确立结束了中国几千年以来少数统治者压迫、剥削和奴役广大人民的历史。在近代中国半殖民地半封建社会，中国人民过着暗无天日、水深火热的极端悲惨的生活，国家陷入了内忧外患、四分五裂、任人宰割的境地。为了救亡图存，中国的仁人志士在黑暗中进行了长期不屈不挠的探索和斗争。1921 年，中国共产党成立后，坚持把马克思主义基本原理与中国革命的具体实际相结合，领导中国人民进行了长达 28 年的浴血奋战，推翻了帝国主义、封建主义和官僚资本主义的反动统治，实现了民族独立和人民解放，建立了人民当家做主的新中国，为实现国家繁荣富强、人民共同幸福开辟了广阔道路。中国共产党领导人民取得新民主主义革命和社会主义改造伟大胜利的成果也以国家根本大法——宪法的形式予以确认。我国宪法明确规定："中华人民共和国是工人阶级领导的、以工农联盟为基础的人民民主专政的社会主义国家。"这一规定表明人民民主专政是工人阶级（经过共产党）领导的、以工农联盟为基础的对人民实行民主和对敌人实行专政的国家政权。树立马克思主义清廉权力观，才能自觉把人民放在心中最高位置，坚持和维护人民当家做主的政权性质，反对公仆变主人而骑在人民头上作威作福；才能秉公用权，用权为民，反对公权私用、以权谋私；才能密切联系群众，为群众排忧解难，反对脱离群众、脱离实际、贪图舒适、不负责任、高高在上、独断专行等官僚主义作风。不仅党员、干部要树立马克思主义清廉权力观，每个公民都应树立马克思主义清廉权力观，只有人人树立马克思主义清廉权力观，才能更有效地抵制和反对剥削阶级的腐朽权力观对人民民主专政之国体的侵蚀，才能依法正确行使民主权利、自觉参与民主监督，才能减少和祛除对干部的腐蚀和"围猎"，不断铲除滋生践踏人民民主、侵害人民利益、和平演变或异化人民民主专政国体的土壤，优化政治生态。青年学生是祖国的未来和希望，树立马克思主义清廉权力观尤为重要和迫切，这是确保人民政权永不变色、社会主义事业后继有人的需要。因此，树立马克思主义清廉权力观，对于坚持国家的一切权力属于人民，巩固人民民主专政的国体，确保人民江山永不变色、国家长治久安和繁荣昌盛，具有重要意义。

（二）有利于巩固和完善人民代表大会制度，确保人民当家做主真正落到实处

国家的一切权力属于人民，人民行使权力的机关是全国人民代表大会和地方各级人民代表大会。人民代表大会制度是实现中国人民当家做主的根本政治制度，是我国的政体。在我国实行人民代表大会制度，是我们党把马克思主义基本原理同中国具体实际相结合的伟大创造，是近代以来中国社会发展的必然选择，反映了全国各族人民的共同利益和共同愿望。树立马克思主义清廉权力观，牢固树立

“权力来源于人民，也必须服务于人民”的思想，坚持和发展社会主义民主政治，用人民依法赋予的权力来为人民谋幸福，有利于巩固和完善人民代表大会制度，确保人民当家做主真正落到实处。

(三)有利于践行“立党为公，执政为民”，巩固党的执政地位

马克思主义政党执政以后，能否正确地行使人民赋予的权力，始终保持同人民群众的血肉联系，是一个关系到党的前途命运的根本性课题。一个党在长期执政的条件下，容易产生脱离群众的倾向，容易产生官僚主义。江泽民同志曾告诫全党：“要树立正确的权力观，必须坚持立党为公、执政为民。”“如果把权力当作个人、家庭和小集团牟取私利的手段，就必然导致私欲膨胀，那是很危险的。”[①]党员领导干部只有树立了马克思主义清廉权力观，才能从根本上解决好入党为什么、当官做什么、身后留什么的问题，才能正确处理好个人与组织、个人与群众的关系，牢固树立为党和人民的事业不懈奋斗的志向，始终保持共产党人的浩然正气，做到立党为公、执政为民，时刻把人民群众的安危冷暖挂在心上，做到权为民所用、情为民所系、利为民所谋，把最广大人民群众的根本利益维护好、实现好、发展好，从而赢得人民的信任和拥护，巩固党的执政地位。

(四)有利于实现权力规范运行，预防权力异化、权力寻租等腐败行为

习近平同志指出：“腐败的本质是权力出轨、越轨，许多腐败问题都与权力配置不科学、使用不规范、监督不到位有关。”“中外经验告诉我们，只有坚持依法严厉惩治、形成不敢腐的惩戒机制和威慑力，坚持完善法规制度、形成不能腐的防范机制和预防作用，坚持加强思想教育、形成不想腐的自律意识和思想道德防线，才能有效铲除腐败现象的生存空间和滋生土壤。”[②]树立马克思主义清廉权力观，不仅是促进形成不敢腐的惩戒机制和威慑力、不能腐的防范机制和预防作用、实现权力规范运行的思想基础，也是形成不想腐的自律意识和思想道德防线的至关重要的内容，对预防权力异化、权力寻租等腐败行为具有重要价值。

此外，树立马克思主义清廉权力观不仅利国利民，而且有利于个人成长进步、事业发展和家庭幸福。一般来说，任何一个人，只要工作，就要承担一定的职责任务，与此相适应也必然掌握一定的职权和资源，只有树立马克思主义清廉权力观，才能更好地抑制不当欲望、依法正确行使权力、依规合理运用资源，把好事做好。而一旦受到贪腐权力观的支配，就会私欲膨胀、滥用职权、以权谋私、违法乱纪，甚

① 中共中央文献研究室．江泽民论有中国特色社会主义(专题摘编)[M]．北京：中央文献出版社，2002：670-671．

② 习近平谈中共的纪律和规矩[N]．人民日报海外版，2016-01-08(8)．

至跌入犯罪深渊而身败名裂、殃及家庭。党的十八大以来，纷纷落马的“老虎”、身边铲除的“苍蝇”，作为反面教材，一再昭示人们：贪腐权力观是误国害民毁已的精神“毒品”，而树立马克思主义清廉权力观不仅有益于国家和人民，也有益于个人成长进步、事业发展和家庭幸福。

三、如何树立马克思主义清廉权力观

马克思主义清廉权力观是代表工人阶级和广大人民群众根本利益的权力观，是科学性与先进性辩证统一的正确的权力观。树立马克思主义清廉权力观，要加强马克思主义政治理论学习、不断修养和实践，特别要努力做到以下几个方面。

(一)要立志做大事，不要立志做大官

树立马克思主义清廉权力观，首先“要立志做大事，不要立志做大官”。1912年孙中山先生视察山东时首次提出了“要立志做大事，不要立志做大官”的名言。“孙中山先生是伟大的民族英雄、伟大的爱国主义者、中国民主革命的伟大先驱，一生以革命为己任，立志救国救民，为中华民族做出了彪炳史册的贡献。”[①]邓小平同志在“文革”后复出工作的一次谈话中强调，“共产党员要立志做大事，不要立志做大官。”2011年5月习近平同志考察贵州时，勉励学子：“大学生关键是要选定奋斗的目标，树立远大、正确、崇高的理想信念。不要立志做大官，而要立志做大事。希望大学生们积极到基层去，到国家最需要的地方去成长成才，报效祖国。在报效祖国、服务人民的过程中，实现自己的人生价值。希望大学生们自强不息，做中华民族的脊梁。”[②]孙中山、邓小平、习近平都强调要立志做大事，那么，何谓“大事”？不同的人、不同的阶级或阶层，不同的组织或政党，站在不同的立场上，对“大事”的理解是不同的。在不同的历史时期，“大事”的具体内容也会有所区别。站在国家和人民的立场上，救国救民，强国富民，都是大事。新中国成立前，为实现民族独立和人民解放而奋斗，就是大事；新中国成立后，为实现国家繁荣富强、人民共同幸福而奋斗，就是大事。毛泽东同志认为，群众利益无小事。在本职岗位上，为人民群众干好事、办实事、解难事、谋利益，全心全意为人民服务，就是大事。对于青年学生来说，努力成才、报效祖国、服务人民、奉献社会，就是大事。只有立志做大事，才能更好把握正确的人生方向、产生更强大的人生动力，才能经受住各种考验和磨炼，才能真正脚踏实地地为实现“两个一百年”奋斗目标、为实现中华民族伟大

① 习近平.继承孙中山精神 为振兴中华继续奋斗(全文)[EB/OL].(2016-11-11)[2017-10-22].http://media.china.com.cn/jrtt/2016-11-11/897147.html

② 万群.习近平考察贵州：勉励学子立志做大事[N].贵州日报，2011-05-12(1).

复兴的中国梦做出更大贡献，从而创造出无愧于时代、无愧于人民的有价值的精彩人生。

为何不要立志做大官？在社会主义中国，工作有分工，但无高低贵贱之别。只要国家、人民需要，在任何岗位上工作，都是为人民服务，都是光荣的，都应得到尊重。任何社会需要的、依法设置的岗位、职位都是做事兴业、服务人民的平台、条件或手段，做事兴业、服务人民才是追求的根本目的或目标。无论大官，还是小官，都是行政职位，是做事的平台或条件，都不应成为人生追求的目的。立志做大官，颠倒或错置了工作目的（大事）与工作平台或条件（官职）的关系，把工作平台或条件（官职）错误地当作人生目的或目标来追求，是本末倒置的表现，体现的是官本位的非马克思主义的权力观和人生观。立志做大官的人，由于本末倒置，往往做事不严不实，心浮气躁，弄虚作假，欺上瞒下，不讲原则，见风使舵，拉帮结派，团团伙伙，跑官要官，这种人权欲熏心到一定程度，为了向上爬往往是不择手段，搞阴谋、耍手腕、拉山头，践踏法纪，拉票贿选，买官卖官，以权谋私，权钱交易，权色交易等什么勾当都干得出来。习近平同志指出：“政治野心是把领导干部推向深渊的第一罪恶之手，一个领导干部一旦政治野心膨胀，就会思想变质、心理变态、行为扭曲，甚至置党纪国法于不顾，胆大妄为做出令人难以想象、瞠目结舌的事情。”[①]“周永康、薄熙来、徐才厚、郭伯雄、令计划等不是整天也在那里喊冠冕堂皇的政治口号吗？不是总想给自己脸上贴金吗？暗地里他们干了什么？拉帮结派，贪赃枉法，骄奢淫逸，野心膨胀，篡党夺权，都是为了一己私利，半点马克思主义都没有！”[②]总之，立志做大官，是“官本位”思想和拜权主义的表现，把追求权力作为人生价值的唯一追求，在人生目标选择上是错乱的，对国家和人民是有害的，对个人和家庭也是非常危险的。

也许有人认为，只有做了大官，才能做成大事，因此要立志做大官。这句话，听起来似乎有道理，其实，做大官与做大事之间没有必然联系，能否为人民做大事、好事关键看是否把国家和人民的利益放在第一位。江苏省江阴市华西村原党委书记吴仁宝、安徽省凤阳县小岗村原党委书记沈浩、山东省寿光市三元朱村党支部书记王乐义等一批农村优秀基层干部，虽然其“官位”不高，但以其对党的事业的忠诚、为老百姓干好事、做实事、解难事的执着信念和无私奉献的精神，在平凡的岗位上创造了党和人民满意的不平凡的业绩，为人民干成了大事、好事。这与周永康、薄

① 中共中央文献研究室．习近平总书记重要讲话文章选编[M]．北京：中央文献出版社、党建读物出版社，2016：343．

② 中共中央文献研究室．习近平总书记重要讲话文章选编[M]．北京：中央文献出版社、党建读物出版社，2016：342．

熙来、徐才厚、郭伯雄、令计划等一些身居高位，却权欲熏心、背叛人民、篡党夺权、祸国殃民的败类形成了鲜明对照。因此，青年学生要树立马克思主义清廉权力观，就“要立志做大事，不要立志做大官”，爱岗敬业、忠于职守，在报效祖国、服务人民、奉献社会的进程中，创造有价值的人生。

当然，一个人在本职岗位上尽职尽责、踏踏实实工作并做出突出贡献，得到群众支持和拥护，因德才兼备而得到组织提拔重用，承担更大责任，担任更高职务，掌握更大权力，更好为人民服务，这与“立志做大官”，把追求权力作为人生唯一目标，是截然不同的。

（二）树立并践行“权力来源于人民，必须用来为人民服务”的理念

树立马克思主义清廉权力观，就要树立并践行“权力来源于人民，必须用来为人民服务”的理念。习近平同志强调：“马克思主义权力观概括起来是两句话：权为民所赋，权为民所用。”我国宪法规定：“中华人民共和国的一切权力属于人民。”这体现了人民在我国政治生活中地位，体现了我国人民当家做主的社会主义国家性质，体现了“人民是历史的创造者”之马克思主义历史唯物论思想，是对中国共产党领导人民夺取革命胜利之伟大成果的法律确认。树立并践行“权力来源于人民，必须用来为人民服务”的理念，就要始终保持同人民群众的血肉联系，始终践行以人民为中心的发展思想，就“要坚持人民主体地位，顺应人民群众对美好生活的向往，不断实现好、维护好、发展好最广大人民根本利益，做到发展为了人民、发展依靠人民、发展成果由人民共享。”①

（三）坚持走群众路线

树立马克思主义清廉权力观，就要坚持走群众路线。群众路线，就是一切为了群众，一切依靠群众，从群众中来，到群众中去。群众路线是中国共产党的根本政治路线和组织路线，也是党的基本领导方法和工作方法，是我们的事业不断取得胜利的重要法宝。坚持群众路线，才能使人民赋予的权力用来为人民服务，才能找到权力充分发挥积极作用的力量之源，才能使权力在正确的轨道上运行，才能使做出的决定、决策等更加符合实际、更加符合客观规律、更加受到群众拥护、更加具有指导性，才能更好地调动广大群众的积极性和创造性，不断把国家和人民的各项事业推向前进。

“一切为了群众”，全心全意地为人民服务，是党的根本宗旨，是党一切工作的

① 中共中央文献研究室.习近平总书记重要讲话文章选编[M].北京：中央文献出版社、党建读物出版社，2016：401.

根本出发点和归宿，是马克思主义政党区别于其他政党的显著标志。“一切为了群众”，就要始终坚持人民立场，坚持人民的利益高于一切，一切工作与努力，都要为了人民的利益；就要正确处理个人利益与群众利益的关系，与人民群众同呼吸、共命运、心连心，反对把个人利益凌驾于群众利益之上，反对欺压群众、损害和侵占群众利益。

“一切依靠群众”，是我们一切工作的力量源泉。“一切依靠群众”，就要相信群众、尊重和支持人民群众的首创精神；就要虚心向人民群众学习，改进和创新联系群众的方法，了解社情民意，倾听群众呼声，问政于民、问需于民、问计于民，善于从群众的议论中发现问题，并提出解决问题的办法；就要在一切工作中善于发动群众、组织群众，既要反对命令主义，又要反对尾巴主义。

“从群众中来，到群众中去”是我党的根本领导方法和工作方法。1943 年毛泽东在《关于领导方法的若干问题》中指出，“在我党的一切实际工作中，凡属正确的领导，必须是从群众中来，到群众中去。这就是说，将群众的意见（分散的无系统的意见）集中起来（经过研究，化为集中的系统的意见），又到群众中去作宣传解释，化为群众的意见，使群众坚持下去，见之于行动，并在群众行动中考验这些意见是否正确。然后再从群众中集中起来，再到群众中坚持下去。如此无限循环，一次比一次地更正确、更生动、更丰富。”

权力的运用一旦背离党的群众路线，就会走偏，甚至走到邪路上去。因此，树立马克思主义清廉权力观，坚持走群众路线，还必须坚决反对工作不实、表面文章、贪图虚名、弄虚作假等形式主义，坚决反对脱离实际、脱离群众、懈怠消极、推诿扯皮、作风霸道、迷恋特权等官僚主义，坚决反对追名逐利、贪图享受、讲究排场、玩物丧志等享乐主义，反对铺张浪费、挥霍无度、骄奢淫逸、腐化堕落等奢靡之风。

（四）坚持民主集中制

树立马克思主义清廉权力观，就要坚持民主集中制。民主集中制是民主基础上的集中和集中指导下的民主相结合。坚持民主集中制是《中国共产党章程》关于党的建设必须坚决实现的基本要求之一。我国宪法也明确规定：“中华人民共和国的国家机构实行民主集中制的原则。”民主集中制是马克思主义政党、社会主义国家机关和人民团体的根本组织原则，是领导班子的根本工作制度，是推动党和国家事业不断发展的重要保证。坚持民主集中制，就是要努力造成又有集中又有民主，又有纪律又有自由，又有统一意志又有个人心情舒畅、生动活泼的政治局面。

真正坚持民主集中制，首先，要站稳人民立场、祛除一切私心杂念，牢固树立全心全意为人民服务的宗旨意识，牢固树立科学崇高的理想和信念，这是坚持和落实民主集中制的根本政治前提，否则，就不能形成组织的强大的凝聚力、创造力和战斗力，就不能形成组织的团结统一，民主集中制就会流于形式，就会被扭曲，就会被滥用，甚至成为谋取个人或小集团之私利的幌子，产生很大的破坏力。

其次，要正确认识、把握和处理民主与集中的关系，这是坚持和落实民主集中制的关键。习近平同志指出："民主和集中辩证统一、不可分割。只有既充分发扬民主，又实行正确集中，才能及时集中正确意见，及时纠正不正确的意见和做法。这些年来，家长制、'一言堂'的现象和议而不决、决而不行的现象在一些班子屡屡出现。有的领导干部个人主义、本位主义思想严重，只讲民主不讲集中。有的一把手只讲集中不讲民主，习惯于逢事先定调，重大问题不经班子成员充分酝酿和讨论就拍板，甚至对多数人的意见也置之不理。这两种情形都会严重影响民主集中制的贯彻执行。综合分析，贯彻民主集中制，民主不够、集中不够的问题都存在，但从各级领导班子看，主要还是民主不够，主要领导干部我行我素、独断专行的现象较为普遍。"①如果割裂民主与集中的辩证关系，不讲民主，必然出现个人独断专行，民主决策、科学决策、依法决策就会成为空话；不讲集中，必然导致组织涣散无力、各行其是、貌合神离、缺乏合力。因此，要坚决反对和防止独断专行，坚决反对和防止议而不决、决而不行、行而不实、软弱涣散、各自为政，坚决反对和防止以集体决定名义集体违规，坚决反对和防止人云亦云、见风使舵，或当面一套、背后一套，表面服从组织决定，背后搞团团伙伙、拉帮结派等非组织活动。

再次，必须把坚持民主集中制作为一项制度性、基础性工程加以强化，使民主集中制原则在实践中更加规范化、制度化、法治化，这是坚持和落实民主集中制的根本保证。例如，要坚持和完善集体领导制度，实行集体领导和个人分工负责相结合。"凡属重大问题，要按照集体领导、民主集中、个别酝酿、会议决定的原则，由集体讨论、按少数服从多数做出决定。"

最后，要加强学习和道德修养。组织中的主要负责人要有公正无私的品格、谦虚谨慎的态度、民主平等的作风、海纳百川的胸怀，做到发扬民主、集思广益，善于集中、敢于担责，避免把发扬民主变成无休止的争论而贻误工作。主要负责人用权要讲民主、重科学、善集中、敢负责。领导班子成员要增强全局观念和责任意识，做到发表意见敢讲话、讲真话，决策或决定形成后就要一抓到底，不自行其是、不阳奉阴违。

实践证明，违背了民主集中制原则，权力运行就会出现"故障"，甚至"脱轨"，就会给国家和人民事业造成损害，也就不可能在实践中形成马克思主义清廉权力观。

---

① 中共中央文献研究室.习近平总书记重要讲话文章选编[M].北京：中央文献出版社、党建读物出版社，2016：83.

（五）坚持光明正大 反对阴谋诡计

树立马克思主义清廉权力观，就要坚持光明正大，反对阴谋诡计。孟子说：“我善养吾浩然之气。”[①]毛泽东同志晚年强调，要光明正大，不要搞阴谋诡计。习近平同志指出：“在党内不守纪律、不讲规矩，跟组织玩小聪明，权欲膨胀、利欲熏心，不择手段往上爬，为了自己什么事都敢干，总有一天是会自己毁了自己的。”[②]坚持光明正大、反对阴谋诡计是中华民族的优良道德传统，是为人、做事的基本道德要求，也是马克思主义政党一以贯之的政治规矩。《中国共产党章程》在党员义务方面明确规定：“党员必须维护党的团结和统一，对党忠诚老实，言行一致，坚决反对一切派别组织和小集团活动，反对阳奉阴违的两面派行为和一切阴谋诡计。”[③] 2016 年 10 月 27 日中国共产党十八届六中全会通过的《关于新形势下党内政治生活的若干准则》，在党内法规中首次明确提出要“坚决防止野心家、阴谋家窃取党和国家权力”的要求，并强调：“党员、干部特别是高级干部不准在党内搞小山头、小圈子、小团伙，严禁在党内拉私人关系、培植个人势力、结成利益集团。对那些投机取巧、拉帮结派、搞团团伙伙的人，要严格防范，依纪依规处理。党的各级组织和全体党员必须对党忠诚老实、光明磊落，说老实话、办老实事、做老实人，如实向党反映和报告情况，反对搞两面派、做‘两面人’，反对弄虚作假、虚报浮夸，反对隐瞒实情、报喜不报忧。对坚持原则、敢于说真话的同志，要给予支持、保护、鼓励。”这些规定具有很强的现实针对性，对严明党的纪律、净化党内政治生态具有重要意义。[④]

坚持光明正大，就要爱国爱民、忠诚尚义，胸怀坦荡、开诚布公，诚信正派、办事公道，秉公用权、不谋私利。反对阴谋诡计，就要站稳人民立场，敢于并善于同一切违背党和人民利益的各种错误思想和言行、各种违反党的政治纪律和政治规矩的言行、各种非组织活动和阴谋活动做坚决斗争。坚持光明正大、反对阴谋诡计，要努力做到“富贵不能淫，贫贱不能移，威武不能屈”。[⑤]

（六）用权要审慎

权力是一把“双刃剑”，既可以造福人民，也会祸害人民；既可以给自己带来荣耀，也会给自己带来毁灭。它可以成为掌权者发挥聪明才智的平台，造福百姓，也

---

① 《孟子·公孙丑上》

② 习近平.在第十八届中央纪律检查委员会第五次全体会议上的讲话（2015 年 1 月 13 日）[N].人民日报，2015-01-14(1).

③ 中国共产党章程[M].北京：中国法治出版社，2016：23.

④ 关于新形势下党内政治生活的若干准则（2016 年 10 月 27 日中国共产党第十八届中央委员会第六次全体会议通过）[N].2016-11-03(5).

⑤ 《孟子·滕文公下》

可以成为掌权者满足私欲、为所欲为的工具，祸国殃民。领导干部秉公用权，人民的幸福才有保证，领导干部以权谋私，就会成为祸害人民的罪人，因此，掌权者一定要慎重对待人民赋予的权力，为人民掌好权，用好权。

审慎用权，就要自觉遵守党的纪律、规矩以及和国家的法律法规，严格执行领导干部廉洁从政的各项规定，严防人民赋予的权力商品化、异质化，绝不把权力变成谋私的工具，做到一身正气、一尘不染；就要常修为政之德，常思贪欲之害，常怀律己之心，提高抗腐蚀的能力；就要从小事做起，防微杜渐，"勿以恶小而为之，勿以善小而不为"[①]；就要虚心听取群众的意见，自觉接受监督；就要不断探索和掌握党的执政规律、社会主义建设规律和人类社会发展规律，顺应民意和时代潮流，遵循客观规律，科学决策、民主决策、依法决策，切实让权力在为人民服务的正确轨道上健康运行。

【解疑释惑】

对"权力"的认识，需要注意克服哪些主要错误倾向？

一要克服"权力神秘化倾向"。"神秘"本不是权力的特点，然而，人们有意或无意地赋予了权力之神秘的所谓特点。由于人们认识水平的局限性，没有认识到"权力"背后的决定性因素——社会客观物质生活条件，而无意中把权力神秘化；还由于阶级社会中权力的阶级性以及权力主体的私欲膨胀，而故意把权力搞成神秘化，以便欺骗和愚弄民众，从而为以权谋私、权钱交易、公权私用、公权滥用提供了条件。使权力神秘化，是人治社会和专制极权社会的基本特征。

二要克服"权力污名化倾向"。当看到腐败、不公等现象时，一些人就对权力产生厌恶、鄙视，认为权力是罪恶的、肮脏的、丑陋的，视权力为魔鬼，从而把权力污名化，甚至极端仇视、抵触权力。权力是社会客观物质生活条件决定性与人的主体选择性的辩证统一。在一定的社会客观物质生活条件下，之所以既产生一些以权谋私、祸乱社会的腐败行为，又涌现大量用权为民、奉献社会的良善活动，是因为权力主体的选择具有差异性：选择善，则用权为民造福；选择恶，则用权为己牟利。因此，对权力要正确看待，权力本无好坏之分、善恶之别，权力既不是魔鬼，也不是仙女，权力就是人类手中不可或缺的一种工具，这一工具究竟发挥什么性质的作用，社会客观物质生活条件起决定性作用，而在同样的社会客观物质生活条件下，权力发挥什么性质的作用（是利民的善的作用，还是害民的恶的作用），关键在于权力主

① 《三国志·蜀志传》

体的选择性，也就是权力主体对获得权力、运用权力做出怎样的选择。权力就像一杆枪，可以用来除霸安良、保家卫国，也可以用来滥杀无辜、助纣为虐，关键看人如何使用。使权力污名化，体现了人们对权力之认识的肤浅或无知，也体现了对滥用权力之责任的逃避、推卸或开脱(使权力成为无辜的替罪羊)。

三要克服“权力神圣化倾向”。有些人认为，有权就有一切，权力至高无上，权力是幸福的代名词，从而使权力神圣化。权力神圣化最易导致拜权主义，从对权力顶礼膜拜到朝思暮想，再到把追逐权力作为人生唯一至上的目标而不择手段往上爬以攫取更大更多的权力，拜权主义是导致权力异化和腐败的重要思想根源和催化剂。

四要克服“权力特点宽泛化倾向”。“权力特点宽泛化”是指把本不是权力特点的东西不加分析或人云亦云地硬说成是权力的特点从而误导人们的现象。例如，有人认为“权力具有权威性特点”，这一观点似乎有道理，但存在以偏概全倾向，虽然权威以权力为基础，但权威不仅仅取决于权力，也与个人的特质(人格魅力、功德名望、业绩成就等)有关，有权力未必一定有权威；有人认为“权力具有强制性特点”，其实权力可分为职位权力和非职位权力，非职位权力(专家权、个人魅力权等)是不存在强制性的；也有人认为权力“具有扩张性、侵犯性、腐蚀性特点”，其实，当权力主体秉公用权、依法用权、用权利民时，权力就不存在扩张性、侵犯性，所谓“扩张性、侵犯性”是权力主体以权谋私、滥用权力造成的结果，是人之过而非权之过，更非权力的特点，至于“腐蚀性”，权力本身不具有腐蚀性，如果说有腐蚀性，那只能说权力客体中的部分人具有腐蚀性(权力主体，也就是掌握权力的人或组织，易于遭受追求非法或违规利益者的讨好、拍马、贿赂、拉拢等腐蚀性侵袭或“围猎”)。

【案例分析】

案例呈现：秉公用权　一心为民——人民公仆廖俊波的事迹[①]

2017 年 3 月 19 日凌晨 1 时 44 分，福建省南平市官方新闻网站大武夷新闻网公布，3 月 18 日傍晚，该市市委常委、常务副市长廖俊波同志出差途中遭遇车祸，经抢救无效因公殉职。(3 月 19 日 人民网)

“壮志未酬身先死，长使故人泪满襟。”年仅 49 岁的全国优秀县委书记廖俊波

① 王鸣镝．以廖俊波同志为镜，做个好干部[EB/OL]．(2017-04-13)[2017-10-22]．http://news.cnr.cn/zt2017/ljb/comment/20170413/t20170413_523706802.shtml

同志在工作途中突然离去，未留下只言片语。他却用最果敢的行动，最无私的付出，最无畏的牺牲，诠释了公仆情怀，用生命点亮前进的“灯塔”，是践行“两学一做”最生动的实践。

廖俊波同志(中)深入农村考察

以忠诚为魂，做心中有爱的好干部。廖俊波同志曾说：“能够当一个领头人，让 23 万政和百姓过上更好的生活，这是一件美妙的事情。”只有心中有党、心中有人民的好干部，才会始终将忠诚摆在第一位，把人民的利益放在第一位，对党的事业高度负责，将人民的冷暖记在心头，用最质朴的真心，最果敢的行动，为群众尽心尽力尽责，见证着一位共产党员对党和人民无限忠诚。

以民生为本，做心中有民的好干部。当地群众说：“园区是廖书记用脚步丈量出来的”。面对地处山区，交通闭塞，基础薄弱，全省倒数第一的“政和”标签，他集思广议，召开三天社会发展会议；他带头深入基层，与群众共商发展大计；他废寝忘食，天天工作至深夜；通过短短 4 年，实现了全省倒数第一到全省前十的“飞跃”。而只有心中有党、心中有民的好干部，才会如此忘我工作、鞠躬尽瘁，为了人民群众的幸福贡献自己的全部。

以担当为要，做心中有责的好干部。发展等不起，唯有大担当。廖俊波同志信奉“天下武功唯快不破”。他所主政县的工业园区从 2012 年 7 月破土动工，3 个月完成征地 3 600 亩，半年后首家企业投产，创造了“政和速度”。正是这种敢于创新、敢于突破、敢于担当的精神，为政和县的快速发展注入了强大的“源动力”，树起了实干的丰碑，成为社会发展的“领头羊”，是人民群众当之无愧的“主心骨”和“贴心人”。

以廉洁为根，做心中有戒的好干部。“风清气正方能政通人和”，不论是在现场会上“党风廉政建设党委负主体责任，主体责任都包含什么内容?”的质问，让一些党委书记如坐针毡的“严要求”，还是亲自主动找相关违纪人员谈话的“细心关怀”，亲抓亲管亲落实的“当家人”风范，营造了风清气正的“政和环境”，取得了“全县干部无一违法犯罪”的傲人成绩。而正是这样“心中有法、心中有戒”的好干部，凝聚起了社会发展源源不断“正能量”。

“以铜为镜，可以正衣冠；以古为镜，可以知兴替；以人为镜，可以明得失”。全体党员干部当以廖俊波同志的先进事迹和崇高品质为镜，向先进看齐，向榜样学习，撸起袖子加油干，俯下身子抓落实，用自己的“辛勤指数”换来群众的“满意指数”，用自己的“奉献指数”提升群众的“幸福指数”，用自己的鲜血乃至生命筑造祖国繁荣昌盛、人民幸福安康的“奠基石”。

案例分析

全国优秀县委书记廖俊波同志秉公用权、一心为民、无私奉献的事迹感人至深。廖俊波同志之所以得到当地老百姓的拥护和热爱，主要是因为廖俊波同志具有“为官一任，造福一方”的理想信念，树立并践行了马克思主义清廉权力观。他深知权力来源于人民，必须用来为人民服务，他不怕苦、不怕累，带头深入群众、深入实际、深入一线，足迹遍及政和县的山山水水，发动和带领群众转观念、谋发展、拔穷根、奔小康，使当地民生显著改善，展现了共产党人执政为民的公仆情怀和人间大爱。他深知有权必有责，必须勇于担当、敢于为人民负责，他在推动县域经济发展中，夙兴夜寐、忘我工作，创造了“政和速度”，体现了共产党人把责任扛在肩上、知难而进、只争朝夕的奋斗精神。他深知用权要审慎，必须秉公用权、廉洁从政，他带头廉洁自律、依法办事，努力建设风清气正的政治生态，诠释了共产党人一身正气、两袖清风的浩然正气。廖俊波同志是马克思主义清廉权力观的积极践行者，是新时期千千万万优秀共产党员、人民公仆的典型代表，是我们学习的光辉榜样。

【小资料】

桂林古莲文化街[①]

古莲文化街位于广西桂林市七星区半塘路，取名是借用灵川县“清官村”——江头洲村周氏族人的先祖周敦颐《爱莲说》中莲花的“莲”与廉政的“廉”谐音。该街长 210 米，以桂林古代清官廉政事迹为主要内容，是广西首条廉政文化街。浮雕、壁画，爱莲书院坐落其间，还有周敦颐、赵观文、王贻德的铜像……

“王贻德被称为‘天下第一清官’，他作为朝廷命官十分清廉，晚年返乡的时候因为行李很少，连船都压不住，最后只能拿很多大石头放船上来防止翻船。”

① 曾乐、张红璐. 古莲街上看清廉 广西桂林打造廉政教育“桂林样本”[EB/OL].（2015-09-06）[2017-10-22]. http://gx.people.com.cn/n/2015/0906/c179430-26252076.html

目前，桂林充分挖掘各地底蕴深厚的廉政文化资源，建成了古莲文化街、恭城周渭祠等22个廉政教育基地，全市形成的东部人文板块、西部民俗板块、南部“两新”组织板块、北部红色文化板块和中部廉政景点板块的“东西南北中”廉政文化格局，正成为该市廉政文化建设的一个重要组成部分。（根据原文节选）

桂林古莲文化街一瞥

【知与行】

组织开展一次主题班会或师生座谈会查摆班级管理中权力获取、运用、监督等方面存在的突出问题并提出改进的意见和措施。

第三节　色字头上一把刀

【基本理论】

一、石榴裙下的悲哀

（一）关于石榴裙的典故

传说唐朝杨贵妃非常喜爱石榴花，唐玄宗李隆基投其所好，在华清池西绣岭、王母祠等地广泛栽种石榴树。每当石榴花竞放之际，这位风流天子即设酒宴于石榴花丛之中。杨贵妃酒后，双腮绯红，唐明皇非常欣赏其妩媚动人的醉态。因唐玄宗过分宠爱杨贵妃，不理朝政，大臣们不敢责备皇上，就迁怒于杨贵妃，对她拒不行礼。杨贵妃虽然无可奈何，但依然爱赏石榴花、爱吃石榴，特别爱穿绣满石榴花的彩裙。

一天，唐玄宗设宴召群臣共饮，并邀杨贵妃献舞助兴。只见杨贵妃端起酒杯送到唐玄宗的唇边，向他耳语道：“这些臣子大多对臣妾侧目而视，不使礼、不恭敬，我不愿为他们献舞。”唐玄宗闻之，感到宠妃受了委屈，立即下令：所有文官武将，见到贵妃一律行跪拜之礼，否则，以欺君之罪严惩不贷。众臣无奈，凡见到杨贵妃身着石榴裙走来，无不纷纷下跪使礼。于是，“跪拜在石榴裙下”的典故流传至今。

正是由于唐玄宗后期整天过着纵情声色的生活，宠幸杨贵妃，疏于朝政，宠信的李林甫、杨国忠等奸臣先后把持朝政，权欲熏心、徇私误国，挥霍无度、声色犬马，而节度使制度又造成中央与地方的“内轻外重”、尾大不掉局面，统治阶级内部的矛盾、统治阶级与广大人民的矛盾等各种社会矛盾相互交织、日益尖锐，经过“安史之乱”的空前浩劫、沉重打击，大唐帝国由盛转衰。唐玄宗晚期耽于享乐、不思进取、疏于朝政、宠信奸臣，而导致在“安史之乱”中败弃都城、丢掉皇位、痛失宠妃、山河破碎、皇权动摇的悲剧，是咎由自取，而长期战乱更是给黄河中下游的人民造成生灵涂炭、千里萧条的沉重灾难，历史教训十分深刻。

（二）*石榴裙下的悲哀*

古今中外，大量的事实证明，过分贪恋美色、玩物丧志，往往损毁事业，甚至难以善终、下场悲惨。

吴王夫差贪恋西施美色而败于越王勾践，乱世枭雄董卓因迷恋貂蝉秀色而死于非命，南唐后主李煜沉溺女色、疏于朝政而导致“故国不堪回首月明中”的悲惨结局……

古往今来，石榴裙下的闹剧、悲剧不仅没有随岁月的流失而绝迹，而且一再上演。例如：

情困“广西王”，好景难久长。曾任广西壮族自治区主席、全国人大常委会副委员长的成克杰与其情妇李平的“爱情”故事以成克杰的命丧黄泉与李平的身陷囹圄而收场。2000 年 7 月 31 日北京市第一中级人民法院宣判，以受贿罪判处成克杰死刑，剥夺政治权利终身，并处没收个人全部财产。

泉城爆炸声，“爱情”血花崩。济南市人大常委会原主任段义和与美貌情妇的风流剧在泉城大街的小汽车爆炸声中落下帷幕，段义和与其情妇柳海平带着耻辱双双跌入万劫不复的深渊。段义和雇凶杀人灭口，将其情妇当场炸死。2007 年 8 月 23 日，山东省高院判处段义和犯爆炸罪、受贿罪、巨额财产来源不明罪；决定执行死刑，剥夺政治权利终身。

从重庆雷政富不雅视频案，到湖南衡阳六名领导干部遭遇色情诈骗，干部因“色”落马的不在少数。“从公布的腐败案例来看，90%都有‘情妇’参与，相当多的干部腐败与‘包二奶’有关。”[①]在鲜花、美女的诱惑下，一些热衷于低级趣味、沉溺于灯红酒绿、留恋于声色犬马的人如同飞蛾扑火一样一再上演“玩色自焚”的悲剧。

贪如火，不遏则燎原；欲如水，不遏则滔天。贪恋美色、权色交易、钱色交易、权钱交易导致身败名裂的案例中，有男人，也有女人。据 2014 年 11 月 26 日中央纪

① 黎国宝. 情人拉下马警醒谁[EB/OL].（2016-12-21）[2017-10-22]. http://cpc.people.com.cn/pinglun/n1/2016/1221/c241220-28966856.html

委网站报道，山西省 2 名女厅级官员（高平市原市委副书记、市长杨晓波，晋中市委原副书记张秀萍）被“双开”（开除党籍、开除公职），两人除了利用职务便利，为他人谋取利益，非法索取、收受他人财物，且数额巨大，情节严重以及收受礼品礼金之外，都有“与他人通奸”的违纪事实。其涉嫌犯罪问题移送司法机关依法处理。就这样，一些昔日风光无限的女干部在贪欲和色欲交织膨胀的过程中，一步步坠入身败名裂的深渊。

总之，事实一再证明：“色”字头上一把刀，色欲过度必自刃。明代文学家、思想家吕坤认为：“无欲之谓圣，寡欲之谓贤。多欲之谓凡，贪欲之为狂。”《礼记・曲礼上》有言：“傲不可长，欲不可纵，志不可满，乐不可极。”我国古人早就认识到“傲长”“欲纵”的危害。令人遗憾的是，现实生活中，一些人对“欲纵”的危害缺乏清醒认识。古今中外，因色欲贪欲膨胀、失德乱性、违纪违法，而自毁前程、败家毁业、误国害民的实例，触目惊心，一再为世人敲响警钟。

二、莫让美色迷心窍

搞权、钱、色交易，包养情妇（夫）、卖淫嫖娼、玩“一夜情”、通奸、强奸等行为，是对爱情、婚姻、家庭道德、公序良俗以及法纪的践踏，其对国家、社会、家庭以及个人的危害都是十分严重的。

（一）贪恋美色、腐化堕落之风不利于国家长治久安

纵观中外历史，贪恋美色、腐化堕落之风盛行之时，就是国家走向衰败之日。据史书记载，我国古代的夏朝之衰亡，始于孔甲。夏朝孔甲在位期间，“好鬼神，事淫乱”[①]，也就是孔甲肆意淫乱，沉湎于歌舞美酒之中，又笃信鬼神，使得各部落首领纷纷叛离，“孔甲乱夏，四世而陨”[②]，夏朝国势逐渐走向衰落和崩溃。孔甲之后三世是夏桀，夏桀荒淫无度，为政残暴，穷兵黩武，在天灾人祸交织的境况下，终于导致夏王朝的衰亡。虽然，夏王朝的衰亡由多方面因素促成，但最根本的原因在于统治阶级的腐化堕落。商纣王骄奢淫逸，与宠妃妲己“以酒为池，悬肉为林”[③]，大兴土木，横征暴敛，终于导致腐败的商王朝的灭亡。

历史教训十分深刻，然而，“后人哀之而不鉴之”。近些年来，一些人尤其是一些位高权重的领导干部，抵不住美色的诱惑，大搞权色交易、钱色交易，腐化堕落，给国家和人民造成严重危害。在中央纪委监察部网站的通报中，“权色、钱色交易”

① 《夏本纪》
② 《国语・周语下》
③ 《史记》卷三《殷本纪》

的官员大有人在。例如,2014 年 12 月 6 日,在对中共中央政治局原常委、中央政法委原书记周永康的通报中称,“周永康严重违反党的政治纪律、组织纪律、保密纪律。”“滥用职权帮助亲属、情妇、朋友从事经营活动获取巨额利益,造成国有资产重大损失。”“与多名女性通奸并进行权色、钱色交易。”2015 年 6 月 11 日,周永康因犯受贿、滥用职权、故意泄露国家秘密罪,涉案金额 1.29 亿元,被判处无期徒刑,剥夺政治权利终身,并处没收个人财产。2015 年 7 月 20 日,在对原第十二届全国政协副主席、中共中央统战部部长令计划的通报中称,“令计划严重违反党的政治纪律、政治规矩、组织纪律、保密纪律。”“与多名女性通奸,进行权色交易。”2016 年 7 月 4 日,令计划因犯受贿罪、非法获取国家秘密罪、滥用职权罪,被判无期徒刑。

贪恋美色、腐化堕落之风严重腐蚀人们的思想和灵魂、消解人们的进取精神和奋斗意志,破坏国家的凝聚力、创新力、竞争力;贪恋美色、腐化堕落之风极易催生贪污受贿、违法乱纪,严重破坏国家健康稳定和可持续发展;贪恋美色、腐化堕落之风严重损害国家形象、党和政府的形象,极易造成离心离德,从而迟滞国家富强、民族振兴、人民幸福之“中国梦”的实现。

(二)贪恋美色、寡廉鲜耻不利于社会和谐稳定

良好的家庭美德、个人品德是社会和谐稳定的必要条件。贪恋美色、寡廉鲜耻是剥削阶级极端个人主义、享乐主义、颓废主义等腐朽没落思想在男女两性关系上的集中反映,严重违背社会主义家庭美德、个人品德的基本要求,践踏法纪、触碰“红线”,将会人为导致夫妻反目、家庭破碎,甚至因矛盾激化而引发人身伤害或命案,严重破坏社会和谐稳定。多年来,因贪恋美色、寡廉鲜耻而引发的犯罪案件时有发生。例如,2001 年 9 月原安徽省芜湖市委常委、政法委书记周其东,雇凶杀死情妇孙某;2003 年 2 月山西省阳泉市人民检察院反贪局原侦查科科长王俊平同时包养两个情人,与三奶合谋雇凶将二奶王某以及三岁的女儿杀害并毁尸灭迹;2004 年 7 月原哈尔滨市公安局副局级调研员董兆歧将其情妇许某杀死并肢解抛尸;2005 年 6 月云南昌宁县原县委书记杨国瞿将其情妇许某打死并碎尸;2006 年 1 月原北京市房山区政协副主席许志远,雇凶杀死情妇陈某并焚尸;2009 年 11 月浙江省温州市瓯海区委书记谢再兴,将情妇邵某杀死并弃尸大海;2010 年 12 月安徽宣城市宣州区副区长章宏斌掐死 26 岁的情妇梅某;2012 年 2 月江西省抚州市南丰县委常委、宣传部长余凯杀死情妇并抛尸……上述实例中,贪官私欲膨胀、腐化堕落、贪恋美色、残忍杀人而受到法律的严惩,贪官的情妇或“二奶”“三奶”们也因权色交易、钱色交易而付出生命的惨重代价,这不仅是双方或多方当事人咎由自取的人生悲剧,而且对各当事人的家庭也造成巨大伤害,每一个家庭都是社会的细胞,家庭的破碎是对社会和谐稳定的直接破坏,而由此产生的负能量、“社会病毒”及其

传播、扩散对整个社会有机体系统的腐蚀、污化、毒害之大更加难以估量。

（三）贪恋美色、见异思迁不利于家庭和睦幸福

人人都希望家庭和睦幸福，事业兴旺发达，然而，现实生活中，夫妻等家庭成员之间反目成仇、家庭破碎、事败业衰之情形时有发生，虽然原因复杂，但不可否认，有的人贪恋美色、见异思迁，极端自私、不负责任，以种种冠冕堂皇的借口背叛配偶，追求婚外情缘以获取感官刺激与享乐，是其中的重要原因之一。《婚姻法》总则规定夫妻间有忠实的义务，一方违反忠实义务即构成对他方配偶权的侵害。贪恋美色、见异思迁，与配偶之外的人通奸或发生不正当男女关系或包养情妇（夫），既败德违纪、又违反我国婚姻法律制度，必然给配偶造成侵害，甚至祸及父母双亲和子女后代，给涉事家庭带来不幸。

因贪恋美色、见异思迁、搞婚外情而导致的家庭悲剧一再上演且触目惊心。例如，《北方新报》曾以“婚外情酿成悲剧葬送两条人命”为题，报道了 2006 年 4 月 7 日呼市土左旗三两乡的杨某杀死情妇的丈夫后，服毒自杀的案件。《新京报》以“云南除夕枪杀 6 人嫌犯动机曝光：妻子与堂兄弟有染”为题报道了 2014 年 1 月 30 日（农历除夕）云南腾冲县猴桥镇箐口村小灰山组邵宗其持枪杀人案的情况：一个枪击案造成 6 人死亡、3 人受伤，这 9 名受害者是两家人，遇难者分别为邵宗平及其妻子、长子、次子和邵宗华的父亲及妻子，受伤者分别为邵宗华及其长子、长女。凶手为何把枪口对准他们？邵宗其发现妻子与被害人邵宗平、邵宗华等本村村民有不正当男女关系后心理失衡，于是从境外非法渠道购买了枪支弹药对邵宗平、邵宗华两户实施了故意杀人报复行为。邵宗其与邵宗平、邵宗华是堂兄弟。被抓捕后，邵宗其对作案事实供认不讳。[①]《齐鲁晚报》则以“畸形婚外情引发纵火悲剧”为题报道了一起由婚外情引发的纵火案：2015 年 4 月 16 日，在济南市天桥区东泺河路东方水岸小区，一位中年女子张某藏带 3 瓶汽油，找丈夫徐某的情人刘某索要房产，一气之下纵火造成了一死两伤的惨剧，纵火者张某命丧火海，刘某轻伤，徐某与刘某的私生女（年仅 9 岁）被烧成重伤命悬一线。由此可见，贪恋美色、见异思迁、搞婚外情的行为，常常给涉事家庭及其成员造成致命伤害，其危害不可低估。

（四）贪恋美色 玩物丧志不利于个人成才进步

习近平强调：“青年是祖国的未来、民族的希望，也是我们党的未来和希望。”[②]在祖国各地，无论是大江南北，还是内地边陲，无论是在美丽校园，还是在工作岗

① 新京报．云南释疑除夕枪击案三大焦点[N]．新京报，2014-02-05（A08）．

② 习近平．在庆祝中国共产党成立 95 周年大会上的讲话[EB/OL]．（2016-07-01）[2017-10-22]．http://news.xinhuanet.com/politics/2016-07/01/c_1119150660.htm

位，无数爱国青年自觉把"青春梦"融入"中国梦"，刻苦学习、勤奋工作、无私奉献，不断用青春书写献身祖国、服务人民的华丽篇章。然而，少数年轻人缺乏远大志向，不思进取、追求享乐，贪恋美色、玩物丧志，偶遇挫折、便走极端，严重阻碍了个人的健康成长和进步，甚至自毁或毁人之前程。

有的大学生因深陷情网而萎靡不振、荒废学业，甚至失恋后选择自杀。例如，据《青岛早报》报道，2006 年 4 月 23 日下午，遭到女友拒绝失恋后，驻青岛某高校 21 岁的一名大一学生独自在海边徘徊了好久，最终跳海自杀。记者在采访中了解到，大学生因失恋情绪失控走向极端的事情屡有发生，一名大学教师告诉记者，就在半年前，他的一名学生与女友失恋后，陷入了难以自拔的痛苦中，提出与女友重归于好被拒绝后，他买了一包"毒鼠强"吃了下去，幸亏发现及时，经过医生连续两天的抢救，最终脱险。一些失恋者不能及时排解因失恋引起的强烈的负面情绪，导致心理失衡，严重者陷入自卑和迷惘，心灰意冷，走向怯懦封闭，甚至绝望、轻生，成为爱情的殉葬品。①

有的大学生陷入色情泥潭，从事卖淫等非法活动。例如，2005 年 11 月，杭州警方查获一个以高学历女性为主的网络卖淫集团，确认的 10 名卖淫女子中，一半是大学在校生，使杭州警方大为震惊。警方指出，这些女大学生赚来的钱，大多用于去酒吧、买化妆品，没有一个人用于缴交学费或课业需求上。其中有个女大学生说，一到周末都有高级私人轿车接她们回家，假如有个女大学生没有私人轿车接送，就会被同学取笑。消息曝光后，卖淫的几名女大学生都遭退学。②

有的大学生犯下情杀重罪。例如，2015 年 6 月 2 日 22 时左右，在哈尔滨理工大学西校区内发生一起刑事案件，③一男子进入学生公寓持刀杀害一女生后跳楼自杀。据了解，双方都为哈理工大三学生，两人曾为恋人关系，后分手。分手后男生一直纠缠女生不放，男生在试图挽回无望后，把女生杀害了之后自己跳了楼。无独有偶，2015 年 6 月 10 日傍晚 6 点时许，邵阳学院一名大三女生被同校大四男生魏某持刀杀害。据悉，该男子因屡次骚扰求爱女生遭拒，由爱生恨。④

---

① 青岛新闻网-青岛早报．失恋大学生跳海自杀 专家称学校匮乏恋爱教育［EB/OL］.（2006-04-27）［2017-10-22］. http://news.sina.com.cn/s/2006-04-27/02519728039.shtml

② 民主与法制．杭州查获女大学生卖淫集团 卖淫学生都退学处理［EB/OL］.（2006-03-06）［2017-10-22］. http://news.china.com/zh_cn/social/1007/20060306/13147563.html

③ 新京报．哈理工发生命案 一男生捅死前女友后跳楼［EB/OL］（2015-06-03）［2017-10-22］. http://news.21cn.com/domestic/difang/a/2015/0603/18/29627516.shtml

④ 大众网．求爱未果捅死学妹 大学生情杀为何屡屡发生？专家解析大学生失恋后该如何调整自己的心态.［EB/OL］.（2015-06-16）［2017-10-22］. http://news.e23.cn/content/2015-06-16/2015061600609.html

三、走出美色陷阱

“往者不可谏,来者犹可追。”①触目惊心的鲜活案例,无可挽回的惨痛教训,是长鸣于耳畔、震撼在心头的警钟。只有加强思想道德修养,模范遵守社会公德、职业道德、家庭美德,只有讲操守、重品行,注意防微杜渐,坚决抵制腐朽没落思想观念和生活方式的侵蚀,只有培养健康的生活情趣,保持高尚的精神追求,明辨是非,克己慎行,正确选择个人爱好,提高文化素养,摆脱低级趣味,才能更好地避免因色欲、贪欲膨胀而给国家、社会、家庭和个人成才进步造成损害。

(一)加强修养 洁身自好

“修身慎行,敦方正直,清廉洁白,恬淡无为,化之本也。”②就是说,修养自己的品德,谨慎自己的行为,诚实正直,清正廉洁,这是改变社会风尚的根本。“物必自腐,而后虫生。”内因是事物变化的根据。走出美色陷阱,必须加强个人修养,做到洁身自好。一要充分认识到色欲、贪欲膨胀的严重危害,克制不当欲望,做到心中有戒。二要加强学习,提高对真假、是非、善恶、美丑的鉴别力,做到“勿以善小而不为,勿以恶小而为之”。三要树立崇高理想信念,努力把人生有限的时间和精力,投入到成人成才、报效祖国、服务人民的伟大事业中去,做到抵制诱惑、处污不染、正气浩然。四要净化社交圈、勿涉色情处、远离黄赌毒,做到居安思危、防微杜渐、慎终如始。

(二)树立正确的爱情观

由于人们各自所处的客观物质生活环境、文化习俗、时代特点以及自身思想道德境界、身心成熟状况、认知判断能力、人生阅历深浅等方面的不同,对爱情的理解也不尽相同,甚至是大相径庭,其爱情生活也各不相同。有的人对“不求天长地久,但求曾经拥有”的“爱情”津津乐道,美其名曰“要积累爱情经验”;有的人对“攀权贵”“傍大款”的“爱情”孜孜以求,信奉“宁肯坐在‘宝马’里哭,也不坐在‘自行车’上笑”;有的人对“沾花惹草”“红杏出墙”式的“爱情”心想神往,认为“浪漫的爱情更幸福”;有的人对“一夜情”流连忘返,认为“自由”是爱情的本质;有的人对“包养情妇(夫)”式的“爱情”推崇备至,认为“这是身份、地位、尊严的象征,也是供需平衡、你情我愿的自然选择”;也有的人把“权色交易”“钱色交易”冠以“爱情”的美名……人们对爱情理解的多元多变,导致爱情生活实践中,“五彩缤纷”“奇葩纷呈”,演绎出

① 《论语·微子》
② 东汉 王符《潜夫论》(卷 3)

交织不断的爱情悲喜剧。有的人游戏爱情,却被爱情游戏。现实生活中,游戏爱情、玩物丧志、荒废事业、功败垂成者有之;为情所困、迷失自我、自寻绝路、毁人害己者有之;贪恋美色、腐化堕落、违法乱纪、身败名裂者有之。

人类的爱情本来是美好的,甚至是神圣的,令人向往的,那么,为什么爱情在给一些人带来幸福的同时,会给另一些人带来不幸甚至灾难呢?无论主、客观原因多么复杂多变,有一条不可否认,就是人们的爱情观不同。树立马克思主义清廉爱情观,是实现爱情幸福、事业发展的重要条件,是在爱情生活中,增福避祸的思想保证。

爱情观是指人们对待爱情的根本看法和态度,是社会经济政治制度、婚姻制度和伦理道德观念在恋爱问题上的反映。马克思主义清廉爱情观认为,真正的爱情是男女双方以清廉为共同遵循的基本原则,基于一定的客观物质条件和共同的生活理想,在各自内心形成对对方的最真挚的仰慕,并渴望对方成为自己终身伴侣的最强烈的、稳定的、专一的感情。爱情具有两种属性:自然属性和社会属性。自然属性是爱情产生和存在的生理基础,主要满足人的生理需要;社会属性是指在对异性向往和追求时,受到一定社会物质生活条件和社会道德的制约,受到各种社会思想和习俗的影响,这是爱情产生和发展的社会基础。社会属性主要是满足人的精神需要。社会属性是人类爱情的本质属性,是人在两性关系方面区别于动物而不断进化的结果。

树立和坚持马克思主义清廉爱情观,要努力做到“四个必须”。首先,必须“激浊扬清”,也就是在对待爱情上,要扫除精神垃圾、净化心灵世界,诚实守信、清清白白,维护爱情的专一性,克服朝秦暮楚、见异思迁,更要唾弃动物式的“博爱”与“泛情”;其次,必须祛邪守正,也就是在对待爱情上,要祛除邪念、坚守正道,用真诚赢得异性的信任与尊重,不以恋爱为幌子纵情恣欲、玩弄异性、游戏人生,要真正坚持人格平等、互相尊重,赢得爱情要以互爱和自愿为前提,以责任和忠诚为核心,以理解和宽容为条件,以风雨同舟、甘苦与共为选择,以白头偕老、共同幸福为追求;再次,必须抑贪倡廉,也就是在对待爱情上,要克服膨胀的贪欲,避免把爱情商品化、庸俗化,不要把爱情当成摇钱树,也不要把爱情当成获取名利、地位、权力的工具,贪欲、贪婪是吞噬爱情之花的魔鬼,廉洁是滋养爱情之花的雨露;最后,必须驱暗增明,也就是在对待爱情上,要驱散心中的昏暗,克服行动上的草率,既要慎重,又要明察、明辨、明智,唯有“心明”,才能更好地识别真伪、善恶,找到真爱,避免落入爱情的陷阱。总之,清、正、廉、明是构成马克思主义清廉爱情观的不可或缺的要素,也是实现爱情幸福的必要条件。

在追求爱情的过程中,一般要避免陷入以下误区:

误区一是爱情至上。爱情之于人生的重要性是不言而喻的,但不能把爱情看得高于一切，爱情无论如何重要，也仅仅是人生的一部分，是人类情感中的一个方面，除了爱情，还有与父母和兄弟姐妹等家人的亲情、友情、家乡情、人民情、祖国情等。人生更为重要的还有学习、劳动、创造等事业追求。把爱情看得高于一切，在认识上是错误的，在实践中是极其有害的，容易导致荒废学业，失恋后易于导致悲观厌世，甚至走向绝路、引发人生悲剧。

误区二是千方百计傍大款。择偶应重点看人格品行，要克服拜金主义影响，避免把物质条件放在第一位。

误区三是视恋爱为儿戏。择偶要慎重，要克服草率心理，避免轻率恋爱、轻率结婚、轻率离婚。

误区四是性道德观念滑坡。择偶要有责任心，要克服纵欲等享乐主义思想，避免未婚同居、未婚先孕等行为，更要摒弃“性自由”“性解放”等非人化之两性关系，以及卖淫、嫖娼等性交易行为。

误区五是失恋后失态、失志、失德。择偶要坚持双方平等自愿（每个人有爱的权利也有不爱的权利），不应强加于人。不成亲便成仇的想法和任何强加于人的方式和行为，都是错误的，是有害而无益的。好聚好散，不成恋人，还可以是挚友，至少不应成为仇人。只要保持乐观豁达的健康心理，把精力集中到学习、工作和其他有益的活动中去，只要树立“天涯处处有芳草”“没有最好只有更好”“失去未必不是幸运”的理念，适时寻找新的爱情，做到失恋不失态、失恋不失志、失恋不失德，把个人幸福与他人幸福紧密结合起来，才能战胜失恋的挫折，重新赢得纯洁高尚的爱情。

此外，为摆脱空虚或压抑而谈恋爱，为证明自己有魅力或随大流而谈恋爱，为追求“感觉”和“快乐”而谈恋爱，把好感或友谊当爱情，诸如此类的想法和做法都是需要认真加以克服和避免的。

（三）树立正确的婚姻观

婚姻观是指人们对待婚姻的根本看法和态度，是社会经济政治制度、婚姻制度和伦理道德观念在婚姻问题上的反映。在婚姻关系演变的历史长河中，不同时代以及同一时代不同的国家、民族由于生产力发展状况、生产关系、政治制度、婚姻制度、思想文化、历史传统、风俗习惯等的差异而形成了不同的婚姻观。即使同一时代、同一国家、同一民族的人们，由于各自在社会中所处的经济、政治地位和生活环境的不同，也会形成不同的婚姻观。婚姻观对婚姻质量和家庭幸福有着重要影响，树立正确的婚姻观有利于提高婚姻质量、增进家庭幸福。

何为正确的婚姻观？与以往剥削阶级社会的婚姻观相区别，代表最广大人民利益、顺应人类历史发展潮流、推动社会文明进步的马克思主义清廉婚姻观是当今时代最正确、最科学、最有生命力、最受人民欢迎的婚姻观。

树立和坚持马克思主义清廉婚姻观，一要秉持和践行“婚姻以真正的爱情和持续保持这种爱情为基础”之理念，为幸福婚姻奠定牢固的情感基础。真正的爱情必然是渴望对方成为自己终身伴侣并双双步入婚姻殿堂。如果说爱情是婚姻之浪漫动听的前奏或序曲，那么婚姻则是爱情乐章之跌宕起伏的展开和升华。因此，婚姻不仅应以爱情为基础，并且更应以保持这种爱情为基础。正如恩格斯所说：“如果说只有以爱情为基础的婚姻才合乎道德，那么也只有继续保持爱情的婚姻才是道德的。”幸福的婚姻是爱情之树上的累累果实，而不是名利场上的讨价还价。现实生活中，以钱取人、以貌取人、以门第取人而烦恼缠身、自食苦果、遗恨终生的婚姻悲剧时有发生，这都是因为违背了“婚姻以真正的爱情和持续保持这种爱情为基础”之理念而造成的恶果。婚姻不仅应以爱情为基础，婚姻关系的确立还必须依照法定条件和程序进行。我国《婚姻法》规定：“结婚必须男女双方完全自愿，不许任何一方对他方加以强迫或任何第三者加以干涉。结婚年龄，男不得早于二十二周岁，女不得早于二十周岁。有下列情形之一的，禁止结婚：直系血亲和三代以内的旁系血亲；患有医学上认为不应当结婚的疾病。”《婚姻法》“要求结婚的男女双方必须亲自到婚姻登记机关进行结婚登记。”

二要切实共同承担婚姻家庭责任、自觉履行道德和法律义务。婚姻关系一旦确立，男女双方都要承担婚姻家庭责任，自觉履行义务，包括夫妻互相扶养、互相帮助的义务，父母对子女抚养教育的义务，子女对父母赡养扶助的义务等。

三要做到“八互”。2015 年周恩来的侄女周秉德在一场主题为《我的伯父伯母》的讲座中回忆道：“我伯父伯母一生非常恩爱，他们总结了婚姻中的‘八互原则’，即互爱、互敬，互勉、互慰，互让、互谅，互助、互学。”①夫妻恩爱是人生幸福的基本要素。周恩来和邓颖超总结出夫妻间的“八互”，可作为夫妻生活温馨幸福的秘诀。我国《婚姻法》也明确规定：“夫妻应当互相忠实，互相尊重；家庭成员间应当敬老爱幼，互相帮助，维护平等、和睦、文明的婚姻家庭关系。”

四要严格遵守“一夫一妻制”。“一夫一妻制”既是马克思主义清廉婚姻观的道德要求，是人类文明进步在婚姻问题上的体现，也是必须遵守的我国社会主义婚姻法律规范。我国《婚姻法》规定：“实行婚姻自由、一夫一妻、男女平等的婚姻制度。”

五要正确处理“小家”与“国家”的关系。家庭是社会的细胞，每个家庭的和谐稳定幸福是整个社会和谐稳定幸福、国家安定富强的基础。国家的和谐稳定、繁荣富强则是实现家庭幸福的根本保障。因此，在建设小家庭时，也要心怀祖国，正确

① 乔虹.展示家庭风采 传承美好家风——“中国好家风好家庭展”反响强烈[EB/OL].(2015-05-13)[2017-10-22]. http://acwf.people.com.cn/n/2015/0513/c99013-26995743.html

处理婚姻家庭生活与学习、工作、社会服务的关系，正确处理家庭、集体、社会、国家之间的关系，要把实现家庭幸福之梦融入实现中华民族伟大复兴的中国梦之中。

六要把清廉贯穿婚姻家庭生活的全过程和各方面。首先，婚姻的产生要尚“清”戒“浊”，即婚姻以爱情为基础，坚持婚姻自由；婚姻不以交易为基础，克服婚姻商品化、庸俗化，《婚姻法》明文规定“禁止包办、买卖婚姻和其他干涉婚姻自由的行为。”其次，婚姻的维护要守“正”戒“邪”，即“将爱进行到底”，忠实践行诺言、切实履行义务、自觉承担责任，维护“一夫一妻制”，夫妻和睦、尊老爱幼，同舟共济、甘苦与共；戒除重婚、通奸、家暴、虐待和遗弃等恶行邪念。再次，婚姻的健康要崇“廉”戒“贪”，即在婚姻家庭生活中，要以义为先、以和为贵，做家庭廉洁之人、行家庭廉洁之教、育家庭廉洁之风，克服极端个人主义、利己主义、拜金主义的私欲和贪欲，不贪不义之利，不借婚姻索取财物，不做“啃老族”。最后，婚姻的吉祥要彰“明”祛“暗”，即在婚姻家庭生活中，要明白修身之理、齐家之道，明辨是非、善恶、美丑，培育光明正大、厚德敦行、积极向上的优良家风，祛除制约夫妻和睦、家兴业旺的各种昏庸之思、阴暗之举、不齿之行。

【解疑释惑】

应如何看待大学生婚前性行为?

大学生婚前性行为日益成为影响大学生身心健康、成长成才和未来家庭幸福的重要问题，日益成为社会关注的热门话题、学者研究的热点领域。

婚前性行为是没有配偶的异性或同性之间在未履行结婚登记手续的情况下发生的非单方面性行为，主要指男女双方还没有登记结婚的情况下发生的性行为。婚前性行为是一个较为宽泛的概念。性科学研究按照性欲满足程度的分类标准，将人类性行为划分为三种类型：一是核心性性行为，即两性性行为；二是边缘性性行为，如接吻、拥抱、爱抚等；三是另类性行为。婚前性行为属第一种范畴，主要指男女双方在恋爱期间发生的性交行为。其主要特点是双方自愿进行，不存在暴力逼迫；没有法律保证，不存在夫妻之间应有的义务和责任；容易产生一些纠纷和严重后果。

大学生婚前性行为的随意性、开放性在增加，人们对婚前性行为的看法日趋多元化。根据对北京、上海、深圳、西安、昆明等十个城市高校的1 200名大学生进行的“当代大学生婚恋观”调查，“我国大学生婚恋观总体健康，并呈现开放趋势。在回答如何对待婚前性行为这一问题时，有14.4%的受访者表示“尝试过”；有24.0%的受访者表示“想尝试，但没有行动”；表示“不想尝试”的受访者达到61.7%。与以前的数据相比，婚前性行为的随意性、开放性在增加。但婚前性行为的开放度在城乡、男女性别上存在着很大的差异。总地来看，城市在婚前性行为开放度上比农村大，男性比女性开放度大很多。”[①]根据对合肥市四所高校大学生的调查，“一半以上的在校大学生对婚前性行为持接纳的态度，大学生发生婚前性行为的危险性随着其对性行为的接纳程度的增加而增加，说明开放的性态度是发生性行为的基础。”[②]另据广州市妇联发布的一份对广州9所高校的女大学生开展调研的报告，“28.3% 女生表示‘缺乏性知识’，83%女生认为‘婚前性行为纯属个人选择，与道德无关’，57.9%女生认为婚前应该守贞洁。”[③]在现实生活中，有的人认为，婚前性行为是青年男女双方的自由选择和私事，别人无权干预；有的人认为，爱到深处，顺其自然，不应压抑人性；有的人认为，时代变了，反对婚前性行为是封建保守思想作怪，是“老古董”；有的人认为，婚前性行为是不负责任的享乐主义思想在两性关系上的反映；也有人认为，婚前性行为是西方“性自由”“性解放”在我国的翻版……人们的看法莫衷一是，对大学生婚前性行为的态度和看法呈现出多元化趋势。在此背景下，如何引导大学生正确看待婚前性行为、正确处理两性关系，树立和坚持马克思主义清廉爱情观、婚姻观，走好人生之路、创造幸福生活，不仅十分重要而且十分迫切。

——大学生婚前性行为产生的主要原因

主观因素：①科学的性知识贫乏、性道德弱化。②出于好奇心和性体验心理。③自控能力不足，恋爱中双方过于亲昵，无法抑制性的冲动。④“只求曾经拥有，不求天长地久”的恋爱观支配下，只图一时享乐，不计后果如何。⑤以性锁情，为防对方变心，想以“生米煮成熟饭”的方式拴住对方。⑥以谈恋爱为名，行玩弄异性之实。⑦把“性”作为衡量爱情的尺度，认为只有性才能维持、发展爱情，有的人担心失去爱情，不情愿地答应对方的性要求，以表真心。⑧要求结婚，但不符合法定条件，便先同居而后登记。⑨失恋后为报复对方或“破罐子破摔”而轻易与他人发生性关系。⑩性成熟与人格成熟之间的不平衡，例如，把性作为一种宣泄来自生活各方面的挫折和不满的替代品，为缓解学习、经济、就业或人际关系紧张等方面的压力，排解郁闷、压抑和烦躁，在比较喜欢的异性诱惑下而失身。⑪爱慕虚荣，脱离实际追求高消费，为获得金钱、财物等物质利益而委身于人。

---

① 常红.中国大学生恋观婚调查：婚前性行为随意性增加[EB/OL].(2011-11-28)[2017-10-22]. http://society.people.com.cn/GB/1062/16416989.html

② 刘宇洁、童步升等.大学生婚前性行为状况及其影响因素调查分析[J].中华疾病控制杂志，2016，11(11)：1156.

③ 超八成女大学生认为婚前性行为与道德无关[EB/OL].(2014-03-05)[2017-10-22].http://sn.people.com.cn/n/2014/0305/c190228-20707305.html

客观因素：① 西方“性自由”“性解放”社会思潮的影响下，一些人性观念开放、爱情婚姻家庭观念改变，社会性道德、性价值观日趋多元化。②社会、高校对大学生婚前性行为较以前宽容，大学生对于性关系发生的担心和顾虑大大减少。③网络、电视、电影、书籍等大众文化传播媒介过多渲染情爱，对大学生的性刺激大为增强。④避孕与人流技术的迅猛发展，三分钟无痛人流、低价位人流服务等广告在媒体与大学校园频频出现，暗示大学生即使发生婚前性行为也还是有办法解决的。⑤性成熟期提前，性欲望的实现与婚龄到来之间有一个较长的等待期，使性生活提前成为可能。⑥大多数大学生离家去外地城市求学，家庭教育有些鞭长莫及。⑦性心理、性道德、性健康教育严重滞后。⑧学校、社会对不当性行为的监督弱化。⑨有的高校管理不严，纪律松懈，对夜不归宿的学生、在校外租房的学生教育、监管不到位。⑩高校附近的一些宾馆、旅店、出租房等不按相关规定实名登记，为大学生婚前性行为提供了便利。⑪高消费商业文化的不断刺激，“笑贫不笑娼”的不良风气，比名牌摆阔气的生活氛围，对贫困学子造成极大心理压力，使得以性谋财、以性谋利成为可能。

——大学生婚前性行为的主要危害[①]

1.造成剧烈的心理冲突。大学生发生婚前性行为一般是在一时冲动、失去自控的前提下发生的，容易处于惶恐、不安、自责悔恨的心理状态中。尤其女生又害怕怀孕，又担心学习的压力，一般又不敢告诉他人或父母，很多大学生不知道如何避孕。这种巨大的心理冲突严重的会形成某些性障碍或性变态，给未来美满的婚姻生活带来隐患。性科学工作者研究表明：最初的性体验对以后性生活有很大影响，初次性交形成的不良性心理和性行为将在很大程度上影响未来夫妻性生活的和谐与完美。

2.导致爱情变味。婚前性行为很容易破坏相爱的人之间那种特有的具有极强吸引力的朦胧、神秘、含蓄、神圣的美感，代之以零距离接触产生的摩擦、猜疑和乏味，长此以往，双方都会想：你这样轻率地与我云雨，也会和其他的人调情。原来恋爱双方相互平等、自由选择的关系被婚前性行为所破坏。男方认为女方再也离不开自己，故对其态度随便，任意支配。相反，女方则因委身于对方，害怕或担心男方变心，故对其一再迁就容忍，即使男方有较大缺点，也不得不将就成婚，婚后难免不发生悲剧。

3.导致婚后生活质量下降。婚前性行为多数是在爱情没有成熟的条件下进行

① 北京日报.北京计生委官员：大学生婚前性行为 危害知多少[EB/OL].(2008-12-11)[2017-10-22].http://health.sohu.com/20081211/n261156897.shtml

的，可双方交往时间一长，便会发现对方并不适合自己，但由于物质、精神、青春都耗费了许多，再也没有了激情去寻觅，往往勉强维持关系。但这样的爱情已没有了昔日的光彩和美好，容易导致婚后生活阴影重重、危机潜伏、家庭不睦。

4.给女生造成巨大的身心伤害。很多男女大学生由于对性好奇，而又不知道如何保护自己，不慎怀孕后，不知道去哪寻找帮助，甚至不敢去医院做人流，有的甚至不知道自己怀孕，到了两、三个月不来月经才明白，但已不能做早孕人流，只能做大月引产，无论是早孕流产还是大月引产，给女生带来的身心伤害都是很大的。人流次数多的，对子宫造成严重的伤害，个别伤害严重的引起终身不孕，即使今后生育也易于发生产科并发症。同时也会造成女方心理上的压力和伤害，容易产生自卑心理。如果与婚前发生性行为的男子结婚，可随着时间的流逝，女方的心理会逐渐平静；如果怀孕以后又被抛弃，对她的一生则可产生重大负面影响，心里会留下一片永远抹不去的阴云和创伤。她可能对男性产生敌意，选择独身主义；或者改变自己的道德观、价值观而“破罐子破摔”；或者以自杀逃避现实；或者仓促与他人结婚以遮丑。

5.导致性疾病的传播。据联合国人口活动基金会称，全球每天大约有6 000名年轻人染上艾滋病，在新的艾滋病感染人群中，15～24岁的人占了一半，年轻女人和女孩更容易受到艾滋病病毒的感染。因此，女大学生要慎重对待婚前性行为。婚前性行为不经过身体检查，很容易传染疾病，殃及双方及下一代的健康。

6.不能受到法律保护，给有些人以恋爱为名而行玩弄异性之实以可乘之机。

——避免婚前性行为的主要措施

1.自觉提高思想认识。不可否认，人们对婚前性行为表现出越来越多的理解和宽容，一些大学生对婚前性行为越来越持开放态度，但这不能说明婚前性行为对大学生身心健康、成长成才没有负面影响，如前所述，其危害，特别是对女生的危害是十分严重的，甚至殃及生育和后代。因此，要旗帜鲜明地反对和批判西方“性自由、性解放”思潮，反对和批判享乐主义和个人主义，女生要自信自尊、自爱自强，男生要切实负责、自律自制，共同筑起预防婚前性行为的思想防线。要通过正确渠道，了解性理论、性卫生、性健康、性安全、性伦理等方面的知识，充分认识人类性行为所具有的自然属性与社会属性之双重属性，社会属性是人区别于动物的、人之为人的根本属性，自觉提高性道德水平和性心理健康水平，共同筑起预防婚前性行为的道德和心理防线。要把中国封建社会性禁锢、性压抑、男女不平等、“从一而终”等糟粕与中华优秀婚恋文化区分开来，继承优秀传统婚恋文化，文明恋爱不伤害、终身大事要谨慎、一诺千金勿欺骗。

2.加强正面教育引导。高校要以大学生喜闻乐见、丰富有效的方式方法，加强对大学生恋爱教育和引导。要把马克思主义清廉爱情观、婚姻观以及性心理、性健康教育纳入公共必修课教学内容，并不断提高教学质量和教育效果。家庭也要加强这方面的教育引导，形成家庭和学校教育合力。

3.净化社会育人环境。加强对大众传媒的监管力度，文化精神产品不仅要重视经济效益，更要重视社会效益，要把社会效益放在首位。对格调低俗下流、传播淫秽色情的网站、出版物、电视、电影等要坚决予以取缔和打击，净化文化市场，优化社会育人环境。同时要加大高校周边社会环境整治力度，为大学生创造一个治安良好、健康有序、文明和谐的周边社区环境。

4.积极参加有益活动。鼓励支持大学生积极参加义务劳动、志愿服务、健康向上的文体活动、知识技能比赛等有益于思想进步、身心健康、能力提升的实践活动，走出自我或“两人世界”的小圈子，融入集体、社会大家庭，在参加有益实践活动、提升自身综合素质的过程中释放青春力量、展现青春风采。

5.真诚关爱热心服务。高校要建立健全大学生心理健康教育和咨询机构，加强大学生思想政治教育，形成全程育人、全员育人、全方位育人的制度和机制，把思想政治教育、心理健康教育与解决大学生实际困难和问题有机结合起来，做到真诚关爱、热心服务，既要着眼于预防，又要在婚前性行为发生后做好心理疏导、困难帮扶等工作，力争避免二次伤害和恶性事故发生。当出现问题时，学生应主动寻求同学、师长等的关心和帮助，不要轻信小广告、野广告、无证游医的欺骗宣传，以免上当受骗。

6.严肃纪律加强管理。高校要加强纪律教育，严格管理，特别是宿舍管理，建立晚归、夜不归宿学生登记备案和教育制度，对以恋爱为名行玩弄异性之实的学生要加强教育，对屡教不改、造成恶劣影响和严重后果的人，要依规依法做出处理，决不姑息。

【案例分析】

案例呈现：用责任与忠诚浇灌的爱情之花[①]

王必盛，1941 年 2 月生，中共党员，江西省赣州市会昌县总工会退休干部。

76 岁的王必盛，二十一年如一日照顾瘫痪妻子，从不言悔，用细心照料和用心陪伴，诠释对妻子深深的爱恋，用默默付出和坚守展现人间最美的爱情。

王必盛和妻子刘桂淑是大学同学。两人在学校相识相恋，1962 年走进婚姻殿

---

① 人民日报公告.德耀中华·第六届全国道德模范候选人事迹（下）[N].人民日报，2017-07-25(16).

堂。婚后，两人育有两子一女，一家五口的生活朴实而美满。谁知1996年、1997年，刘桂淑接连两次突发脑溢血，虽多次住院治疗，但效果不理想，导致半身瘫痪。起初几年，她还能勉强行走，但后来病情进一步加重，生活完全不能自理，必须专人照顾护理。

王必盛在照顾妻子吃饭

“她是我的妻子，照顾她是我的责任。”王必盛说。妻子患病后，他一边上班，一边照顾妻子的日常生活。退休后，他更是一门心思在家照顾妻子。妻子病倒至今，他唯一一次离开妻子出远门，还是自己生病到赣州做手术。为防止妻子长期卧床生褥疮，他每天用热毛巾为妻子擦拭后背；担心妻子手脚肌肉变形萎缩，他又从网上自学推拿按摩。生病卧床十几年，刘桂淑从来没有生过褥疮，也没有用过纸尿裤。她的卧室干净、亮堂，没有异味。

为便于观察妻子病情变化和身体康复情况，王必盛从妻子患病开始就每天坚持记录病情。21年来，他记录妻子病情的自制“病历”写了厚厚8本，里面详细记录妻子每天脉搏、血压等身体情况，服药种类、时间以及当天天气等信息。“这样，医生问起情况来，我才能清楚地回答。医生才好对症下药。”王必盛这样解释。

喂水喂药、端屎接尿、擦洗按摩，扶着妻子下地活动，给妻子讲趣事解闷……这些事情，王必盛每天都要反复好多次，常常一忙就到深夜11点多。晚上，他几乎每隔两个小时就要起来看看妻子，到半夜给妻子喂一次水，扶她起来上厕所。满打满算，他每天顶多能睡四五个小时。儿女们担心父亲吃不消，争着出钱请人照顾母亲。可王必盛总是坚持：“别人照顾我不放心，她也很难适应。”

病了21年，妻子刘桂淑对生活从没有失去信心：“有他在，我就很踏实。”回想照顾妻子的经历，王必盛则说：“能这样陪着她，看到她乐观地活着，我就感到很幸福了。”

王必盛荣登“中国好人榜”并获评第六届全国道德模范。

案例分析

记得有一首歌曲——《最浪漫的事》(姚若龙作词，李正帆作曲)中唱道：“我能想到最浪漫的事，就是和你一起慢慢变老，直到我们老得哪儿也去不了，你还依然把我当成手心里的宝。”艺术来源于生活，反映生活。全国道德模范王必盛用实际行动演绎了现实版的“最浪漫的事”。

王必盛二十多年如一日细心照料、用心陪伴瘫痪妻子，从不言悔，用大爱与责任、付出与奉献、忠诚与坚守，展现了人间甘苦与共、风雨同舟的最美爱情，用实际行动生动阐释了爱情的真谛——责任与奉献。王必盛的爱情婚姻故事是清廉品质与爱情、婚姻有机融合的典范。王必盛的清廉爱情观、婚姻观经受住了时间与磨难的考验，是对中华优秀传统美德的继承与弘扬，是对中国特色社会主义先进道德文化的生动诠释，是对利己主义、功利主义、享乐主义、杯水主义之爱情观、婚姻观的彻底否定。用责任、奉献和忠诚浇灌的爱情之花是纯洁和高尚的，是历久弥新和不畏严寒的，也是令人感动和钦佩的。

【小资料】

“性自由”(sexual freedom)给人类带来了什么?

被有的人津津乐道，甚至趋之若鹜、乐此不疲的“性自由”到底是指什么，“性自由”究竟给人类带来了什么，如何应对“性自由”带来的冲击，是任何一个国家、民族都无法回避、牵涉广泛、影响深远的现实社会问题。

基本概念

“性自由”(sexual freedom)指的是在性行为上完全抛弃传统道德观念约束的主张、实践或社会现象。“性自由”又称性解放或性革命，是二十世纪前期开始于西方的一种性观念和生活方式的变革。“性自由”流行于20世纪60年代的西方尤其是北美。它是从反对男女不平等的婚姻观念和性观念开始的，然后走到一个极端，认为身体和性都是个人财产，自己可自由决定如何处置、使用。“性自由”抛弃了对性的社会制约，否定了性道德的合理内容，使性自由成为一部分人性滥交或性泛滥的借口。

历史沿革

19世纪后半期到第一次世界大战前，欧美国家进入工业社会高速发展阶段。为了把人变成现代化大生产的“机器”，快速促进工业生产，西方社会极力倡导清心寡欲的道德观念，于是，男女的性事被视为罪恶。因为此时英国是资本主义社会的领头羊，所以人们用当时在位的英国女王维多利亚的名字来命名这个时期。在维多利亚时代，西方社会仿佛又返回到了黑暗的中世纪，人的一切自然本性被禁锢和扼杀，人之为人的基本欲望遭到社会的残酷打击。面对这种非人的限制，斯勘的纳维亚半岛首先燃起了熊熊烈火，接着波及欧洲各地，到 20 世纪 20 年代形成第一次性自由或性解放高潮，主要代表是苏联的杯水主义运动、德国和美国的自由同居运动。

性自由或性解放的第二次高潮发生在 20 世纪 60 年代，遍及西方发达国家。对此，西方学者进行了一些研究。“很多资料认为，避孕药是性自由或性解放的根本动因，然而，其他理论认为，大众媒体和经济独立在这一进程中起着至关重要的作用。随着电视和广播的普及，不仅仅是那些地位高的人，其他人也有了新的想法。当男人们坐在高权力的宝座上时，女人们也加入他们的队伍中来了，因为对女性来说，她们的工作机会越来越多。”①

20 世纪 70 年代发生了第三次性自由或性解放高潮。美国的“‘自由之爱’运动在 70 年代首次登上了旧金山的头条，这让人们更加深刻地意识到性和爱的开放。大约在同一时间，大学开始允许在宿舍内共同居住，嬉皮士们涌上街头，有迹象表明他们支持这一计划。

然而，伴随人们对艾滋病病毒和艾滋病认识的深化以及医务人员意识到这种致命的疾病可以通过性传播，20 世纪 80 年代“自由之爱”运动的发展速度大大减缓。”

灾难性危害

事实上，性自由给西方社会带来了严重的社会问题。有数据表明西方社会离婚率猛增，许多家庭解体，大量儿童失去双亲的爱抚，家庭对子女的教育职能因此严重削弱，青少年性犯罪率激增，未婚生育的母亲和孩子增多，同时还造成了性病和艾滋病的肆虐。

20 世纪 60—80 年代是西方性自由的盛行期。其结果是，美国青年 16 岁时已有 2/3 的人有过性交经历；每天有 2 000 名少女怀孕，其中一半做了人工流产，另一半则把孩子生下来；美国人的婚姻有一半以离异告终；1/3 的孩子是未婚母亲所生；25%的孩子在单亲家庭中生活；在美国的艾滋病毒感染者中，20%是青少年。由此可见，美国性自由给青少年和整个社会带来的危害有多大。并且这种危害不是短时间内可以消除的，“美国疾病控制中心（CDC）最近发布的一份报告，详细描述了 24 岁及以下年轻人群中，性病发病率在不断上升，尤其是淋病和梅毒。据报道，2006 年有超过 100 万的衣原体感染病例。在全国范围内，有 1 900 万新增性传

① Discovery Fit And Health Writers. Sex Then And Now：The Evolution of America's Mojo. http：//health. howstuffworks. com/sexual-health/sex-then-and-now. htm

播感染病例，其中一半发生在15～24岁的年轻人身上。”[①]鉴于性自由导致的人性退化、性交泛滥、恶果累累，欧美各国社会重建性道德的呼声日益高涨。许多有识之士希望振兴家庭，强调家庭价值及一夫一妻的健康生活方式和忠诚的性关系。社会、家庭和学校也向青少年提出推迟性交关系的原则，要求中学生积极参与洁身自爱运动，并抵制吸毒、嫖娼卖淫及同性恋等行为。例如，在21世纪初，美国“全国预防青少年意外怀孕运动，详细地介绍了关于全面的性教育和性教育有效性的重要发现。这份报告深入探讨了我们可以并且应该教育我们的年轻人关于性和生殖健康的方法，以便为他们提供健康幸福生活的最好的基础。”[②]“2001年7月，由加州家庭健康委员会(CFHC)发起的一个教育网站，是13～24岁之间的青少年和年轻人寻找健康和负责任的性生活方式信息的一种资源。CFHC是一个非营利组织，致力于通过确保获得高质量、全面的生殖健康和计划生育服务来改善加州人的健康状况。”[③]

无数事实已经证明并将继续证明，性自由对性道德的全面否定是错误的。从20世纪60年代到80年代，仅仅20多年时间，西方性自由就已经给人类社会带来诸如艾滋病肆虐这类空前的灾难。然而，要消除性自由给人类造成的严重后果，绝非一朝一夕可以实现。譬如，人类要控制艾滋病的蔓延，还有很长的路要走。所以，我们更应该珍视中华民族的家庭文明美德和两性关系的优秀道德传统，坚决抵制性自由思潮，不要盲目地把西方文化中的糟粕当作新观念加以接受。

对我国的影响及其应对之策

我国实行改革开放以后，伴随对外交流日益频繁，尤其是进入互联网时代以来，西方性自由思潮对我国也产生了深刻影响。例如，新中国成立后曾一度绝迹的卖淫嫖娼现象死灰复燃，“包二奶”、婚外情、通奸成为一些人趋之若鹜的所谓“时尚”，权色交易、钱色交易屡禁不止，性犯罪低龄化趋势明显，少女怀孕堕胎时有发生，离婚率攀升，单亲家庭增加，一夫一妻制受到挑战。

如何应对西方性自由思潮对我国的侵蚀，是一个必须高度重视的问题。首先，要正确看待和分析性自由或性解放。人们对性自由或性解放的看法和评价可谓众说纷纭，有的持完全赞同的态度，有的持完全否定的态度，有的持说不清的模糊认

---

① Teensource.org Announces Fresh Focus: Sex-Ed Digital Video Contest, Young Filmmakers Call For Entry Share Article. http://www.prweb.com/releases/2008/01/prweb608711.htm

② Teensource.org Announces Fresh Focus: Sex-Ed Digital Video Contest, Young Filmmakers Call For Entry Share Article. http://www.prweb.com/releases/2008/01/prweb608711.htm

③ Teensource.org Announces Fresh Focus: Sex-Ed Digital Video Contest, Young Filmmakers Call For Entry Share Article. http://www.prweb.com/releases/2008/01/prweb608711.htm

识。分析西方性自由或性解放，必须克服非黑即白的简单思维方式，必须放在当时的历史背景和历史条件下，进行全面、历史、客观、辩证地分析。“性自由”或“性解放”概念始于西方社会，最初是反对性别歧视，争取妇女与男子享有平等社会地位和政治经济权利的女权运动，同时要求改变基督教禁止离婚的戒律，主张婚姻自由。作为对维多利亚时代的清教主义伦理的性专制、性压迫、性禁锢的反抗，当时的女权运动的产生具有一定的历史必然性和合理性，但是，此后，从这些合理要求逐渐演变为对宗教性道德的全面否定，“性自由”者倡导性行为不应受与婚姻有关的道德和法律的限制，认为性交是人人都应有的与生俱来的自由权利，性行为是个人私事，只要双方自愿就可以发生两性关系，他人和社会对此无权干涉。性自由者反对一切性约束，主张性爱和情爱分离，性和婚姻分离，否定童贞和贞洁观念，提倡婚前和婚外性行为，要社会接受试婚和同居。一些极端的性自由者不仅主张娼妓合法化，甚至认为乱伦也不应受到指责，更不应受到法律制裁。这样，就从一个极端，走向了另一个极端。人与动物都有性的需求，这是共同的自然属性，但人之为人的、与动物的本质区别是人的社会性，动物完全靠本能，人除了本能的自然属性以外还应该有理性，理性就是对是非、善恶、美丑的基本判断和对自身行为的约束，人的自由（包括性自由）是相对的、有限度的，不是绝对的，否则，人与动物无异。性自由或性解放最终发展为传播性病、危害健康、毁坏家庭、污染社会、践踏良知、殃及后代、祸乱人类的毒瘤，其危害之广、危害之大、危害之深令人难以想象，即使西方国家也已经意识到并逐步采取措施加以限制。第二，要多管齐下、综合施策。要在党委政府主导下，动员家庭、学校、社会共同参与治理，把加强性道德、性健康教育与严肃法纪、惩处性违法乱纪结合起来，把线下的扫黄打非、打击黄赌毒和卖淫嫖娼与线上“清网”等互联网治理行动结合起来，把打击权色交易、钱色交易与惩治腐败结合起来。第三，加强社会主义核心价值观教育和正确义利观教育，信息化时代的大众传媒、文化事业与文化产业、商业运营等都要坚持把社会效益放在首位，实现经济效益与社会效益的有机统一，严防伤风败俗的与社会主义道德相违背的色情文化与性经济的恶性泛滥。第四，抵御西方性自由思潮等腐朽文化对我国的侵蚀，党员领导干部要带头，以身作则、严以律己，同时要加强对青少年的教育和引导，要把性道德、性健康教育和婚姻法律制度教育引入课堂。

【知与行】

从以下三个题目中任选其一：

1.搜集整理马克思与燕妮的爱情故事并讲给身边的人听一听。

2.分小组讨论：

(1)有人说:“学得好,不如嫁得好。”你如何看待这一说法?

(2)有人说:“现在有的女孩子求包养,是周瑜打黄盖,一个愿打,一个愿挨,没什么大惊小怪的。”你如何看待这一说法?

(3)有人说:“繁荣需要‘娼’盛,打击卖淫嫖娼不利于引进外来投资,不利于当地经济发展。”你如何看待这一说法?

3.请以小组(3～5人)为单位,在一定范围内,开展一项有关高职学生恋爱观的调查并撰写一份调查报告。

【课外作业】

请以小组(3～5人)为单位,就近了解、采访“忠于职守、清廉为民”先进人物的事迹,并制作成图文并茂的PPT课件在班上宣讲。

第五讲　清廉是幸福的“护身符”

——尚大义为民谋福

【导　语】

生活是每个活着的人必须天天面对的现实，有的人生活清廉朴实却体验着长久的生活乐趣，有的人生活浪漫奢华却有时不得不承受着昙花一现的凄楚。义与利是每个人都无法回避的选择，有的人见利思义、深明大义，虽牺牲个人利益而无悔，受到世人赞赏和敬仰；有的人见利忘义、唯利是图，为一己之私利牺牲他人和社会利益而不顾，遭到人们的鄙视和唾弃，甚至被绳之以法。幸福是人类的终极追求，人人向往幸福生活，但在追求幸福的道路上，由于对幸福的理解不同、追求幸福的途径与手段不同，往往收获的结果大相径庭，有的人往往因“福”招祸，有的人却因祸得福，有的人苦心孤诣求个人幸福却换来牢狱或灭顶之灾，有的人鞠躬尽瘁为人民谋幸福而受到人民爱戴、名垂青史（如郑培民、任长霞等党的优秀儿女）。在生活变幻多样、义利错综交织、幸福诱人以待的现实条件下，如何避免生活之舟触礁沉没，如何避免贪恋利饵以致失义招损，如何确保个人与社会的幸福之树枝繁叶茂、长盛不衰，这是每一个高职学生必须认真思考和面对的严肃话题，事关高职学生自身未来的成功和幸福，也关系到国家未来发展和人民福祉。

第一节　淡泊明志　宁静致远

【基本理论】

一、清廉生活观的内涵和特点

（一）生活观的内涵与分类

何谓生活？这是一个既简单又复杂的概念。一般来说，生活有两层含义，一方面是指人们的生存和发展状况，如“现在的生活好多了”；另一方面，是指生活主体为实现生存、延续、愉悦或发展而从事各种实践活动的过程。生活概念体现了静态（生存和发展状况）与动态（实践活动过程）的辩证统一，体现了目的（实现生存、延续、愉悦或发展）和手段（从事各种实践活动）的辩证统一。对生活的理解有狭义和广义之分，狭义的生活仅仅指个人生活。广义的生活不仅指个人生活还包括群体或社会生活、国家生活、人类生活等，而生活的内容也包括经济、政治、文化、社会交往或外交、军事等诸多方面。

生活观是人们在社会实践中逐步形成的关于生活的内涵、意义以及如何生活等有关生活的基本问题的根本观点。由于人们所处的历史时代、社会环境、社会地位、所受教育和认知水平等的不同，人们往往具有不同的生活观。有的人认为生活就是吃喝拉撒睡，有的人认为生活就是为了金榜题名、升官发财、光宗耀祖，有的人认为生活就是“今日有酒，今朝醉”，有的人认为生活就是爱情婚姻、繁衍哺育后代，有的人认为生活就是劳动、创造和享受，有的人认为生活就是追求真理、为人类解放而奋斗……

人们的生活观丰富多彩。由于每个人在生活目标（或生活理想）、生活态度、生活方式、生活习惯、生活质量等方面存在差异性，人们的生活观表现出不同的类别。按生活态度的不同，生活观可以分为积极向上的生活观，消极颓废的生活观，乐观豁达的生活观，悲观偏狭的生活观等；按生活内容的不同，生活观可以分为经济生活观，政治生活观，文化生活观等；按生活主体的不同，生活观可以分为个人生活观，家庭生活观，集体生活观，社会生活观，国家生活观，人类生活观等；按生活方式的不同，生活观可以分为朴实节俭的生活观，虚荣奢华的生活观，自强不息、艰苦奋斗的生活观，安于现状、不思进取的生活观，物欲支配型生活观，精神支配型生活观，身心和谐型生活观等；按生活质量的不同，生活观可以分为低碳绿色环保型生活观，高碳多耗污染型生活观等；按生活情趣的不同，生活观可以分为高雅型生活观，低级趣味型生活观；按生活性质的不同，生活观可以分为清廉生活观，贪腐生活观，等等。

（二）清廉生活观的内涵

清廉生活观是指人们在社会实践中形成的关于清廉生活的内涵、意义以及如何达成清廉生活的根本观点。清廉生活观内涵丰富，它是清廉思想与生活观的有机结合，是清廉思想融入人们的生活目标（或生活理想）、生活态度、生活方式、生活习惯等生活的各个方面的集中体现，是“驾驭生活列车不出轨”的思想保证，是创造和谐美满生活的必要条件。

（三）清廉生活观的主要特点

认识和理解清廉生活观的特点，对形成清廉生活观具有重要价值。一般来说，清廉生活观的主要特点有以下几个方面：

1.实践性。清廉生活观的实践性是指人们的清廉生活观不是从天上掉下来的，也不是人的头脑中固有的，而是在社会实践中逐步形成的，清廉生活观不但在实践中形成，而且在实践中接受检验。人在社会生活中接触到的不仅有真善美，还有假恶丑，社会实践的复杂性决定了清廉生活观的形成和发展具有曲折性和长期性，唯有“咬定青山不放松”的坚韧精神，清廉生活观才能经受住实践的检验和历史的考验。

2.全面性。清廉生活观的全面性是指清廉与生活的各个方面的有机融合，在生活目标（或生活理想）上表现为“志存高远”；在生活态度上表现为积极进取，严谨自信，乐观豁达；在生活方式上表现为朴实、节俭、自强，追求身心和谐；在生活质量上表现为追求低碳绿色环保；在生活情趣上表现为追求高雅健康。清廉生活观的全面性还表现在经济生活中的诚信意识，政治生活中的民主、平等与法治精神，文化生活中的先进与和谐理念，社会生活中的公平与正义，等等。总之，清廉生活观的全面性表征着清廉与生活的全面结合、有机结合或“水乳交融”。清廉生活观的全面性是对“场面上是‘正人君子’，背地里男盗女娼”“台上喊反腐倡廉，台下却前腐后继”之两面人格的虚伪性、欺骗性的彻底否定。

3.过程性。清廉生活观的过程性有两层含义，一方面是指清廉贯穿于生活的始终，否则，清廉生活观就不具有彻底性和完整性；另一方面是指清廉生活观的形成不是一蹴而就或一劳永逸的，而是一个长期的过程。有的人晚节不保，虽长期清廉但最后难敌诱惑以至滑向贪腐的泥潭，受到法律制裁而追悔莫及，这种现象从反面印证了清廉生活观的过程性特点，即过去清廉不等于现在清廉，现在清廉不等于永远清廉。只有深刻理解了清廉生活观的过程性，才能自觉做到时时处处事事警醒，崇尚清正廉明立德，确保一世清廉，善始善终。

4.修身性。清廉生活观的修身性是指人们由于意识到清廉生活观的实践性、全面性、过程性等特点，而形成以廉为宝、廉以修身、以德养廉、以清保廉、廉洁自律以及自重、自省、自警、自励、自强为主要特征，积极主动追求清廉生活的思想理念和行为倾向。清廉生活观的修身性反映了人们在正确处理清廉与生活关系方面所表现出的主观能动性。放弃主观能动性，就不会有清廉生活观的形成、发展和完善，因为，清廉生活观的形成和确立是主客观因素交互作用的结果。

二、清廉与生活的关系

由于人们的世界观、人生观和价值观不尽相同，对清廉与生活之关系的认识也就有所不同，甚至相去甚远。有的人认为，“清廉是对党员干部或先进分子而言，若是平民一个，也不想从政为官，清廉与自己的生活关系不大”。也有人认为，“现实生活中有些不清不廉者往往左右逢源，或被提拔重用、飞黄腾达，或在商界纵横驰骋、财源滚滚，谁清廉谁受孤立，谁清廉谁吃亏，还是让清廉远离自己的生活吧。”其实，上述种种说法反映了一部分人对清廉与生活之关系的模糊和错误认识。正确认识清廉与生活的相互关系是确立清廉生活观的前提，具有重要意义。

清廉与生活的关系可以概括为：清廉离不开生活，生活绕不开清廉。“清廉离不开生活”是指清廉必然寓于生活之中，不存在脱离生活之清廉，生活是清廉的载体，清廉是生活的升华。“生活绕不开清廉”是指清廉与否在生活中是绕不开的，无论是有意识还是无意识，都必须做出选择，从这个意义来说，生活无论如何也是无法绕开清廉的。因此，清廉与生活的关系是密不可分的。如何正确处理清廉与生活的关系，是每个人包括高职学生，必须严肃对待、慎重考虑的问题。

具体来说，清廉与生活的关系体现在以下几个方面：

首先，倡导清廉是当今国际生活的重要组成部分，也是我国国家生活中的大事。国际生活或国家生活良性运行有赖于清廉作保证。从清廉得到世界各国人民的普遍重视，到越来越多的国家政府把清廉教育作为反腐败的“良药”；从国际透明组织（Transpareney International，简称 TI，是国际上唯一专门致力抑制贪污腐败的国际非政府组织）1993 年建立，到 2003 年联合国把 12 月 9 日确定为“国际反腐败日”并签署《联合国反腐败公约》从而正式揭开全球联手倡导廉正、治理腐败的序幕……说明在全世界倡导清正廉明、预防和打击腐败取得了世界各国的共识，追求清廉日益成为世界经济、政治、外交与文化交流等国际生活领域的重要组成部分。在我国，2012 年 11 月召开的党的十八大把反腐倡廉上升到党和国家生活中的“重大政治问题”以及事关党和国家生死存亡的高度。党的十八大报告深刻指出：“坚定不移反对腐败，永葆共产党人清正廉洁的政治本色。反对腐败、建设廉洁政治，是党一贯坚持的鲜明政治立场，是人民关注的重大政治问题。这个问题解决不好，就会对党造成致命伤害，甚至亡党亡国。反腐倡廉必须常抓不懈，拒腐防变必须警钟长鸣。”[①]自古以来，清廉与否事关国家命运，是国家生活治乱兴衰的“风向标”，是人民生活状况的“晴雨表”。

其次，清廉是一个地区、部门或单位之经济生活、政治生活、文化生活等方面不断改善的必要条件，一个地区、部门或单位之经济、政治、文化等生活是否选择清廉

① 胡锦涛. 坚定不移沿着中国特色社会主义道路前进　为全面建成小康社会而奋斗（在中国共产党第十八次全国代表大会上的报告 2012 年 11 月 8 日）[EB/OL].（2012 - 11 - 17）[2015 - 04 - 20]. http://news.xinhuanet.com/18cpcnc/2012 - 11/17/c_113711665.htm

也是无法回避的重要课题。清廉与否事关一个地区、部门或单位的进退盛衰。例如,“天下第一村”——华西村几十年积极倡导和践行清廉,老支书吴仁宝以身作则,“不拿最高工资,不住最好房子”,还把上级奖励捐献给集体,几十年来风清气正的华西村不断创造着社会主义新农村建设的一个又一个奇迹和“神话”,成为一面历久弥新的社会主义新农村建设的光辉旗帜。与此形成鲜明对照的是,天津大邱庄禹作敏案、厦门远华特大走私案、山西省“塌方”式腐败案等均给当地经济社会发展和政治生态造成难以估量的重大损害。

最后,清廉是个人成长成才和生活理想实现的前提,也是家庭生活祥和安泰的重要保障。徐本禹、洪战辉等大学生清廉自强的事迹感动了中国,他们的青春在清廉自强中发出亮丽的光芒。然而,个别大学生脱离实际,盲目攀比;物欲膨胀,违法乱纪(偷窃、网络诈骗等);追求享乐,迷恋灯红酒绿等现象,折射出背离清廉后青春的黯然失色。清廉不仅是一种德行,而且是一种智慧,践行清廉有助于在生活中有效避免因污邪、贪婪和阴暗而招致的自取其辱、烦恼缠绕和祸端横生。

总之,崇尚清廉、践行清廉必将使人民生活更美好,使国家生活更安泰,使社会生活更和谐,使家庭生活更快乐,使个人生活更亮丽。而生活的美好、安泰、和谐、快乐和亮丽,又会成为使清廉之树枝繁叶茂的沃土。

三、寓清廉于生活之中

寓清廉于生活之中,既要努力实现寓清廉于国家、社会生活之中,也要努力实现寓清廉于个人生活之中,两方面紧密相连、辩证统一。清廉的国家生活、社会生活是实现清廉个人生活的环境和条件,而清廉的个人生活又是实现清廉国家生活、社会生活的基础和前提。寓清廉于生活之中,首先,个人要坚持常修身、重慎独并提高清廉生活自信。要切实克服一味抱怨外在环境不佳,自动解除“思想武装”,在生活中放弃践行清廉的主观能动性而随波逐流的宿命论倾向,在生活中“勿以善小而不为,勿以恶小而为之。”[①]从点滴小事做起,从严要求自己,淡泊明志、宁静致远,摒弃不当欲望和私心杂念,自觉防范和抵制享乐主义、拜金主义和极端个人主义思潮侵袭,一日三省,警钟长鸣。努力使崇尚清廉、践行清廉不仅成为一种个人生活态度、生活习惯、生活方式,而且成为一种自身素质和坚定信念,融入血液,成为一种可遗传的精神基因。其次,在国家和社会生活层面,要敢于并善于亮剑、持之以恒地实施“打虎拍蝇猎狐”之雷霆行动,荡涤“污泥浊水”、驱散“雾霾毒素”,使贪婪与贪腐者付出沉重代价,使具有腐败潜质者望而生惧,使清廉之士感到鼓舞,

① 三国志 蜀志 先主传 裴松之注

使民众看到希望，这是实现清廉之国家、社会生活的必要前提；要通过狠抓党风政风建设以带动民风好转，通过体制机制创新使任性的权力"入笼"，通过依法治国和以德治国的有机结合以及不断推进国家治理能力和治理体系现代化建设，实现国家体系的良性运转及社会系统的良性运行，这是实现清廉之国家、社会生活的不可或缺的环境和条件。最后，寓清廉于生活之中，不仅要使清廉贯穿于国家、社会和个人生活的各个方面和各个环节，而且要使清廉贯穿于国家、社会和个人生活的全过程。

总之，寓清廉于生活之中，才能使生活更纯洁、更朴实，更坦然、更健康，更安全、更踏实，更高雅、更长久，更和谐、更有序，更阳光、更快乐。清廉的生活不仅是一种合规律、顺民意、利民生的求真求善的生活，而且是一种着眼长远、积极进取、趋吉避凶、防患未然的智慧生活，是党和人民致力于实现中华民族伟大复兴的必然选择。

【解疑释惑】

有人认为："社会发展了，时代变化了，人们富了，再谈'艰苦奋斗'，过时了。"你对此观点有何看法？

"天行健，君子以自强不息。"①中华民族自古就有自强不息、艰苦奋斗的高尚品质。从"精卫填海"到"愚公移山"，再到"大禹治水"，这些远古传说就是中华民族不惧困难和艰险，自强不息，艰苦奋斗的生动写照。我国古代人民通过自强不息、艰苦奋斗创造了人类发展史上辉煌灿烂、世界仰慕的中华古文明。近代以来，在救亡图存的伟大斗争中，特别是在中国共产党领导的新民主主义革命中，中华民族继续发扬自强不息、艰苦奋斗精神，经过长期艰难曲折的不懈努力，终于推翻了帝国主义、封建主义和官僚资本主义在中国的反动统治，实现了民族独立和人民解放，建立了新中国。新中国成立60多年来，特别是改革开放以来，中国人民仍然靠自强不息、艰苦奋斗，取得了世界瞩目的进步和发展成就，把一个贫穷落后的国家建设成为一个具有世界影响力的繁荣富强的国家，人民生活水平显著提高，总体达到小康，正在向全面建成小康社会目标迈进。从某种意义上来说，一部中华民族发展史，就是一部中华民族为追求美好生活而自强不息、艰苦奋斗的历史。可以说，如果没有自强不息、艰苦奋斗的精神，就没有绵延不断、举世瞩目的中华文明。作为一种精神力量，自强不息、艰苦奋斗已经融入中华民族的精神血脉中，成为中华文化不可或缺的精神因子。中华民族的发展进步，过去离不开自强不息、艰苦奋斗的

① 《周易·乾》

伟大精神,现在和未来的发展进步同样离不开自强不息、艰苦奋斗的精神。艰苦奋斗是清廉教育的重要内容之一,是中华优秀传统文化,特别是中华传统美德的重要内容。发扬艰苦奋斗精神既是继承优秀传统文化、弘扬传统美德的需要,也是促进当代经济社会发展的需要。无论社会如何发展,时代如何变化,艰苦奋斗精神永远是中华民族立于不败之地的传家宝,永远不会过时。

"社会发展了,时代变化了,人们富了,再谈'艰苦奋斗',过时了"的论调,在很大程度上,反映了一些人对我国的国情、社会主义本质、党的基本路线和国际形势等基本问题的认识存在偏差。

继续坚持和弘扬艰苦奋斗精神是由我国的国情决定的。新中国成立以来,特别是改革开放以来,我国的确取得了举世瞩目的伟大成就,我国社会生产力和综合国力显著提高,国内生产总值跃升到世界第二位,人民生活水平和社会保障水平显著提高,国际地位和国际影响力显著提高。但是,正如党的十九大报告所言,"我国仍处于并将长期处于社会主义初级阶段的基本国情没有变,我国是世界最大发展中国家的国际地位没有变。"因此,从我国国情出发,必须继续发扬自强不息、艰苦奋斗的精神。

继续坚持和弘扬艰苦奋斗精神是由社会主义本质和党的基本路线决定的。1992年初,邓小平在"南方谈话"中提出:"社会主义的本质,是解放生产力,发展生产力,消灭剥削,消除两极分化,最终达到共同富裕"。不仅"解放生产力,发展生产力"是一个需要付出艰辛劳动的永无止境的奋斗过程,而且"消灭剥削,消除两极分化"也是一个长期而艰难的奋斗过程,尤其是"最终达到共同富裕"更需要一代人、一代人地艰苦奋斗下去,因为实现一家富、一个单位或地区富相对容易,实现全国人民共同富裕确实是一项长期、艰难而伟大的事业。正因如此,党在社会主义初级阶段的基本路线在突出"一个中心,两个基本点"的同时,特别强调要"自力更生,艰苦创业",并且邓小平严肃地告诫全党和全国人民,党的基本路线要长期坚持,"基本路线要管一百年,动摇不得。"可见,艰苦创业、艰苦奋斗是需要全党和全国人民长期坚持的基本方针。

继续坚持和弘扬艰苦奋斗精神是由实现中华民族伟大复兴的中国梦决定的。习近平强调,"实现中国梦必须走中国道路,必须弘扬中国精神,必须凝聚中国力量。" 艰苦奋斗精神是"中国精神"必不可少的重要元素。实现中国梦,就要实现"四化"(工业化、信息化、城镇化和农业现代化),由于"四化"标准随国际比较而不断提高,我国实现"四化"因人口多、底子薄、起点低、起步晚,要追赶世界发展潮流,面临各项目标任务叠加的现实状况,故实现"四化"必然需要长期的艰苦奋斗。实现中华民族伟大复兴的梦想就要实现"两个一百年"奋斗目标(即到中国共产党成立100年时全面建成小康社会，到新中国成立100年时建成富强民主文明和谐美丽的社会主义现代化强国），实现“两个一百年”奋斗目标，必须全面深化改革、全面推进依法治国、全面加强党的建设，所有这些艰巨的目标任务之实现都需要全党、全国人民继续发扬艰苦奋斗精神，开拓创新，锐意进取。

继续坚持和弘扬艰苦奋斗精神具有现实紧迫性和针对性。中国梦的实现面临一系列困难和挑战，例如，我国发展中的不平衡、不协调、不可持续问题依然突出，城乡区域发展差距和居民收入分配差距依然较大，部分群众生活困难，国内生产总值（GDP）总量位列世界前列但人均GDP仍比较落后，综合国力竞争日益激烈。此外，三股势力（暴力恐怖势力、民族分裂势力、宗教极端势力）不断兴风作浪，日本右翼势力日趋活跃、军国主义借尸还魂，霸权主义、强权主义依然威胁世界和平。要战胜前进道路上的各种困难和挑战，没有艰苦奋斗的精神是不可能的。

艰苦奋斗过时论的产生既有主观原因，也有客观原因：一是对我国现在正处于并将长期处于社会主义初级阶段的基本国情，以及实现中华民族伟大复兴的中国梦之艰巨性、长期性和复杂性认识不足；二是目光短浅、缺乏远大志向、小富即安、不思进取的小农思想作怪；三是剥削阶级思想的影响，尤其是消费主义、享乐主义和极端个人主义的负面影响。

艰苦奋斗过时论在理论上是极端错误的，在实践上是极其有害的，必须予以批判，并采取有效措施防范和克服其消极影响，让党的艰苦奋斗的优良作风世代相传，让党和人民的事业更加兴旺发达。

【案例分析】

案例呈现：人间奇迹：茫茫荒原变林海①

塞罕坝，是蒙古语和汉语的混合用语，意思是“美丽的高岭”。历史上，这里水草丰美、森林茂密，清朝末年为弥补国库亏空，先后进行了三次大规模开围放垦，再加上日寇掠夺、山火不断，到新中国成立时，这里的原始森林已荡然无存，变成了风沙蔽日的茫茫荒原。

20世纪60年代初，正是国民经济困难时期，但国家仍然下定决心，在塞罕坝建设一座大型国有林场，恢复植被，阻断风沙。1962年9月，369名平均年龄不到24岁的创业者，肩负“为北京阻沙源、为京津涵水源”的神圣使命，从全国18个省

① 周金中．牢记使命 铸就绿色丰碑（塞罕坝林场先进事迹报告会发言摘登）[N]．经济日报，2017-08-31(11)．

(市)集结上坝,开始了艰苦卓绝的高寒沙地造林。

恶劣的生存环境,是创业者要攻克的第一道难关。塞罕坝冬季漫长,年均积雪长达7个月,极端最低气温零下43.3摄氏度,加上偏远闭塞、物资匮乏,生活条件极其艰苦。考验,一个接着一个。由于缺乏在高寒地区造林的经验,头两年人们满怀希望种下的2 000多亩落叶松,成活率还不到8%。超出想象的困难和挫折一度冷冻了人们的笑声和激情。

党交给的任务还没有完成,坚决不能退缩和放弃!关键时刻,王尚海、刘文仕、张启恩等首任场领导班子成员带头把家从承德、北京等城市搬到了塞罕坝,以示决心。在他们的带领下,林场技术攻关组改进了“水土不服”的苏联造林机械,改变了传统的遮阴育苗法,大大提高了造林成活率,让信心和希望在荒原上重新燃起。

就这样,他们克服了一个又一个困难,接续奋斗55年,终于创造了荒原变林海的人间奇迹,使得在自然状态下,至少需要上百年才能修复的塞罕坝生态,重现盎然生机。如今,林场造林面积达到了112万亩,成为世界上面积最大的人工林场,如果把这里的树按一米的株距排开,可以绕地球赤道12圈。

如今,塞罕坝的单位面积林木蓄积量,是全国人工林平均水平的2.8倍。这里的森林生态系统,每年能产生上百亿元的生态服务价值,每年释放的氧气可以供200万人呼吸一年。

更令人欣喜的是,美丽高岭上的这片绿色,正在燕赵大地蔓延开来。

案例分析

塞罕坝位于河北省北部,曾经是茫茫荒原。半个多世纪以来,三代塞罕坝林场人以坚韧不拔的斗志和永不言败的担当,坚持植树造林,建设了百万亩人工林海。如今,每年可涵养水源、净化水质1.37亿立方米,释放氧气54.5万吨。2017年8月习近平对河北塞罕坝林场建设者感人事迹做出重要指示指出,55年来,河北塞罕坝林场的建设者们听从党的召唤,在“黄沙遮天日,飞鸟无栖树”的荒漠沙地上艰苦奋斗、甘于奉献,创造了荒原变林海的人间奇迹,用实际行动诠释了绿水青山就是金山银山的理念,铸就了牢记使命、艰苦创业、绿色发展的塞罕坝精神。①

塞罕坝林场的三代建设者是无私奉献、艰苦创业的楷模,他们不仅创造了荒原变林海的人间奇迹,也创造了弥足珍贵的精神财富——塞罕坝精神。塞罕坝林场

① 新华社.习近平对河北塞罕坝林场建设者感人事迹做出重要指示[EB/OL].(2017-08-28)[2018-03-28].http://www.xinhuanet.com/politics/2017-08/28/c_1121557749.htm

建设者获评“2017 年度感动中国人物”，并获得 2017 年联合国环保最高荣誉——“地球卫士奖”。在塞罕坝精神的鼓舞下，中华儿女必将继续艰苦奋斗，把祖国建设得更加繁荣富强、美丽迷人。

【小资料】

务必继续保持艰苦奋斗的作风

新中国成立前夕，毛泽东就告诫全党：“夺取全国胜利，这只是万里长征走完了第一步……中国的革命是伟大的，但革命以后的路程更长，工作更伟大，更艰苦。这一点现在就必须向党内讲明白，务必使同志们继续地保持谦虚、谨慎、不骄、不躁的作风，务必使同志们继续地保持艰苦奋斗的作风。”①邓小平强调：“要加强对人民进行思想政治工作，提倡艰苦奋斗。这是中国从几十年的建设中得出的经验。”②“艰苦奋斗是我们的传统。我们的国家越发展，越要抓艰苦创业。提倡艰苦创业精神，也有助于克服腐败现象。新中国成立以来我们一直在讲艰苦创业，后来日子稍微好一点，就提倡高消费，于是，各方面的浪费现象蔓延，加上思想政治工作薄弱、法制不健全，什么违法乱纪和腐败现象等，都出来了。”③江泽民指出：“一个国家、一个民族，如果不提倡艰苦奋斗、勤俭建国，人们只想在前人创造的物质文明成果上坐享其成，贪图享乐，不图进取，那么，这样的国家，这样的民族，是毫无希望的，没有不走向衰落的。”④胡锦涛指出：“我们讲艰苦奋斗，当然不是要人们去过清教徒式、苦行僧式的生活，也不是要否定合理的物质利益，而是要大力提倡艰苦奋斗、自强不息、与时俱进、开拓创新的精神。越是改革开放和发展社会主义市场经济，越要弘扬艰苦奋斗的精神。即使将来我们的国家发达了，人民的生活富裕了，艰苦奋斗的精神也不能丢。那种认为艰苦奋斗是老一套、已经过时了的想法是错误的，也是很有害的。”⑤习近平强调：“要切实改进工作作风，牢固树立艰苦奋斗、勤俭节约的思想，深入实际、深入基层、深入群众，力戒奢靡之风，坚决反对大手大

---

① 毛泽东. 毛泽东选集(第 4 卷)[M]. 北京：人民出版社，1991：1438-1439.

② 邓小平. 邓小平文选(第 3 卷)[M]. 北京：人民出版社，1993：290.

③ 邓小平. 邓小平文选(第 3 卷)[M]. 北京：人民出版社，1993：306.

④ 江泽民. 加强思想政治建设，提高干部和党员队伍素质(1995 年 1 月 23 日)[R]//十四大以来重要文献选编(中). 北京：中央文献出版社，2011：215-216.

⑤ 胡锦涛. 坚持发扬艰苦奋斗的优良作风 努力实现全面建设小康社会的宏伟目标(2002 年 12 月 6 日)[R]//十六大以来重要文献选编(上). 北京：中央文献出版社 2011：82.

脚、铺张浪费,以实际行动践行全心全意为人民服务的根本宗旨。”①“抓改进工作作风,各项工作都很重要,但最根本的是要坚持和发扬艰苦奋斗精神。唐代诗人李商隐在《咏史》一诗中写道:“历览前贤国与家,成由勤俭破由奢。”能不能坚守艰苦奋斗精神,是关系党和人民事业兴衰成败的大事。”②“我们的财力是不断增加了,但决不能大手大脚糟蹋浪费!要坚持勤俭办一切事业,坚决反对讲排场比阔气,坚决抵制享乐主义和奢靡之风。各级领导干部要时刻把群众的安危冷暖放在心上,多想想困难群众,多想想贫困地区,多做一些雪中送炭、急人之困的工作,少做些锦上添花、花上垒花的虚功。在我们社会主义国家,决不能发生旧社会那种‘朱门酒肉臭,路有冻死骨’的现象。”③

【知与行】

以3～5人为一组,选取部分学生集体宿舍,调查学生的日常生活情况,对部分学生在物质消费方面存在的盲目攀比及浪费现象的表现、成因及其危害性进行分析并就高职学生如何树立清廉生活观提出几点具体建议。(根据调研分析,每组制作一个PPT课件,在班上汇报)

第二节　见利思义

【基本理论】

一、清廉义利观的内涵和特点

(一)义利观的内涵与分类

义利观是指人们在社会实践中形成的关于义与利及其相互关系的思想意识和

① 习近平.在中央工作会议上的讲话(2012年12月15日)[R]//党建网.经典语录:习近平论厉行节约反对浪费[EB/OL].(2013-08-02)[2015-04-20].http://www.dangjian.cn/szxxpt/ywxj/201308/t20130806_1391230.shtml

② 习近平.在十八届中央纪律检查委员会第二次全体会议上的讲话(2013年1月22日)[EB/OL].(2013-01-23)[2015-04-20].http://politics.people.com.cn/n/2013/0123/c70731-20301083.html

③ 习近平.在十八届中央纪律检查委员会第二次全体会议上的讲话(2013年1月22日)[EB/OL].(2013-01-23)[2015-04-20].http://politics.people.com.cn/n/2013/0123/c70731-20301083.html

根本观点。义利观中的"义",一般是指道义、正义,"义者,宜也"[①],"行而宜之之为义"[②],说明"义"也有合适、应该之内涵;而"利"则主要是指利益、功利,包括物质、精神、政治、生态、人际等诸方面的利益、功利,有公利和私利之别。人们的义利观不同,其处理义利关系的态度、方式和行为就不同,所产生的结果和影响也不同。

义利观有不同类型,例如,按道德层次分,有道义至上、义利统一、见利忘义之分;按法治素质高低分,有依法劳动经营谋利、违法巧取豪夺窃利之别;按主体不同分,有国家义利观、社会义利观、群体义利观、个人义利观之异;按阶级属性不同分,有剥削阶级(奴隶主阶级、封建地主阶级、资产阶级)义利观和劳动人民义利观(其中,马克思主义义利观就是代表和体现无产阶级和人民大众根本利益的义利观,是迄今为止最先进最科学的义利观)等;按"利"之不同分,有经济义利观、政治义利观、文化义利观、生态义利观、人际义利观、国际义利观等;按对义与利的态度以及谋"利"之方式的不同分,有清廉义利观(崇义尚廉、见利思义、公私分明)和贪腐义利观(见利忘义、重利害义、唯利是图、利令智昏、尔虞我诈、损人利己、损公肥私)等。

(二)清廉义利观的内涵和特点

清廉义利观是人们在实践中形成的以清廉为原则处理义利关系的思想意识和根本观点,一般主张义利统一,见利思义,当义利发生矛盾时,则舍利取义。

清廉义利观主要有以下几个特点:

1.辩证统一性。清廉义利观的辩证统一性,体现在两个方面,一是义与利相互区别、有时存在矛盾和对立。为了整体或全局之"大义",有时需要牺牲个人或局部利益,从而更好地维护和发展整体或全局之"大利"。例如,为了完成举世瞩目的宏大工程——南水北调工程,以缓解北方缺水问题,广大库区人民响应党和国家号召毅然离开故土家园,移民到外地,这是正确处理义利矛盾的光辉典范;二是义与利具有内在的统一性。两者并非必然对立、水火不容,其实,"义"中内在的包含着"利",绝没有完全脱离任何"利"的义;"利"中也应该融入"义"的元素,完全脱离"义"的"利"不仅不可取而且不会久长,甚至会因此而招致更大损失、不幸或灾难。因此,义与利是不能截然分开的,义中有利、利中有义,两者互为对方存在的条件。清廉义利观,尚义谋利而不弃义逐利,以利彰义而不以利害义,坚持义利统一。总之,义与利之间具有对立中有统一,统一中有对立的辩证关系。清廉义利观的辩证统一性要求人们在认识和处理义与利关系时,要克服非此即彼的形而上学思想,重义不鄙视利,尤其不要轻视人民之利(否则,义就成为虚无缥缈的海市蜃楼),要防

① 《中庸》

② 韩愈《原道》

止义利观问题上的唯心主义倾向；重利不放弃义，尤其是不放弃利民利天下之大义（否则，利就成为冰上宫殿，见不得阳光），要防止义利观问题上的机械唯物主义倾向。坚持唯物辩证法，做到义利统一，才是正确的选择。

2.继承发展性。清廉义利观古已有之，且不断随着社会的演进而变化，表现出继承与发展的特点。

春秋时期老子认为：“大道废，有仁义。”①孔子强调：“不义而富且贵，于我如浮云。”②。战国时期孟子主张：“何必曰利，亦有仁义而已矣。”③孟子还倡导“舍身而取义”。墨子则认为：“义，利也”④。墨家“尚利”，以“兴天下之利”为行为的价值取向和区分善恶的标准。西汉董仲舒认为“正其谊（义）不谋其利，明其道不计其功。”⑤。清代颜元改董仲舒语为“正其谊（义）以谋其利，明其道而计其功。”⑥中国近代义利观（包括清廉义利观）的发展演变，其发展趋势是由重义轻利的传统观念，向义利并重的近代观念演变。⑦ 西方清廉义利观也有一个不断演化的过程。马克思主义认为，要追求和坚持正义，坚持义与利的辩证统一，最大限度地谋求和维护最广大人民的根本利益。清廉义利观的继承发展性决定了在全社会倡导和践行清廉义利观必须继承和发扬中华优秀清廉义利观传统、借鉴世界优秀清廉义利观思想，顺应时代发展潮流，结合实际，不断创新和发展清廉义利观思想，为人民服务，为中国特色社会主义服务。

3.广泛认同性。清廉义利观虽因时空差异而各具特色，但由于其在很大程度上顺应了大众意愿，有利于减少社会冲突和灾难、促进社会良性运行、增进人类福祉，因此，自古以来就得到了民众的广泛认同。即使阶级社会中的统治阶级成员，为了维护本阶级统治地位和阶级利益，实现国家长治久安，也不乏倡导和践行清廉义利观的有识之士，宋代的包拯、清代的于成龙等古代廉吏贤臣至今仍得到民众的敬仰，这从另一个侧面进一步证明了人民大众对清廉义利观及其实践的广泛认同。清廉义利观的广泛认同性决定了在全社会倡导和践行清廉义利观必将得到最广大人民的拥护和支持，这是实现清廉、增益民利的最深厚的基础和力量源泉。

4.实践复杂性。俗话说，知易行难。清廉义利观的实践复杂性是指与思想上

---

① 《道德经》第十八章

② 《论语·述而》

③ 《孟子·梁惠王上》

④ 《墨子·经上》

⑤ 《汉书·董仲舒传》

⑥ 《四书正误》卷一

⑦ 赵璐.中国近代义利观研究.北京：中国社会科学出版社，2007.

认同清廉义利观相比，在社会实践中长期践行清廉义利观就比较复杂、也相对难一些。主要在于一些具有个人主义倾向的人，一些对金钱、权利、美色等诱惑缺乏应有"免疫力"的人，在制度、体制存在漏洞，法治不完善、人治色彩浓厚，以及社会环境中负面因素及剥削阶级腐朽思想影响下，受自身私欲膨胀的驱使，背弃清廉义利观，被动或主动滑向污浊、邪恶、贪腐、阴暗的泥潭，也就成为难以完全避免的事了。清廉义利观的实践复杂性决定了在全社会倡导和践行清廉义利观不可能一蹴而就，必须坚持上下同心、以上率下、常抓抓长，持之以恒，久久为功。

二、清廉与义利的关系

清廉与义的关系：清廉寓于义，义中含清廉。清廉是义的题中应有之意，不存在无清廉之义；清廉又内在的包含有义的内容，也不存在无义之清廉。清廉与义相互包含，水乳交融，密不可分。清廉因义而增辉，义因清廉而升华。

清廉与利的关系：清廉与利是对立统一的，一方面，清廉与不义之利是对立的，双方水火不容；另一方面，清廉与合义之利是相容和统一的，互为对方存在的条件。

总之，倡导和践行清廉是正确认识和处理义利关系的必要前提，而正确认识和处理义利关系则是倡导和践行清廉的重要表现。

三、彰义增利唯清廉

崇尚和践行清廉是崇德尚义而避乱的重要体现，也是增民之利而避祸的正确选择。古今中外无数历史事实反复证明：清廉是彰正义、增民利、兴民族、强国家的必要条件。个人清廉则保平安，促进步；社会清廉则保和谐，促发展；国家清廉则保安泰，促强盛。清廉蔚然成风则党风、政风、民风就端正、淳朴、向上。倡清廉则民气顺，民气顺则人心齐，人心齐则力量聚，力量聚则事业兴，事业兴则民富安，民富安则国强盛，国强盛则天下平（和平）。

如果背弃清廉，物欲横流，邪气横生，贪腐横行，则必因失掉民心，而招致人亡政息的悲剧，这是不以人的意志为转移的铁律。中国近代被动挨打的历史教训是十分惨痛的，永远不可忘记！

如何实现彰义增利呢？实现彰义增利必须坚持以清廉为原则，深刻认识和正确处理义利关系。义利观的核心是如何处理义利关系，义利关系的实质是人们认识和处理"人"（主体）与"利"（客体）之关系是否具有正当性即是否符合"义"的问题。因此，认识和处理义利关系，一要考虑人的需要和欲求是否正当、合"义"，合理正当的需要是推动社会进步的动力，而不当欲求，尤其是贪欲是造成社会不公、妨碍社会进步的阻力，这就需要通过修身，节制不当欲望，尤其是节制贪欲，摒弃和防范极端个人主义的熏染；二要考虑当人的需要和欲求正当时，而能够满足其需要和欲求的特定的“利”是否应该用以满足其需要和欲求，这就需要人们尚德明智，学会选择，懂得放弃，该属于自己的合义之“利”，要敢于并善于争取，不该属于自己的背义之“利”，不可奢求妄索；三要考虑如果特定的“利”应该用以满足人的需要和欲求，其需要和欲求得以满足的方式方法是否具有正当性、合法性，这就需要对符合义的利益，要用符合义的方式方法去争取，不违背道德良俗，不违背党纪国法，只有这样才能趋吉避害，实现彰义与增利的辩证统一。

总之，只有坚持清廉义利观，才能真正实现彰义增利。而合理、正当的需要欲求，合理、正当的利益选择，合理、正当的利益实现方式是践行清廉义利观的必然要求。

【解疑释惑】

有些人认为：“社会上一些人虽不清廉，但由于‘脑子活，会办事’，不仅日子过得红火，甚至有的还入仕提拔节节高，荣华富贵尽享，因此，清廉只是说给别人听的，现实社会中往往谁清廉谁吃亏。”请问：你对此有何看法？

现实生活中，确实存在“拉关系、走后门，搞权钱、权权、权色、权黑交易”现象，并被一些人美其名曰：“脑子活，会办事”，也确实有一些人通过所谓的“脑子活，会办事”方式，个人小日子过得红红火火，甚至有的还入仕提拔，步步高升，尽享荣华富贵。

“拉关系、走后门”是不正之风的表现，“搞权钱、权权、权色、权黑交易”是贪腐的表现。如果把搞不正之风和贪腐视为“脑子活，会办事”，要么是对“脑子活，会办事”内涵的曲解或偷换概念，要么是拿“脑子活，会办事”作为搞不正之风和贪腐的遮羞布。一些人热衷于搞不正之风和贪腐，甚至在一定时期和一定程度上达到了左右逢源、呼风唤雨、名利通吃、权色双收的“天上人间”境界，有的逐步成为既得利益者或既得利益集团的一分子，有的逐渐蜕化变质，成为与人民为敌的“苍蝇”或“老虎”。站在这些人的立场上，把搞不正之风和贪腐说成是“脑子活，会办事”，把清廉说成“不近人情”“迂腐”“傻子”，也就不足为怪了。而站在党和人民的立场上，搞不正之风和贪腐根本不是什么“脑子活，会办事”，而是利欲熏心、见利忘义的行为，是违纪违法、误国害民的行径。针对出现的各种不正之风和贪腐问题，王岐山严肃指出：“有的地方政治生态恶化，干部被“围猎”，权权交易、权钱交易、权色交易，搞利益输送，遏制腐败蔓延的任务仍然艰巨。”①

① 王岐山.依法治国 依规治党 坚定不移推进党风廉政建设和反腐败斗争（在中国共产党第十八届中央纪律检查委员会第五次全体会议上的工作报告 2015 年 1 月 12 日）[EB/OL].(2015-01-29)[2015-04-20].http://news.xinhuanet.com/politics/2015-01/29/c_1114183996.htm

不正之风和贪腐，虽然使少部分人获得一时不义之利，但是，对人民、对国家、对社会、对执政党的危害是极其严重的，甚至是致命伤害。任由不正之风和贪腐蔓延，必将导致亡党亡国。不正之风和贪腐现象的滋生蔓延有其复杂的主、客观原因。例如，极端个人主义导致的私欲膨胀与贪腐义利观驱使下的见利忘义、重利害义、唯利是图、损人利己、损公肥私的相互交织，崇高科学理想信念的动摇、丧失或缺失，金钱、权力、美色等诱惑下操守的放弃，教育的空泛、监督的乏力、制度的漏洞，一些部门和地方政治生态的恶化，剥削阶级腐朽思想的侵蚀，等诸多因素的共同作用下，使不正之风和贪腐现象屡禁不止。

党的十八大以来，以习近平为核心的党中央以高度的历史责任感和使命感，以猛药去疴、重典治乱的决心，以刮骨疗毒、壮士断腕的勇气，领导开展了反对“四风”行动和“打虎”“拍蝇”“猎狐”“天网”等一系列反腐败斗争，坚持无禁区、全覆盖、零容忍，坚持重遏制、强高压、长震慑，坚持受贿行贿一起查，严肃查处了一批腐败分子，努力营造不敢腐、不能腐、不想腐的政治氛围。在短短五年时间里，“经党中央批准立案审查的省军级以上党员干部及其他中管干部 440 人。其中，十八届中央委员、候补委员 43 人，中央纪委委员 9 人。全国纪检监察机关共接受信访举报 1 218.6 万件（次），处置问题线索 267.4 万件，立案 154.5 万件，处分 153.7 万人，其中厅局级干部 8 900 余人，县处级干部 6.3 万人，涉嫌犯罪被移送司法机关处理 5.8 万人。”[①]

党风廉政建设和反腐败斗争事关党和国家生死存亡，具有长期性、复杂性和艰巨性特点，是一场输不起的斗争。要赢得这场斗争的胜利，需要坚持和完善党的领导、坚持走群众路线，需要标本兼治、多管齐下，需要德治、法治、改革有机结合。随着党风廉政建设和反腐败斗争的深入，随着“法治中国”建设的不断推进，靠搞不正之风过日子的人必将风光不再，靠搞权钱、权权、权色、权黑交易而发家腾达的人必将受到查处和正义的审判。伴随“石油帮”“秘书帮”“山西帮”等一批批腐败分子的落网，已经并将继续验证“手莫伸，伸手必被捉”[②]的忠告，伴随长期作恶多端的四川首富刘汉、刘维等“黑金帝国”头头及其成员的伏法，已经并将继续验证“多行不义必自毙”的古训，伴随基层百姓痛恨、厌恶的一群群“苍蝇”的覆灭，已经并将继续验证“善有善报，恶有恶报，不是不报，时候未到，时候一到，一切全报”的俗语。人民是历史的创造者，是真正的英雄。任何背叛人民、与人民为敌的“老虎”和“苍

① 十八届中央纪律检查委员会.向中国共产党第十九次全国代表大会的工作报告[EB/OL].(2017-10-29)[2018-01-20].http://cpc.people.com.cn/19th/n1/2017/1029/c414305-29615051.html

② 陈毅.七古·手莫伸//感事书怀·之四

蝇”,终将受到人民的唾弃或历史的审判!因此,建立在违纪违法基础上的荣华富贵,建立在损害人民利益基础上的个人幸福大厦,无论多么煞费苦心、机关算尽,终归是不长久的;无论多么珍视和不舍,终归化为“竹篮提水一场空”,甚至化为“作茧自缚”的枷锁和埋葬自身的坟墓。

坚定站在人民利益高于一切的立场上,正确处理个人、集体、国家三者之间的关系,而不是仅仅从个人、家庭、小集团或帮派的狭隘私利出发,真正学习清廉、自觉践行清廉,牢固树立清廉义利观,不但是趋吉避祸、创造有价值人生的智慧抉择,而且是实现个人自由全面可持续发展的必然选择,更是服务人民、报效祖国的必然要求。实现全面建成小康社会目标和中华民族伟大复兴的中国梦,需要无数爱国敬业、乐于奉献、甘于吃亏的清廉之士为之不懈奋斗。因此,为了中华民族的美好未来,清廉不应是只说不做的空洞口号,而应成为一种必不可少的人生智慧、优秀品质、良好习惯和生活方式,成为有机融入自身血液的不可或缺的珍贵元素和特质,成为能够代代相传的红色优良“基因”。

【案例分析】

案例呈现:见利尚义,诚信为本①

湖南省临湘市十三村食品有限公司经理李国武常说:“做人要讲良心、讲诚信,我一辈子痛恨假冒伪劣、拒假反假。”他不惜花巨资收假购假再销毁,他凭良心办厂,用道德自律,始终把食品安全放在首位。

1993 年,刚下岗的李国武用借来的 2 000 元,在临湘市长安镇开了一家不足 10 平方米的小食品店。开店不久,李国武发现,因为采购员贪图便宜,自己店里出现了一些“三无”产品。他当即将采购员开除,并连夜将这批“三无”产品全部销毁。第二天,他贴出公告,承诺凡在他店里购买的不合格产品全部原价收回。不仅如此,他还花钱在电视台打广告,收购消费者从其他商店买来的假冒伪劣产品。广告一出,送假货的人蜂拥而至,仅一个上午,李国武就收购了数千元假货。在众人的见证下,他将收购来的 3.5 吨假货用 15 辆三轮车送至垃圾场焚毁。

2005 年,李国武从国有企业接过破产的十三村酱菜厂,开始涉足食品加工业。当时,有些食品企业使用假冒不合格原料和辅料加工牟取暴利,每天他都能接到数十个推销电话,都被他断然拒绝。为降低成本,生产厂长和采购经理曾计划改用价

① 中国文明网. 李国武[EB/OL].(2013-09-26)[2015-04-20]. http://www.wenming.cn/ddmf_296/dsjpxbz/mdfe/qgddmf_4th_list/cssx/201309/t20130925_1489952.shtml

格便宜近一半的地沟油。当他们拿着新出的样品找李国武试吃时，李国武没吃出任何问题，却在索要“三证一检”时发现了猫腻。他二话没说，将样品和这批地沟油一同焚毁。一次，十三村研究新工艺出现菌类少量超标，李国武下令将220大坛价值18万元的豆瓣酱全部销毁。

2011年，媒体曝出外地多个产品塑化剂超标。李国武主动将十三村所有产品抽样报送省质监局检测。在三项主要检测指标都合格的情况下，他还是不放心，又对其余18个指标也一并检测，并要求将生产环节上所有塑料容器全部换成不锈钢。虽然增加了成本，但李国武认为这样才踏实。20年来，他主动焚烧销毁假冒、不达标产品和原材料20多次，焚毁总价值超过85万元，放弃潜在利润高达600多万元。

“做食品行当的，做的都是良心活，昧良心的钱，我不能赚！”不论是卖食品还是做食品，他始终自觉将质量和安全放在第一位。只要是与他的个人道德标准相违背的行业潜规则，他都会自觉抵制。李国武对诚信的坚守，换来的不仅是员工的敬重崇拜，还有事业的腾飞。他的诚信经营理念也随着事业的发展不断对外辐射扩散。“食品安全，既要有国家标准、国际标准，更应该有一个道德标准！”李国武说，“食品安全这条路还很长，但我愿意一辈子去坚守。”

李国武荣获全国“五一”劳动奖章、全国道德模范提名奖等荣誉称号。

案例分析

李国武是践行清廉义利观、坚持诚信经营的典型代表和楷模，值得尊敬和学习！

李国武之所以能够坚持诚信经营，不赚昧良心的钱，始终把食品安全放在首位，就是因为他树立并坚持了清廉义利观，在处理义利关系时，坚决反对见利忘义、唯利是图，做到见利思义 ，义利统一 。在社会主义市场经济条件下，经营企业，追求经济效益，是天经地义的，但前提是企业必须诚信经营、合法经营，不能只顾赚钱而不讲道义、违法乱纪、坑害群众。任何企业经营者在追求经济效益的同时，都不能忘记企业所肩负的社会责任，要坚持经济效益与社会效益的统一。如果只讲赚钱、不讲良心，只讲经济效益、不讲社会效益，甚至为了一己之私利，不惜制售假冒伪劣产品，就必然损害广大消费者的利益，破坏社会主义市场经济秩序，迟早要受到法律制裁。因此，像李国武那样，见利尚义，诚信为本，守法经营，才是正道，才是谋求长远发展、可持续发展的智慧选择。

【小资料】

尚大义为民谋利，践清廉始终如一——优秀共产党员杨善洲的事迹

杨善洲（1927—2010年），男，汉族，云南省保山市施甸县姚关镇人，1927年1月生，1951年5月参加工作，1952年11月加入中国共产党。杨善洲同志是中共云南省委第二、第三、第四届省委委员，云南省第五、第六届人大代表，第六届人大常委会委员，1988年6月退休。曾获云南省“优秀共产党员”“全国敬业奉献模范”“全国环境保护杰出贡献者”“2011年感动中国十大人物”等光荣称号。

杨善洲同志像

杨善洲同志1951年参加革命工作，历任施甸区、县主要领导，担任保山地委领导近20年，工作37年来，始终保持艰苦朴素的本色，廉洁奉公、全心为民，勤奋工作，为保山经济社会发展做出了突出贡献。1988年6月退休以后，他主动放弃进省城安享晚年的机会，扎根施甸县大亮山兴办林场。开始办林场那几年困难很大，但是杨善洲艰苦奋斗，尽量少花钱多办事。没有钱盖房子就花7000多元钱盖油毛毡房40多个，一住就是8年，有三个职工住了9年半才出去。没有钱购买农具，就地取材自己动手，办公桌、板凳、床铺都是自己动手做的，晚上照明没有电，每人买一盏马灯。1999年11月，手提砍刀给树修枝时，杨善洲不幸踩着青苔滑倒，左腿粉碎性骨折，但半年后他又拄着拐杖执意爬上了大亮山。就这样，一干便是22个春秋，带领大家植树造林5.6万亩，林场林木覆盖率达87%以上。把昔日的荒山秃岭变成了今朝生机勃勃的绿色天地，使当地恶劣的自然环境得到明显改善。同时，坚持以林养林，进行了龙眼水果基地、茶叶基地、茶叶精制厂等多种经营项目建设，大亮山林场的家业不断扩大、经济效益也逐步提高。

杨善洲虽然是大亮山林场的义务承包人，但他并没有从林场拿钱。最初的几年里，林场只给他补贴70元伙食费，后来调到了100元。不仅不要钱，杨善洲还经常要给林场贴钱。2009年4月，杨善洲将活立木蓄积量价值超过3亿元的大亮山林场经营管理权无偿移交给国家。不仅如此，他还带领群众修建了18千米的林区公路，架设了4千米的输电线路，使深居大亮山的村寨农户，通电通路。

1975年夏天，家里的房子因年久失修，每逢下雨便到处漏雨，全家老小实在无法居住，妻子张玉珍专程跑去找杨善洲拿点钱给家里修房子，杨善洲掏出身上仅有

的30元钱交给妻子，说："你先拿这30元钱回去，买几个瓦盆接一下漏，暂时艰苦一下。"张玉珍接过30元钱，含着泪水回到了老家……他的老伴坐过4次林场的吉普车，他为此交了370元的汽油钱。他说："车子是办公用的，不是接送家属子女的。虽然不在岗位了，但原则还是要坚持。"

2010年5月5日，杨善洲将保山市奖给他的20万元奖金的一半捐给保山一中，6万元捐给大亮山林场，另外4万元留给了与自己相伴一生而又无怨无悔的老伴，这是他留给家人的唯一的财产。

杨善洲同志于2010年10月10日因病医治无效逝世，享年83岁。

【知与行】

从以下两个题目中任选一个：

1.请利用课余时间，以集体宿舍为单位，在网上观看电影《杨善洲》，之后每人写一篇观后感，或利用课外时间，组织一个小型座谈会，谈一谈自己学习杨善洲事迹的感想和体会并做好记录。

2.请登录中共中央纪律检查委员会和中华人民共和国监察部官方网站(http://www.ccdi.gov.cn/)，了解党风廉政建设和反腐败斗争进展情况。阅读"忏悔与剖析"栏目并谈谈其对自己人生发展的启示和教育意义。

第三节　福祸相依

【基本理论】

一、清廉幸福观的内涵和特点

（一）幸福观的内涵与分类

自古以来，人们就不断追求幸福，从某种意义来说，一部人类史就是人类追求幸福的历史，幸福是人类追求的终极目标。虽然，人人追求幸福，但由于人们所处的时代和社会历史环境不同，尤其是所处的生产关系、社会地位（在阶级社会中的阶级地位）不同，个人生活境况不同，加上自身德行、才智、禀赋等素质不同，人们对幸福的看法和理解也就不同。一般来说，所谓幸福，就是处于一定社会经济政治文化关系和历史环境的人们，在改造客观世界和主观世界的社会实践中，由于感受和理解到对人生有重要意义的需要、欲望、目标或理想得以实现而产生的精神上的满足或愉悦的心理体验。

幸福观就是人们对什么是幸福以及如何实现幸福等幸福问题的根本观点和思想。幸福观是人生观在幸福问题上的特殊表现，是人生观的重要组成部分。幸福观因人因时因事而异，也就是说，不同的人生价值追求、不同的时代、不同的社会环境、不同的阶级或阶层，其幸福观也各不相同。

幸福观有多种不同类型，例如，按幸福主体不同分，有个人幸福观、家庭幸福观、组织或团体幸福观、社会幸福观、人民幸福观、人类幸福观等；按阶级属性不同分，有剥削阶级（奴隶主阶级、封建地主阶级、资产阶级）幸福观和劳动人民幸福观等（拜金主义幸福观、享乐主义幸福观、个人主义幸福观属于剥削阶级幸福观，而为人民服务的集体主义幸福观属于工人阶级和劳动人民幸福观）；按对幸福结构的不同理解分，有主观主义幸福观和客观主义幸福观；按对幸福内容的不同理解分，有唯心主义幸福观和唯物主义（包括机械唯物主义、辩证唯物主义）幸福观；按对幸福途径的不同理解分，有劳动创造幸福观、不劳而获幸福观、巧取豪夺幸福观等；按幸福主体素质和求福方式不同分，有清廉幸福观和贪腐幸福观等。此外，还有形而上学幸福观和唯物辩证幸福观之分，追求自身或同代人幸福的幸福观和追求利于后代人幸福的幸福观之别，追求长久幸福的幸福观（可持续幸福观）和追求暂时幸福的幸福观（不可持续幸福观）之异，追求现世幸福的幸福观和追求来世幸福的幸福观（宗教幸福观）之辨，等等。

（二）清廉幸福观的内涵和特点

清廉幸福观是人们在实践中形成的以清廉为原则认识和处理幸福问题的根本观点和思想。

清廉幸福观主要有以下几个特点：

1.幸福要素的多元性。清廉幸福观认为，幸福要素具有多维、多元的特点，幸福要素既包括客观内容，也包括主观心理感受和体验，是主观与客观的统一；幸福要素既包括物质的、政治的、精神的内容，也包括人际的、生态的元素，幸福是多元多维之要素按一定比例和结构聚合而成的统一体。因此，清廉幸福观反对把幸福理解为单纯的感官享受和个人私欲的满足之片面性倾向，反对忽视甚至放弃高尚精神追求的物质主义和享乐主义。

2.幸福途径的正当性。清廉幸福观主张，要通过诚实劳动、合法经营、创新创造、科学管理、敬业奉献等具有正当性或正义性的途径来追求和实现幸福，反对不劳而获的剥削阶级寄生思想，把创造幸福和享受幸福有机结合起来。

3.幸福手段的合规性。清廉幸福观强调，要通过符合道德规范和法律规范的手段即合规性手段来实现幸福，反对唯利是图、不择手段的违规行为。尤其是，反对把权权交易、权钱交易、权色交易、权黑交易、弱肉强食、巧取豪夺、横征暴敛、尔虞我诈等缺德违法行为作为谋取幸福的手段。

4.幸福时限的长久性。清廉幸福观认为，要正确把握幸福久暂的关系，着眼大局、着眼长远，未雨绸缪，不因贪图眼前、现时、现世的所谓快乐而放弃或牺牲长久幸福，即重视追求幸福时限的长久性。因此，清廉幸福观反对“今日有酒今日醉”的颓废主义行为，反对只顾眼前快乐、不顾长远幸福的短视行为，反对只顾现时、现世享乐，不顾子孙后代幸福的不负责任行为，反对只顾满足物质欲望而破坏美丽家园、牺牲人们的生态幸福之行为。

5. 幸福果实的共享性。清廉幸福观主张，要把个人幸福、家庭幸福与社会幸福结合起来，社会幸福果实不应由少数人所得而私，而应该使民众共享，幸福果实的共享性是清廉幸福观的重要价值取向，反对只顾个人、家庭或小团体的利益和享乐而不顾社会整体利益和人民幸福，甚至损害社会整体利益和人民幸福的极端个人主义行为。

二、清廉与幸福的关系

由于幸福是一定时期的主观和客观多种复杂因素共同作用下而生成的，因此，清廉与幸福的关系就不是简单的线性的直接因果对应的关系，而是复杂的非线性的相关关系。尽管如此，从历史长远、战略全局或宏观视角来看，从促进整个社会进步和可持续发展的维度来说，从维护好、发展好最广大人民的根本利益的立场来谈，清廉是人民幸福的“护身符”和必要条件，人民幸福是清廉的出发点和终极目标。

清廉犹如阳光雨露，照耀着、滋润着人民幸福之树茁壮成长、繁花似锦、硕果累累，清廉宛若辛勤的园丁和机警的护林员管理和守护着人民幸福之树，促其枝繁叶茂、免受伤害。如果放弃清正廉明，“污浊、邪恶、贪腐、阴暗”就会相互勾连交织在一起像残酷无情的病虫害一样使人民幸福之树备受伤害摧残直至凋零、枯萎和死亡。在全社会倡导和践行清廉，才能使人民幸福之树穿上“防弹衣”、带上“护身符”而减免伤害，才能使人民幸福之树在阳光充裕、土壤肥沃、水量充沛、养分适宜、管理科学的条件下健康成长。清廉作为一种理念或思想、一种行为方式或生活习惯、一种社会实践，其本身不具有终极目的之属性，清廉的出发点和归宿应该是也必然是幸福（虚假的清廉除外）。从历史到现实，无论是为了实现个人、家庭幸福，或为了维护本阶级的长远利益或根本利益以实现阶级幸福，还是提升精神境界为了实现社会幸福，倡导和践行清廉在客观上均有利于社会和谐进步和人民大众的福祉。

三、清正廉明幸福长

我国春秋时代的著名思想家老子认为:“祸兮福之所倚,福兮祸之所伏。”[①]这说明自古人们就十分重视灾祸与幸福的内在联系及其相互转化的关系,老子关于祸福的言论充满了朴素辩证法思想,对生活在当今时代的人们仍具有重要启示意义。祸福转化的实例在实际生活中确实存在,有的人因祸得福,有的人因福招祸。减少灾祸、增益福祉,消除灾难、实现幸福,是人类永恒的追求。由于现实中具体的人以及人生活其中的社会历史环境所具有的复杂性,祸福转化并非总如人愿,因为祸福转化受到主观和客观多种复杂因素的影响和制约。尽管如此,人们从未放弃避祸趋福的追求,并在长期社会实践中总结出一些带规律性的认识,其中,关于清廉与幸福的相关关系之认识就是重要的规律性认识之一。个人、家庭、组织、社会、政府、国家等是否清正廉明,在很大程度上影响和制约着福祸转化。

如何在更大程度上避免、减少或消除人为的灾祸、不幸、苦难或昙花一现的所谓幸福,实现人民真正长久的、更大的幸福呢?倡导和践行清廉幸福观至关重要。具体来说,第一,要克服对幸福内容理解的片面性,坚持物质幸福、政治幸福、精神幸福相结合,人际幸福与生态幸福相协调,节制不当物欲或日益膨胀的私欲,提升精神境界,追求幸福内容诸要素的和谐共生。第二,要克服对幸福途径、手段的错误理解,防止和纠正把个人幸福建立在损害他人、社会或国家利益基础之上的行为,坚持通过辛勤而诚实的劳动、持续而利民的创新创造、合法而增益的经营管理等正确途径和手段创造幸福生活,尤其要推动“大众创业”“万众创新”,建设创新型国家,为实现整个社会可持续幸福提供强大动力。第三,要克服幸福成果分配上的错误认识和做法,把个人幸福与社会整体幸福结合起来,“勇于突破利益固化的藩篱”,[②]“坚持无禁区、全覆盖、零容忍,严肃查处腐败分子”[③],全面推进依法治国,严厉打击各种违法犯罪活动,维护社会公平正义,为实现人民共同幸福创造良好环境和条件。第四,要克服不思进取,脱离实际,追求奢华,盲目攀比,以及怨天尤人,牢骚满腹,“生在福中不知福”等错误倾向,加强学习修养和实践磨砺,不断提高幸福能力,包括创造幸福的能力、感受幸福的能力、分享幸福的能力、维护幸福的能力等,在逆境中不灰心、不泄气,在顺境中不浮躁、不懈怠,在劳动与创新创造的奋斗

---

① 《老子》第五十八章

② 钟良.突破利益固化藩篱[EB/OL].(2012-12-12)[2015-04-20]. http://news.hexun.com/2012-12-12/148922265.html

③ 习近平.深化改革 巩固成果 积极拓展 不断把反腐败斗争引向深入[EB/OL].(2015-01-13)[2015-04-20]. http://www.ccdi.gov.cn/xwtt/201501/t20150113_50085.html

中催生幸福之树开花结果。

【解疑释惑】

有人认为:“财富和权势是幸福的尺度”。对此,你有何看法?

关于幸福的尺度问题,可谓众说纷纭。要把握幸福的尺度,首先要理解何谓幸福,幸福是否可以衡量,如果幸福可以衡量,其衡量的依据及其标准、尺度究竟是什么。不同的时代,或同一时代的不同的人,由于其所处的社会物质生活条件、个人的社会地位、职业、受教育程度、道德境界、个人追求等的不同,对幸福、幸福衡量、幸福尺度等问题的理解也就不同,有时甚至是大相径庭,于是人们在社会实践中追求幸福就呈现出多姿多彩的样态。

何为“幸福”? 如前所述,“一般来说,所谓幸福,就是处于一定社会经济政治文化关系和历史环境的人们,在改造客观世界和主观世界的社会实践中,由于感受和理解到对人生有重要意义的需要、欲望、目标或理想得以实现而产生的精神上的满足或愉悦的心理体验。”由于人们既有物质、精神和政治方面的需要、欲望、目标或理想,也有人际、生态、健康等诸多方面的需要、欲望、目标或理想,因此,幸福的客观内容具有多元性、多维性和丰富性的特点;同时,每一个方面(如物质方面)的需要、欲望、目标或理想,也有不同的层次,因此,幸福的内容还具有层次性特点。从系统论的视角分析,幸福是由多种要素,包括客观方面的诸要素和主观要素(精神上的满足或愉悦的心理体验)按一定结构聚合而成的有机系统。幸福是客观性(对人生有重要意义的需要、欲望、目标或理想得以实现)与主观性(精神上的满足或愉悦的心理体验)的辩证统一。

幸福衡量何以可能? 幸福的客观内容是“对人生有重要意义的需要、欲望、目标或理想得以实现”,无论是“实现”“部分实现”,还是“没有实现”,这些都是可以衡量的,比如,一个青年有考大学的需要或目标,考上了,说明对人生有重要意义的“考大学”的需要或目标得以实现,这是确定的。但是,对“考大学”的需要或目标得以实现的主观感受、心理体验,则因人而异,难以确定,有的可能欣喜若狂,有的可能一般高兴,有的甚至还很沮丧(自认为没有考上心目中更好的大学),这与每个人的欲望强度、感受幸福的能力不同有关。尽管“对某一需要或目标得以实现的主观感受、心理体验”因人而异、难以确定,但就某一个人来说,当他(她)感受或理解到自己的某一需要或目标得以实现而产生的精神上的满足或愉悦的心理体验之程度,在一定时空条件下,则是具有某种确定性的。这说明衡量幸福不是一件容易的事情,具有复杂性。幸福衡量既具有确定性,又具有不确定性,是确定性和不确定性的辩证统一,这是由“幸福是客观性与主观性的辩证统一”原理所决定的。幸福衡量的确定性决定了幸福衡量的客观尺度，而幸福衡量的不确定性决定了幸福衡量的主观尺度，因此，幸福衡量的尺度是客观尺度与主观尺度的辩证统一，其中，客观尺度是具体的、综合性的，主观尺度则是抽象的、单一性的。

根据上述分析，不难发现“财富和权势是幸福的尺度”的思想观点是不科学的。原因在于：

“财富和权势是幸福的尺度”之观点具有片面性。一是只把“财富”和“权势”当作幸福的尺度，忽视了幸福之客观尺度的综合性，“财富”属于物质幸福方面的内容，“权势”属于政治幸福方面的内容，除此之外，一个正常和健全的人，其精神、人际、生态、健康等方面的幸福内容也是不应忽视的。很难设想，一个拥有大量财富的人，当其健康每况愈下，直至病入膏肓时能有多么幸福，也很难想象，一个拥有权势的人，当其生活在雾霾蔽日、污水环绕、恶臭熏人的环境中之时能有多么幸福，同样，当具备财富和权势，而精神上空虚、抑郁、悲观、失望，人际上钩心斗角、尔虞我诈、相互倾轧、众叛亲离时能有多么幸福。近年来，一些老板、企业家和官员以自杀的极端方式结束生命，一再证明财富和权势或许是一些人幸福的元素，但绝不是幸福的尺度。“据北京心理危机研究与干预中心报告，1980 年以来，中国已有 1 200 多名企业家自杀或因其他方式非正常死亡，这个不祥的数字还在增加。绝大多数企业家的非正常死亡，对企业、家庭、社会造成了极大影响。”①“来自媒体的一项不完全统计显示：2003 年 8 月底至 2014 年 4 月初，被各级官方认定为自杀的官员有 112 人，其中省部级官员 8 人，厅级 22 人，处级 30 人，处级以下 52 人。”②二是只把“财富”和“权势”当作幸福的尺度，忽视了幸福的主观尺度。拥有“财富”和“权势”未必能使人得到愉悦的心理体现，因为，每个人的需要、欲望、追求是不一样的。马克思曾说：“那些为大多数人带来幸福的人是最幸福的人”。罗佐夫则认为：“人在履行职责中得到幸福。”吴运铎感觉“即使自己变成了一撮泥土，只要它是铺在通往真理的大道上，让自己的伙伴们大踏步地冲过去，也是最大的幸福。”徐特立认为：“一个人有了远大的理想，就是在最艰难的时候，也会感到幸福。”

“财富和权势是幸福的尺度”之观点具有误导性。一是“财富和权势是幸福的尺度”之思想观点的传播，导致一些人把“有钱有权”等同于幸福，甚至认为“钱越多，权越大，就越幸福”，一些人因此而跌入拜金主义和拜权主义泥潭。二是“财富

① 人民网.中国企业家非正常死亡舆情报告[EB/OL].(2012-05-21)[2015-04-20].http://yuqing.people.com.cn/GB/210123/17939406.html

② 中国新闻网.盘点10年间自杀官员：多达112人 省部级官员8人[EB/OL].(2015-04-18)[2015-04-20].http://news.xinhuanet.com/legal/2015-04/18/c_127705140.htm

和权势是幸福的尺度”，没有说明“财富和权势”是怎么取得的，是否合法、合理。实现幸福的途径和方式只能是诚实劳动创造、合法经营管理。如果财富和权势的获得是非法的，那么财富和权势不仅不是幸福的尺度，而且会变成幸福的“杀手”。一些被“财富和权势是幸福的尺度”误导的官员，把升官发财作为人生追求，有的贪污受贿动辄几十万，甚至上百万，过千万；有的买官卖官，边腐边升，甚至一路飙升，官拜副国级。这些人在“财富和权势是幸福的尺度”的误导下，是非不分、违法乱纪，逐步走上了与人民为敌的贪腐道路，其豪夺的“财富”变为危害人民、危害国家的犯罪铁证，其攫取的“权势”成为埋葬自己政治生命的墓穴，何谈幸福？周永康、徐才厚、苏荣、令计划等大“老虎”的落马，生动诠释了“财富和权势是幸福的尺度”之思想观点的误导性。一些贪官，即使暂时没有被发现、被查出，甚至逃到国外，在法治中国建设不断推进，铁腕反腐不断深入，“猎狐”“天网”等国际追逃行动不断发力的背景下，提心吊胆，甚至惶惶不可终日，又有何幸福可言？

总之，“财富和权势是幸福的尺度”是机械唯物主义和形而上学在幸福尺度问题上的观点，不符合唯物辩证法的基本原理，在思想上犯了片面性、机械性、误导性错误，在社会实践中也是十分有害的。因此，在幸福尺度问题上，必须旗帜鲜明地坚持和宣传马克思主义幸福观，反对和批判机械唯物主义和形而上学的幸福观，反对和批判一切剥削阶级的腐朽幸福观。

【案例分析】

案例呈现：黑恶伏法 正义终至——写在刘汉、刘维等五人死刑执行之际①

从2013年初对刘汉黑恶组织开始围剿，到2015年2月9日刘汉等被执行死刑，这起特大黑社会性质组织犯罪的侦查、起诉、一审、二审、死刑复核等工作，前后历时两年多。黑恶伏法，正义终至。这标志着刘汉特大黑社会性质组织的彻底覆灭，也充分彰显中央依法治国、打黑除恶的坚定信念和坚强决心。

经过法庭审理，刘汉等血腥掠夺、敛取黑金的累累恶行被公之于众：笼络豢养“打手队伍”长期为非作恶，制造多起命案造成8人死亡；垄断当地赌博游戏机等行业，以商养黑、以黑护商；不仅获得“政协常委”“奥运火炬手”等政治光环，还频频以金钱铺路拉拢官员。

---

① 新华社．黑恶伏法 正义终至——写在刘汉刘维等五人死刑执行之际[EB/OL]．(2015-02-10)[2015-04-20]．http://news.xinhuanet.com/legal/2015-02/10/c_127476557.htm

据办案人员介绍，刘汉特大黑社会性质组织拥有数十名积极参与者，20 支各类枪支和大量刀具，可支配资产上百亿元。其涉案人数之众，组织分工之严密、作案手段之凶残、敛财方式之猖獗，很多情景“在黑帮电影中才会出现”。

最高人民法院复核认为：刘汉组织、领导黑社会性质组织、参与实施故意杀人犯罪，犯罪性质极其恶劣，主观恶性极深，后果和罪行极其严重，且拒不认罪、悔罪，应依法惩处并数罪并罚……

庭审现场

刘汉等被执行死刑后，一些受害家庭闻讯倍感慰藉。四川彭州居民周厚蓉曾出庭指证刘维指使杀害其弟周政。周厚蓉说：“羊年来临前刘汉刘维被执行死刑的消息，不仅弟弟能在地下瞑目，一家人也能安心过个像样的春节”。

自 20 世纪 90 年代起，刘汉开办的企业在绵阳市游仙区小岛村开发房地产，因拆迁补偿等问题与村民发生激烈冲突。小岛村民表示，刘汉、刘维被执行死刑，一方面印证“恶有恶报”；另一方面说明，无论多么猖狂，只要触犯法律，与人民为敌，终将受到法律的严惩。

刘汉最后说：“希望我的案子让世人警醒。”黑恶最终伏法、各界拍手称快的背后，刘汉特大黑社会性质组织案也给人留下深深的思考。

“认为‘钱权关系大于法’，追崇暴力文化，崇尚‘丛林法则’。”据办案人员介绍，长期以来，刘汉等在“白道”上能量异常，在“黑道”上呼风唤雨，让组织成员眼中没有法律概念，只有“哥老倌”的命令。

相关业内人士指出，刘汉等横行 20 多年，背后折射当前个别地方法治建设中，存在的法治建设“缺钙”、法治信仰“缺氧”、公权约束“缺铁”等问题，成为不法分子搞钱权交易、红黑勾结等社会“毒瘤”滋生的土壤。

业内专家指出，刘汉案也警示，当前改革已经进入攻坚期、深水区，唯有加快推进法治建设，完善法治体系，才能从根本上防止“特殊公民”再次出现；唯有运用法治思维和法治手段，才能努力实现让人民群众在每一个司法案件中都感受到公平正义。

案例分析

刘汉等被执行死刑，标志着以刘汉、刘维兄弟等为首的特大黑社会性质组织的彻底覆灭，标志着刘汉、刘维等煞费苦心、经营20多年的“黑金帝国”的彻底崩塌。刘汉等在追求个人及家族幸福、小集团幸福的过程中，选择了血腥暴力、巧取豪夺、官商黑勾结的缺德途径和非法手段，疯狂而贪婪地攫取各种不义之利，把个人、家庭或小集团的幸福建立在他人痛苦之上，建立在祸害人民、危害社会之上，其所作所为，与清廉幸福观背道而驰。

刘汉等构筑的“幸福大厦”，无论曾经多么辉煌耀眼，无论有多少变节官员为之张目，无论其“块头”多么不可一世，无论持续多久，终归难逃崩塌的命运，其根本原因在于刘汉等建立的“幸福大厦”的根基选错了地方——建在了“沙滩”“薄冰”之上，当清风劲吹、阳光普照之时，能不坍塌吗？刘汉等被执行死刑不仅再次验证了“多行不义必自毙”的古训，挡不住今天的诱惑，就失去明天的幸福，也从反面验证了清廉才是幸福的真正“护身符”即清正廉明才能使幸福更久长。无论是黑恶势力，还是腐败分子，在东窗事发、锒铛入狱、身败名裂之际，在被执行死刑之时，其疯狂攫取的所谓荣华富贵，难道不是犯罪的铁证和自掘坟墓的工具吗？

一些见利忘义的贪婪之徒，总是过度迷信金钱和权力的魔力，总是在作恶、作孽的同时，不惜以重金财宝美色开路，寻求靠山或保护伞，其实，世间根本没有永远的靠山和保护伞，只有永远的道义。刘汉等的昔日靠山和保护伞，不可谓不强大，但也没有挽救其共同覆灭的命运。因为，在“法治中国”建设不断推进的条件下，在反腐败“全覆盖、无禁区、零容忍”的高压态势下，没有不受法律约束的“铁帽子王”。

值得深思的是，刘汉等为首的黑恶势力横行嚣张、为非作歹长达20多年，才终于被押上审判台，虽然迟到的正义总比见不到正义伸张要好，但是，这“迟到”二字却表征着党和人民付出了极大代价。刘汉特大黑社会性质组织肆意践踏法律权威，残害人民群众，毒化政治生态，扰乱经济秩序，严重损害党和政府形象。如何铲除不法分子搞钱权交易、官黑勾结等社会“毒瘤”滋生的土壤，使正义不再迟到，值得思考和研究。只有把扫黑除恶和反腐败斗争（打掉黑恶势力保护伞）相结合，只有把健全对权力运行的制约监督等制度建设与加强全民清廉教育等思想建设相结合，只有把全面深化改革、全面依法治国与全面加强党的建设相结合，才能真正避免正义的“迟到”。

【小资料】

一位大学生村干部的梦想与幸福①

再过几天，徐云威就毕业整九年了。九年前，他从黑龙江大学毕业，和很多留在大城市、努力找“好单位”的同学不同，他参加了第一批黑龙江省村村大学生计划，来到绥化市庆安县农村。七年前，服务期满，很多和他一起来的人走了，他却选择继续留下来。从23岁到32岁，徐云威把青春留在了这片黑土地上。

徐云威(右)和村民研究种植情况

选择一条艰苦的路

皮鞋、衬衫、牛仔裤，胖胖的脸上总是带着微笑。记者第一次见到徐云威很难把他和一个在农村工作了九年的村干部联系起来。但是徐云威自己说，九年时间自己从里到外已经有了质的改变。

九年前，徐云威从黑龙江大学历史系毕业。和很多大学毕业生一样，徐云威也面临着人生道路的艰难选择。那年，黑龙江省推出“村村大学生行动计划”，选派大学生到农村从事村务领导工作。听到这个消息徐云威犹豫了。回农村去？徐云威来自一个农民家庭，对于农村的生活很熟悉，到广阔的农村去做一番事业对于徐云威很有吸引力。徐云威的父母听说他要回农村当村干部当场就急了：念了十六年的书，终于考出了农村，还要回来？这不行。同学们也替他着急，好朋友甚至主动帮他联系了当老师的工作。经过激烈的思考，徐云威决定报名试试，如果能分配回自己的家乡庆安县，那就回家去干一番事业。

角色转换漫长而艰难

徐云威在村村大学生报名时填的第一志愿就是自己的家乡庆安县。通过笔试、面试等程序，徐云威得到了庆安县久胜镇久红村村委会主任助理的工作，合同期两年。和很多大学毕业生一样，工作的欲望让徐云威兴冲冲地“上任”了，但现实很快就给他上了一课。

① 杨晔.“元老级”大学生村官坚守乡村九年[EB/OL].(2013-06-25)[2015-04-20]. http://cpc.people.com.cn/cunguan/n/2013/0625/c158450-21964915.html

虽然徐云威来自农村家庭，但在他前二十三年的生命里，徐云威基本在读书。当上了这个“官”，徐云威才发现自己对于农业、农村、农民的了解太少。和乡村干部打交道，他像个“大学生”。除了写个材料、跑个腿，他发现自己根本不知道该干啥。这种状态持续了三个月。

徐云威对自己说，“得找事干”。从此他就去村里和村民唠嗑，没事就去田里溜达，看到有下地劳动的农民，徐云威撸起袖子就帮他们干活。时间长了，村民们都认识了这个“小助理”，没事也都愿意和他聊一聊。半年下来，徐云威对于农业生产以及农村的人和事有了更深刻的认识。徐云威总结：很多农村的工作不是硬性的，需要采取感情加工作的方法才能办好，否则将事倍功半。

不知不觉，两年的服务期就这样过去了。又到了选择的时刻。是走？还是留？徐云威选择了后者。

“笨办法”成就了“好干部”

续签了服务合同。2006年徐云威到巨宝山乡巨兴村担任村党支部副书记。这里是庆安县最南边的一个村，也是徐云威的出生地。新合同里，月工资600元。

前两年的经历让徐云威学会了如何与乡村干部协调，如何与村民打交道，让他不再犯教条的错误。前年秋天，上级下达任务要求各村屯在规定时间内必须完成秋整地工作，但有个叫周大明的村民硬是拖着不干，村干部几次劝他，周大明理都不理。没办法，徐云威只能用笨招，接连七天去周大明家劝说，最终笨办法起了作用，巨兴村终于按时完成了秋整地任务。有时工作难推进，徐云威就只能使用另一个笨招：“杀熟”。几年前，村里的道路破损严重影响村民生产和出行，但修路的“一事一议”硬是通不过，徐云威就找到自己的朋友，软磨硬泡说服他免费给村里提供砂石，最终修通了几个村的路。2012年，庆安县推广玉米大垄双行种植技术，村民们不愿尝试。徐云威求遍了亲戚朋友，让他们带头试种。看到新技术的好效果，新技术得以在其他村民中推广开来。徐云威说，有时农村的工作就是这样，但“笨办法”总比“没办法”强。徐云威的努力村民们看在眼里，记在心上。2011年巨兴村村党支部换届选举，徐云威经“两推一选”成为黑龙江省大学生村官当选村党支部书记的第一人。

植根乡土共筑美丽乡村梦

徐云威扎根农村“扎”得很彻底。2007年徐云威与绥化师专中文系毕业来巨兴村靠山屯支教的大学生曲云霞相恋并结婚。大家说，这夫妻俩不是一路人，不进一家门。徐云威说：“这是缘分呐。”今年他们的孩子已经6岁，曲云霞在靠山小学担任校长兼班主任，全校近40个学生是曲云霞最大的牵挂。曲云霞曾有机会调走，但是她发现自己一走这学校就“黄”了一半，调走的事最终还是作罢。夫妻俩明白，这个靠“缘分”组成的小家庭已经和这个小村子无法分开了。

六月份的巨兴村很清净，很多种完地的农民都外出打工了，但徐云威一点也闲不住。这几天徐云威没少往县里、乡里跑，省里有个养牛的项目落户庆安县，县城周围几个乡镇都想争取，徐云威也想把这个项目请到巨兴村。他对记者说，如果能把这个企业争取到巨兴村，村民的收入会因为养牛增加一大块。

三个屯的村路不久前被一场暴雨冲坏了不少，得抓紧修上，另外五个屯的村路原定今年也要修上，如今材料还没有着落，这几天徐云威又去朋友的料场“化缘”。

在这个距离县城最远的乡村，徐云威一待就是八年，而且还要继续呆下去。徐云威对记者说，今天看我的选择，我仍然认为是正确的，如今我的大学同学有官比我大的，有钱比我多的，但过得未必比我幸福，我是一个农民的孩子，通过自己的努力让我的父老乡亲过上美好生活是我最大的愿望，我也因此获得很大的幸福感，有了乡村这个平台，我能一点点实现我的梦想。

【知与行】

以“志愿服务，体验幸福”为主题开展活动。请从以下两个题目中任选一个：

1.利用周末或节假日，自由组合成活动小组，到附近农村或城市社区开展一次“志愿服务”主题实践活动。

2.自由组合成活动小组，开展一次“我为困难同学送温暖”活动。困难同学是指生活上或学习上有困难的同学。

【课外作业】

《承诺》是根据广西天等县胜马村党总支书记兼村委会主任黄善军同志的先进事迹改编，由八一电影制片厂摄制的电影。请课外在线观看电影《承诺》后，分组座谈讨论，谈一谈：黄善军是如何处理个人利益与集体利益，个人家庭幸福与村民集体幸福关系的，黄书记身上体现了共产党人的哪些优秀品质？

第六讲　清廉贵在修身

——修大德清醒自律

【导　　语】

修身即修养身心，是人们自觉改造自己的主观世界，提升自身素养，进而不断完善自我、超越自我、升华自我的过程。修身是个人内在的自我提升，是个人立身处世的根本，是养成清廉品质、保持清廉品行的决定性因素，欲清廉，先修身。广西高职学生清廉教育重视学生的主体能动性，鼓励并引导学生结合社会道德标准的要求和自身发展的需要，主动、自觉地加强自我修养，提高清廉品质，使自己成长为遵纪守法、诚实守信、清正廉明的高素质技术技能型人才。

广西作为少数民族聚集地区，仅世居民族就有 12 个，民族文化多元并存。随着改革开放的不断推进，市场经济的不断发展，广西人民生活水平在不断提升的同时，价值观也日渐受到外来更多元化文化的冲击。因此，广西高职学生的修身不仅要修德，还要时刻保持清醒，并不断加强自律，进而促进清廉品质的形成，使自己成为高素质的社会主义建设者和接班人。

第一节　做人要修德

【基本理论】

一、修德是清廉的基础和前提

所谓修德，就是修养德行，提高自身的道德涵养。孔子云："德之不修、学之不讲，闻义不能徒，不善不能改，是吾忧也。"[①]做人做事摆在第一位的就是崇德修身，"道德之于个人、之于社会，都具有基础性意义""一个人只有明大德、守公德、严私

① 《论语・述而》.

德，其才方能用得其所”①。修德是高职学生培育清廉意识，形成清廉品质的基础和前提。

首先，从系统的角度来看，清廉属于道德的范畴，个人良好的道德修养包含清廉的品质，二者呈整体与局部的关系，良好的道德修养（作为整体）是清廉品质（作为局部）发生和发展的前提和基础，离开良好的道德修养，清廉无从谈起。因此，清廉是作为一种道德素养的形式存在的，而不是别的什么形式。高职学生要修清廉之德就要“从自身做起，从点滴做起”②，就要养成勤俭节约、艰苦奋斗的作风，待人处事公平公正，学习生活忌慵懒散漫，能够明辨是非，敢于坚持原则，崇尚劳动光荣，做到清正廉明。

其次，从作用的角度来看，清廉意识及清廉品质主要是从社会公德、职业道德、家庭美德、个人品德和价值观等方面的具体行为外化表现出来的，因此道德修养的高低直接影响到清廉意识的发挥，个人清廉与否很大程度上就取决于道德素养的高低。具体可以表现为以下几个方面：（1）诚信是清廉的深层基础，无诚信不清廉。诚信作为道德修养的重点内容，自古就被看作“立身之本”。清廉为人、清廉处世、清廉从业、清廉从政都植根于诚信品质。相反，失信于人、失信于社会，则乃腐败之源。（2）培育社会公德，就是旨在培养高职学生的公共意识、法律意识和政治责任感，帮助他们养成无私奉献、服务人民的良好品质，使其能够正确处理人与人、人与社会、人与自然之间的关系，能够以清正廉明的处事风格和行为方式融入社会。（3）培养良好的职业道德意在为高职学生步入岗位后能够正确看待和处理从业人员与服务对象、职业与职工、职业与执业之间的关系打下良好的观念基础，引导学生将“为民、务实、清廉”的价值观内化为人格修养的重要组成部分，使其能够在今后的职业生涯中保持清廉从业的良好品质。（4）家庭美德是孕育清廉品质的天然养分。高职学生清廉意识的形成始于家庭教养，在家庭中个人需要处理的爱情、亲情和社会义务之间的关系实质上体现的就是个人与社会利益之间的关系。家庭美德集中体现在健康、文明、向上、和谐、清廉的家风建设中，是孕育清廉基因的原始土壤，也是最佳土壤。

以德养廉，方能塑造出优秀的人格品质，大学生清廉品质的培养需要德行的孕育。高职青年大学生应该重视自己的道德修养，树立和践行社会主义核心价值观，

---

① 习近平.青年要自觉践行社会主义核心价值观——在北京大学师生座谈会上的讲话[N].人民日报，2014-05-05(2).

② 习近平.在实现中国梦的生动实践中放飞青春梦想 在为人民利益的不懈奋斗中书写人生华章——在同各界优秀青年代表座谈时的讲话[N].人民日报，2013-05-05(2).

自觉抵制社会不良思潮的影响，以清廉的品质立世为人。

二、修德的基本内容

比照道德一般类型的划分，修德的基本内容可包括社会公德、职业道德、家庭美德和个人品德。此外，“核心价值观，其实就是一种德，既是个人的德，也是一种大德，就是国家的德、社会的德。”①，因此，社会主义核心价值观也是修德的基本内容之一。

（一）修社会公德

社会公德是指人们在涉及社会公共利益的活动中或在与他人相处的过程中应当共同遵循的起码的道德规范，它是社会道德在人类社会公共生活中的特殊表现，是维护公共利益、公共秩序以及社会和谐稳定的重要保障。

修德，首先要修的就是公德，就是要将社会公认的并共同遵循的“相处之道”内化于心，外化于行，就是要正确处理人与人、人与社会、人与自然之间的关系。一是要建立平等互尊、友善互助、文明和谐的人际关系。平等互尊，意味着我们在交往的过程中要尊重彼此的人格平等，并以平等的态度尊重他人；友善互助，就要求我们在交往的过程中要真诚关怀、宽容、体谅对方，随时伸出援助之手帮助身边需要帮助的人；文明和谐，是指在与他人的交往过程中要注重言行的文明礼貌，在与朋友的交往过程中弘扬正能量，要追求“君子之交淡如水”的豁达，避免“小人之交甘若醴”的狭隘。二是要积极维护、实现和发展社会公共利益，处理好人与社会的关系。思想上要树立法治观念，增强社会公共意识和社会责任感；行为上要养成遵纪守法、遵守公共秩序，规范言行举止，倡导社会新风，弘扬社会正气，热心参与公益的良好习惯，做社会公共利益的坚定维护者。三是要坚持“绿色”发展理念，构建人与自然的和谐关系。要着眼人与自然的和谐共生，尊重自然，保护自然，树立“绿水青山就是金山银山”的理念，从身边做起，从小事做起，积极响应并参与“绿色家庭、绿色学校、绿色社区和绿色出行等行动”。②

（二）修职业道德

职业道德是指从事一定职业的人们在职业生活中应该遵循的具有相应职业特征的道德要求和行为准则。它涵盖了从业人员与服务对象、职业与职工、职业与职

---

① 习近平. 青年要自觉践行社会主义核心价值观——在北京大学师生座谈会上的讲话[N]. 人民日报，2014-05-05(2).

② 习近平. 决胜全面建成小康社会夺取新时代中国特色社会主义伟大胜利——在中国共产党第十九次全国代表大会上的报告[M]. 北京：人民出版社，2017：51.

业之间的关系。社会主义职业道德高度概括了所有职业的道德要求，包括爱岗敬业、诚实守信、办事公道、服务群众、奉献社会。

修职业道德，首先要培养爱岗敬业的务实意识。青年大学生虽然尚未步入工作岗位，但可以通过实训和实习培养甘于吃苦、勤于工作、勇于拼搏的精神，树立劳动光荣的理念，坚信能够凭借“勤劳的双手、一流的业绩成就属于自己的人生精彩”①。其次，要养成诚实守信的良好品质。诚实守信是职业道德规范的核心和灵魂，就是要求从业者在职业生活中诚实劳动、合法经营、信守承诺、讲求信誉等。青年大学生可以从身边做起，如诚信待人、诚信治学、诚信考试等，为今后诚信从业、清廉从业打下坚实的基础。再次，要养成办事公道的风格。办事公道，就是要求从业人员做到公平、公正，不损公肥私，不假公济私，不以权谋私。青年大学生可以从培养光明磊落的行事风格，与同学平等交往，坚持原则和底线，不贪小便宜等方面着手，养成办事公道的良好习惯。最后，要树立服务群众、奉献社会的价值追求。人生的意义不在于索取了多少，而在于贡献了多少，各行各业的从业者都应以服务群众为宗旨，以为他人、为社会做贡献作为最高层次的职业追求。青年大学生不论在今后的择业上还是从业的过程中，要始终铭记，“如果我们选择了最能为人类福利而劳动的职业，那么重担就不能把我们压倒，因为这是为大家而献身；那时我们所感受到的就不是可怜的、有限的、自私的乐趣，我们的幸福将属于千百万人，我们的事业将默默地、但是永恒发挥作用地存在下去，而面对我们的骨灰，高尚的人们将洒下热泪。”②

此外，广西高职学生在修养职业道德时，还应该注意结合广西的实情，将自己培养成热爱家乡，扎根家乡，服务家乡，积极投身家乡建设的社会主义接班人。

（三）修家庭美德

家庭美德是每个公民在家庭生活中应该遵循的行为准则。它主要包括尊老爱幼、男女平等、夫妻和睦、勤俭持家、邻里团结五个方面的内容，涵盖了爱情、亲情和家庭社会义务之间的关系。

培育家庭美德重在营造良好的家风。“不论时代发生多大变化，不论生活格局发生多大变化，我们都要重视家庭建设，注重家庭、注重家教、注重家风……使千千

---

① 习近平.在实现中国梦的生动实践中放飞青春梦想 在为人民利益的不懈奋斗中书写人生华章——在同各界优秀青年代表座谈时的讲话[N].人民日报，2013-05-05(2).

② 马克思.青年在选择职业时的考虑.转引自马克思恩格斯全集(第四十卷)[M].中共中央马克思恩格斯列宁斯大林著作编译局译.北京：人民出版社，1982(1)：7.

万万个家庭成为国家发展、民族进步、社会和谐的重要基点。”①高职学生受影响于既定的家风，但同时又是良好家风的营造者，应当以身作则，一方面，要根据社会主义道德的要求，借鉴优秀的道德传统，通过自我教育、自我锻炼、自我培养等主、客观实践活动，自觉消除自身受各种消极因素影响而滋生的不良家庭伦理道德观念，培养起高尚的家庭道德品质和情操；另一方面，要敢于指出家庭教养、家庭作风的不当之处，并及时倡议和参与整顿，使家庭风清气正，形成良性循环。

（四）修个人品德

个人品德即个人的道德品质，是个人在长期的、一系列的行为中所表现出来的稳定的、持久的、整体的道德状态，是一个人人格的体现。个人品德是社会道德的基础，个人品德建设不好，社会公德、职业道德和家庭美德无异于空中楼阁，无源之水，清廉更是无从谈起。

加强个人品德修养，一是要注重学习和反省。通过虚心学习，辨别善恶，树立以“八荣八耻”为主要内容的社会主义荣辱观，并经常通过自查和反省来抑制自己思想和行为中的不良倾向。二是要慎独。做到坚守道德信念，不因无人监督而肆意妄为。三是要积善成德。“勿以恶小而为之，勿以善小而不为。”②持之以恒的善行必将会逐渐凝成优良的个人品德。四是要积极投身社会实践。个人品德的修养绝不是脱离实际的闭门思过，而是需要与实践、与人民联系起来，可以通过诸如社会调查、公益活动、生产劳动等，不断陶冶道德情操，提升道德境界。

（五）树立和践行社会主义核心价值观

党的十八大报告首次以 24 个字概括了社会主义核心价值观的主要内容，即“富强、民主、文明、和谐”，“自由、平等、公正、法治”，“爱国、敬业、诚信、友善”③。其中，“富强、民主、文明、和谐”体现的是国家的德，“自由、平等、公正、法治”体现的是社会的德，“爱国、敬业、诚信、友善”体现的是个人的德。三个层次相互联系、相互贯通，实现了政治理想、社会导向、行为准则的统一，并暗合了“修齐治平”的道德追求。就个人而言，“爱国、敬业、诚信、友善”是修德的直接目标，而“富强、民主、文明、和谐”与“自由、平等、公正、法治”是大学生“修己”的间接目标，是全体大学生、全体公民都应追求的共同目标。

社会公德、职业道德、家庭美德、个人品德和社会主义价值观五者紧密相连，密

---

① 习近平. 在 2015 年春节团拜会上的讲话[N]. 人民日报，2015-02-17(2).

② 《三国志 · 蜀书 · 先主传》

③ 胡锦涛. 坚定不移沿着中国特色社会主义道路前进 为全面建成小康社会而奋斗[N]. 人民日报，2012-11-09(3).

不可分。在修德的过程中要以社会主义核心价值观作为引领,加强“四德”的修养。同时,还要注重将社会主义核心价值观、社会公德、职业道德和家庭美德内化为个人品德修养,并外化成良好的个人品行。

三、修德的主要环节

道德品质是道德认知、道德情感、道德信念、道德意志、道德行为、道德习惯的有机统一。而个人道德品质的一般形成过程又是从道德认知开始,接着产生道德情感,再发展成道德信念,形成道德意志,践履道德行为,最终形成道德习惯的。

(一)加强道德认知

大学生培养清廉认识,主要是让他们在今后的工作、学习和生活中懂得是非、善恶、美丑,对社会现象和社会行为能够做出正确的道德评判,并按照此标准来审视自己的思想和行为。正确的认识是正确行为的前导,大学生应树立正确的清廉观。大学生培养清廉认识的主要途径是学习,在学习过程中大学生了解到腐败的本质、基本成因、危害以及预防措施等,这对大学生很好地理解和掌握反腐倡廉的基本理论知识有着极其重要的作用。大学生正处于身心发展的关键时期,情感尚不稳定,世界观、人生观、价值观处于定型时期,培养大学生清廉的情操将会对高校学生的长远发展有着积极的引导作用。因此,大学生的清廉教育必须把学生的清廉认识作为培养的重要目标之一。

(二)增进道德情感

道德情感是个人道德意识的构成因素。指人们依据一定的道德标准,对现实的道德关系和自己或他人的道德行为等所产生的爱憎好恶等心理体验。苏霍姆林斯基曾说:“没有情感的道德就变成了干枯、苍白的语句,这语句只能培养伪君子。”

大学生情感丰富,但情绪波动大、自控能力差,面对腐败,一些大学生还存在认识模糊,抱着消极、漠视甚至赞同、模仿的态度,认为现代社会是“关系”的社会。作为新时代的大学生,应从情感上认同核心价值观,崇尚廉洁,勤俭自立。大学生还要认识到腐败给个人、社会和国家带来的危害,从内心产生一种对腐败深恶痛绝的态度,对腐败现象做到“零容忍”,从而加强清廉的道德观念,夯实拒腐防变的思想基础。

(三)坚定道德信念

道德信念就是人们通过对社会道德规范的认识和了解,在自身强烈的道德情感驱动下,对履行某种社会道德义务产生的强烈的责任感。人们对某种道德理想、道德原则和规范在内心的确信,是构成道德品质的主要因素之一,一旦形成,具有相对的稳定性和持久性。

大学生处在人生的起点阶段，大学阶段是大学生树立正确清廉观的关键时期，也是继承民族优良传统、形成精神支柱的重要阶段。如果没有远大的理想、崇高的信仰，整个人生道路就没有正确的方向、缺乏前进的动力。大学生坚定中国特色社会主义共同理想观念，树立为共产主义事业奋斗终生的远大抱负，明确自己的历史责任和社会责任。大学生还要树立正确清廉观，并在此基础上培养清廉自律的良好品德，增强和提高思想政治素质和道德修养，加强自律意识，正确处理个人与他人、个人与集体、个人与社会的关系，自觉抵制拜金主义、享乐主义、极端个人主义等腐朽思想的侵蚀。大学生要培养敬廉崇洁的思想，自觉养成清廉自律意识，培养诚信和富有社会责任感的良好行为习惯。

（四）磨砺道德意志

大学生要保持清廉，必须形成清廉的意志。意志是人有目的、有意识、有计划地调节和支配自己行为的心理过程，是人类独有的高级心理活动形式，对人的道德品质的养成发挥着重要的作用。孔子说“三军可夺帅，匹夫不可夺其志也”；苏东坡也说：“古之成大事者，不惟有超世之才，亦必有坚忍不拔之志”。清廉与腐败是最典型的意志较量。恪守清廉，需要内心的清廉意志来支撑。清廉意志就是对自己行为立规，约束自己不良的欲望，遏制不清廉的行为。

培养清廉意志贵在坚持。一个人做一件好事不难，难在做一辈子的好事。清廉意志的形成不在一时，在于坚持不懈，养成清廉的好习惯，从一点一滴做起，防微杜渐，保持行为规范和道德准则的连续性和稳定性，自觉做到拒腐蚀、永不沾。

（五）践履道德行为

思想先于行动，但是思想不等于行动，从思想到行动的转化，有时需要付出艰辛的努力，甚至遭受误解和挫折。一些腐败分子在被曝光前，还在台上唱“反腐”的高调，像是人格分裂的“两面人”。究其原因，就是实践和认知脱节，认识成了纯粹的认识，没有付诸实实在在的行动。知行统一是一种能力，要培养这种能力，着重要在工作中培养公平正义、公道正派的品质。大学生要踏实做人，清廉做事，必须立志、立德、立信。立志，就是要树立远大理想，心系人民群众，为中华民族的伟大复兴鞠躬尽瘁，奋斗不息。立德，就是自觉加强独到的修养，模范遵守社会公德、职业道德、家庭道德、个人品德做到慎独，培养积极健康的生活情趣、高尚的精神追求，讲操守、重品行。立信，就是诚实守信，敢于承诺和担当以天下为己任的职责。

（六）养成道德习惯

俄罗斯教育家乌申斯基曾说过，好习惯是人在神经系统中存放的资本，这个资本会不断地增长,一个人毕生就可以享用它的利息。而坏习惯是道德上无法偿还清的债务,这种债务能以不断增长的利息折磨人,使他最好的创举失败,并把他引到道德破产的地步。我们都需要努力培养良好的道德习惯。

具体如何培养,因人而异,但大致可分为以下几个步骤:第一,在充分认识良好道德习惯之重要性的基础上,明确目标,激发自身的内在动机。第二,要确立具体的行为规范,把道德内容具体化为日常行为。第三,为自己树立一个榜样,向榜样学习。第四,要持之以恒,不断强化。第五,要坚持反省,及时纠正不良的行为。最后,结交益友、诤友,相互鼓励,相互督促,共同进步。

"认知—情感—信念—意志—行为—习惯"不是一个单一的过程,而是一个相互交加,循环往复的过程,在践履行为,培养习惯的过程又会产生新的认识,发生新的情感,进一步坚定信念和意志,完善行为方式,并纳入习惯系统,如此循环往复,不断提升道德的境界。

【解疑释惑】

道德修养是一个老生常谈的话题了,为什么还一直在强调?

确实,从幼儿园开始我们就开始接受道德教育,一直延续至今,以至于不少同学对"道德"这个词很不耐烦,甚至反感。但,不断强调道德修养,反复接受道德教育有其现实必要性。

第一,部分同学存在知行不统一的情况。经历了很长一段时间的学习,这部分同学熟练地掌握了道德知识,对社会主义核心价值观和"四德"的内容烂熟于胸,张口就来,并且也形成了良好的道德认知,能够明辨善恶美丑和是非对错。但是在行为上他们却另行一套,如,有利益就上赶,有任务、有困难就退缩;明知考试作弊不对,但为了及格或为了奖学金还是将错就错;只看到眼前的个人利益,不顾长远利益和集体利益。长此以往,就会因为眼前短暂的小幸福而丢掉真正的大幸福,甚至走上错误的人生道路。

第二,部分同学平常品行良好,但尚未形成良好的道德习惯和道德自觉,无法突破"破窗效应"[①]。例如,一个同学平常都会自觉把垃圾丢进垃圾桶里,但某一次他手里拿着果皮一直找不到垃圾桶,这时又刚好看到路边有一撮垃圾,那么他也会顺手就把垃圾丢在路边了。这样就不能够做到"出淤泥而不染"。

---

① 破窗效应(Broken windows theory)是犯罪学的一个理论。该理论由詹姆士·威尔逊(James Q. Wilson)和乔治·凯林(George L. Kelling)提出,认为环境中的不良现象如果被放任存在,会诱使人们仿效,甚至变本加厉。

第三，即使是养成良好道德习惯，形成道德自觉的同学也需要接受道德教育，加强道德修养。这是因为，事物总在发展变化，新事物不断产生，旧事物也会发展出新的形式，就需要同学们以更高的道德智慧去应对，避免在新事物中被动“污染”。例如微信红包功能刚出现的时候，一些官员不能正确认识到其中的本质，经常在微信群里玩“收发红包游戏”，无意识地违反了纪律。因此，修德是无止境的，需要持之以恒，活到老就要修养到老。

【案例分析】

案例呈现：四川简阳市女大学生村干部贪污拆迁款80余万引热议[①]

2012年4月6日人民网地方领导报道，一名25岁女大学生村干部辜某在征地拆迁工作中，利用职权帮助亲戚、朋友多丈量房屋和地面附着物，套取国家征地补偿款80余万元，并从中获取“回扣”，最终被判入狱5年。这名女大学生是成都某大学生环境艺术设计专业的学生，在同学的眼里，她是一个勤奋好学、特别用功的优秀大学生，而现在她却在金钱利益的诱惑下走向了一条犯罪的道路。

案例分析

农村是大学生施展才华的广阔天地，国家把大学生选调到农村当村干部，为大学生提供了很好的锻炼平台，大学生能够利用自己的知识，帮助建设社会主义新农村，是非常好的一件事情。但是由于他们刚离开学校不久，看问题、办事情相对还比较单纯、片面，自制力也不足，很容易受不良风气的影响。曾子有过一句话：“吾日三省吾身：为人谋而不忠乎？与朋友交而不信乎？传不习乎？”[②]意思是我们需要每天审视自己的言行举止，通过自身的修炼来保持心灵的高洁。大学生村官也要经常做到“吾日三省吾身”，克制自己的私欲，要本着为人民服务的原则，一切从人民利益出发，清楚知道什么该做，该怎么做，给自己一个积极的定位，积极地进行自身道德修养和提高知识水平，争取为振兴乡村事业做出大的贡献。

---

① 王烨捷.四川简阳25岁女大学生村官贪污拆迁款80余万引热议[EB/OL].（2015-05-02）[2018-04-11].http://leaders.people.com.cn/GB/17589122.html.

② 《论语·学而》

【小资料】

首届全国大学生廉洁社团夏令营活动举办

2011年7月22—26日，由全国高校廉政研究与教育学会、清华大学廉政与治理研究中心主办，湖南大学廉政研究中心、湖南大学湖湘廉风学社承办的首届全国大学生廉洁社团夏令营活动在湖南大学成功举办，来自清华大学、北京大学、中国人民大学等18所高校的23名大学生参加了此次夏令营活动。这次夏令营活动达成了建立全国性大学生廉洁社团网络的意向，并计划在全国范围内实施大学生“廉洁大使”计划，举办全国性“大学生廉洁诚信周”等系列活动。

大学生廉洁社团的成立和发展在我国还是新生事物，大学生廉洁社团夏令营的举办在国内是第一次，对于落实党和国家关于廉政文化进校园的有关重要精神，提升和培养大学生廉洁诚信的素质，推进反腐倡廉建设具有积极意义。

全国高校廉政研究与教育学会于2009年8月正式成立，目前已经有40多所高校廉政研究机构加入了学会。面向青少年特别是大学生开展廉洁教育，辅导大学生开展廉洁文化建设的课外活动，是该学会的一项重要工作。在学会的直接指导和帮助下，自2010年以来，已有北京大学、湖南大学、北京航空航天大学、郑州大学、南通大学等多所大学建立了大学生廉洁社团。

【知与行】

请从互联网上搜集、整理有关大学生清廉修身的图片和文字资料，并制作一个PPT课件，向同学们宣传大学生该如何修德保持清廉，并分小组相互讨论。

第二节　做人要保持清醒

【基本理论】

一、清醒是保持清廉的关键

清醒就是清楚，明白，就是能够透过现象看本质，它是保持清廉的关键。首先，只有保持清醒，才能坚定理想信念，行为笃实，做到“富贵不能淫，贫贱不能移，威武不能屈”[①]，不犯错误，或者少犯错误。其次，只有保持清醒，才能对是非曲直、善恶

① 《孟子·滕文公下》

美丑做出正确的判断，并坚持正确的立场。再次，只有保持清醒，才能保持思想的独立性，遇事不糊涂，不随波逐流，更不会同流合污。最后，只有保持清醒，才能有所敬畏，守住心中的底线，不越法律的红线。

广西高职学生只有保持清醒，才能正确认识自己的需要，把自己的发展目标同边疆少数民族地区的发展事业，同中华民族伟大复兴的事业结合起来，做到清廉治学，清廉为人，清廉处事，清廉从业，才能在艰苦奋斗中放飞青春梦想，谱写人生华丽篇章。

二、清醒的基本内容

当今社会，一个人保持清醒，不仅要对自身的发展状况、所扮演的角色、所做的事情、所处的人际关系有一个清醒的认识，更要在思想上对政治、经济、文化等方面保持清醒。

（一）保持政治清醒

希腊思想家亚里士多德认为，人是天生的政治动物。每个人都处在一定的政治关系或政治环境中，我们只有保持政治清醒，才能找到正确的发展方向，确保人生之舟始终沿着正确航向前进。

首先，要树立马克思主义科学信仰，坚定中国特色社会主义信念和对中国共产党的信任。(1)树立马克思主义科学信仰。马克思主义是真理，是认识世界、改造世界的科学的世界观和方法论。它深刻揭示了人类社会发展的规律，科学预见了人类社会最终必然会实现共产主义，坚定维护最广大人民的根本利益，并胜利指导了中国的革命事业和建设发展事业，使中国在短短的69年内(1949—2018年)实现了从“站起来”到“富起来”再到逐渐“强起来”的伟大飞跃。所有富有思想的青年大学生都应树立马克思主义科学信仰，认真学习和掌握马克思主义的世界观和方法论，消除错误的价值观和思维方式，培育清廉的道德品质。(2)坚定中国特色社会主义信念。中国特色社会主义由中国特色社会主义道路、中国特色社会主义理论体系、中国特色社会主义制度和中国特色社会主义文化构成。改革开放至今40年(1978—2018年)，中华民族实现了从贫穷落后到逐渐步入世界政治、经济、文化舞台的正中央，国内社会安定，人民幸福。事实证明，中国特色社会主义是稳定中国、发展中国的必由之路。我们要坚定中国特色社会主义信念，不断增强道路自信、理论自信、制度自信和文化自信。(3)坚定对中国共产党的信任。中国共产党是中国工人阶级的先锋队，同时是中国人民和中华民族的先锋队，是中国特色社会主义事业的领导核心，代表中国先进生产力的发展要求，代表中国先进文化的前进方向，代表中国最广大人民的根本利益。历史和实践证明，只有中国共产党，才能领导中国人民建设和发展中国特色社会主义，才能担当起带领中国人民创造幸福生活、实现中华民族伟大复兴的历史使命。作为有理想有抱负的青年大学生，我们只有在中国共产党的领导下，同人民的命运紧密结合，才能大有作为。

其次，要坚持党的基本理论、基本路线、基本方略。(1)坚持党的基本理论。党的基本理论是党在长期的历史的实践中形成并被证明是正确的理论，是指导中国革命、建设和改革成功的理论。党的基本理论包括：新民主主义理论、社会主义改造理论、社会主义初级阶段理论、"三个代表"重要思想、科学发展观以及习近平新时代中国特色社会主义思想。我们只有用党的基本理论彻底武装头脑，才能时刻保持清醒，保证正确的人生发展方向。(2)坚持党的基本路线。"中国共产党在社会主义初级阶段的基本路线是：领导和团结全国各族人民，以经济建设为中心，坚持四项基本原则，坚持改革开放，自力更生，艰苦创业，为把我国建设成为富强民主文明和谐美丽的社会主义现代化强国而奋斗。"[①]党的基本路线是党和国家的生命线，是人民的幸福线，它为我们青年大学生指明了人生的航向。坚持党的基本路线，要求我们既不走封闭僵化的老路也绝不走改旗易帜的邪路，坚决抵制"左"倾思想和右倾主义的侵蚀。(3)坚持党的基本方略。习近平同志在党的十九大报告中对新时代坚持和发展中国特色社会主义的基本方略进行了阐述。他说，全党要深刻领会新时代中国特色社会主义思想的精神实质和丰富内涵，在各项工作中全面准确贯彻落实。第一，坚持党对一切工作的领导。第二，坚持以人民为中心。第三，坚持全面深化改革。第四，坚持新发展理念。第五，坚持人民当家作主。第六，坚持全面依法治国。第七，坚持社会主义核心价值体系。第八，坚持在发展中保障和改善民生。第九，坚持人与自然和谐共生。第十，坚持总体国家安全观。第十一，坚持党对人民军队的绝对领导。第十二，坚持"一国两制"和推进祖国统一。第十三，坚持推动构建人类命运共同体。第十四，坚持全面从严治党。以上十四条，构成新时代坚持和发展中国特色社会主义的基本方略。总之，只有全面、准确地学习、宣传、贯彻和落实党的基本理论、基本路线、基本方略，青年大学生才能更好地坚持正确的政治方向，党和人民事业才能更加兴旺发达、持续发展。

再次，要严守党的政治纪律、组织纪律，始终保持与党中央在思想上、政治上的高度一致。中国共产党历来纪律严明。毛泽东就曾深刻的提出，一个松散的、没有纪律约束的政党是无法在严酷的斗争环境中生存发展的。党的政治纪律是党依据不同时期、政治任务的要求，规范各级党组织和全体党员政治立场、政治方向、政治路线、政治行动的行为准则，是维护党的团结统一，确保党的路线方针政策和决策

---

① 党的十九大文件汇编[M].北京：党建读物出版社，2017：89.

部署的贯彻落实，实现党的各项任务的最重要的保证，是我们党赖以生存的重要基础和不可或缺的条件。党的组织纪律是维护党的集中统一，保持党的战斗力的重要保障。青年大学生需要学习和遵守党的政治纪律、组织纪律，树立政治意识、大局意识、核心意识以及看齐意识，始终保持与党中央在思想上、政治上的高度一致。

最后，要正确分析和判断反腐倡廉形势，相信党和政府反腐倡廉的决心和能力。坚持反腐倡廉，坚持同消极腐败现象做斗争，是我们党同一切剥削阶政党的本质区别之一。十八大以来，中央出台了一系列反腐措施，开展了一系列反腐行动，"坚持反腐败无禁区、全覆盖、零容忍，坚定不移'打虎''拍蝇''猎狐'，不敢腐的目标初步实现，不能腐的笼子越扎越牢，不想腐的堤坝正在构筑，反腐败斗争压倒性态势已经形成并巩固发展""全面从严治党成效卓著"。并且十九大报告还指出，"人民群众最痛恨腐败现象""只有以反腐败永远在路上的坚韧和执着"，保证清正廉明，"才能保证党和国家的长治久安"。"当前，反腐败斗争形势依然严峻复杂，巩固压倒性态势、夺取压倒性胜利的决心必须 坚如磐石。"①作为青年大学生，我们应该清醒地看到反腐败斗争取得的重要成就，增强反腐倡廉的信心和决心。要正确判断形势，坚定政治方向，理性对待社会思潮，不随波逐流，不人云亦云。

（二）保持经济清醒

经济是一个国家的命脉，在我国能否坚持社会主义初级阶段的基本经济制度、分配制度等是一个人是否保持经济清醒的判断标准。

1.坚持社会主义初级阶段的基本经济制度，反对实行私有化和单一公有制。我们要清醒地认识到，公有制是我国经济制度的基础，是社会主义与资本主义的本质区别，只有坚持公有制的主体地位，才能保证我国的社会主义性质，才能坚持社会主义道路，发展社会主义制度。如果实行私有化，劳动人民当家做主的经济基础将会失去，社会主义性质将会改变。与此同时，我国现在还处于社会主义初级阶段，生产力还不够发达，发展还很不平衡，在公有制为主体的条件下，发展多种所有制经济，有利于生产力的发展。如果实行单一公有制，就不符合社会主义初级阶段的国情，就可能走向失败。因此，我们要保持经济清醒，就必须坚持以公有制为主体，多种所有制共同发展。

2.坚持市场经济体制改革的社会主义性质，反对新自由主义。市场经济作为一种资源调配方式本身不具有制度属性，是否实行市场经济并不是区别社会主义和资本主义的标准，但是与社会主义制度相结合后，就必须体现社会主义基本制度

① 习近平.决胜全面建成小康社会夺取新时代中国特色社会主义伟大胜利——在中国共产党第十九次全国代表大会上的报告[M].北京：人民出版社，2017：7-8，67.

的特征，社会主义市场经济必须坚持公有制为主体、多种所有制经济共同发展，其分配方式也必须以按劳分配为主体、多种分配方式并存，实现最广大人民的根本利益，最终达到共同富裕的目标，如果不坚持市场经济体制改革的社会主义性质，走新自由主义，就会背离社会主义的道路，走上改旗易帜的邪路。

3. 坚持社会主义初级阶段的分配制度，坚定不移地走共同富裕的道路。社会主义初级阶段的基本经济制度决定了社会主义的分配制度必须是按劳分配为主体、多种分配方式并存。按劳分配是社会主义的分配原则，是由社会主义公有制和社会生产力的发展水平决定的。每个劳动者为社会提供劳动，社会则根据劳动者提供劳动的数量和质量进行分配。我国有多种所有制经济存在，公有制经济的实现形式正在发生深刻的变化，因此，多种分配方式应势而出。总之，在社会主义初级阶段实行按劳分配为主、多种分配方式并存的分配制度有利于资源的配置，有利于调动一切积极的因素，发展生产力、造福人民、造福社会。社会主义必须走共同富裕之路，共同富裕不是平均主义，也不是所有成员同时富裕起来，共同富裕是一个历史过程，有一部分人会先富裕起来，有一部分人会后富裕起来，这个过程有先后、快慢的不同，但是最终都将会达到富裕的目的。我们必须坚定不移地走共同富裕的道路。

4. 自觉遵守财经纪律和经济法律法规，反对假公济私、损公肥私、贪污受贿、偷税漏税、走私贩私等违法乱纪的行为。财经纪律是国家财政经济管理法规和制度。如果违反财经纪律，将会给国家和集体利益带来损失，市场经济在建立健全的过程中，在新旧体制的转变过程中，各项法律法规还不够完善，给腐败行为有可乘之机，假公济私、损公肥私、贪污受贿、偷税漏税、走私贩私等违法乱纪行为出现，这些违反经济法律法规的行为，常常给国家和集体造成严重损失。只有自觉遵守财经纪律和经济法律法规，才能做到保持清廉。

总之，只有坚持社会主义初级阶段的基本经济制度、分配制度，坚持市场经济体制改革的社会主义性质，自觉遵守财经纪律和经济法律法规才能保证清醒、保持清廉。推崇新自由主义、主张实行私有化、抛弃共同富裕、无视经济法规、追求个人暴富，是放弃清廉而走向贪腐之路的经济诱因。

（三）保持文化清醒

中华民族拥有五千多年的历史，在历史长河中沉淀了许多优秀的传统文化。我们要保持文化的清醒，就应该继承优秀的传统文化，保持对中国特色社会主义先进文化的自信，自觉用马克思主义武装自己的头脑，抵制各种腐朽文化的侵蚀，明辨是非善恶，不做腐朽文化的俘虏。

1.保持对中华民族优秀传统文化和中国特色社会主义先进文化的自信和自觉。中华民族在五千多年的历史长河中积累了大量的优秀文化，这些优秀的传统文化是我国一笔宝贵的财富，我们应加以充分挖掘和利用。中国特色社会主义先进文化是当代中国现代化建设的重要内容之一，是凝聚和激励全国各族人民的重要力量，为现代化建设提供智力支持、精神动力和思想保证。社会主义核心价值体系是中国特色社会主义先进文化的重要组成部分，体现了社会主义制度在价值层面上的本质规定，成为全党全国各族人民团结奋斗的共同思想基础，是实现科学发展、社会和谐的推动力量，是国家文化软实力的核心内容，反映了我国社会主义基本制度的本质要求。我们应该坚信中国特色社会主义先进文化可以满足人民群众日益增长的精神文化需求，丰富人们的精神世界，促使人的全面发展。

2.自觉抵制封建主义、资本主义等腐朽没落文化的侵蚀。两千多年的封建主义制度滋长了不少腐朽没落的思想，例如，裙带关系思想、“官本位”思想、“家长制”思想、专制思想、极端利己主义思想等，这些思想正在腐蚀一些人的头脑。我们应该坚持任人唯贤而非任人唯亲，反对“一人得道、鸡犬升天”；坚持为人民服务、为社会服务的精神，反对升官发财的思想；坚持民主集中制思想，反对唯我独尊、等级分明、独断专行、排斥异己的错误思想。资本主义在创造大量财富的同时，也繁殖了很多落后文化，如拜金主义思想、享乐主义思想、铺张奢靡思想等剥削阶级腐朽思想，这些思想正在腐蚀着人们的心灵。我们要不断地学习先进的文化，净化自己的心灵，树立正确的人生观和价值观，不被金钱、美色所迷惑，坚持艰苦朴素的作风，反对摆阔斗富、铺张浪费。只要我们坚持继承民族优秀文化，坚持中国特色社会主义先进文化，自觉抵制封建主义，资本主义等腐朽没落文化的侵蚀，就能不断净化自己的心灵，提升自己的精神境界，保持高度的文化清醒。

3.充分认识意识形态领域新与旧、先进与落后、文明与腐朽的斗争是长期、复杂和艰巨的。意识形态是指在一定的社会经济基础上形成的系统的思想观念，代表了某一阶级或社会集团(包括国家和国家集团)的利益。历史唯物主义认为，社会存在决定社会意识，社会意识反作用于社会存在。社会主义和资本主义是两种不一样的社会制度，各自的制度也决定了各自拥有不同的意识形态。社会主义制度作为新的、先进的社会制度必将代替资本主义制度，因此，社会主义意识形态也必将代替资本主义的意识形态。然而，任何落后的意识形态都不会自愿的退出历史的舞台，都会做垂死的挣扎。社会主义意识形态作为新的先进文化与落后、腐朽的资本主义的斗争将是长期而艰巨的，我们要坚持用马克思主义思想来武装我们的头脑，明辨是非、善恶和美丑，坚决不做腐朽没落文化的俘虏。

总之，如果能够保持对先进文化的自信和自觉，抵制腐朽落后文化的侵蚀，善于运用马克思主义的观点、立场分析问题，就能保持文化的清醒。反之，如果缺乏对先进文化的自信自觉，缺乏对腐朽没落文化侵蚀的抵制和免疫，主动或被动解除思想武装，往往是放弃清廉，走向贪腐之路的文化诱因。

三、保持清醒的要诀

（一）政治坚定、忠于职守

船在茫茫大海之中行走，最不能缺少的是行走的方向，一旦失去方向，有可能再也不能回到陆地。人在茫茫的人生路上前行，同样不能缺少行走的方向盘，一旦失去方向，有可能走向错误的道路。中国特色社会主义政治为我们指明了前进的方向，我们应该坚定不移地沿着中国特色社会主义道路前进，为实现中华民族的伟大复兴而努力奋斗，做到忠于职守。忠于职守就是尽心尽力完成工作岗位赋予的职责，热爱自己的工作岗位，对工作认真负责，刻苦钻研专业知识，提高自我的工作能力，即使在平凡的岗位上也能做出大的贡献。

（二）克己奉公、淡泊名利

我们应该树立正确的价值观、人生观，牢牢记住为人民服务，为社会服务的思想。人的一生是短暂的，如何让这短暂的光阴成为历史长河中的一点亮光，值得我们去探究，只有当我们把有限的生命融入为人民服务、为社会服务的大潮中，才能让我们的人生闪耀光芒；只有我们把手中的权利，变成为人民服务、为社会服务的利剑，才能让我们的人生成为有意义的人生；只有我们做到克己奉公、淡泊名利，就可以让我们的人生充满幸福与快乐，在人生的尽头收到鲜花与掌声。

（三）祛除邪念、抵制诱惑

身正不怕影子歪，只要我们不断地用先进的思想武装自己的头脑，各种拜金主义思想、享乐思想，极端利己主义思想等腐朽思想就会远离我们，在日常的学习、生活和工作中，我们应该主动的祛除各种思想邪念，自觉的抵制各种诱惑，坚决反对假公济私、损公肥私、贪污受贿、偷税漏税、走私贩私等违法乱纪的行为，坚决反对只顾个人利益，牺牲集体利益的行为。

（四）追求高尚、升华精神

每个人都有自己的人生追求，有人追求美满的家庭，有人追求幸福的爱情，也有人追求纸醉金迷的生活。有什么样的追求，就会有什么样的行为，一个追求纸醉金迷、今朝有酒今朝醉的人，不可能有高尚的行为。我们应该努力学习，丰富自我的精神世界，追求高尚的情趣，净化心灵，升华自我的人生境界，只有这样才可以保持清醒的头脑，远离贪腐的行为，做到永葆清廉。

(五)谨始慎终,丝毫不怠

《大学》中说"物有本末,事有终始",它告诉我们任何事物都有始有终,在做人做事时也应该有始有终,做到谨始慎终,丝毫不怠。"人之初,性本善",大多数人在人生的开头都是好的,然而,随着环境的改变,诱惑的增多,许多人就开始慢慢变质,最终走向了贪腐的深渊。无论做人还是做事,我们只要坚持正确方向,自觉抵制诱惑,真正做到谨始慎终,都能远离贪腐,做到清廉。

【解疑释惑】

"难得糊涂"是真的糊涂吗?

"难得糊涂"是郑板桥的传世名句,不少人喜欢把它当作处世的座右铭,认为"人生在世,难得糊涂",那么我们该怎样看待"难得糊涂"?

首先,"难得糊涂"的本意并不是真的糊涂。郑板桥提出"难得糊涂"的哲言,是基于他为官清正廉明,无法容忍清朝官场的种种腐败,但又奈何改变不了当时的官场风气,面对其他官员的嘲讽,他只能"难得糊涂",独善其身,坚决不随波逐流,不同流合污,并于乾隆十七年,愤然辞官。郑板桥的"难得糊涂"虽然处于无奈,但这实际是一种出淤泥而不染的清醒,是他保持清廉,用道德智慧对待当时浑浊官场的一种处世态度。

郑板桥《难得糊涂》原石拓片

其次,"难得糊涂"在人际交往中有时候是一种智慧的体现。它意味着不钻牛角尖,不斤斤计较,是一种"退一步海阔天空"的大度和豁达。

但是,在当前我国的政治生态中,全面从严治党是主旋律,反腐倡廉是重点抓的工作,我们需要严明纪律,讲规矩,让权力在阳光下运行。在这种情境下,"难得糊涂"就是真糊涂。例如有些领导干部过于爱惜自己的羽毛,为了明哲保身,"难得糊涂",遇事推三阻四,不负责,不作为,这实际上就是不清醒、不清廉的表现。又比如,一些人对于腐败现象"难得糊涂",睁一只眼闭一只眼,事不关己高高挂起,这种糊涂会助长腐败现象的发生,也是真的糊涂。

可以看出,"难得糊涂"究竟是不是真的糊涂,得看处于什么样的境地,但有一点是肯定的,只有真正清醒的、有道德智慧的人才懂得什么时候应该"糊涂"。

【案例分析】

案例呈现:八桂赤子——钟世才①

笔头套着螺丝帽,增加的重量仍压不住他颤抖的右手,文件纸上,是一串串歪歪扭扭的字迹。汗,顺着胳膊,像蚯蚓一样爬进衣袖,又湿润了桌子。额头上,一根根筋暴了起来。眼前,冒着混乱的星星。他晕倒了,再次被送进医院,病理报告显示:淋巴癌复发。

钟世才同志住院期间仍坚持学习党风廉政知识

4月18日上午,正在搏击癌症的贺州市钟山县纪检干部钟世才,又一次倒下了。

为民请命　铁肩担道义

1991年初夏,刚过而立之年的钟世才被调到钟山县纪律检查委员会工作,从此,他三进信访室,两进审理室,从检查员到审理室副主任、主任,信访室主任,纪委常委,整整18年,在这个被世人认为“不好当”的岗位,书写了辉煌人生。

作为一名纪检干部,面对的就是矛盾,要化解矛盾,要有一种敢于碰硬的精神。钟世才常说:“办理损害群众利益的案件最重要,只要老百姓有反映,我们就要查个水落石出。”

2002年,到钟山县投资的曾路生,为要回抵押在该县经贸局的3 000元医药销售风险承包抵押金,四处奔走,却历经3年无果。2004年,求告无门的曾路生到纪委信访室上访,正担任信访室主任的钟世才立即受理。“按常规,曾路生反映的情况并不涉及具体个人,信访室完全可以把问题转给有关部门。”一位同事告诉钟世才说。钟世才却没有这样做。“踢皮球永远也做不了事。”钟世才坚定地说,“既然投诉者找到了我们,就是对信访室的信任,我们可以吃苦受累,但决不能辜负群众。”他带领信访室成员,首先到了卫生局和医药公司了解情况,被告知2002年以前医药公司属经贸局管,当他们奔赴经贸局,却又被告知当时分管医药承包业务的

① 王万程 许丹婷.标 杆——记钟山县优秀共产党员、纪委干部钟世才[N].广西日报,2009-06-30(1).

领导退休了。县里制定的招商引资政策，岂能因一人退休而不履行？钟世才又找到了已退休的那位领导，终于查清原委，找到了当时的承包合同，合同规定：承包人交纳3 000元的风险抵押金，完成承包任务，经贸局就退还，否则就不退还。仅一个月，曾路生拿到了属于自己的3 000元钱。他说："钱不多，但我看到了政府的姿态。"

2003年，钟山县石龙镇西江桥、月亮塘两自然村数百村民因征地款问题，情绪激动地来到钟山县信访室。面对突如其来的造访者，钟世才一如既往地笑脸相迎，此时已经到了下班时间，然而，为了把问题解决在萌芽状态，钟世才让村民挨个叙说，自己认真地做笔录。随后带人深入一线调查取证。历经3个月调查，一个村干部截留、贪污村民征地款的案件，渐渐浮出水面。2006年1月，钟山县法院做出判决：原钟山县回龙镇西乐村村委莫世新，贪污村民征地款6万元，判有期徒刑一年（缓期一年执行），并退还全部赃款。失地农民得到了补偿，欢呼一片。

爱岗敬业　带病办大案

在同事当中，钟世才一直有个"活字典"的外号，在法规条例的应用上，他从来不用翻书，闭着眼睛都能背出来。这个身材瘦小、不擅言谈的普通人，真的是个天才吗？

记者在他的工作日记里找到了答案。在他的工作日记首页，抄录着《中国共产党纪律检查机关案例检查工作条例》。说到这事，钟世才脸上出现一抹难以察觉的羞赧："好记性不如烂笔头。以前，我有一个专用的硬皮本子抄录各种条例。自从生病，没力气写字了，就偷懒只抄有关信访内容的条例……"

2006年3月，一直自认为身体没问题、满脸浮肿的钟世才在同事的提醒下，终于放下手头的工作去医院检查，结果令人震惊，淋巴癌！在南宁医院和县医院的将近500来个日夜里，钟世才承受了精神和肉体上巨大的痛苦与煎熬。好转，恶化；好转，再恶化……

听说钟世才得病的消息，许多同事不禁痛哭："这样好的人，得这个病太不应该了！"同事们建议，为他捐款——钟世才实在太困难了。

走进钟世才家空空如也的客厅，很难想象，这是一个国家干部的家：1996年买的沙发和茶几前，只有一台连机顶盒都没有的旧电视，除此之外，别无长物。钟世才每月1 000多元工资，最多时要养活一家5口人。

他不是没有机会改变这一切。查案时，有些人暧昧地笑着，递给他用信封装着的"小小心意"；一些人在他的全力奔走下，得以澄清事实后，也曾感激地往他手里塞东西……

可钟世才把这些全部推开。他嘴边始终挂着一句话:“我得对得起这份工作。”

钟山县纪委副书记邓杰说,她每次报账,都情不自禁地想起钟世才。2001 年的一天,她拿起钟世才递来的原始单据报销单,愣住了:单子上贴着面值 80 元的手撕发票,下方却注明——实报 75 元。“这 5 块钱就算了吧,现在还有谁这样报账的?”钟世才却坚持:“这顿工作餐确实是花了 75 元,我不能对不起公家。”

钟世才的平凡人生成为同事们的道德丰碑,也得到来自各方的肯定。钟山县人民以电话、短信等各种方式,安慰和鼓励他。贺州市、钟山县领导从精神和物质上关怀他和他的家人,县财政拨付了 3 000 元治疗经费,县纪委则从有限的经费中拿出 5 000 元治疗经费,干部职工捐款 7 000 多元。

2007 年 7 月,钟世才终于战胜了病魔,从死亡的黑洞中回到了温暖的家里。

可他仅仅休息了 2 个月,便回到工作岗位:“就是死,我也要死在工作岗位上。”由于身体虚弱,他四肢经常颤抖,甚至不能写字。为了使右手能写字,他便在笔上套一个大螺丝帽,以增加笔的重量。

2008 年 5 月,一个十分棘手的案件转到了他的手上:钟山县回龙镇、红花镇民政办弄虚作假私设“小金库”和“账外账”,套取、截留、私分、贪污民政救灾救济物资。

“这个案件在民政系统具有普遍性,弄不好会导致整个民政系统工作瘫痪,估计背景比较复杂,建议应付一下算了。”在案情分析会上,有同志提出。

钟世才拍案而起:“不管有多复杂,只要关系百姓利益,不仅要查,而且要严查!”

随着案件查办工作不断深入,钟山县民政系统从民政局到下属 12 个乡镇民政办,作案领域涉及五保村、敬老院、残疾人危房改造等建设项目工程款、救济救灾、社会捐助、赞助款、医疗救助金、慰问金……5 大方面 16 项款物,涉案人员达 117 人。

为搜集证据,钟世才来到钟山县公安镇一位 86 岁的孤寡老人家里调查。2007 年,上级部门曾到该老人家走访,因发现其家徒四壁生活困难,特意下拨 1000 元让老人修缮房子。然而,钟世才调查发现,公安镇民政办主任某干部竟然把这 1000 元纳入个人囊中,这位老人直到去世也没有得到修缮款,临死还反复念叨着:“房……钱……”钟世才不禁泪如雨下,下决心一定要查个水落石出。

然而,一时间,各种阻力接踵而至,指责声、怨恨声、谩骂声不绝于耳。

“邪不压正,只要我们还真理于老百姓,一定会得到人民的支持。”关键时刻,钟世才沉着冷静,鼓舞第一线的办案人员。

钟世才拖着病体,连续战斗在办案第一线,仅用 2 个月时间,这起案件就水落石出:钟山县民政局原局长等一批干部受到了法律制裁和党纪政纪处分。

他的付出，得到了党组织的充分肯定，2001 年、2002 年获优秀党务工作者称号，2003 年、2004 年获优秀共产党员称号，2005 年被贺州市纪委记纪检监察系统三等功一次……

侠骨柔情　孝子美名传

钟世才不但是工做出色的好干部，还是有口皆碑的贴心好女婿。尤其是他数年如一日细心照料瘫痪的岳父岳母，被当地人广为颂扬。

从 1985 年结婚那天起，他就把当时已年逾古稀的岳父岳母当成自己的亲生父母来侍奉。2002 年，不幸降临到钟世才的家：已经 93 岁高龄的岳父因病瘫痪，生活不能自理。不久，年近 90 岁的岳母又因跌跤骨折导致瘫痪。面对两个瘫痪的老人，钟世才悉心照料，把屎把尿、喂饭喂水、擦身换衣、倒屎倒尿……

在钟世才夫妇的悉心照料下，两位 90 多岁高龄的瘫痪老人，卧床两三年，直至逝世，总是干干净净，从未生过褥疮，房中也无异味。

面对亲人，钟世才却感到很内疚：妻子下岗后一直找不到合适的工作，当起了清洁工；儿子大学毕业后没向他要求帮找工作。儿子对他说：爸爸，不要内疚。你教会了我什么是原则、什么是责任！

6 月 11 日，躺在病床上的钟世才做过化疗后，蒙眬睡去，他需要休息片刻。他的口中，不时说着与工作有关的梦话，人虽病了，但心仍在纪检岗位上。

案例分析

钟世才是新时代共产党员的楷模，是优秀纪检监察干部的杰出代表，是兢兢业业、无私奉献的人民公仆。钟世才同志始终牢记党的宗旨，自觉加强学习和党性修养，时刻保持共产党人应有的清醒，清正廉明、求真务实，对党忠诚、一心为民，在平凡而神圣的岗位上做出了不平凡的贡献，得到了党和人民的高度评价，其先进事迹经媒体报道后，从八桂大地传扬到祖国各地。广西电视台连续三个晚上在新闻联播中播出钟世才同志的先进事迹。中央电视台在新闻联播中播出钟世才同志的先进事迹。中央媒体和广西媒体分别刊登钟世才同志先进事迹的报道。新华社：《优秀基层纪检监察干部钟世才》；《人民日报》：《软心肠 铁汉子》；《光明日报》：《优秀基层纪检监察干部钟世才：抗击病魔 一心为民》；《中国纪检监察报》：《响铮铮一身风骨》；《中国青年报》：《公家的钱，5 元也不能占》；中国广播网：《钟世才：在平凡岗位上用生命践行承诺》；广西新闻网：《敬业——平凡人生的高尚境界》；《广西日报》：《洒入人间是清辉》；《南国早报》：《钟山有才立正榛》；自治区纪委《党风廉政教材》2009 年第 12 辑推出学习钟世才同志先进事迹一组专稿；广西纪检监察网开辟

"学习钟世才先进事迹专栏"。中央和广西各大媒体关于钟世才同志先进事迹的一系列报道引起了强烈的反响。钟世才为民务实、勤勉清醒、忠孝兼备、清正廉明的精神值得学习和传扬。

【小资料】

中华人民共和国国家监察委员会是最高监察机关

《中华人民共和国宪法》规定:中华人民共和国国家监察委员会是最高监察机关。国家监察委员会领导地方各级监察委员会的工作,上级监察委员会领导下级监察委员会的工作。国家监察委员会对全国人民代表大会和全国人民代表大会常务委员会负责。地方各级监察委员会对产生它的国家权力机关和上一级监察委员会负责。监察委员会依照法律规定独立行使监察权,不受行政机关、社会团体和个人的干涉。监察机关办理职务违法和职务犯罪案件,应当与审判机关、检察机关、执法部门互相配合,互相制约。

《中华人民共和国监察法》(2018 年 3 月 20 日第十三届全国人民代表大会第一次会议通过)规定:省、自治区、直辖市、自治州、县、自治县、市、市辖区设立监察委员会。国家监察委员会由全国人民代表大会产生,负责全国监察工作。国家监察委员会由主任、副主任若干人、委员若干人组成,主任由全国人民代表大会选举,副主任、委员由国家监察委员会主任提请全国人民代表大会常务委员会任免。国家监察委员会主任每届任期同全国人民代表大会每届任期相同,连续任职不得超过两届。国家监察委员会对全国人民代表大会及其常务委员会负责,并接受其监督。地方各级监察委员会由本级人民代表大会产生,负责本行政区域内的监察工作。

国家监察体制改革站上新起点①

2018 年 3 月 11 日下午 3 时 52 分,《中华人民共和国宪法修正案》高票表决通过。此次宪法修改共有 21 条,其中在第三章"国家机构"中专门增加"监察委员会"一节,确立了监察委员会作为国家机构的宪法地位,为深化国家监察体制改革、强化党和国家自我监督提供了根本法保障。这是以习近平同志为核心的党中央做出的重大决策部署,体现了党的主张和人民意志。

从 2016 年 1 月习近平总书记在十八届中央纪委六次全会上提出"形成全面覆

① 李翫.确立监委宪法地位,选举产生首任国家监委主任——国家监察体制改革站上新起点[EB/OL].(2018-03-28)[2018-04-12]http://fanfu.people.com.cn/n1/2018/0328/c64371-29894692.html.

盖国家机关及其公务员的国家监察体系”，到2016年11月党中央决定在北京、山西、浙江三省市先行试点；从党的十九大做出将试点工作在全国推开的部署，到2018年2月省、市、县三级监委全部组建完成，再到选举产生国家监察委员会主任，在党中央的坚强领导下，国家监察体制改革蹄疾步稳、高效推进，取得了重大成果。

经由人大产生的国家机构从“一府两院”变为“一府一委两院”，是从顶层设计上对国家权力进行的重大调整，是重大的创制之举。

监察委员会是行使国家监察职能的专责机关，与党的纪律检查机关合署办公，体现了党内监督和国家机关监督、党的纪律检查和国家监察有机统一。构建集中统一、权威高效的国家监察体系，既填补了监督空白，又促使每一个公职人员依法履职、秉公用权、廉洁自律，有利于增强人民群众对党的信心、信任和信赖，对夺取反腐败斗争压倒性胜利具有重大意义。

【知与行】

古人喜欢将人的道德品质图像化，如以莲比喻清廉，以菊比喻君子，以竹比喻傲骨等，请同学们以小组为单位，通过现实摄影和网上搜集图片，制作修德图片集，并进行宣讲。

第三节　做人要自律

【基本理论】

一、自律是保持清廉的保障

自律是走向成功的必要前提，“自律”一个简单的词语，却蕴藏着无限的魅力和含义。什么是自律，自律就是自己约束自己，纪律和规律是我们平时工作，学习和生活中不可缺少的，我们平时的一举一动都受到了一定的要求和约束，否则任何事情都毫无秩序可言。自律的最高境界就是在无人监督的情况下，也能够严格要求自己，在思想意志、道德品质、学识技能等方面进一步升华。

自律通常有两种表现方式，一种是自己想做的事不应该做，另一种是自己不想做的事应该做，前者是欲望的诱惑，后者是安逸的诱惑。自律更多的时候是针对自己不愿意去做却不得不做的事情，你如果做了便是自律，不做便是放纵。这两种自律方式其实都可以考验一个人抵御诱惑的能力，它是人们在生活和工作中保持清廉的一个保障。

二、自律的基本内容

（一）学习自律

作为一名大学生，学习是首要的职责，但是学习并不能总在教师的监督下完成，所以应当要培养大学生学习方面的自律。学习方面的自律是指包括课堂自律以及课堂教学以外的自律，课堂自律包括课上认真听讲，积极思考和回答问题，遵守课堂纪律等方面，课堂以外的自律包括独立完成所有的学习活动。

一是要统筹规划，做好学习计划。世界上为什么人们掌握的知识和收获的名誉不一样？是否能够取得成功，最重要的因素恐怕要追溯到一个人是否在学习上正确地把握住了学习规律。求学人最要紧的事情莫过于能在学习上“运筹帷幄”。谁能把握好学习规律，并善于管理时间，自身知识技能就会提升得很快。

二是要扬长避短，发挥自身优势。我们每个人的聪明程度，既具有质的多样性，又具有量的差别性。这种差别是由于先天素质、后天行为与主观兴趣爱好不同而产生的。文化科学史上的许多巨人，往往都是在最佳才能得到充分发展的条件下，扬长避短而走向成功的。同样，我们的大学学习也要有这种眼光。从客观上讲，我们大学生中的每一个人在智力上是各有长短优劣的，要学会扬长避短。

三是要树立正确的时间观念。大学学习与高中学习相似的地方都是要有严格的时间观念，加强学习的计划性，怎样安排学习要有个计划，得过且过的心态是不适合学习的。学习过程实际上是大脑活动的过程，而大脑的思维运动是有规律的，因此也还要根据大脑活动规律，合理安排学习和休息，大学生只有合理地安排学习才能学会最多的知识。

四是要虚心向学，不耻下问。在学习过程中，有时难免会遇到一些障碍，这时没有必要硬着头皮去钻牛角尖。在大学学习期间要学的知识很多，要在有限的学习期限里学到尽可能多的知识，要善于区分轻重缓急，不需死记硬背，明确最主要的学习内容并重点掌握，对不重要的东西一般掌握就行了。学习从来就不是盲目的事情，我们应该策略性地去学习，这样才能获得较好的学习成果。学习应该具有技巧性。若自身没有好的学习策略，不妨多问问别人。

（二）工作自律

在工作中难免遇到各种各样的诱惑，只要稍不留神，有些人就可能身陷其中，沉溺于诱惑中不能自拔。我们大学生要不断加强修养，树立良好的生活作风，秉持严肃的生活态度，培养高尚的道德情操，以后才经得起权力、金钱、美色的考验。

其一，要端正职业道德思想，增强道德观念。一个人如果没有良好的职业道德，就不会去干好本职工作，心思也不会放在企业发展上，而是会想方设法如何为自己捞好处，见利就图，贪图享乐，这种人最终不但害了自己，也害了自己周围的人。

其二，要知足常乐，保持平衡心态。我们每个人的收入都是根据个人的能力与岗位界定的，不要一味去攀比虚荣、奢华，欲望是没有止境的。不能一直欲望金钱、一味追求虚荣和奢华，这样会为了一时贪欲而断送前程，连累家庭亲人甚至同事。要知足常乐。

其三，要管住小节，守好自己的情操和品质。很多人走上犯罪道路，正是从“小恩小惠”、小节开始，慢慢放松警惕，一步一步被拖下水，最后成为阶下囚。从这些人的身上为我们敲响了警钟，我们要从这些反面教材中吸取教训，并以此为戒，时时保持清醒的头脑，防止因小节不保而酿成大错。

（三）生活自律

自古以来，中华民族就有提倡节俭、艰苦奋斗的文化传统。从孔子的“君子惠而不费”到墨子“俭节则昌，淫逸则亡”；从司马光“有德皆由俭来也”到“历览前贤国与家，成由勤俭败由奢”的千古名句。历代仁人志士都在倡俭戒侈，鞭挞奢靡之风。

我们党是艰苦奋斗作风的倡导者、实践者。在我们党的历史上一切有志之士、有识之士、有为之士都是这样以俭为本，以俭为荣的。敬爱的周恩来总理之所以长期受到全国人民的敬重和敬仰，一个很重要原因就是在生活作风上他克勤克俭，艰苦奋斗，与人民同甘共苦。

当前，有一些大学生却淡忘了党的艰苦奋斗的优良传统，滋长了奢侈享乐的陋习，讲排场，比阔气，面对灯红酒绿、花花世界变得昏昏然。我们大学生要时刻警钟常鸣，在生活中做到物质条件上不攀比，不要有非分之想，艰苦奋斗的优良传统不可丢，遵纪守法，抵制腐朽思想的侵袭。有了艰苦奋斗的精神，才能做到为党和人民的利益生命不息，奋斗不止；才能始终与人民群众同甘共苦；才能“拒腐蚀、永不沾”。我们大学生是祖国的未来，应该大力弘扬克勤克俭的美德，在艰苦奋斗这个问题上保持高度的自觉性。

（四）婚恋交往自律

爱情是大学生校园生活的永恒话题。对于爱情，每个人都有自己的理论，每个人都有自己的观点。恋爱与婚姻是每个年轻人在生活历程中迟早要经历的。进入青春期的大学生，随着生理和心理上的发展和成熟，自然产生了对爱情的向往和关注。爱情是美好的，但爱情本质上不仅仅是浪漫的感情体验，更是一种责任，一种由性爱、理想、责任等多种因素交织在一起的复杂的精神现象，是一个严肃的人生课题。怎样理解爱情，把爱情放在什么位置，奉行什么样的爱情准则，树立什么样的恋爱婚姻家庭观是每一个大学生必须面对和思考的现实问题。

首先，要尊重人格平等。尊重是爱情的前提条件，是人格平等的具体表现。尊重，表现为任何一方都不能强迫和诱骗另一方接受自己的爱，即使你的爱是真诚的，也无权强迫别人违心地接受。同时，任何一方都不能屈服于某种压力，勉强去爱一个自己不爱的人。在现实生活中，那种明明知道对方不喜欢自己，还低三下四地穷追不舍，甚至遭到拒绝后还纠缠不休的行为，是抛弃自尊的人格上的自我贬低。而那些凭借自己的某些优越条件，把感情当儿戏，恋爱只是为了“试一试”“玩一玩”，“只求曾经拥有，不求天长地久”的恋爱心态，是不尊重他人人格的表现，不仅伤害了对方，也玷污了自己纯洁的情感世界。已经建立起恋爱关系的男女青年，在生活上应该互相信赖，尊重对方的理想、兴趣、工作、社交等权利，切忌把对方当作自己的私有物，限制对方的自由。恋爱中的任何无端的猜疑都会伤害对方的感情。

其次，要自觉承担责任。恋爱的目的在于寻找终身伴侣，这是人生中的一件大事，不能视同儿戏。既要对自己负责，也要对对方负责，更要对社会负责。有的人谈恋爱时抱着一种游戏的心态，纯粹是为了摆脱个人的寂寞与无聊，或者出于一种从众心理的结果，看到别人出双入对，心理难以平衡，于是随大流，这是对爱情不负责任的表现。在恋爱的过程当中，也要做到对他人负责、对自己负责，尤其是男生，需要有爱护女朋友的责任感。如在理性对待恋爱中的性行为和中止恋爱关系时要严肃负责，不应采取轻率的态度，要周全考虑，尽量避免“不该发生的故事”。

最后，要文明相亲相爱。处于恋爱中的男女青年，感情始终是热烈而浓厚的。随着感情的发展，恋人间慢慢地出现一些小心翼翼的亲昵举动是很正常的，但这并不意味着恋人们可以不分场合地勾肩搭背，旁若无人地搂抱亲吻。“真正的爱情是表现在恋人对他的爱人采取含蓄、谦恭甚至羞涩的态度，而绝不是表现为随意流露的热情和过早的亲昵。”一个有较高道德修养的人，在恋爱时总是热烈而持重、亲密而羞涩的。

三、自律的主要方法

（一）勤学善思，明晰利害

我们大学生应当具有爱国之情、报国之志、强国之才，把个人的价值追求融入民族振兴、国家发展和党的执政使命之中。我们必须勤奋学习，善于思考，养成爱读书读好书善读书的良好习惯，提高分析问题、观察问题和处理问题的能力。不仅要学好专业基础知识，而且要在学习中加强对现实问题思考，在思考中促进知识向能力的转化，锻炼自己辨别是非的能力。

(二)一日三省,过而能改

"吾日三省吾身"是儒生为学为人的基本功夫。省自身、纠己错是人之为人的基本心理机制,此基本心理机制是个体与种群趋于文明、趋于精微的重要思想方法,各个成熟的文明皆以反省自身为己之文明向前发展的重要方法,如苏格拉底云:吾最大的智慧是知道自己无知。一个成熟民族知识群体的中坚力量必能自损盈满之心,以虚明之怀体察天地默默运行之理。

省是什么?省是纠己错,我们所以能纠己错,必有一种真实力量充盈于个人胸中。故"子绝四",唯"勿意、勿必、勿固、勿我",真实的力量才能从虚明中出离自身,从而击中吾人。我们只有不断地反省自己,发现自己的错误,从而改之。

(三)见贤思齐,从善如流

《论语·里仁》讲:"见贤思齐焉,见不贤而内自省也。"贤:德才兼备的人;齐:相等。见到德才兼备的人就想赶上他。

社会是向前发展的,每个人也应该是求真求善求美求进步的。"贤"与"不贤"是对矛盾,必将长期存在,我们一定要胸怀正气,明辨是非,虚心向先进学习。现实中,也有"不贤者"比"贤者"更成功、更幸福的例子,但那不是社会常态,必遭人们唾弃。做人,可以不高尚,但不能无耻,这是底线。

他山之石,可以攻玉。虚心拿来,择善而从,结合实际,发展创造。欲见贤思齐,必先有善良心地,立高尚品德,不被世俗所迷惑,不为利益所诱惑,不被邪恶所击溃。见贤思齐,不是做几件好事便大功告成,也并非不做坏事就聊以自慰,而应是心内存贤,德行永恒。

(四)慎独正心,浩气长存

所谓慎独,是指人在独自活动无人监督的情况下,凭着高度自觉,按照一定的道德规范行动,而不做任何有违道德信念和做人原则的事情。慎独的关键在于高度的道德自觉性,就要求在思想上做到心诚意正,在行为上做到自处慎行。

慎独可以正己。"物先自腐而后虫生,人必自毁而后毁之"。事实表明,腐败行为的发生,正是因为人生观、价值观出现了偏差,思想道德出了问题。慎独正是一个防止和约束"自我非道德性"萌生和出现的过程;一个保持和守护"自我"道德本性的过程。通过不断学习以达到正心正身正己,解决世界观、人生观、价值观问题,坚定理想信念,锻炼意志品质,提高精神境界,保持高尚情操。

慎独可以拒蚀。自古以来,为官者无论职位高低,只要握有实权,便会有人来"献媚",那些居心叵测的人投其所好,喜欢养花的送花,喜欢字画的送字画,喜欢收藏的送古玩,喜欢美女的送情人,喜欢房产的送别墅……面对各种诱惑,该拒绝还是接受？这个看似简单的选择，背后却隐藏着人性中善与恶、美与丑的挣扎和交锋。而要想当好官、睡好觉，就需要有慎独的道德境界，认真遵守清廉自律各项规定，做到自重、自省、自励，时刻警惕权力、金钱、美色的诱惑，提高拒腐防变的意识。

古人说"慎独为入德之方"，慎独的实现在一定程度上标志着自律的成功，但是它却并不意味着自律的结束。立志自强，自我修养，如此循环，永无止境。慎独是一种情操；慎独是一种修养；慎独是一种自律；慎独是一种坦荡。

（五）锤炼意志，水滴石穿

意志是人们自觉地确定的，并根据目的调节支配自身的行动，克服困难，去实现预定目标的心理过程。人的意志表现在自觉性、果断性、坚持性、自制力等方面。人们在从事创造性活动中，不可能立刻享受到成功，需经过无数次的失败，需要坚强的信心、坚定的意志和顽强的毅力。马克思说："在科学上没有平坦的大道，只有不畏劳苦，沿着陡峭山路攀登的人，才有希望达到光辉的顶点。"锤炼意志必须在日常生活中进行，日积月累，逐步加强，养成习惯，坚持不懈。

【解疑释惑】

如何看待学生干部腐败问题？

当前，高校里的一些学生干部染上了官僚的坏习气，对有"权势"的老师或同学溜须拍马、阿谀谄媚，对普通同学则是高高在上的姿态和做派。

学生干部腐败不可小觑。它像是当今一些官员腐败现象的缩小版，实际上是青年大学生将社会上的一些陋习带到了圣洁的大学殿堂，是功利主义的一种表现，学校应该及时加以教育和引导。

我们应该清醒认识到，"学生干部"是高校实行学生自我管理，以及借助这个平台因材施教的一种普遍方式。学生干部的宗旨应该是为学生服务，并在服务的过程中提升自己的综合素质，否则如果是冲着"特权"或者谋取私利去的，违背了职务的要求不说，还滋生了腐败的思想，即使当选，也会很快会因为行为出格而被否定。

各高校应该通过各种措施对此类现象加以杜绝。例如在学生干部的选举过程中，加强思想指导，实行公开化、透明化的选举方式。同时要完善学生干部的奖励机制，引导学生干部更好地为学生服务。此外，还要加强培养学生干部的自律意识，只有严于律己才能让其他同学心服口服，才能更好地开展服务工作。

而作为非干部的普通学生，要提高主人翁意识，见到这类现象要敢于提出批评意见，严重的要及时举报，而不能抱着无所谓的态度，麻木不仁。只有校园风清气正，才能更好地培养学生的清廉品质。

【案例分析】

案例呈现:迷上赌博贪污公款“80后”小伙走上犯罪路[①]

赌博让不少人深受其害,因赌博而债台高筑,最后倾家荡产的例子比比皆是。安徽小伙周某因迷恋赌博,不仅起了动用单位公款的念头,还诈骗了不少朋友。2012年4月18日,南京市下关区人民法院开庭审理了此案。

被告人周某今年30岁,安徽宣城人。2010年9月,周某应聘到南京某医疗器械有限公司做销售,负责安徽地区销售市场。2010年12月,安徽某医疗器械公司经由周某,购买了总价约90万元的产品,先后共支付了约80万元款项,剩余尾款暂未支付。而按公司规定,销售人员是不能接触钱款的,往来都应由银行划账。此时,周某动起了歪脑筋。

据周某交代,自己一直迷恋“炸金花”赌博,动辄上万元的输赢,平日工资根本难以支撑日常消费。为了满足赌博需要,除了侵占单位钱款之外,他作为中间联络人,还以为他人购买产品为由,诈骗镇江、安徽等多家医疗器械公司的货款近四万元。

在当日庭审中,周某被控职务侵占与诈骗两项罪名,他对自己犯罪事实供认不讳。他面临的将是:职务侵占罪,判处5年以下有期徒刑拘役并处罚金,诈骗罪,判处3年以下有期徒刑拘役并处罚金,数罪并罚的判处。法院将择日对此案进行宣判。

案例分析

从上述案例可以看出,周某走上犯罪道路的一个最直接的原因就是因为他迷恋赌博导致平日工资难以支撑日常消费,为了满足赌博的需要而侵占单位钱款。客观地讲,从贪污的数额来看,与一些“大贪”相比,周某充其量只能算得上一个“小赌小贪”,但是“小赌小贪”照样将周某引向犯罪。

从古至今,赌徒历来为人们所不齿,他们大多游手好闲,缺乏自制。周某因赌博、犯罪而自毁前程的悲剧给我们大学生敲响了警钟:千万不要忽视自己的一些不良的行为习惯,沉湎赌博、游戏等无异于自我麻醉,自我消磨,自我浪费,我们大学生要养成自律的良好品德。

---

① 郭蓓.迷上赌博贪污公款“80后”小伙走上犯罪路[EB/OL].(2012-04-18)[2018-04-12]http://news.jschina.com.cn/system/2012/04/18/013167190.shtml.

【小资料】

清廉重在良治——外因是事物发展变化的条件

一、加强清廉文化教育，做到不想腐，是实现清廉的基础工程

寓“廉”于行，廉政文化进地铁[①]

以“清风廉雨润绿城”为主题的地铁1号线廉政文化主题站（南湖·绿城清风站），经过数月的调研酝酿、方案设计、紧张筹备和施工，南宁市纪委与南宁轨道交通集团携手打造的“廉政文化进地铁”活动得以顺利实施。项目设计巧妙，通过挖掘柳宗元、于成龙等广西古代著名历史人物的事迹，展示古今历史名人的名言警句；通过“铜鼓”“山歌”“清风楼”“壮锦”“绣球”等地域特色元素传递壮乡人民的廉洁价值理念；把各类廉洁宣传语巧妙植入屏蔽门、座位、车厢连接处等乘客日常接触到的位置，如“位子再抢手，规矩也要守”“一身正气上班去，两袖清风回家来”“追逐理想的路上，廉洁是牢靠的扶手”等。

广西勤廉榜样先进事迹主题情景报告会在全区反响强烈[②]

2017年9月29日，广西勤廉榜样先进事迹主题情景报告会《公仆》在自治区党委礼堂举行，报告会在全区反响强烈，以南宁市、桂林市和柳州市为例。

南宁市：弘扬主旋律，传播正能量。南宁市组织党员干部在南宁分会场集中收看“公仆——广西勤廉榜样先进事迹主题情景报告会”，报告会上5名勤廉榜样代表用平实而饱含深情的语言，向大家展现了他们爱岗敬业、清正廉洁的感人事迹。分会场现场不时响起热烈的掌声，收看报告会的党员干部纷纷表示，要向勤廉榜样学习，立足基层、爱岗敬业、乐于奉献、作风扎实，努力在自己的工作岗位上做出应有的贡献。

柳州市：柳州市近3 000名党员干部集中观看“公仆——广西勤廉榜样先进事迹主题情景报告会”视频直播。会场里，来自柳州市政法、卫生、教育、工商、交通等多个工作系统和乡镇、街道的基层党员干部专心致志地观看。他们时而凝神静听，时而若有所思，心绪与讲述者的情绪同频共振、交融交织，看到动情之处不禁频频擦拭因感动流下的热泪，党员干部们纷纷联系自身工作实际，与勤廉榜样的讲述内

---

① 南纪宣. 南宁：寓“廉”于行 廉政文化进地铁[EB/OL].（2017-06-21）[2018-04-12]. http://www.gxjjw.gov.cn/staticpages/20170621/gxjjw594a241f-125049.shtml.

② 广西纪检监察网. 广西勤廉榜样先进事迹主题情景报告会在全区反响强烈[EB/OL].（2017-09-30）[2018-04-12]. http://www.gxjjw.gov.cn/staticpages/20170930/gxjjw59cf5fa1-127311.shtml.

容“对标入列”“对号入座”，感触体会颇深。大家纷纷表示，报告会声情并茂、感染力强，将把榜样们的勤政为民、廉洁奉公精神融入工作实践中，做忠诚、干净、担当的好公仆。

桂林市：桂林市纪委组织市委、市人大、市政府、市政协四大班子领导，市委各部委、市直各单位、各界人士集中在市直机关小礼堂收听收看了“公仆——广西勤廉榜样先进事迹主题情景报告会”同步直播，该市多地也组织集中观看，约 5 000 人观看了直播。会后，观众纷纷表示整场报告会感人肺腑，发人深思，激人奋进。向榜样看齐、向先进看齐、向标杆看齐，榜样的力量更加坚定了对事业执着追求，对党和人民忠诚，凝聚更大更强的正能量。

二、加强清廉制度建设，做到不易腐，是实现清廉的治本之策

中央出台“八项规定”和“六项禁令”就是加强清廉制度建设的生动典范。

“八项规定”

1.要改进调查研究，到基层调研要深入了解真实情况，总结经验、研究问题、解决困难、指导工作，向群众学习、向实践学习，多同群众座谈，多同干部谈心，多商量讨论，多解剖典型，多到困难和矛盾集中、群众意见多的地方去，切忌走过场、搞形式主义；要轻车简从、减少陪同、简化接待，不张贴悬挂标语横幅，不安排群众迎送，不铺设迎宾地毯，不摆放花草，不安排宴请。

2.要精简会议活动，切实改进会风，严格控制以中央名义召开的各类全国性会议和举行的重大活动，不开泛泛部署工作和提要求的会，未经中央批准一律不出席各类剪彩、奠基活动和庆祝会、纪念会、表彰会、博览会、研讨会及各类论坛；提高会议实效，开短会、讲短话，力戒空话、套话。

3.要精简文件简报，切实改进文风，没有实质内容、可发可不发的文件、简报一律不发。

4.要规范出访活动，从外交工作大局需要出发合理安排出访活动，严格控制出访随行人员，严格按照规定乘坐交通工具，一般不安排中资机构、华侨华人、留学生代表等到机场迎送。

5.要改进警卫工作，坚持有利于联系群众的原则，减少交通管制，一般情况下不得封路、不清场闭馆。

6.要改进新闻报道，中央政治局同志出席会议和活动应根据工作需要、新闻价值、社会效果决定是否报道，进一步压缩报道的数量、字数、时长。

7.要严格文稿发表，除中央统一安排外，个人不公开出版著作、讲话单行本，不发贺信、贺电，不题词、题字。

8.要厉行勤俭节约，严格遵守廉洁从政有关规定，严格执行住房、车辆配备等有关工作和生活待遇的规定。

“六项禁令”

1.严禁用公款搞相互走访、送礼、宴请等拜年活动。各地各部门要大力精简各种茶话会、联欢会，严格控制年终评比达标表彰活动，单位之间不搞节日慰问活动，未经批准不得举办各类节日庆典活动。上下级之间、部门之间、单位之间、单位内部一律不准用公款送礼、宴请。各地都不准到省、市机关所在地举办乡情恳谈会、茶话会、团拜会等活动，已有安排的，必须取消。各级党政干部一律不准接受下属单位安排的宴请，未经批准不准参与下属单位的节日庆典活动。

2.严禁向上级部门赠送土特产。各地各部门各单位一律不准以任何理由和形式向上级部门赠送土特产，包括各种提货券。各级党政干部不得以任何理由，包括下基层调研等收受下属单位赠送的土特产和提货券。各级党政机关要严格纪律要求，加强管理，杜绝在机关收受和分发土特产的情况发生。

3.严禁违反规定收送礼品、礼金、有价证券、支付凭证和商业预付卡。各级领导干部一定要严格把关，严于律己，要坚决拒收可能影响公正执行公务的礼品、礼金、有价证券、支付凭证和商业预付卡，严禁利用婚丧嫁娶等事宜借机敛财。

4.严禁滥发钱物，讲排场、比阔气，搞铺张浪费。各地各部门不准以各种名义年终突击花钱和滥发津贴、补贴、奖金和实物；不准违反规定印制、发售、购买和使用各种代币购物券(卡)；不准借用各种名义组织和参与用公款支付的高消费娱乐、健身活动；不准用公款组织游山玩水、安排私人度假旅游、出国(境)旅游等活动；不准违反规定使用公车、在节日期间公车私用。

5.严禁超标准接待。领导干部下基层调研、参加会议、检查工作等，要严格按照中央和省委的有关要求执行。

6.严禁组织和参与赌博活动。各级党员干部一定要充分认识赌博的严重危害性，决不组织和参与任何形式的赌博活动。

三、加强有效监督制约，做到不能腐，是实现清廉的关键环节

加强扶贫监督指导，把专项治理往深里抓、实里做①

2018年以来，桂林市建立完善督查机制，以“蹲点式”指导、“拉网式”检查、“跟踪式”督促，紧盯扶贫领域腐败和作风问题专项治理工作进度，切实把专项治理往

① 漓水清廉.桂林：加强监督指导 把专项治理往深里抓、实里做[EB/OL].(2018-04-03)[2018-04-12]. http://www.gxjjw.gov.cn/staticpages/20180403/gxjjw5ac343f4-130869.shtml

深里抓、实里做。

“蹲点式”指导。该市从严格督导要求入手，按照“每月督导 1 次、每季度全覆盖”的要求，近期，市委领导带队，组成 5 个督导组在全市开展调研和督导。市、县、乡三级领导干部从 3 月 13 日至 20 日，利用一周左右时间，分赴各自的联系县及联系乡镇开展蹲点调研，通过听取汇报、座谈交流、走访群众等方式，面对面倾听意见，心贴心谈心交流，了解基层群众的期盼和愿望，发现基层扶贫工作中碰到的问题，并对其进行指导，形成解决问题的办法和措施。

“拉网式”检查。对照自治区和市委的要求，市、县、乡三级对扶贫领域腐败和作风问题专项治理工作开展拉网式逐一检查。各检查组采用“机动式”检查，不打招呼，不发通知，不听汇报，随机抽查工作台账，一竿子插到底，实地检查履行主体责任、部门履行监管责任情况。据不完全统计，全市共派出检查组 190 多个，检查发现一批问题，指导、督促、改正问题一批，让扶贫领域腐败和作风问题专项治理工作更加深入、更加务实。

“跟踪式”督促。以跟踪落实为抓手，采取“跟踪式”督促和“杀回马枪”式暗访，对督导检查时发现的突出问题进行跟踪督促。将问题从市到县到乡到村进行分类、分部门，解决问题的责任细化到单位、到个人，明确问题的跟踪督促人、问题解决人和解决时限，确保治理措施对症下药、靶向监督，形成市、县、乡、村一级抓一级、层层抓落实的落实格局，把专项治理工作引向深入。

四、加大惩治腐败力度，做到不敢腐，是实现清廉的“杀手锏”

2018 年的第一只“虎”，比以往时候“来得更早一些”

1 月 3 日，中央纪委监察部网站发布消息，“陕西省副省长冯新柱涉嫌严重违纪，目前正接受组织审查”。

3 月 31 日，中央纪委国家监委网站发布消息，“陕西省政府原党组成员、副省长冯新柱严重违纪被开除党籍和公职”。

经查，冯新柱严重违反政治纪律和政治规矩、工作纪律，毫无“四个意识”，对党中央关于脱贫攻坚重大决策部署落实不力、消极应付，且利用分管扶贫工作职权谋取私利，与相关人员订立攻守同盟，对抗组织审查；违反中央八项规定精神，长期接受私营企业主安排的宴请和旅游，接受公款宴请；违反组织纪律，不按规定报告个人有关事项，在组织谈话函询时不如实说明问题，应私营企业主请托，违规选拔任用干部；违反廉洁纪律，收受礼品、礼金；违反生活纪律。利用职务上的便利为他人谋取利益并收受巨额财物涉嫌受贿犯罪。冯新柱身为党的高级领导干部，理想信念缺失，与人民群众毫无感情，道德败坏，腐化变质，严重违反党的纪律，并涉嫌违法犯罪，且在党的十八大后不收敛、不收手。依据《中国共产党问责条例》《中国共产党纪律处分条例》等有关规定，经中央纪委常委会会议研究并报中共中央批准，决定给予冯新柱开除党籍处分；由国家监察委员会给予其开除公职处分；收缴其违纪所得；将其涉嫌犯罪问题、线索及所涉款物移送有关国家机关依法处理。

这让我们看到了以习近平为核心的党中央坚定不移全面从严治党、深入推进党风廉政建设和反腐败斗争坚如磐石的决心，领略了什么叫作"不松劲、不停步、再出发"的笃定节奏。

【知与行】

自律是检验一个人的情操的试金石，自律的最高境界就是慎独，慎独之人应三思而后行，我们大学生要在学习和生活中有意识地培养我们的廉洁自律精神，坚持每天写150字的自我反省。

【课外作业】

1.以小组为单位，制订计划，明确分工，调查所在学校或班级学生干部的作风问题，并结合廉洁自律提出解决的办法。

2.《生死抉择》是一部振聋发聩的反腐倡廉力作，请大家在线观看，然后小组讨论：大学生在走入工作岗位之后，如何一以贯之地保持清廉的品质。

后　记

编写一本极具思想启迪与人生励志意义的清廉教育读本，是我们高职高专院校教育工作者和有关专家学者的共同心愿。这个读本既有对清廉理论的深刻分析，又有针对青年学生的解疑释惑；既有对党和政府清廉政策措施的强化宣传，又有对清廉志士的热情讴歌；既有对清廉知识的拓展阅读，又有对提高清廉能力的实践指导。本教材启示广大青年学生和读者，今后无论是从政、经商还是从事其他职业，都必须在头脑中根植清正廉明的理念，使清正廉明成为立身之基，成为中华民族兴邦之源。因而，只要高职高专学生认真阅读本教材，必定受益匪浅。

这是一本具有广西民族地区特色、适合广西高职高专学生使用的清廉教育教材，早在2011年下半年，我们就启动了本书的调研论证、整体策划和编写工作。2013年8月，由广西农业职业技术学院焦春红同志主持申报的课题“广西高职学生清廉教育教材体系的建构”获得广西教育科学“十二五”规划2013年度广西高校党建工作研究专项课题立项（课题编号2013ZZZ045），得到广西壮族自治区高工委、教育厅有关领导和学院党委、行政领导的高度重视和大力支持。本书几经笔耕、几经切磋、几经修改，终于在2018年呈现在读者面前。

本书是集体智慧的结晶。由广西民族大学教授唐鹏同志担任主审。由焦春红、陈成志同志担任主编，负责具体策划、设计框架结构、拟定编写提纲、组织讨论和撰写。具体分工如下：第一讲 清廉教育重于山——清廉教育概述，由广西农业职业技术学院陈成志、焦春红编写；第二讲 清廉教育古今谈——清廉教育的历史经验与镜鉴，由广西国际商务职业技术学院安鑫、南京财经大学陈成辉编写；第三讲 清廉教育困与策——清廉教育现状与路径，由广西经贸职业技术学院张俊、南宁职业技术学院陈新菡编写；第四讲 清廉是做人的本分——扬正气忠心报国，由北海职业技术学院岑忠干、中国人民解放军陆军步兵学院焦方金编写；第五讲 清廉是驱邪的“照妖镜”——抗诱惑一尘不染，由广西农业职业技术学院焦春红、广西医科大学廖剑编写；第六讲 清廉是幸福的“护身符”——尚大义为民谋福，由广西农业职业技术学院焦春红、山东建筑大学肖鹏编写；第七讲 清廉贵在修身——修大德清醒自律，由广西民族大学周丽华、广西农业职业技术学院莫杏卓编写。初稿完成后，由焦春红、陈成志同志统稿定稿，广西农业职业技术学院莫杏卓同志协助主编做了许多修改工作。中国农业大学出版社司建新、冯雪梅，广西民族大学韦美珠，广西农业职业技术学院黄振发、王运钦、覃蔚玲、刘凤英、刘翠燕等同志为本教材体系建设做了大量工作。

本书在写作、修订和出版过程中，得到了广西壮族自治区高工委、教育厅领导、上述各高校以及广西工业职业技术学院和广西职业技术学院有关领导的关心和支持。中国农业大学出版社为本书的出版给予了热情惠助。本书也参考了许多文献资料和专家学者的研究成果。在此一并深表谢意！

由于我们水平有限，书稿还存在一些不足之处，恳请广大读者和专家学者批评指正，以便再版修订时进一步完善。

编者

2018 年 8 月